民国时期
創刊號 图录

宁夏回族自治区图书馆 编著

下册

国家图书馆出版社

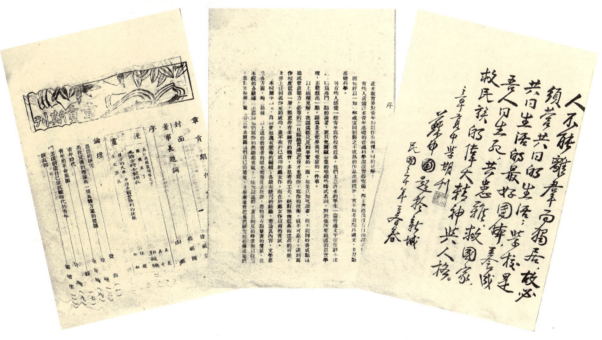

《章贡期刊》

　　1941年6月创刊于南昌，总编辑涂瑛、余世禄，章贡中学学生自治会发行，刊期不详。该刊旨在"充实同学精神食粮，借以砥砺学术"。设有《漫画》《论坛》《文艺》《诗歌》《杂俎》《校闻》等栏目。刊载写作技巧、各科研究心得、青年思想训练及道德修养、教材补充、文艺著作、学校新闻、本社教职员一览表等内容。

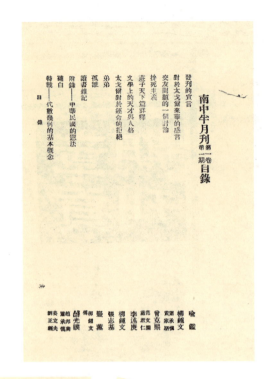

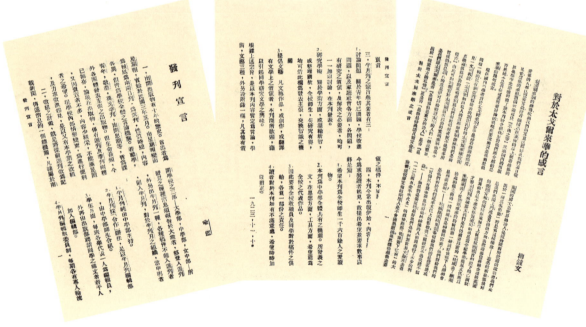

《南中半月刊》

　　1923年11月创刊于天津，同年12月停刊，共4期。南开中学南中半月刊社编辑发行，半月刊。该刊旨在"讨论问题、研究学术、提倡文艺"。内容分言论、学术和文艺三类。刊载学术研究论著、新知识文艺作品和国外文艺译著，并讨论青年问题，学校改进、家庭及社会等问题。首期重要文章有《庄子天下篇详释》《文学上的天才与人格》《拼死主义》等。

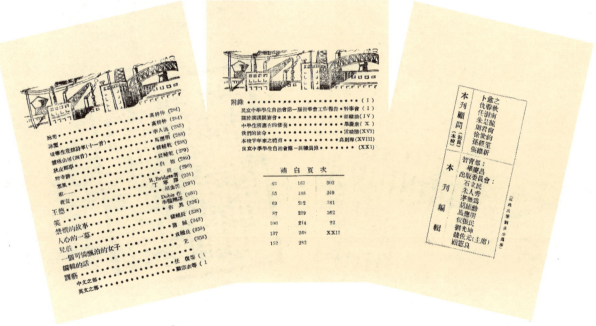

《民立学生》

　　1931年4月1日创刊于上海，上海民立中学学生自治会第一届干事会智育部出版委员会编辑出版，不定期发行。所刊文章涉及文哲、社会、自然、文艺、杂俎、中文及英文课艺等。内容主要针对中学生。附录有《民立中学学生自治会第一届干事会工作报告》等。该刊体量较大，首期即有四百页左右。

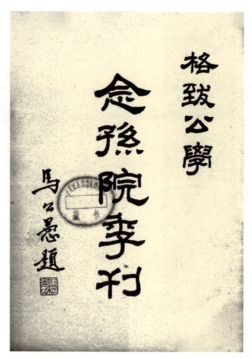

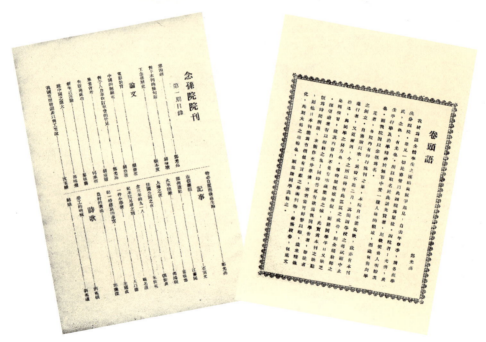

《格致公学念孙院季刊》

　　1935年1月在上海创刊，格致公学念孙院编辑发行，季刊。格致公学是上海公共租界工部局创办的四所男子中学之一，学校为便于管理，又将每班分为四个院，念孙为其一，名字取自清代语言学家王念孙。该刊是念孙院为促进该院师生的探讨交流，提高学术水平而创办的。设有《论文》《记事》《诗歌》《随感》《小说》等栏目。主要刊登师生的论文及各类文学作品，后附有英文目录。马公愚题写刊名。

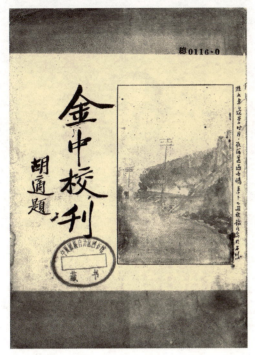

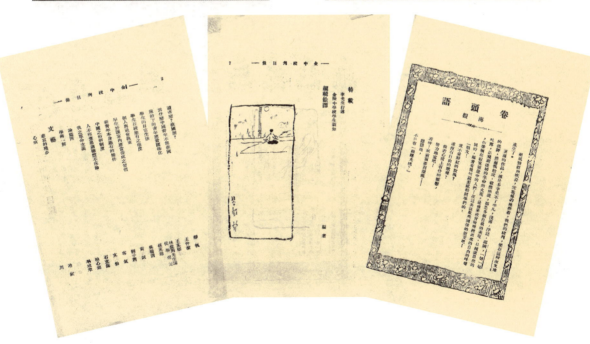

《金中校刊》

　　创刊于南京，创刊时间不详，金陵中学校刊社编辑出版，社长朱海观。不定期发行。该刊以"促进同学间课外发表思想之能力"为目的。设《社论》《著述》《文艺》《杂俎》等栏目，作者主要为该校的教员和学生。内容包括时事论述、文艺、诗歌、随笔、杂著、学校教育情况介绍等。每期刊印反映教员工作、学生学习以及校园景观的照片，保留了金陵中学的原始印记。胡适为该刊题写刊名。

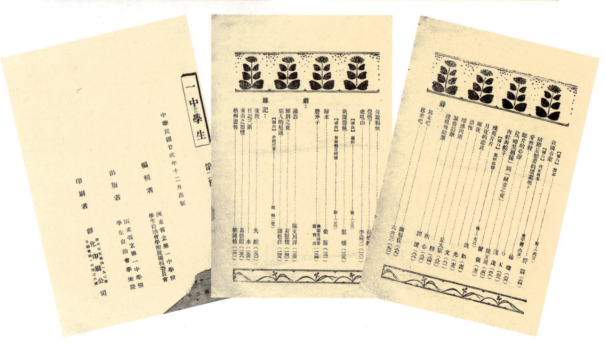

《一中学生》

　　1933年6月创刊于广州，广东省立第一中学校学生自治会学术股编辑委员会编辑，广东省立第一中学校学生自治会学术股出版，刊期不详。设有《论著》《小品》《诗》《小说》《剧》《杂记》《会闻》等栏目，主要论述国际、国内局势，介绍历史人物，评论文学作品，刊载师生创作的诗歌、小品、戏剧、小说等文学作品。创刊号中的力作主要有《我们研究学问应有的态度》《论文学之真与科学之真》等。另配有本刊编辑委员、校园以及师生的照片。

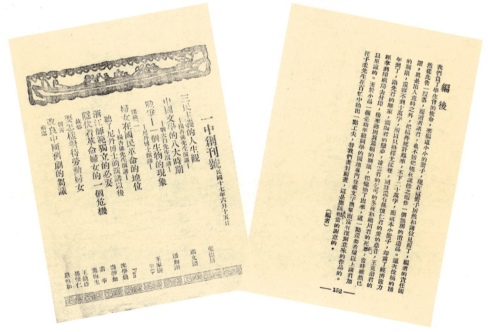

《一中》

1928年6月15日创刊于杭州，一中两部学生会出版，刊期不详。该刊以团结学生，养革命之精神，谋共同之利益为宗旨。刊载内容有著名经济管理学家杨杏佛、现代著名诗人与文学史家刘大白等在该校的演讲词，以及该校学生的诗歌、小品及小说等文学作品。刊后附有《浙江省立第一中学第一部学生会简章》。

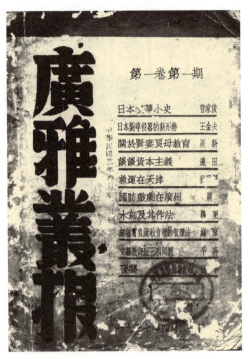

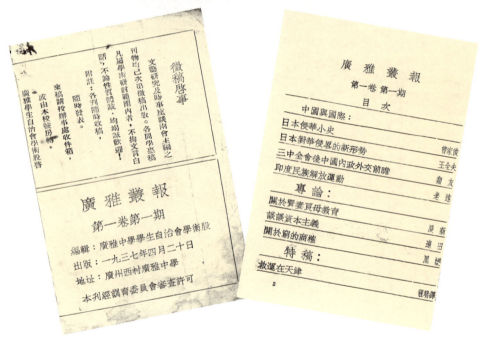

《广雅丛报》

　　1937年4月20日创刊于广州，广雅中学学生自治会学术股编辑发行，刊期不详。该刊以
"砥砺学术、交换知识，使同学们有充分发表著作机会"为目的。栏目有《中国与国际》《专
论》《特稿》《文艺》《诗》《专载》。刊载内容有日本侵华历史的客观小述、对当时中国在
政治、教育、农业、文艺等方面存在问题的评论，以及散文、诗歌等。首期主要文章有《日本
侵华小史》《谈谈资本主义》《目前中国的农村问题》等。

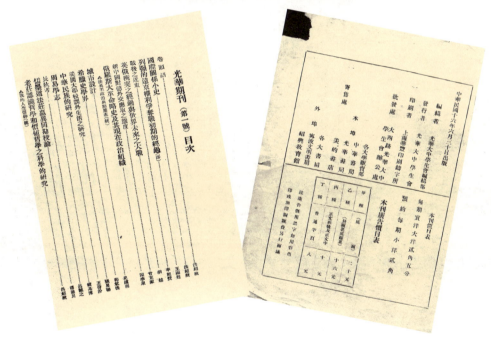

《光华期刊》

　　1927年6月30日创刊于上海，光华大中学生会编辑部编辑，光华大中学生会发行，半年刊。该刊主张革命以学识为依据，求学为革命。刊载文章大部分由该校学生撰写，涉及自然和社会科学，有"国际宏论、大战预测、赤色革命、理想城市设计、详密考据、精准校勘、优生的捷径、接吻妙谈，也有旖旎风光的小说、缠绵悱恻的新诗"等。李石岑题写刊名，陈炳煌绘制漫画。

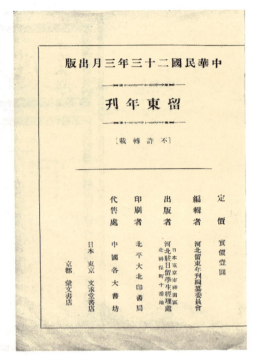

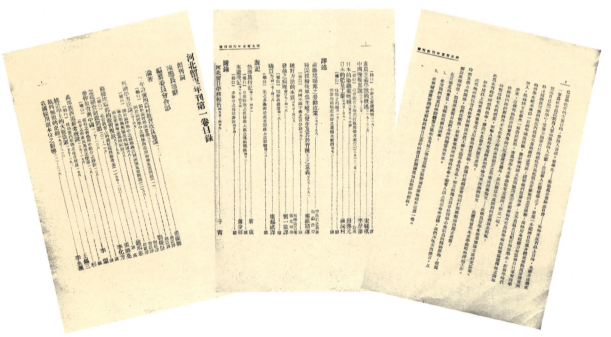

《河北留东年刊》

　　1934年3月创刊于东京，河北留东年刊编纂委员会编辑，河北驻日本留学生经理处出版，年刊。办刊者希望该刊能"鼓舞并持续留东同学的读书兴趣，练习并增进留东同学的发表能力，唤起留东同学的互相观摩和研讨"，使留学生的研究著作在一定程度上能促进本国政治、经济乃至文化发展，让留学生的译作为本国输入海外先进有用的理念和思想。刊物设有《论著》《译述》《游记》等栏目。内容包含了教育、经济、政法、农工、医学、文艺等各类作品。刊名由钱玄同题写。

《大学生》

1945年1月创刊于南京，中国大学生学术研究会编辑发行，刊期不定。该刊以"学术的探讨和研究，自身的修养和锻炼，健全我们的智能和人格，才能承担时代的使命"为主旨，使当时在校、在职、失学青年都有参与研究的机会。刊载有评论、大学通讯、散文、诗歌等。创刊号内载有《关于"系"和"派"》《领海内沿海国主权行使之检讨》等文章。刊名由马公愚题写。

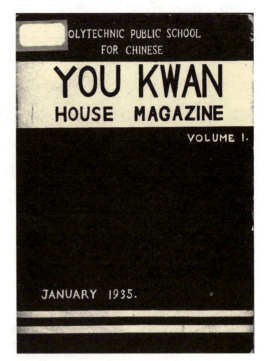

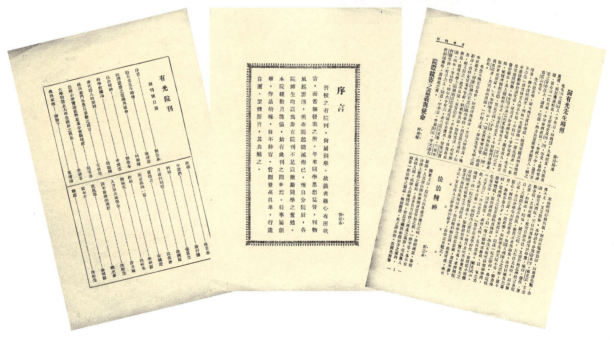

《格致公学有光院刊》

　　1935年1月创刊于上海，格致公学有光院编辑发行，刊期不详。该刊以"激励同学之奋勉"为宗旨。主要刊登本校师生作品，方便师生交流学习。刊载有论述性文章，也有诗歌、散文、随笔、小说等文学作品。主要撰稿人有刘崇本、倪贵春、沈彬生、余福源等。创刊号内刊有《归有光先生略传》《科学救国论》等文章。刊后有英文目录及一些文章的英文摘要，还有少量中英文对照诗歌。

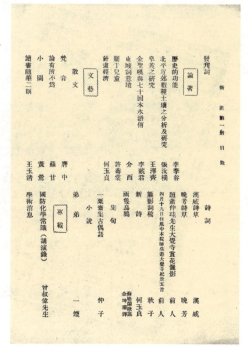

《新苗》

　　1936年5月1日创刊于北平，1937年6月停刊，共18期。国立北平大学女子文理学院出版委员会编辑发行，初为半月刊，第5期始改为月刊。"新苗"命意出自陶渊明诗"有风自南，翼彼新苗""平畴交远风，良苗亦怀新"。设有《论著》《文艺》《诗词》《小说》《专载》等栏目。刊载该学院师生各种学术论述及散文、小说、诗歌等文艺作品。文章以创作为主，翻译次之。

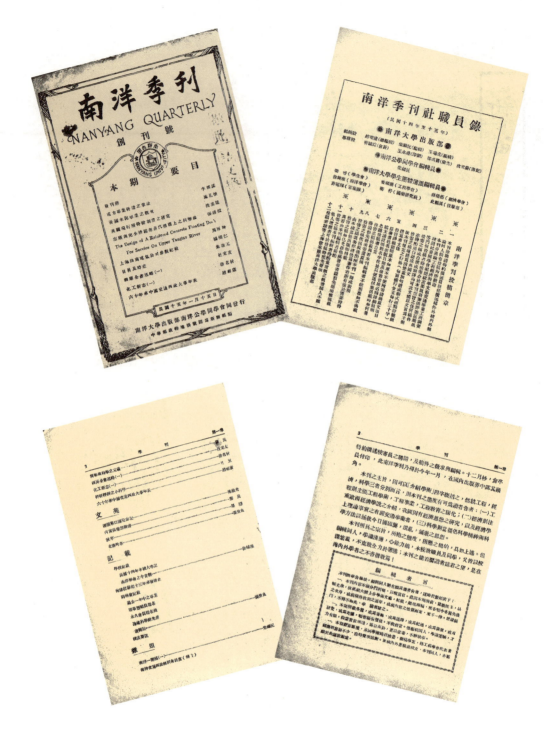

《南洋季刊》

　　1926年1月15日创刊于上海，上海南洋大学出版部编辑发行，季刊。该刊以"介绍学术"
为主旨，概括而言，工程方面主张"工程学术、工程事业、工程教育之国化"，经济方面注重
"欧西经济学说之介绍，我国固有经济思想之研究"，科学方面则提倡用"科学精神与科学方
法以拯救今日国因袭、混乱、偏激思想"。设有《学术》《文苑》《记载》《杂俎》等栏目。
刊登内容主要有工程、经济、科学与文化等方面的学术文章，以及少量的游记、学校大事记、
同学会纪闻等。

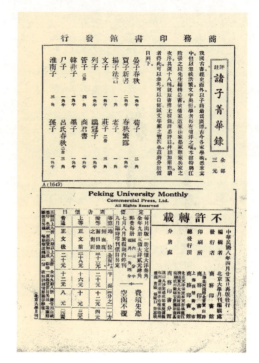

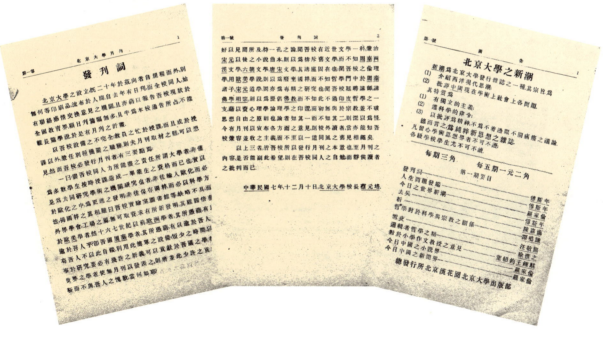

《北京大学月刊》

　　1919年1月创刊于北平，1919年4月25日再版，北京大学月刊编辑处编辑，商务印书馆发行，月刊。馆藏为再版本，该刊创刊有三个要点，"一曰尽吾校同人力所能尽之责任。二曰破学生专己守残之陋见。三曰释校外学者之怀疑"。内容包括社会科学和自然科学两部分，主要刊载有哲学、经济、法律、语言文字、文学、理化工等学科论述。主要撰稿人有蔡元培、陈启修、马寅初、钱玄同等。发刊词由时任校长的蔡元培撰写。

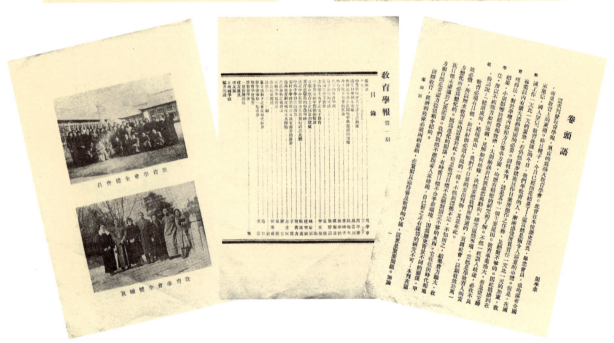

《教育学报》

　　1936年3月3日创刊于北平，1941年12月停刊，共发行6年6期。燕京大学教育学会编辑委员会编辑，燕京大学教育学会发行，年刊。该刊意在加强"教育救国"和学术研讨的力度，负有团结同学共同为教育努力的使命，主要介绍适合本国教育的方法和可供借鉴的国外教育方法。主要撰稿人有阮康成、周学章、吴雷川、林维新等。

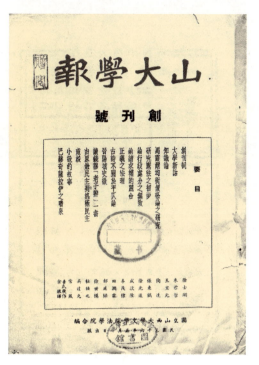

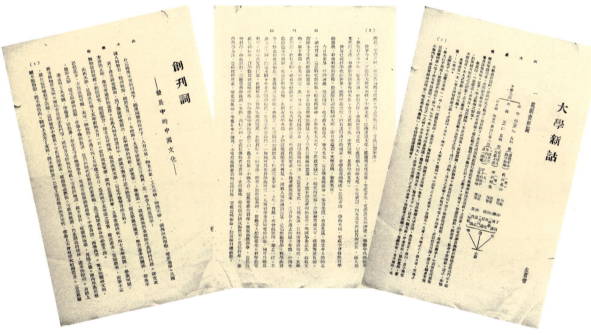

《山大学报》

  1947年5月1日创刊于太原，国立山西大学文法学院合编，国立山西大学出版委员会出版，刊期不详。该刊以"提倡科学，推崇科学方法"为己任，提出了"中国今日当然要推崇科学，发展自然科学，提倡社会科学"之主张。所载内容有哲学、法学、历史与诗词方面的论述及小说、随笔、外国诗作的翻译等。

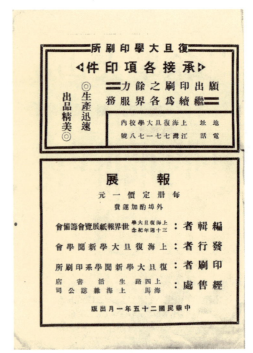

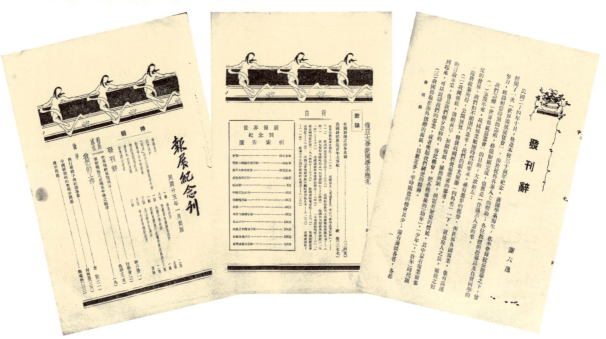

《报展》

1936年1月创刊于上海，上海复旦大学三十周年纪念世界报纸展览会筹备会编辑，上海复旦大学新闻学会发行，刊期不详。该刊旨在将世界报纸展览会的筹备经过、搜集的成绩及开会情况等作永久纪念。栏目有《论著》《谈荟》《新闻漫画》《附录》等。所刊内容有国外报业状况报道，也有对我国报业发展提出建议的文章，另刊登有展览会的照片。主要撰稿人有谢六逸、汪伯奇、方治、沈颂芳等。

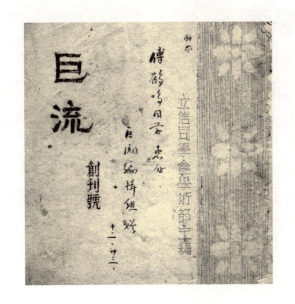

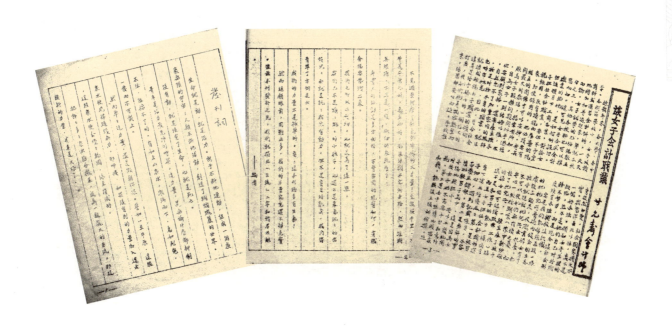

《巨流》

　　1946年12月20日创刊于上海，巨流编辑组编辑，立信同学会学术部发行，半月刊。创刊者办此刊的目的在于激发并汇聚年轻人的活力，为青年同学提供了一个展现自己才华的平台。栏目有《专论》《小说》《诗》《杂文》《小品》等，撰稿人有章乃器、甘元寿、长醒等。首期刊有章乃器的《论美苏关系》、甘元寿的《谈女子会计职业》、朱霁月的《月夜》、郭期生的《巨流颂》等文章。该刊文字全为手写体。

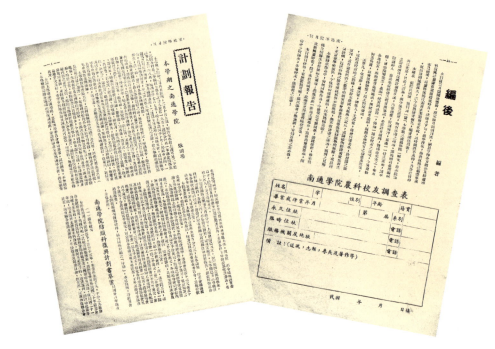

《南通学院月刊》

　　1947年5月创刊于南通，南通学院编辑发行，月刊。著名实业家张謇先后创办南通农科大学、纺织专门学校、医学专门学校，1928年三校合并为南通大学，1930年后改名为私立南通学院。故该刊主张"教育与实业应互为表里，相互配合，共同发展"。设有《计划报告》《法令章则》《重要院闻》《校友通讯录》《师生作品》《附录》等栏目，主要刊载学院各科计划报告、学院重要新闻、师生文学作品等。

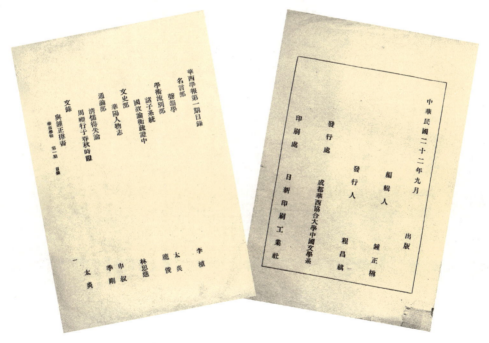

《华西学报》

　　1933年9月创刊于成都，钟正楸编辑，成都华西协合大学中国文学系发行，年刊。设有《名言部》《学术流别部》《文史部》《通论部》《文录》等栏目。刊载内容有语言文字学、历史学等方面的文章。撰稿者有李植、林思进、季刚等。代表性文章有《华阳人物志》《清儒得失论》等。每期后附有该期正误表。

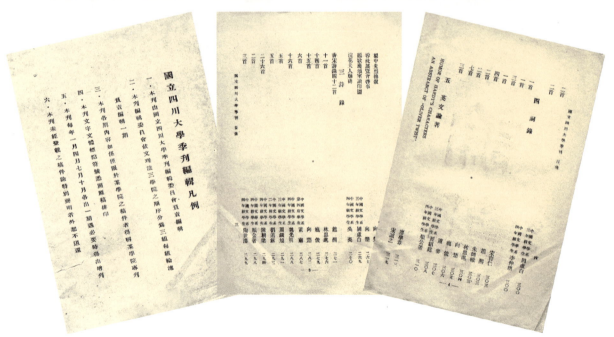

《国立四川大学季刊》

　　1935年7月1日创刊于成都，由国立四川大学季刊编辑委员会编辑，国立四川大学秘书处出版课发行，季刊。栏目有《论著》《文录》《诗录》《词录》《英文论著》。该刊编辑委员会依文理法三学院之顺序分为三组，每组轮流负责编辑一期。首期是文学院专刊，主要刊载文学院师生的学术著作、诗词作品等，兼有少量英文著作。

雲 南 大 學 學 報

第一類　第一號　民國廿八年四月

本 期 目 錄

國 立 雲 南 大 學 出 版

《云南大学学报》

　　1939年4月创刊于昆明，国立云南大学西南文化研究室编辑，国立云南大学出版，不定期发行。第一类（文史版）第一号为国立云南大学廿周年纪念特刊。该刊强调研究的学术性、科学性和前沿性，注重理论创新。刊载有关文学、史学、文献学等社科类文章。首期收有吴晗的《元明两代之"匠户"》，冯友兰、张可为的《原杂家》等文。

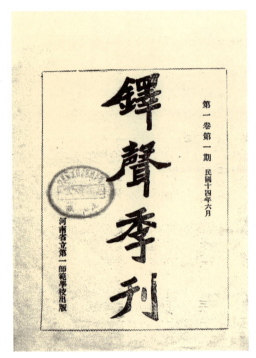
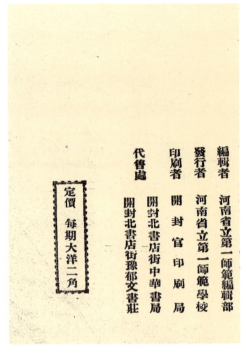
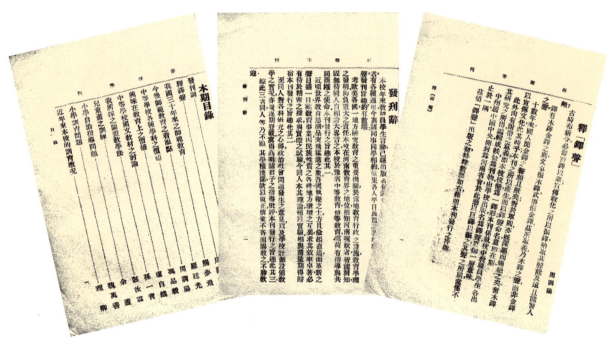

《铎声季刊》

1925年6月创刊于开封，河南省立第一师范编辑部编辑，河南省立第一师范学校出版，季刊。"铎声"，意指"宣传教化，声能及远"。该刊旨在"研究学术，促进文化及报告本校状况"。主要刊载有关教育学术研究论著，包含师范教育、中等教育、小学教育、儿童教育、心理教育等，另有学校计划、教学实况等内容。

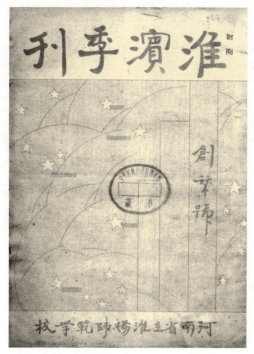

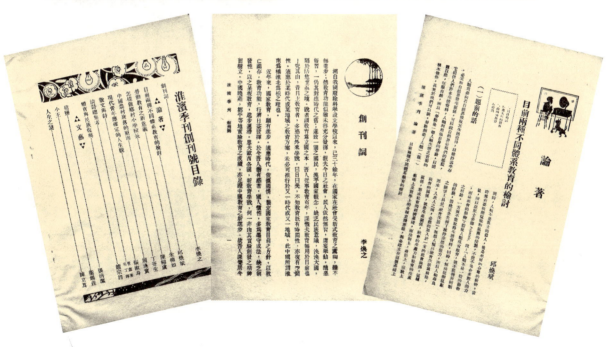

《淮滨季刊》

　　1936年5月1日创刊于河南淮阳，河南省立淮阳师范学校编辑出版，季刊。该刊提倡教育要"顾及时代之潮流，应乎社会实际之需要"。设有《论著》《文艺》《校闻》等栏目。刊载内容主要有教育理论、学术论著及文艺作品等。创刊号内载有邱焕斌的《目前两种不同体系教育的检讨》、陈绍虞的《怎样做乡村小学校长》、赵宗谔的《体育与民族复兴》、周汉寅的《现代青年应确定的人生观》等文章。

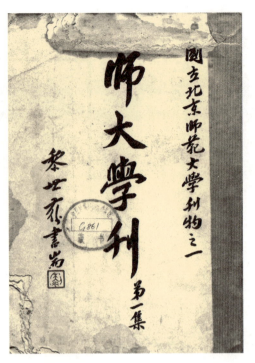

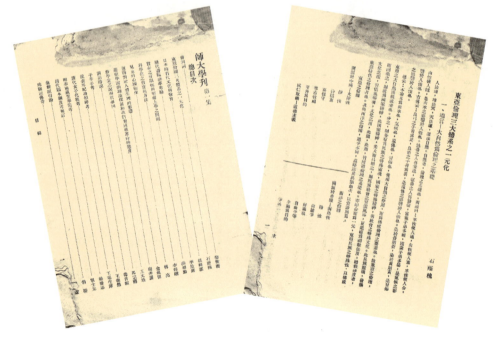

《师大学刊》

　　1942年6月创刊于北京，1943年停刊，仅出两期。国立北京师范大学学刊审查委员会编辑
发行，年刊。作为国立北京师范大学所办刊物之一，该刊以推动学术界发展，增进本校师生交
流为目的。主要刊载本校各学科师生的学术研究论著。内容上文理兼备，既包含国学、文学、
史学、文献学等社会科学，又有化学、生物学、天文学等自然科学。

《市商校刊》

　　1948年10月10日创刊于天津，市商自治会出版股校刊编辑部编辑，市商学生自治会发行，刊期不详。创刊者本着务实的态度，以期利用该刊来发挥出"爱"和"干"的精神。设有《经济》《文艺》《诗歌》《读书介绍》《生活侧写》等栏目。内容主要为讨论币制改革、物价政策，发表该校师生文艺作品，介绍学习方法、社团活动等。

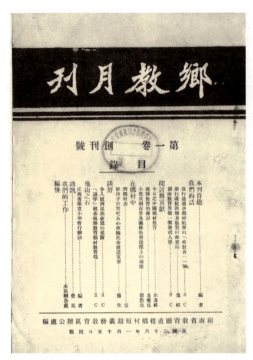

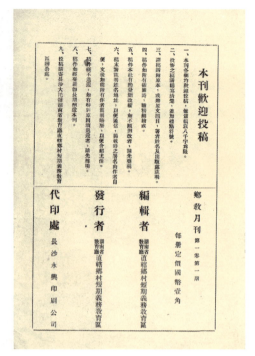

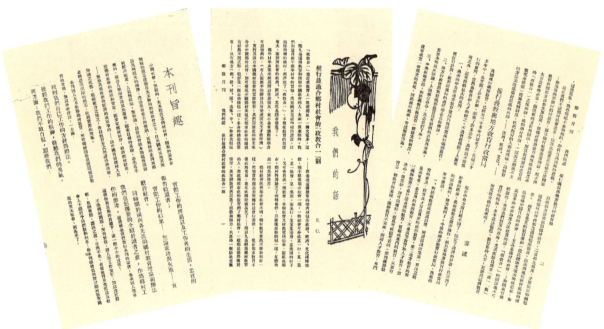

《乡教月刊》

1937年1月15日创刊于长沙，1937年10月停刊。湖南省教育厅直辖乡村短期义务教育区编辑发行，月刊。该刊旨在救济乡村社会，服务乡村教育。设有《我们的话》《探讨与贡献》《在乡村中》《谈屑》《他山之石》等栏目。刊载有关义务教育、乡村教育、民众教育的文章。创刊号内刊有《今日之中国乡村教育》《义务教育的检讨》等文章。

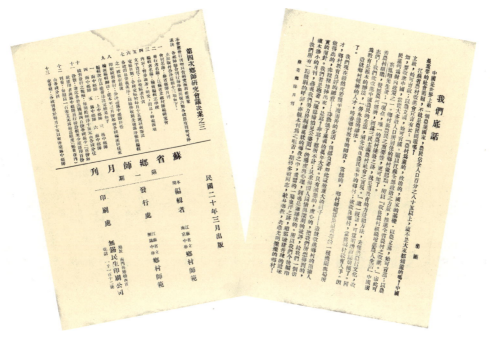

《苏省乡师月刊》

　　1931年3月创刊于无锡，江苏省立南京中学乡村师范编辑，江苏省立无锡中学乡村师范发行，月刊。该刊实行各乡村师范学校轮值编辑，其创刊正值国民政府努力改良农村组织、增进农人生活时期，因此承载培养乡村教育师资，发展乡村教育，振兴乡村建设之责。栏目设有《论著》《研究》《消息》《特载》等。内容围绕乡村教育理论、教育经费、教师培训、教学问题等展开。

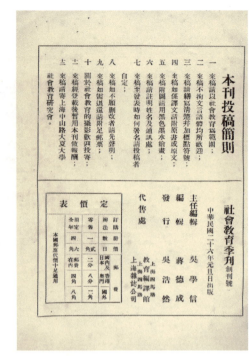

《社会教育季刊》

　　1937年1月1日创刊于上海，吴学信、蒋德成编辑，上海大夏大学社会教育研究会发行，季刊。该刊旨在"研究社会教育理论，介绍社会教育实施方法，冀以一得之愚，供诸社会"。刊载内容包括社会教育行政、农村教育、少儿社会教育、儿童救济、国外社教人员训练概况等。创刊号内刊有《非常时期的社会教育》《图书馆与社会教育》等文章。

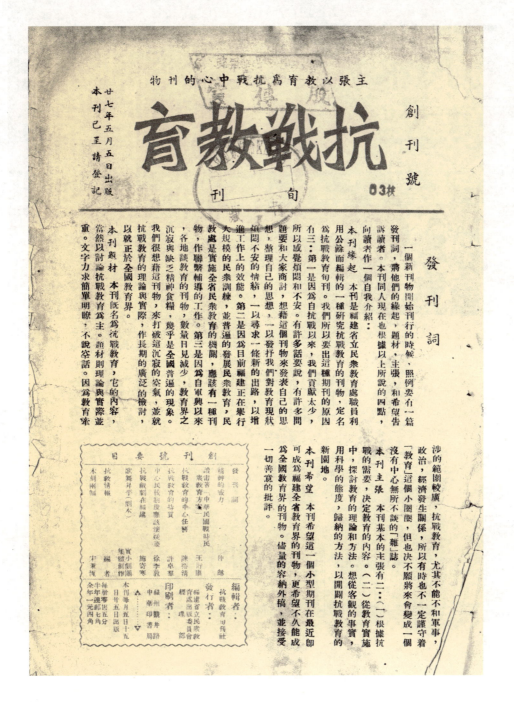

《抗战教育》

　　1938年5月5日创刊于福州，抗战教育旬刊社编辑，福建省立民众教育处出版委员会经理部发行，旬刊。该刊主张以教育为抗战中心。内容以讨论抗战教育为主，理论与实际并重，还涉及军事、政治、经济等内容。

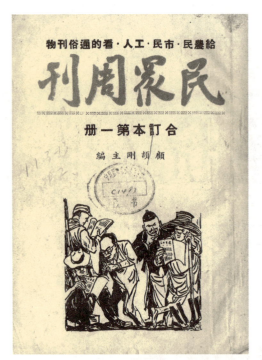

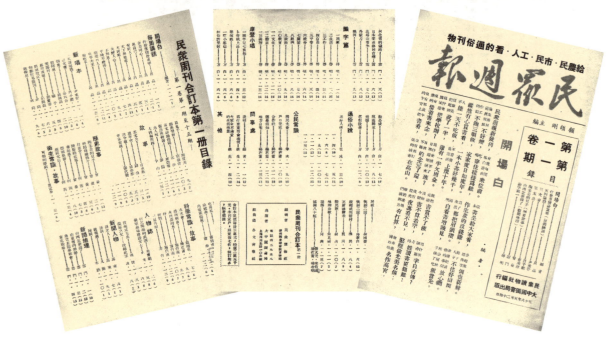

《民众周刊》

　　1947年5月24日创刊于上海，民众读物社、苏州国立社会教育学院编辑，顾颉刚主编，大中国图书局出版，周刊。该刊认为要多读书，并指出读书的益处多多。栏目有《每周讲话》《新唱本》《故事》《历史故事》《卫生常识·故事》《科学常识·故事》《人物志》《新闻人物》《新闻地理》《识字篇》《摩登小唱》《通俗小说》《公民常识》《问事处》等。所载内容广泛，形式多样，刊载适合农民、市民、工人等大众看的通俗文章。

《时代学生》

　　1945年10月16日创刊于上海，时代学生出版社编辑并发行，半月刊。该刊旨在报道学生生活情形，沟通学生思想，反映学生要求和呼声，成为全上海学生联系的平台，成为学生自己的会场和听取社会知名人士针对教育问题发表宏论的会场。所设栏目有《短评》《学生座谈》等。创刊号内载有吴原的《上海学生的要求》、锡金的《鲁迅诗话》等文章。

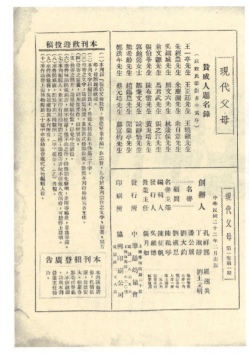

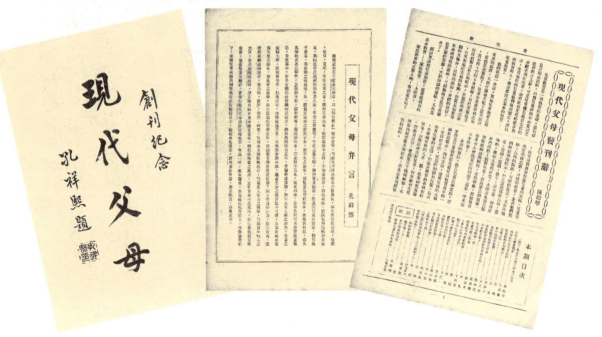

《现代父母》

    1933年2月创刊于上海，陈征帆编辑，中华慈幼协会发行，创办人为孔祥熙、丁淑静，名誉主笔为陈鹤琴，月刊。该刊以"提倡父母教育，推进儿童幸福"为宗旨。提出家庭教育是儿童教育的重要场所，而家庭教育的主要人物是父母，要改进儿童教育就要先从父母教育着手。主要为研究父母教育、科学教养儿童、家庭教育等。撰稿人有陈鹤琴、蔡元培、张之江等。

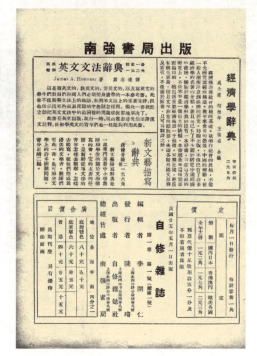

《自修杂志》

　　1936年5月1日创刊于上海，李开仁编辑，自修杂志社出版，月刊。该刊设有《自学成功名人》《世界知识》《自修方法指导》《科学知识》《自修座谈》《地理知识》等栏目。内容多与自修有关，如分享自学成功名人经验，介绍各科理论知识，推荐自学方法及参考书目，兼及部分一般性内容，包括世界知识、科学知识、地理知识介绍，也刊有少量文学作品。

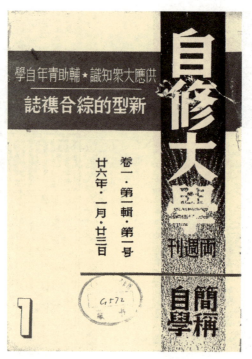

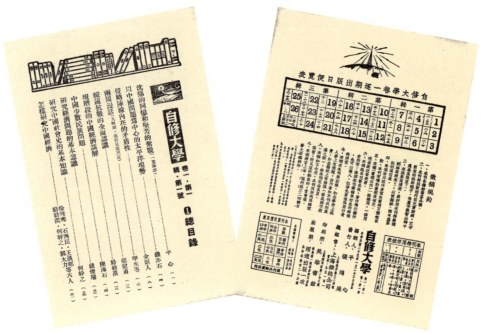

《自修大学》

　　1937年1月23日创刊于上海，平心编辑，张鸿飞发行，双周刊。该刊旨在"供应大众知识，辅助青年自学"。内容与自修自学有直接关系，涉及政治形势分析、经济研究、民族问题探讨、读书作文之门径、自学书目推荐等。专门设有《百科基本知识速修班》栏目，创刊号内刊有《以中国问题为中心的太平洋现势》《研究中国社会史的基本知识》等文章。

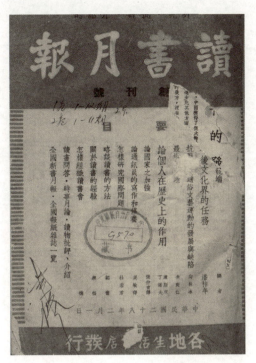

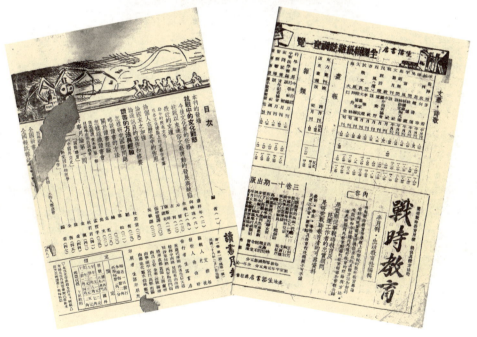

《读书月报》

　　1939年2月1日创刊于重庆，艾寒松、史枚编辑，生活书店发行，月刊。该刊目的在于"帮助青年自主学习，推进战士的学术"。设有《抗战中的文化动态》《读书的方法与经验》等栏目。载文介绍读书、学习的方法和经验，报道抗战中的文化动态，介绍当今出版及可读的书报，解答学习生活中各种疑问等，以求引发青年自动学习的精神。撰稿人有潘梓年、张仲实、向林冰等。

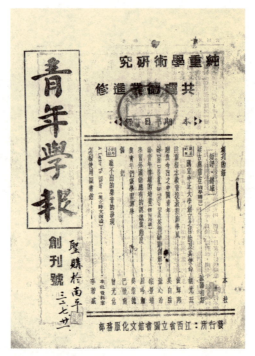

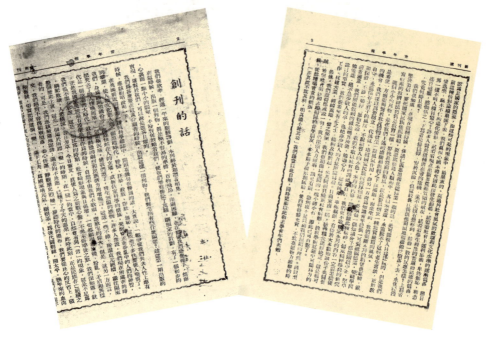

《青年学报》

1943年1月创刊于江西泰和，青年学报社编辑，江西省立图书馆文化服务部发行，双月刊。该刊希望"能够对于社会稍稍发生一点风气作用""为知识青年提供一可资砥砺德业、切磋学问的机会"，倡导"知识分子都能刚毅中正、坚卓自守，永远保存士君子的风度，不脱读书人的本色"。设有《短评·杂感》《科学小品》等栏目。刊物内容偏重纯粹学问的研究和探讨，涉及国学、教育学、外语学习辅导、科学小品等。

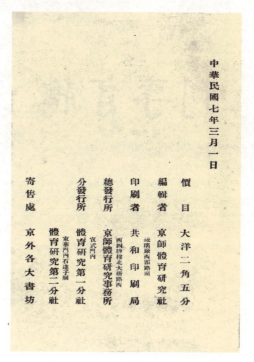

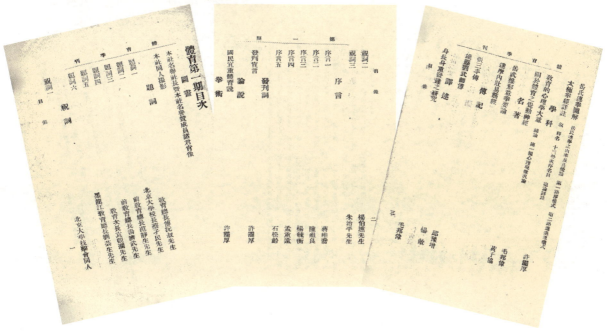

《体育》

  1918年3月1日创刊于北平，京师体育研究社编辑，京师体育研究事务所发行，季刊。京师体育研究社成立于1912年，以"提倡尚武精神，养成健全国民"为宗旨，研究武术，发扬民族传统体育精神。设有《论说》《拳术》《学科》《名著》《传记》《译述》《记事》《轶闻》《杂俎》等栏目。主要论述国民体育发展，介绍传统体育技法。刊名由严修题写，刊内有蔡元培、汤化龙、傅增湘的题词。

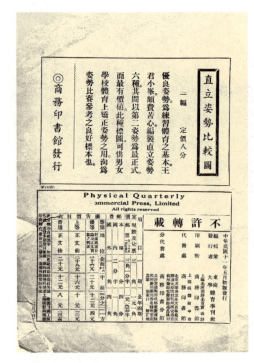

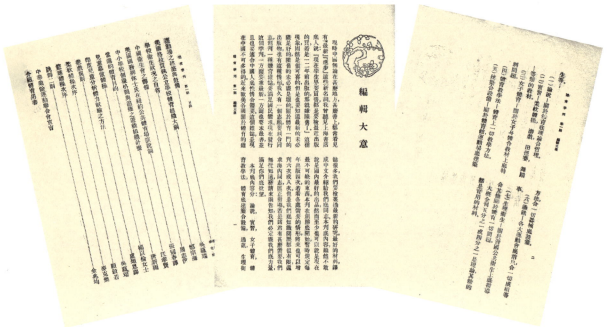

《体育季刊》

　　1922年5月创刊于上海，东南大学体育季刊社编辑发行，季刊。1924年后改为《体育与卫生》。该刊以创办"适合中国人的性情和需要"的体育刊物为己任。内容以介绍学校体育教育及科学体育运动方法为主，包括女子体育、体育教学法、体育建筑和设备、生理卫生及国外体育研究成果等。创刊号内主要文章有《对于体育同志的希望》《正常体重之重要及其提倡之方法》等。

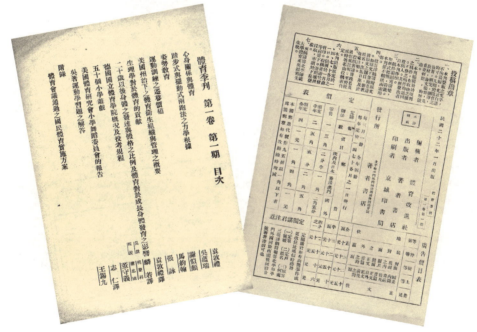

《体育季刊》

　　1933年1月创刊于北平，体育改进社编辑，著者书店出版，季刊。该刊重在介绍体育锻炼方法及欧美体育发展状况，主要刊载关于体育之论著、研究、译述、教材、论文撮要及重要新闻等。撰稿人有袁敦礼、谢似颜、张咏、王锡九等。创刊号内载有《心身关系与体育》《运动训练之迁移价值》《五十个小学游戏》《德国国立体育学院概况及投考规程》等文章。

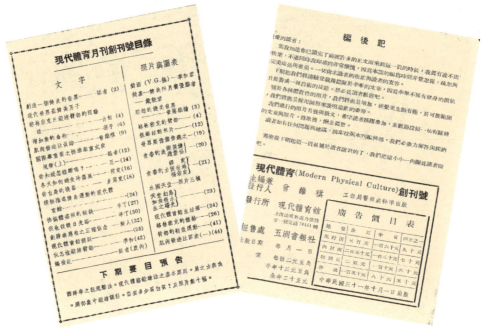

《现代体育》

　　1942年10月1日创刊于上海，1944年1月停刊。曾维祺主编，现代体育馆发行，初为月刊，后改为季刊。该刊以"创造一个健美的世界"为宗旨，除普及体育运动知识外，也为现代体育馆进行宣传。主要刊载体育锻炼方法和作用、医疗保健常识、健美知识、自卫防身技能等内容，另附多张照片与图表。创刊号开篇即为《创造一个健美的世界》，每期封面均为中国著名运动健将的照片。

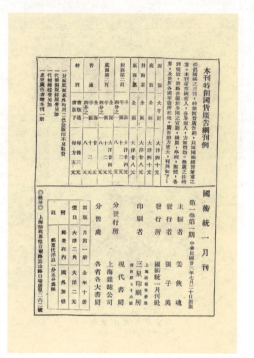

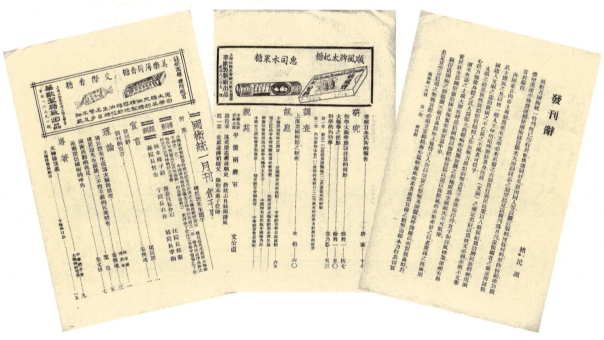

《国术统一月刊》

　　1934年7月20日创刊于上海，姜侠魂主编，国术统一月刊社发行，月刊。该刊旨在提倡国术，发扬武道，让广大民众掌握国术，以达到强健体格、振兴民族之目的。设有《理论》《专著》《研究》《调查》《讯息》《说苑》等栏目。所刊内容包括理论研究、史料研究、专著探讨、调查统计、国术探源等，另刊内有于右任、戴传贤等人题词。

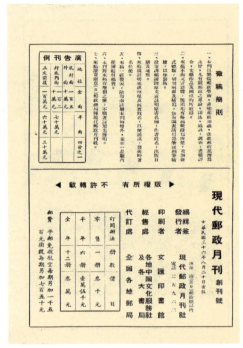

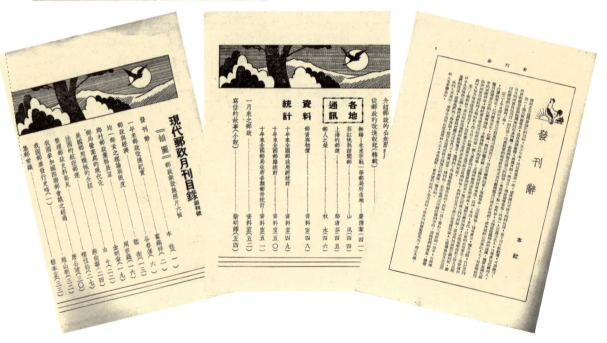

《现代邮政》

　　1947年8月20日创刊于南京，现代邮政月刊社编辑发行，月刊。该刊以"阐扬邮政学术、灌输邮政知识、改进邮政业务为主旨"，主要刊登国内外有关邮政的论述和介绍，包括邮政与经济之关系，美国、法国邮政事业发展，邮票发行史略，邮政服务机构等。特辟有《各地通讯》和《资料统计》栏，《各地通讯》主要介绍地方通讯事业及邮递员等，《资料统计》主要登记十年来全国邮政局所、邮路、收寄邮件统计等。

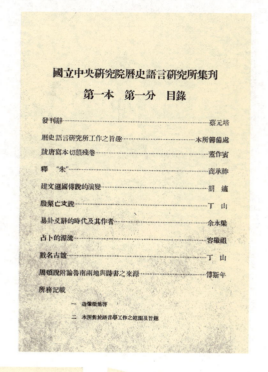

《国立中央研究院历史语言研究所集刊》

　　1928年10月在广州创刊，国立中央研究院历史语言研究所编辑，商务印书馆发行，不定期刊行。该刊在学术界的影响比肩《国立中山大学语言历史学研究所周刊》和《国学季刊》，主要收录历史学、语言学、考古学、人类学、文字学等领域的论文。发刊词由蔡元培撰写，创刊号内刊登的《历史语言研究所工作之旨趣》《所务记载》等文介绍了傅斯年等近代文史学者变革传统学术的宏愿。

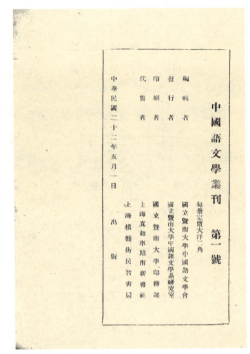

《中国语文学丛刊》

　　1933年5月1日在广州创刊，国立暨南大学中国语文学会编辑，国立暨南大学中国语文学系研究室发行，刊期不定。其前身为《南音》，发行4期后因国难停刊，复刊后更为现名。栏目有《论著》《译述》《诗录》《词录》《诗话》等。主要探讨语言、文字、文学等方面的学术问题，还发表了多篇该校语文学系师生的古体诗词作品。刊名为蔡元培所题，发刊词由国学大师陈钟凡撰写。

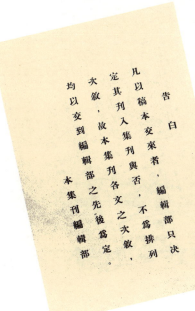

《国立中山大学文史集刊》

　　1948年1月在广州创刊，国立中山大学中国语言文学研究所、历史学研究所编辑，国立中山大学出版组发行，刊期不定。该刊以研究语言与历史之科学为宗旨，主要收录历史、文化、语言、文字、音韵等方面的学术研究文章，创刊号内收录有杨树达的《叔夷钟跋》、谭戒甫的《诗下武篇详释》、陈登原的《中国文明之地理转移》、岑麒祥的《古书倒文释例》和王力的《关于中国语法理论》等文章。

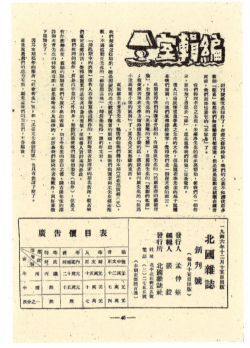

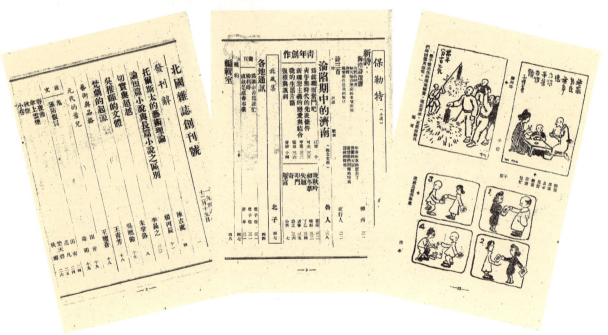

《北国杂志》

　　1946年12月15日创刊于北平，张毅编辑，北国杂志社发行，月刊。该刊坚持文艺"反映时代、导率时代、解释时代"的主张，倡导研究、评论、创作、翻译并重的原则，讲求作品要反映现实，内容要丰富。主要登载学术论著、散文、小品、杂文、新诗、报告文学、新书介绍、短篇小说、摄影作品、漫画等。

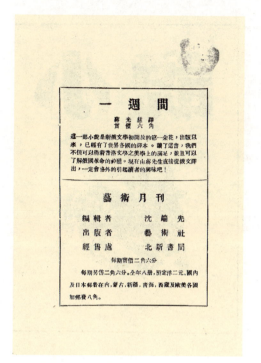

《艺术》

　　1930年3月16日在上海创刊，沈端先（夏衍）编辑，艺术社出版，月刊。主要登载国内外艺术创作及艺术评论，如郑伯奇的《中国戏剧运动的进路》、麦克昂的《普罗文艺的大众化》、冯乃超的《俄国革命前的文学运动》等。编后载有由郁达夫、鲁迅、田汉等人发起的中国自由运动大同盟宣言，号召要争取言论、出版、结社、集会等自由，反对南京国民政府统治，提出了"不自由，毋宁死"的口号。

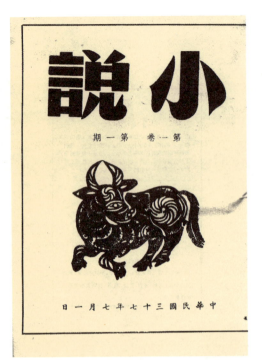

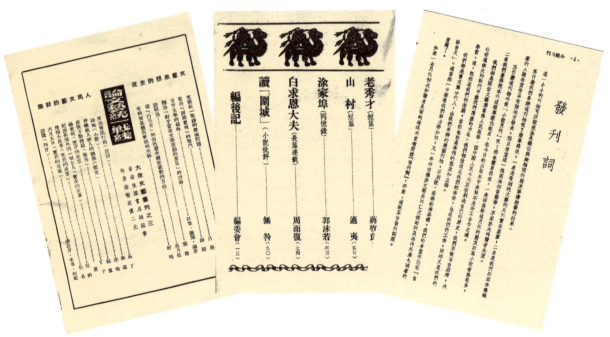

《小说》

　　1948年7月1日创刊于中国香港，小说月刊社编辑出版，编辑人有茅盾、巴人、葛琴、孟超等，月刊。创刊者倡导文艺是为人民服务的，之所以办《小说》月刊，是因为办刊者多为写小说的。刊载各类长短篇小说及报告文学等，以短篇小说为主。创刊号内登载了茅盾的《惊蛰》、西戎的《喜事》、蒋牧良的《老秀才》等短篇小说，郭沫若的回忆录《涂家埠》，周而复的长篇连载小说《白求恩大夫》和无咎的小说批评《读〈围城〉》等。

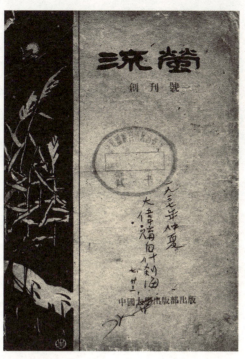

《流萤》

　　1930年3月1日在北平创刊，中国大学英文学会编辑，中国大学出版部出版，月刊。中国大学有光荣的革命传统，培养出了一大批民族英雄和国家栋梁。该刊旨在"研究文学，求美感之增进、东西文学之沟通"。主要发表文学作品、译作和文学评论等，如《论文学》《生之反映》《顺天轮上》等。《发刊词》的撰者沈步洲曾在国立北平大学、国立北平女子师范学院任教，著有《言语学概论》一书。

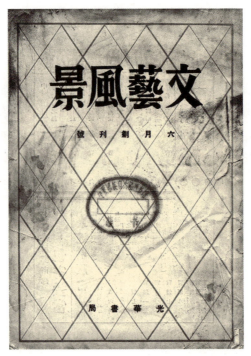

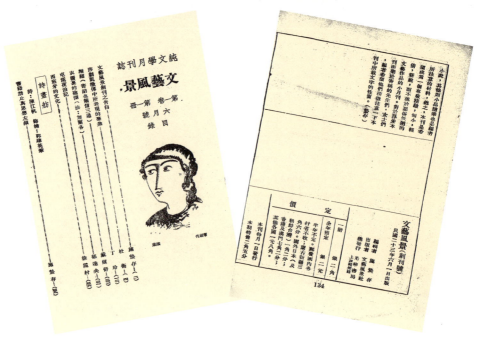

《文艺风景》

　　1934年6月1日创刊于上海，施蛰存编辑，文艺风景社出版。该刊与《现代》被施蛰存称为姊妹刊，均由其负责。该刊是"以轻俏见长的纯文学月刊"，主要登载精致、短小、新锐、不流俗的文艺作品，如杜衡的《莎剧凯撒传中所表现的群众》、丁玲的《离绪——寄胡也频信三通》、郁达夫的《屯溪夜泊记》等。

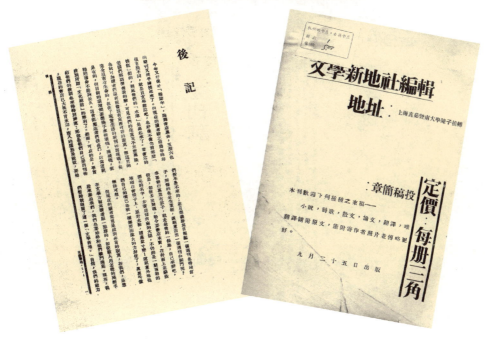

《文学新地》

　　1934年9月25日在上海创刊，文学新地社编辑发行。该刊为左联文学刊物，仅出版了1期便遭到查禁。载有《马克思论文学》《托尔斯泰像俄国革命的一面镜子》等马列主义文艺理论文章以及《太原船上》《一九三三年上海所感》《王伯伯》等进步文学作品。其中，叶紫用杨镜英笔名撰写的小说《王伯伯》被鲁迅先生推荐到《国际文学》上发表，获得了国际读者的赞许。

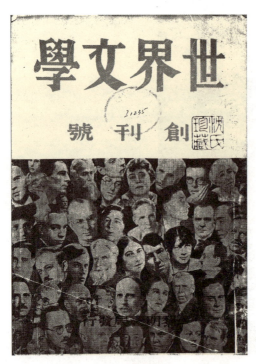

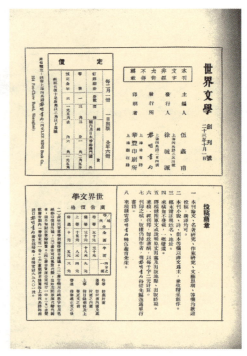

《世界文学》

　　1934年10月1日创刊于上海，伍蠡甫主编，黎明书局出版，双月刊。该刊旨在探索中国文学走向世界的途径，大力宣传新文学。设有《论文》《作家作品研究》《小说》《剧本》《诗》《散文》《随笔》《文献》《杂记》等栏目。主要内容有小说、剧本、名著研究等。创刊号内载有叶青的《世界文学的展望》《徐志摩论》、孙寒冰翻译的《一个陌生女子的来信》等文章。

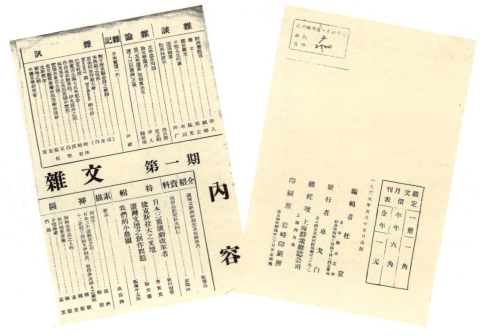

《杂文》

　　1935年5月15日在日本东京创刊，杜宣编辑，卓戈白发行，双月刊，同年9月20日被迫停刊，共出版了3期。辟有《杂谈》《杂论》《杂记》《杂讯》《介绍》《资料》《插图》《小诗》《素描》等栏目。主要登载文艺理论、名家作品译介和文坛消息。撰稿群体为中国左翼作家联盟东京支盟，创刊号内载有《子恺先生的画》《古典戏之复活》《论文学遗产》《日本三个演剧改革者》等文章。刊名由鲁迅先生拟定，后改名为《质文》。

《隽味集》

　　1938年3月20日创刊于上海，顾宗沂、张贤佐编辑，民益荧记印刷公司发行，半月刊，共发行4期。该刊旨在"提倡高尚阅读兴味，搜罗世界有趣文章"。创刊号内载有马克·吐温的《日出与日落》、林语堂的《睡的艺术》《几个非科学的公式》等作品和对西方新式思想的宣传。此外，还刊登了不少漫画作品。

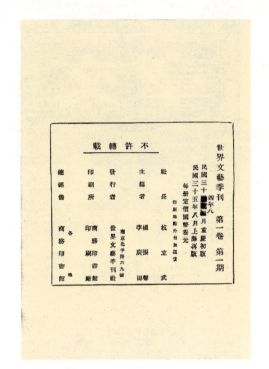

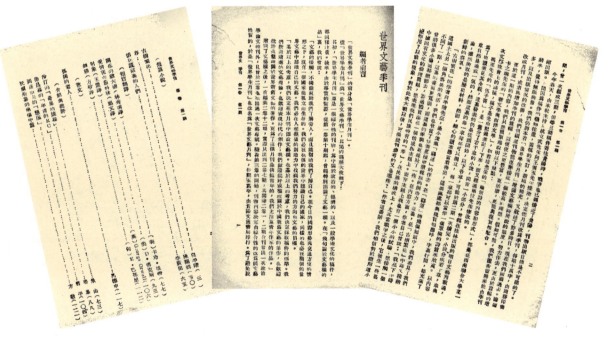

《世界文艺季刊》

　　1945年8月创刊于南京，杨振声、李广田主编，世界文艺季刊社发行，1946年8月上海再版，季刊。其前身是《世界学生月刊》。该刊以西南联大为主要阵地，并试图走出校园，面向社会，面向世界。主要介绍评论国外著名作家作品，登载诗歌、小说、译作以及文艺理论，如卞之琳的《新文学与西洋文学》、冯至的《伍子胥》、白平阶的《古树繁花》、李广田的《活在谎话里的人们》等。

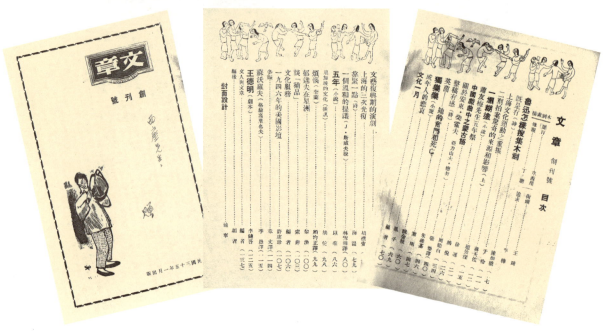

《文章》

　　1946年1月15日在上海创刊，文章社编辑，永祥印书馆发行，月刊。该刊主张"只求质的充实，而不求量的丰多"。栏目包括《短论》《随笔》《木刻素描》《诗歌》《小说》《寓言》《盖棺论》等。撰稿人有白燕、曹聚仁、陈子展等。所载内容涉及面广，创刊号内收有陈烟桥的《鲁迅怎样搜集木刻画》、蒋天佐的《上海文化运动之重振》、周贻白的《中国戏曲中之蒙古语》等文章。

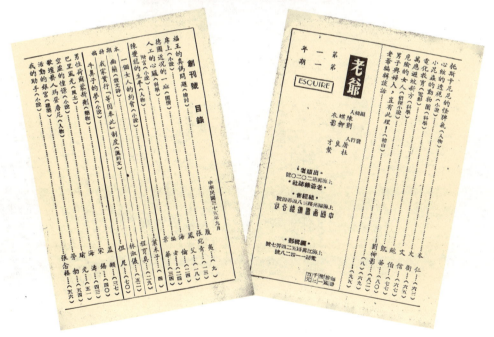

《老爷》

　　1946年9月在上海创刊，陈蝶衣、刘柳影编辑，老爷杂志社出版，仅见一期。陈蝶衣曾创办了我国知名刊物《万象》。《老爷》刊名源自美国男人杂志ESQUIRE，旨在向读者推荐趣味浓厚的文艺作品和知识。办刊者追求简洁明畅易懂的笔调。创刊号特稿有叶禾子的《一个女人的约会》、但尼的《牛鼻子的梦》、程育真的《幽兰》和林淑仪的《我家实行"等因奉此"制度》等文章。

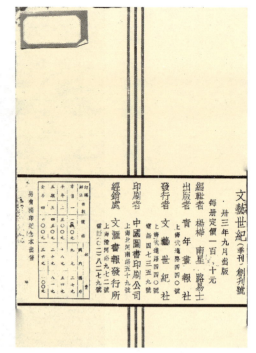

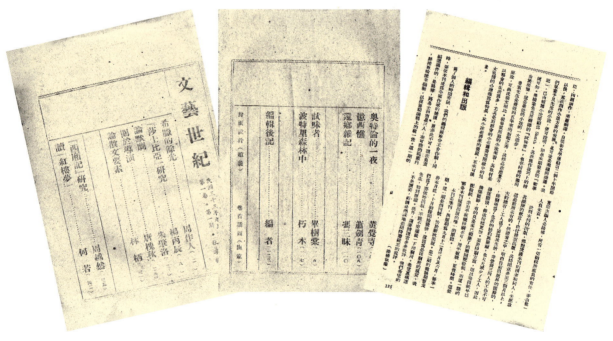

《文艺世纪》

　　1944年9月在上海创刊，杨桦、南星、路易士编辑，青年画报社出版，文艺世纪社发行，季刊。该刊的宗旨是研究及介绍世界文艺，整理我国历代文艺的遗产并创造新文艺。主要内容有文艺理论、文艺评论、世界文艺介绍、古代文学遗产研究和文学作品。创刊号内登载有周作人的《希腊的余光》、戴望舒的《失去的酒》、杨桦的《描在青空》、杨丙辰的《莎士比亚研究》等作品。

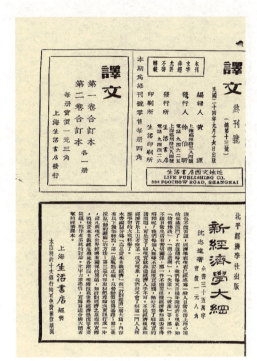

《译文》

　　1934年在上海创刊，黄源编辑，生活书店发行，月刊。1935年9月16日终刊，馆藏为终刊号，1936年又复刊。该刊主要翻译和介绍国外优秀的传记、小说等文艺作品，旨在丰富文艺爱好者的生活。所刊译文体裁不受限制，诗歌、散文、小说、随笔皆所涵盖，所载多为世界名著。鲁迅、茅盾等也曾多次为该刊撰稿。

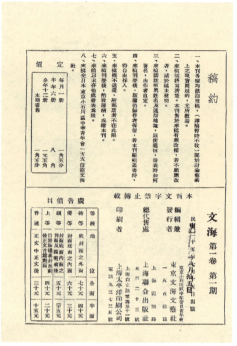

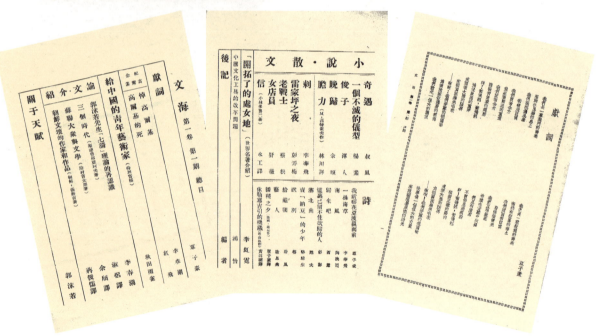

《文海》

　　1936年7月15日创刊于东京，东京文海文艺社编辑发行，文学刊物，刊期不详。该刊旨在讨论艺术上的现实问题，设有《论文·介绍》《小说·散文》《诗歌》等栏目。创刊号载有《悼高尔基》《高尔基的死》等多篇纪念高尔基的文章。秋田雨雀的《给中国的青年艺术家》一文，提出在中日关系极度严峻的时期，两国的艺术家应积极发挥重要作用，促进国民间的互相理解。

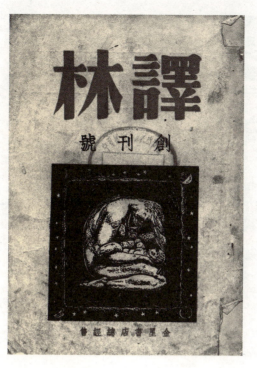

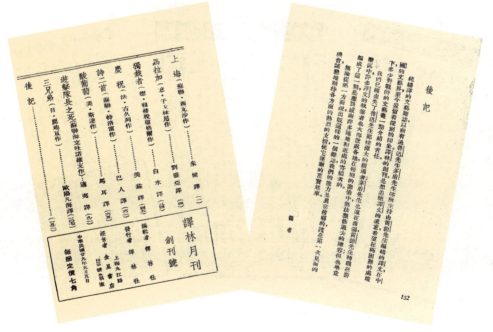

《译林》

　　1940年5月5日在上海创刊，译林社编辑发行，月刊。作为一种纯翻译的文艺杂志，该刊的宗旨是继承鲁迅、茅盾等人创办《译文》之遗意，对战时的文艺尽一点介绍的责任。创刊号内登载了苏联西瓦沙的《上海》、意大利于戈林尼的《马拉加》、德国福赫脱望格尔的《独裁者》和日本鹿地亘的《三兄弟》等战时国外文艺作品。

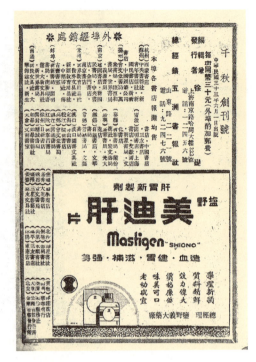

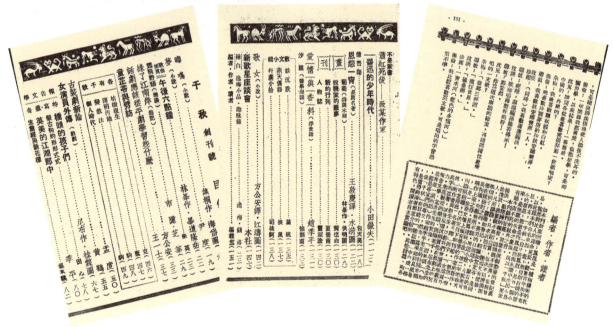

《千秋》

  1944年6月1日创刊于上海,徐础编辑,千秋社出版,月刊。其办刊宗旨是在动荡的时代给人们一点精神食粮。主要内容有小说、游记、散文、诗歌、戏剧、科学知识等,如《鲁迅的少年时代》《童芷苓与劈纺》《爱情与香料》《女演员外传》《沙眼》等。封面的凤凰图案与刊名"千秋"都寓意"无穷的生命",另有多幅精美插画及广告。

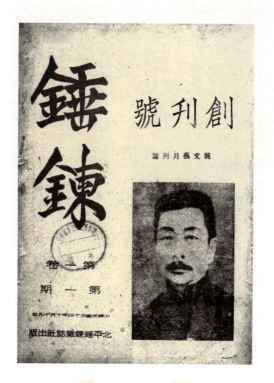

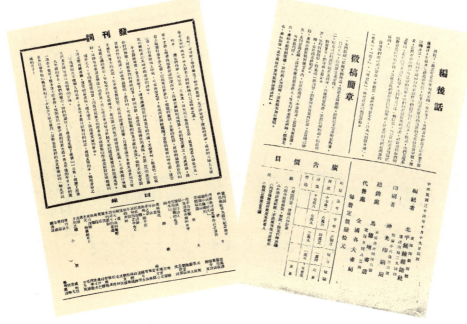

《锤炼》

　　1945年10月19日在北平创刊，北平锤炼杂志社编辑出版，月刊。刊名"锤炼"，意在"精益求精，尽善尽美，以达成文艺的使命"。该刊为表达对鲁迅先生的敬意和缅怀，将创刊号发行时间定在鲁迅逝世九周年纪念日，并在封面刊印了鲁迅先生的照片。主要登载小说、诗歌、杂文等文学作品，如莫须有的《作个"好人"》、黄洪的《论小妈妈的》、夏炫的《拥抱，扬子江》等。

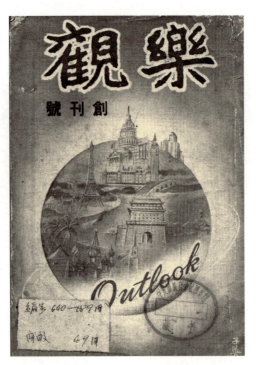

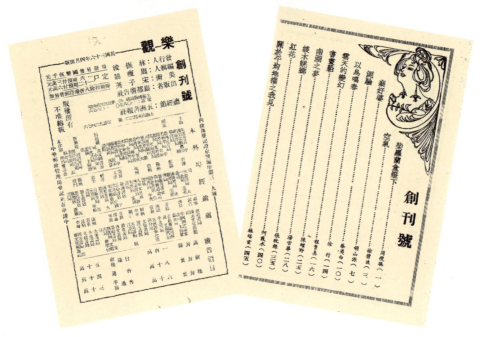

《乐观》

　　1947年4月在上海创刊，周瘦鹃编辑、银都广告社出版，仅出一期。周瘦鹃在《紫罗兰盦灯下》中说，"我们得打起精神奋斗，立定脚跟做人，从悲观中开出一条乐观的大路来。所以我们这一个崭新的刊物就定名'乐观'"。主要刊登小说、诗歌、小品、杂文等中外文学作品，富有代表性的有蔡夷白的《测验》、徐碧波的《空气》、程小青翻译的英国克里斯蒂的《波谲云诡录》等。

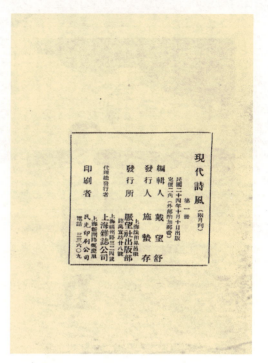

《现代诗风》

　　1935年10月10日创刊于上海，戴望舒主编，脉望社出版部发行，施蛰存为发行人。原定为双月刊，仅发行一期便因入不敷出停刊。该刊除刊登国内外优秀诗作外，也探讨现代诗歌的发展理论。创刊号内登载了金克木的《春病小辑》、施蛰存的《华灯熄了》、玲君的《读旧日友人书》、戴望舒翻译的高力里所著的《苏俄诗坛逸话》等文章。另刊首介绍了杂志《文饭小品》停刊原因及其他。

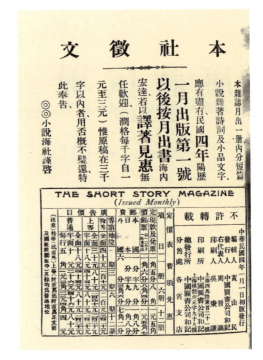

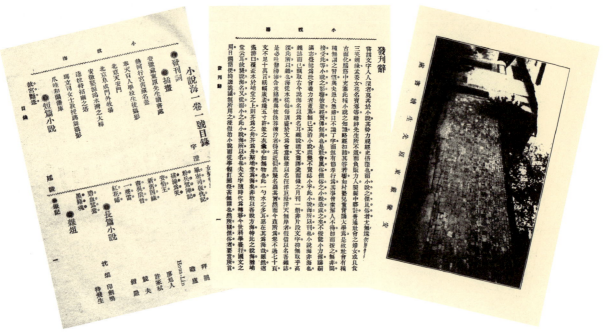

《小说海》

　　1915年1月1日在上海创刊，1917年12月停刊，黄山民编辑，中国图书公司和记发行，月刊。黄山民，原名恽铁樵，还曾主编过著名的《小说月报》。与《小说月报》不同的是，《小说海》仅刊登小说作品，不刊登理论文章，偶有译文。栏目有《插画》《短篇小说》《长篇小说》《杂俎》等，《杂俎》栏下又有《笔记》《诗文》《传记》等。撰稿者多为鸳鸯蝴蝶派人物，如包天笑、指严等。

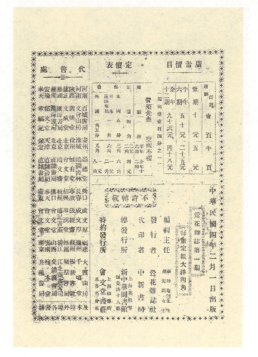

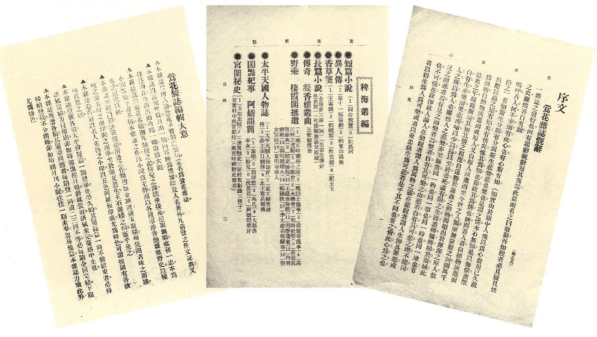

《莺花杂志》

　　1915年2月1日在上海创刊，孙静庵、胡无闷夫妇编辑，莺花杂志社发行，月刊，共出版3期。刊名来源于诗句"莺花不管兴亡恨"。内容"以小说为主干，而以各种事涉香艳、杂俎、野史为辅"。主要登载近人名著、前贤轶文秘典，古今名人影像、地方名胜，诗词歌曲等作品。其中艳史艳诗、闺秀小传、妓女小传、笔记、酒令等关于女性的内容颇多。

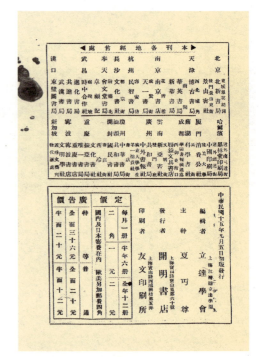

《一般》

    1926年9月5日在上海创刊，立达学会编辑，夏丏尊主编，开明书店发行，月刊。该刊致力于"学术的生活化"，旨在为一般人作指导。栏目有《论文》《文艺》《书报评林》《读者与作者》等。内容以文学和时事政治为主，发表文艺理论、文学作品和文艺评论、时事摘要等作品。除立达学园的老师外，还有许多名作家、科学家为其撰稿。刊名由夏丏尊题字设计。创刊号扉页、题头和补白部分的插画由丰子恺创作。

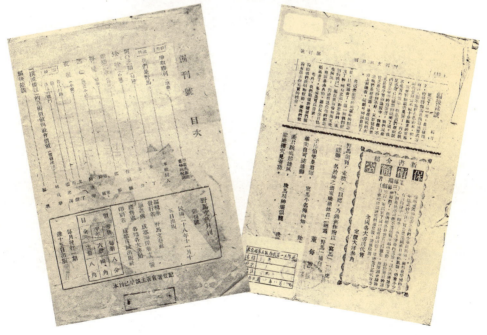

《野马文艺月刊》

　　1939年11月15日创刊于成都，野马文艺社编辑发行，月刊。该刊诞生于抗战的相持阶段，旨在唤醒青年加入革命队伍，为中华民族革命斗争而努力。设有《前奏》《社谈》《诗抄》等栏目。所刊内容积极进步、宣传抗日。该刊的创办多赖中共党员罗孔鉴，他当时作为《国民公报》《星渝日报》特约通讯员，除积极撰写进步文稿外，还在地下党支持下与任翼经在成都创办此刊，为抗日战争做宣传。

《越光》

　　1944年4月1日创刊于浙江绍兴，越光文艺研究社编辑发行，月刊。该刊以表达改造社会之愿望，促进文艺发展为目的。刊载小说、诗歌、评论等，并有译文选登。主要撰稿人有悬崖、措大、麟角凤、华华等。《社会与青年》《漫谈作家》《斗门之行》《天堂地狱谈》《师爷》等为代表文章。

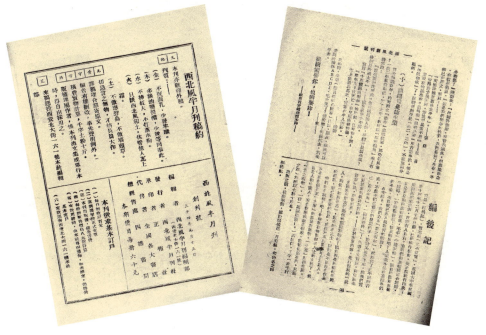

《西北风半月刊》

  1945年1月15日创刊于西安，西北风半月刊编辑部编辑，西北风半月刊社发行，半月刊。
该刊是当时西北文学的一个阵地，坚持"不板面孔，少发牢骚""多谈油盐酱醋，少说等因奉
此""不碰红人，不打落水狗""只谈西北风和土，休管他人瓦上霜""不做应声虫，不做墙
头草"的办刊原则，所载《蒙古的朝山者》（昆仑山）、《塞外游记》（黄沙）和《咆哮的汉
江》（李欣放）等作品体现了浓郁的地域特色。

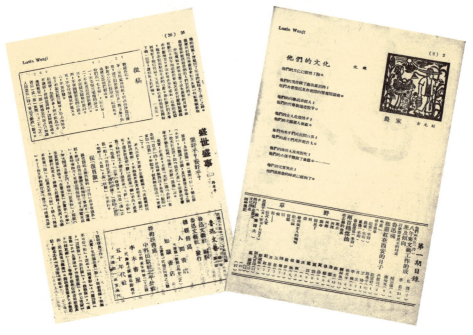

《鲁迅文艺月刊》

　　1946年2月25日在天津创刊，鲁迅文艺社编辑发行，月刊。所刊茅盾的《八年来文艺工作的成果及倾向》一文，既是对抗战时期中国文艺工作的回顾和总结，也是对未来的思考和展望。诗歌创作栏目以鲁迅散文诗集《野草》命名，登载鲁藜、冀访、绿原等"七月派"诗人的诗作。此外，该刊还载有多篇纪念鲁迅、萧红的文章以及《农家》《重逢》等木刻画作品。

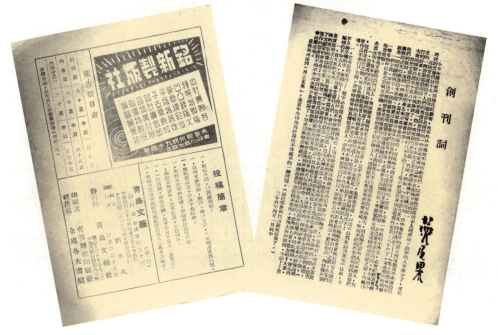

《青岛文艺》

　　1947年4月25日创刊于青岛，5月10日再版，刘燕及编辑，青岛文艺社发行，刊期不详。刊物撰稿人以青岛作家为主，依靠老作家带动青岛文坛振兴，要求"写灵魂的东西""写未写的东西""写大众的东西"，提倡民主文学。有小说、新诗、散文、文学评论、书评等方面的作品。由于刊物立场鲜明，内容尖锐，仅出版了五期便被迫停刊。

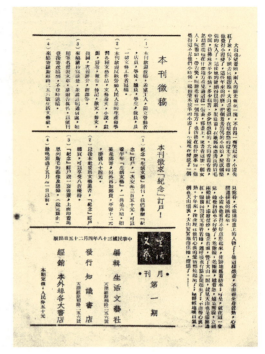

《生活文艺》

　　1949年4月25日创刊于天津，生活文艺社编辑，知识书店发行，月刊。该刊旨在通过对生活真实而生动的反映来提高劳动人民的阶级觉悟和生产热情。按照毛泽东主席指出的文艺为工农兵服务的方向，登载歌词、秧歌剧、鼓词、散文、诗歌、小说、译作等各类劳动人民喜闻乐见的文艺作品。创刊号内载有胡可的剧作《前程万里》、白原的报告文学《昨天的奴隶·今天的主人》、李国华的鼓词《白毛女》等。

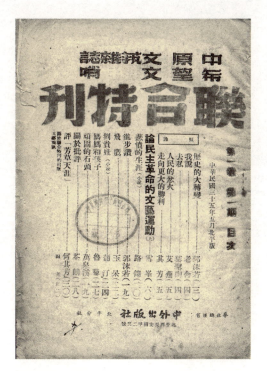

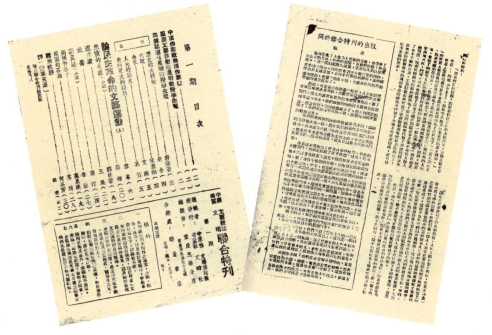

《中原·文艺杂志·希望·文哨联合特刊》

　　1946年1月20日在重庆创刊，重庆中原社、希望社、文艺杂志社、文哨社联合编辑出版，月刊。1946年5月出版的北平版内容基本相同，但印刷质量优于前者。该刊坚持民主主义与现实主义的方向，深入开展民主斗争和文艺运动为办刊方针。主要栏目有《短论》《小说》《散文》《速写》《书评》等。代表性载文有郭沫若的《历史的大转变》《进步赞》、何其芳的《评〈芳草天涯〉》、雪峰的《论民主革命的文艺运动》等。

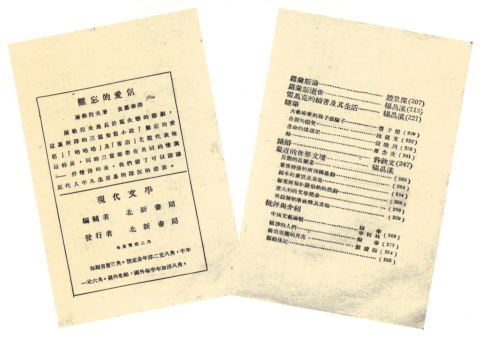

《现代文学》

　　1930年7月创刊于上海，北新书局编辑发行，月刊。该刊后与《北新半月刊》合并，另出《青年界》月刊。该刊的目标是成为"一切爱好文学的作者发表他们最得意的作品的机关"和"一切爱好文学的读者最心爱的文学杂志"。栏目包括《文学评论》《诗选》《随笔》《最近的世界文坛》《批评与介绍》。刊登有大量现代名家的著作，如汪馥泉的《关于文学史中的社会学的方法》、梁遇春的《谈英国诗歌》、沈从文的随笔《含泪的微笑》等。

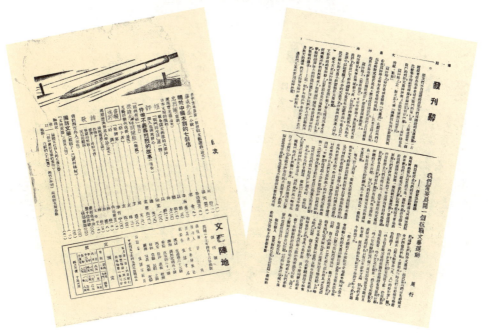

《文艺阵地》

1938年4月16日在汉口创刊，茅盾为主编兼发行人，文艺阵地社出版，半月刊。作为中国左翼作家联盟创办的重要刊物，共出版了63期，长达7年之久。发刊词称该刊是"比较集中的研究理论，讨论问题，切磋、观摩，而同时也是战斗的刊物"。内容上注重以文艺表现战争，反映现实，倡导革命文学。创刊号内发表了鲁迅的《关于中国木刻的七封信》、张天翼的《华威先生》、老舍的《忠烈图》（京剧）等众多名家的名作。

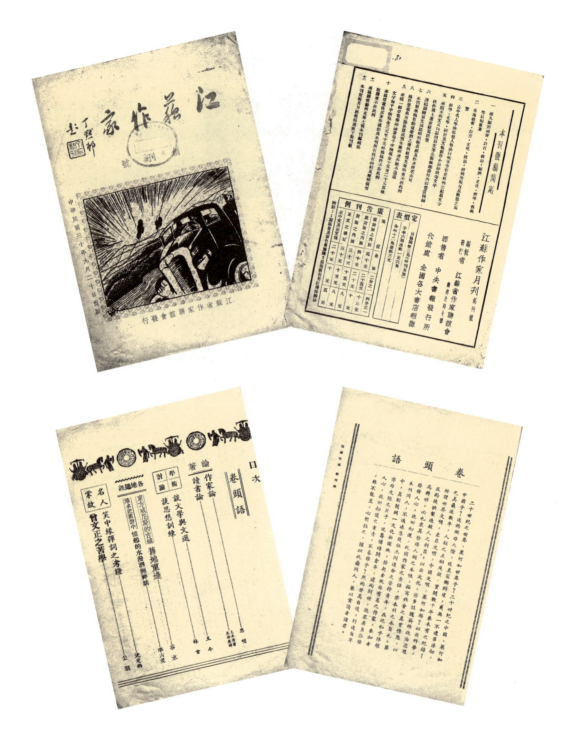

《江苏作家》

1941年9月20日创刊于苏州，江苏省作家联谊会编辑发行，月刊。该刊以"发扬人类之本性，描写社会之真实情态，以启发人心，挽回劫运"为宗旨。设有《论著》《学术讨论》《各地通讯》《名人掌故》《学术座谈》《文艺园地》等栏目。主要登载社会、教育、政治、经济、文化、哲学、历史、艺术、科技等诸多方面的研究论文及文艺创作。

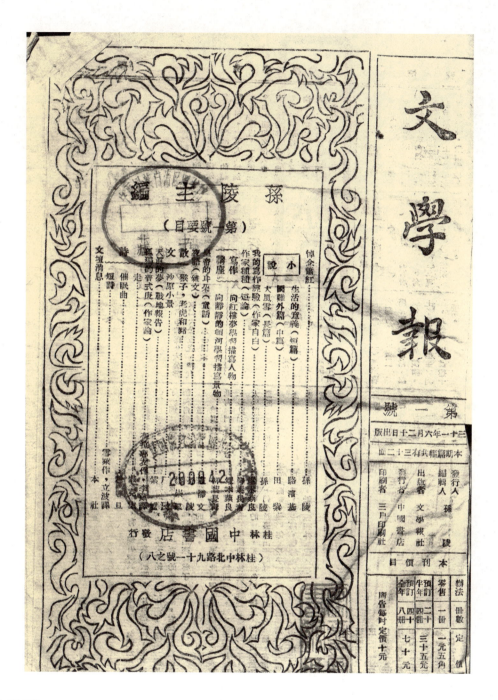

《文学报》

　　1942年6月20日创刊于桂林，孙陵编辑，文学报社出版，周刊。设有《写作讲座》《散文》《小说》《诗》《文坛消息》等栏目。该刊主要登载写作问题研究、书评、作家介绍、论评以及文坛消息。创刊号内有代表性的作品有孙陵的《悼念萧红》《大风雪》、骆宾基的《生活的意义》、端木蕻良的《我的写作经验》《向红楼梦学习描写人物》等。

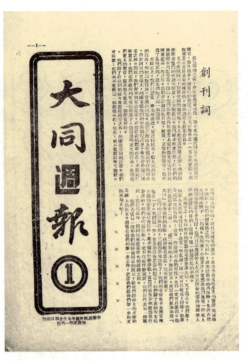

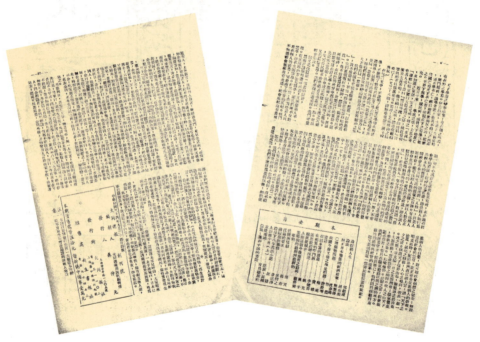

《大同周报》

　　1945年9月24日在上海创刊，大同周报出版社编辑部编辑，大同报社发行，聂仲元为发行人，每逢周一出版。该刊办刊目的为"国家之进步"，"文化事业的发达与成功"。取此刊名，乃为冀望世界为公，天下大同。主要刊载对时政所发表的述论和对文艺界动态所做的分析评论，如郭绍虞的《论狂狷人生》、唐庆增的《我国今后工厂之地址问题》、顾仲彝的《上海话剧今后应有之动向》等。

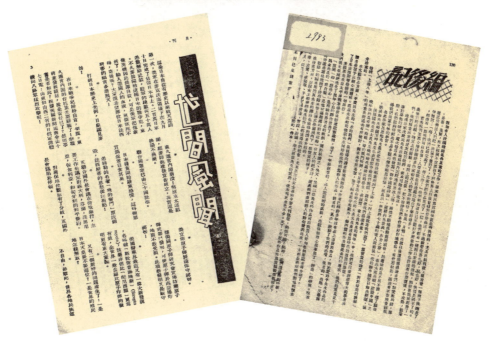

《月刊》

　　1945年11月10日创刊于上海，沈子复等编辑，权威出版社出版，月刊。该刊以"站在人民
的立场……以事实献之于国人之前，使祖国成为一个富强崭新的民主国家"为宗旨。内容涉及
新闻事件，国内政治、经济、文化建设，中外名家名作介绍等。创刊号内载有国学家沈飚民撰
写的《新中国建设论》（地理之章）、史学家吕思勉先生撰写的《对于时局的误解》等论文，
也有不少小说、戏剧、漫画等。

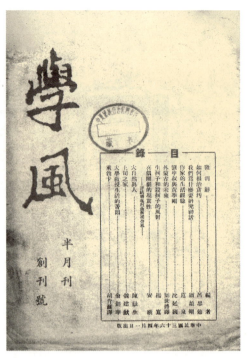

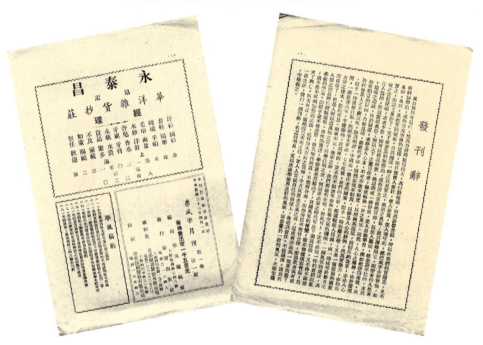

《学风》

　　1947年4月1日创刊于上海，学风编辑室编辑，益智出版社发行，半月刊。该刊"冀以造成学术界良好的风气，而影响于一般的风气，大雅宏达，幸辱教之"，意在提倡学术、促进良好学风。所载内容主要以论文和文学作品为主。创刊号内颇值得一提的作品有吕思勉的《如何根治贪污》、顾颉刚的《我们为什么要研究神话》、沈延国的《刘申叔与黄季刚》等。

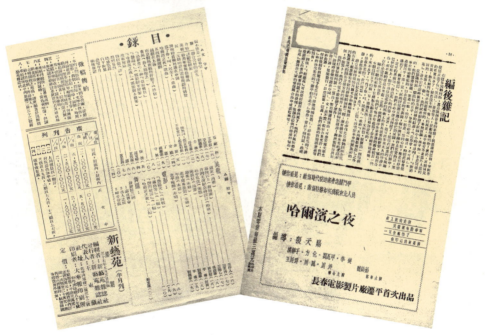

《新艺苑》

　　1948年5月5日创刊于北平，新艺苑杂志社编辑发行，半月刊。该刊意在向广大文艺爱好者介绍当时国内文艺活动的实况。主要刊载文学、美术、音乐、电影、戏剧等方面的作品和各地文艺活动消息，兼及国内外知名艺术家介绍。创刊号设有美术作家协会、中国美术学院、国立北平艺专联合美术展览会特辑。

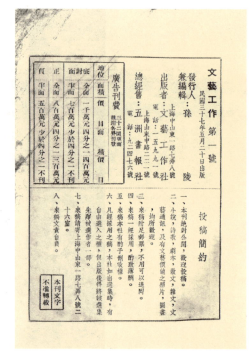

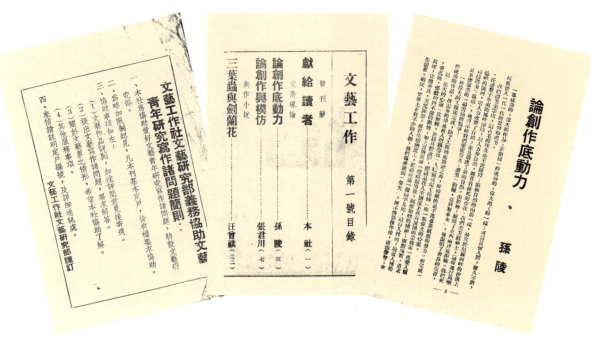

《文艺工作》

　　1948年5月20日在上海出版，孙陵为编辑兼发行人，文艺工作社出版，月刊。其前身为《自由中国》，主张"忠于真理、忠于人民、为人民而服务"。登载国内外小说、诗歌、剧本、散文、杂文、文艺理论、文艺动态及图片。创刊号内具代表性的作品有孙陵的《论创作底动力》、张君川的《论创作与模仿》、汪曾祺的《三叶虫与剑兰花》以及巴金翻译的英国王尔德的《裁判所》等。

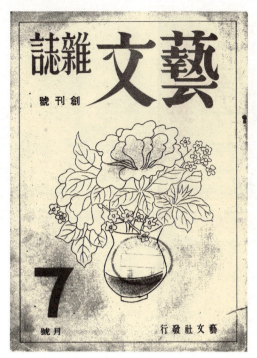

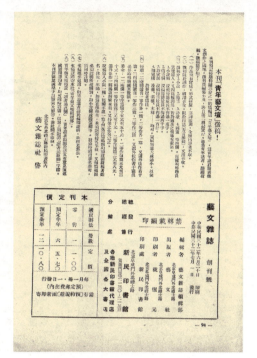

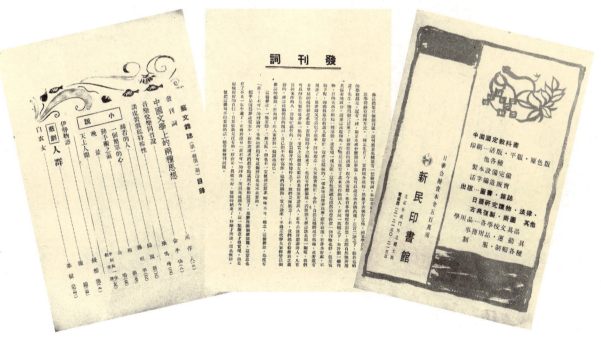

《艺文杂志》

　　1943年7月1日在北京创刊，艺文杂志编辑部编辑，艺文社出版，月刊。该刊声明并非同人杂志，没有"非……不可……"理论，所刊载的作品内容丰富，范围广泛，有《小说》《戏剧》《诗歌》《讲话》等栏目。代表性作品有周作人的《中国文学上的两种思想》、俞平伯的《音乐悦乐同音说》、龙炳圻的《日本上古文学：日本文学史讲话》及钱稻孙翻译的《伊势物语》等。

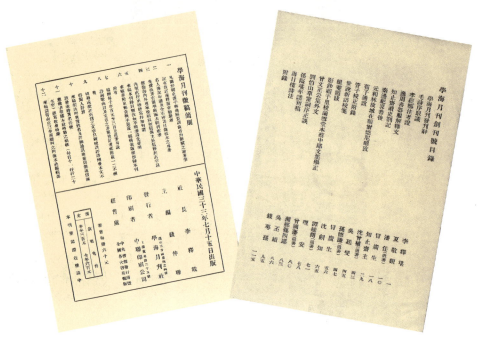

《学海》

　　1944年7月15日创刊于南京，钱仲联主编，学海月刊社发行，月刊。该刊由《哲学探讨》《社会学探索》《法学论丛》《江苏史学》四种刊物合并而成，以将作者学术研究心得汇集流布为旨归。主要登载对经、史、诸子、舆地、历算、训诂、音韵、辞赋的考订、笺释，以及名人传记、年谱、金石、书画、版本等方面的学术性文章。

《艺文杂志》

　　1945年12月25日创刊于上海，范之龙任编辑兼发行人，大学出版社出版，半月刊。该刊旨在"以实事求是的态度为祖国的文化建设道路尽心尽力"，以期最终办成一本艺术与文化的有相当水准的综合刊物。载文包括诗歌、文学评论、小说、杂谈等，如《关于"接受文学遗产"》《今日的美国文坛》《心灵的生命》等。

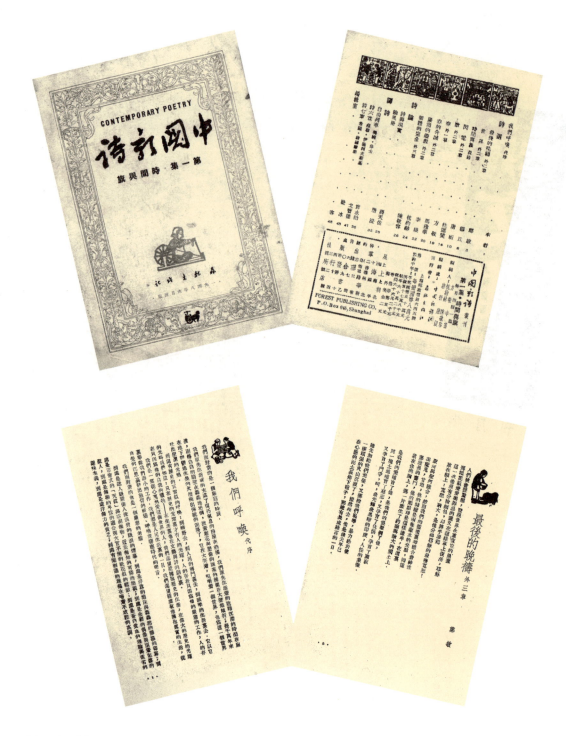

《中国新诗》

    1948年6月创刊于上海，方敬、辛笛等编辑，森林出版社出版，月刊。编辑者为以穆旦为代表的中国新诗人，之前曾创办过《诗创造》。该刊提倡创作、理论、批评和翻译并重。在《中国新诗》上发表作品的诗人逐渐形成了现代主义诗歌流派，注重诗歌作品的现实意义和文学价值。丛刊第一集为《时间与旗》，登载了郑敏的《最后的晚祷》、穆旦的《世界》、陈敬容的《个体的完全》等诗歌。

《学筌》

1937年6月创刊于武汉，学筌期刊编辑委员会编辑，国立武汉大学中国文学系会学筌期刊社出版，校办刊物，刊期不详。刊名"学筌"由谭戒甫拟定，出自《庄子·外物篇》"筌者所以在鱼，得鱼而忘筌；言者所以在意，得意而忘言"，意在文章能够自得其意。创刊号以《我对于读经之意见》《类书起源略考》《荀子之年代及行历》《〈文心雕龙〉校字记》《论宋三家词》《反切六论》等学术论著为主，兼有少量诗、词等文学作品。

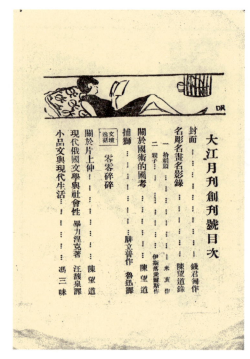

《大江》

　　1928年10月15日创刊于上海，大江月刊社编辑，大江书铺出版，月刊。该刊以发表和翻译文学作品，介绍文学流派，同时介绍该书铺发行的新书为旨归。创刊号内刊有陈望道撰写的《关于国术的国考》、鲁迅翻译的《捕狮》和汪馥泉翻译的《现代俄国文学与社会性》等作品。每期最后附有文坛近讯和出版界消息。封面由钱君匋创作。

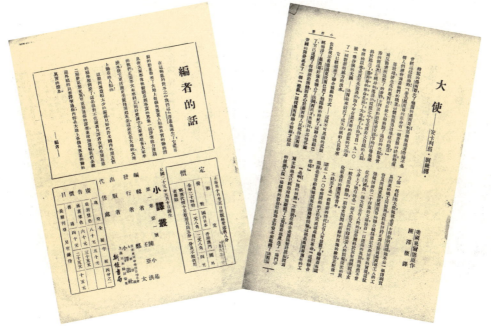

《小译丛》

　　1936年5月10日在日本东京创刊，陈小基、王亚洪编辑，小译丛社出版，半月刊。该刊是一部"介绍的、综合的、进步的"译文刊物，使读者在乱世中也能了解国内外社会动态。设有《小国际》《小研究》《小艺园》等栏目。创刊号内载有高尔基的《少女》、罗曼·罗兰的《克拉琳·玻尔特》和川口浩的《拥护新写实主义》等文章。

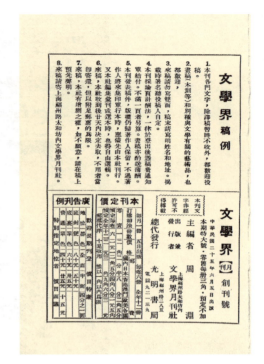

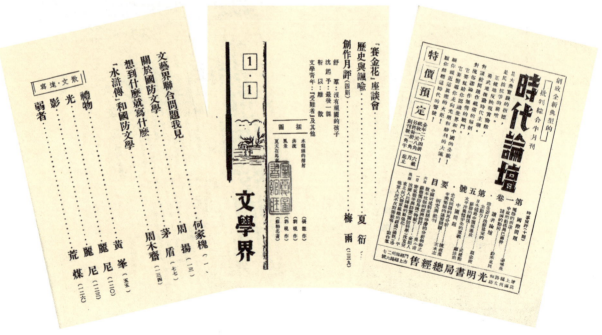

《文学界》

　　1936年6月5日在上海创刊，仅出4期便停刊。周渊主编，文学界月刊社出版，月刊。该刊是文艺界联合的产物，何家槐在《文艺界联合问题我见》一文中明确提出文艺界的同志们应联合起来，集中力量为国家服务。主要刊登小说、散文、诗歌、文艺理论和文艺批评、中外画作等。值得一提的是，该刊提出了国防文学这一文学主题，创刊号内载有周扬的《关于国防文学》一文。

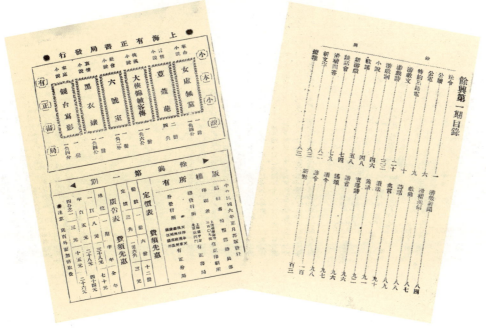

《余兴》

　　1914年1月创刊于上海,1917年1月再版。馆藏为再版。时报馆余兴部编辑,有正书局发行,月刊。该刊旨在丰富民众文化娱乐生活,针砭时弊,讽喻时政。载有小说、歌谣、灯谜、诗话、弹词、戏曲、寓言、酒令、诗令、谈话会、滑稽问答、游戏新闻等。该刊游戏笔墨所占篇幅之大在当时较为罕见。前后共发行30期,是民国时期办刊时间较长的通俗文艺刊物。

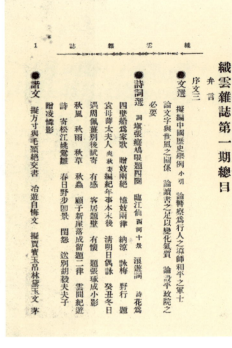

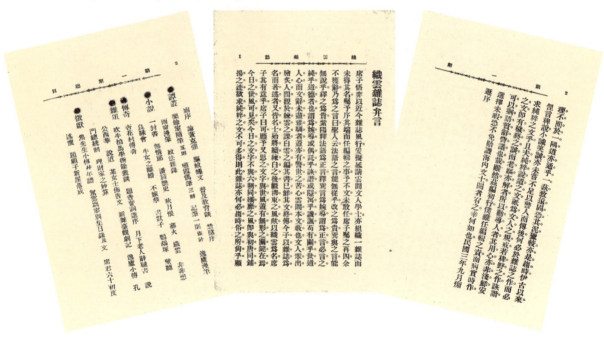

《织云杂志》

1914 年在上海创刊，仅出2期。顾痴遁、杜啸霞编辑，上海扫叶山房松江分号发行，月刊。创刊者有感于"时局纷更、人心变诈，正言庄论既难深入人心，隐讽微言或可渐移顽梗"，故该刊游戏文章较多，以通俗诙谐的方式讽刺现实，挽救世道人心。设有《文选》《诗词选》《谐文》《丛谭》《小说》《传奇》《杂俎》等栏目，主要刊载诗词、谐文、小说、笔记等。

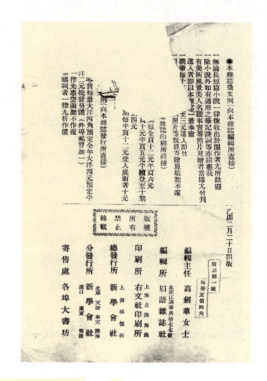

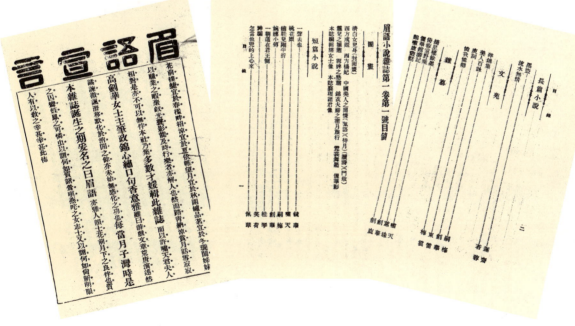

《眉语》

　　1915年2月20日创刊于上海，1916年3月第18期停刊。眉语杂志社编辑，近现代作家许啸天之夫人高剑华女士主编，新学会社发行，月刊。编辑皆为才女名媛，有马嗣梅、梁桂琴、许啸天、许毓华、吴佩华等。该刊主要面向女性读者，以登载女性作品为主。设有《图画》《短篇小说》《长篇小说》《文苑》《杂纂》等栏目。除了刊载长短篇小说、诗词、杂文外，也刊登风景画及美人名媛照片，封面多为仕女画、名妓名伶照。刊名为许啸天题写。该刊是鸳鸯蝴蝶派作家的阵地。

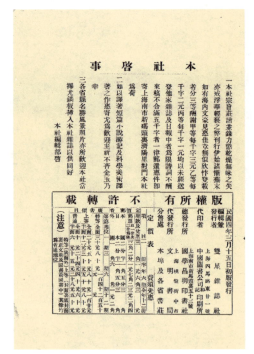

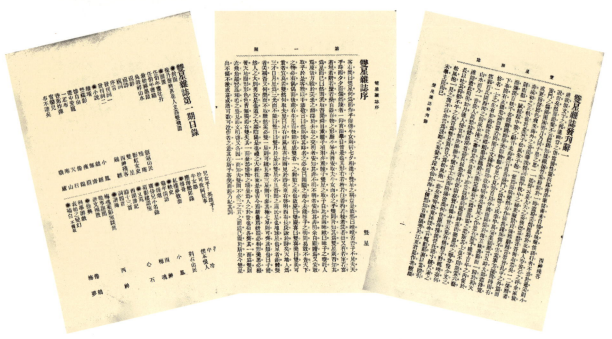

《双星》

　　1915年3月15日在上海创刊，双星杂志社编辑发行，月刊。"星者巨体，双者美称"，该刊取名"双星"，意欲用明辨美恶之双瞳，搜罗各类文艺作品，丰富民众生活。其发刊原因一是在太平年代登载通俗诙谐的作品以娱乐大众，二是通过这些文章抒发感想、评论时事、臧否人物。主要内容有绘画作品、诗文、小说、传奇、笔记、轶史、游戏、科学知识等。封面为徐丹声所绘《落花人立燕双飞图》。

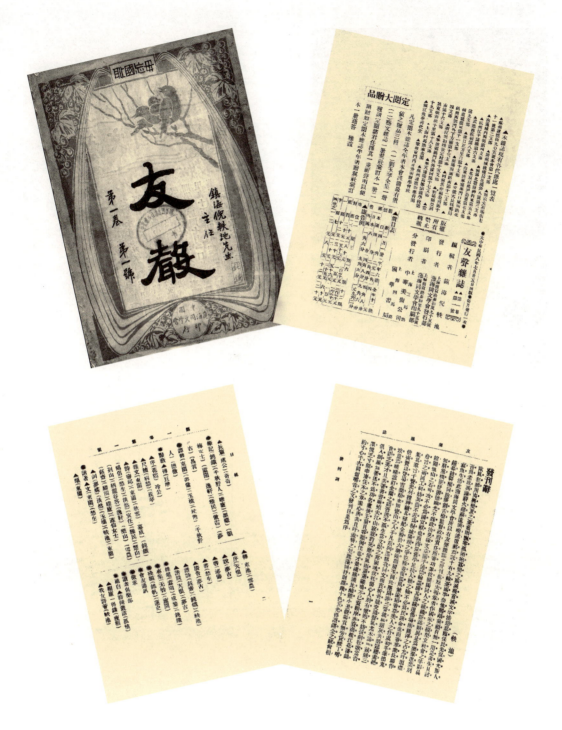

《友声》

　　1919年7月25日在上海创刊，倪轶池编辑，薄海同文学会发行部发行，刊期不详。该刊为
上海薄海同文学会会刊，旨在"作国家之模型、立社会之竿影""警醒同胞""监督政府"。
封面醒目位置题写了"勿忘国耻"四字。设有《祝词》《文录》《艺林》《说部》《谭丛》
《艳薮》《谐著》等栏目。主要刊登会友小影、会友通讯、小说、诗钟、联语、灯谜、旅游日
记和译作等。

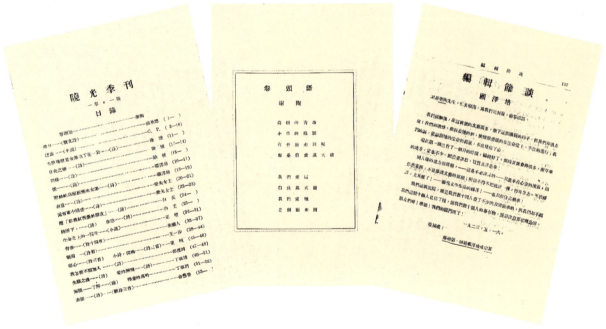

《晓光》

　　1923年9月1日创刊于苏州，晓光社编辑发行，季刊。该刊以研究文艺，为文艺爱好者开辟读书、讨论、交流、合作的自由园地为宗旨。办刊者提倡原创作品，指出作品要表达真情实感。刊内以诗歌为主，包括散文诗、诗剧、杂诗等诗体，其内容或哲理，或抒情，兼有小说、戏剧。

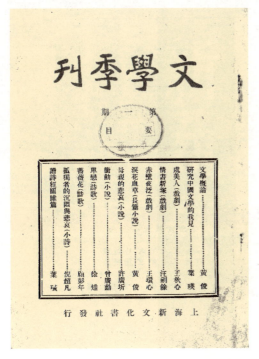

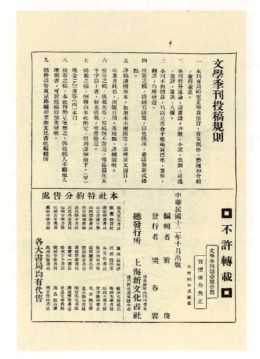

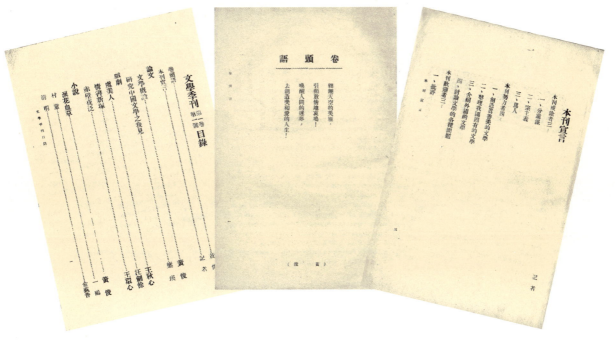

《文学季刊》

　　1923年10月在上海创刊，黄俊编辑，上海新文化书社发行，樊春霖为发行人，季刊。该刊以研究文学为宗旨，以创作真善美的文学，整理我国固有文学，介绍外国文学，讨论各种文学问题为办刊方向。内容包括文学理论、作家和作品介绍、诗体研究等文章，刊有论文、戏剧、小说、诗歌、读书录等。该刊在篇幅和容量上，开启了中国现代大型纯文学期刊的一个新时代。

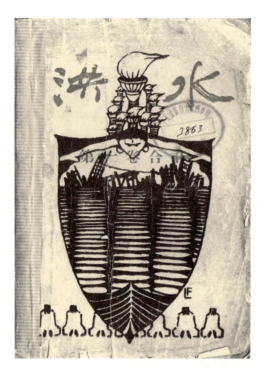

《洪水》

　　1926年6月在上海创刊，创造社编辑，光华书局发行。仅出一期周刊即停刊，1925年9月复刊改为半月刊，第一卷合订于1926年6月初版，馆藏为1927年4月第3版。该刊为青年发表自由言论提供一方园地，倡导自主发声，永不缄默。作为创造社中期的主要刊物，是创造社由"文学革命"向"革命文学"转变的重要见证。刊内主要以文艺短论和杂文为主，兼有短诗、小说、译著等。撰稿人有郭沫若、叶灵凤、成仿吾等。

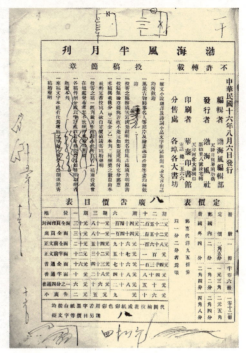

《渤海风》

　　1927年8月6日创刊于天津，渤海风编辑部编辑，渤海风社发行，半月刊。该刊以不论政治、不唱高调，增进社会之文明、发扬爱美之观念为宗旨，所刊文章"文字取雅训，图画求精美"。刊首载有国内外奇闻逸事。每期虽就十余篇文章，但小说、杂文、诗词、小品文、笔记、趣闻等皆有涉猎。创刊号内的《渤海风赋》《小渤海》等文章能让读者更好地了解该刊旨趣。

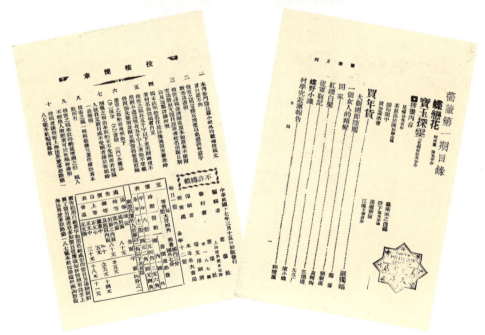

《蔷薇》

　　1928年3月15日在上海创刊，蔷薇社编辑发行，月刊。该刊属于娱乐性强的通俗文学刊物，内容以小说为主，包括长短篇小说、诗歌、游记等文学作品。撰稿人中的一些是鸳鸯蝴蝶派的著名文人，如严独鹤、范烟桥等。刊内配有不少图片，包括照片和绘画作品。封面为中央工艺美术学院教授、现代中国装饰艺术的奠基者之一的张光宇先生所作的《蝶恋花》。

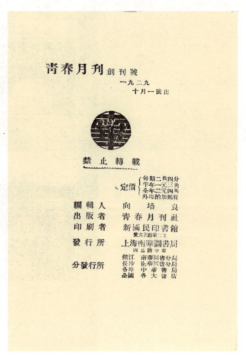

《青春月刊》

　　1929年10月1日创刊。向培良编辑，青春月刊社出版，上海南华图书局发行，月刊。该刊提出青年要着重于创作，要通过艺术作品增强人与人之间的了解。栏目有《书之批评》《文艺讲话》《青年问答》等，主要刊登小说、诗歌、戏剧、评论等文学作品。刊首有安格里力加·哥夫曼创作的《威斯达神的信女》等画作。

《青萍》

　　1930年12月25日在无锡创刊，殷克勤、吕克强编辑，青萍社出版，半月刊。该刊倡导青年在文学创作的道路上，要发挥主动性、创造性、善于观察、勤于思考，旨在为苦闷的青年寻求切实的出路。刊内发表有短文、杂诗、独幕剧等文艺作品，刊名由著名教育家江问渔先生题写。

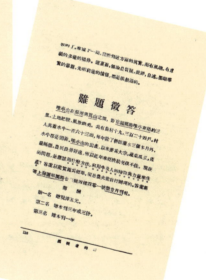

《微音》

　　1931年3月15日在上海创刊，1933年6月停刊。微音月刊社编辑发行，月刊。创刊者以期用沉着而有方向的动、深刻而有想象的静，走在创造的路上，与苦闷的青年共同寻求一条切实的出路，提倡精密观察、深刻研究、彻底思考、勇敢试验。栏目设有《创作》《生活记录》《诗》等。刊载内容主要以文学、科学、艺术为主，包括文学作品、论文、生活记录、诗词、书报介绍等。

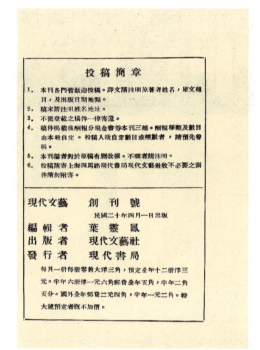

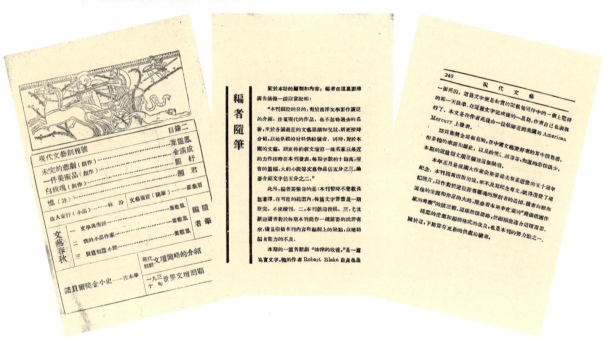

《现代文艺》

　　1931年4月1日创刊于上海，仅出2期。叶灵凤编辑，现代文艺社出版，现代书局发行，月刊。作为现代书局的基础刊物，它及时介绍各国文艺新思潮和状况，特约国内一流名家将新近力作予以发表。刊载内容涉及小说、诗选、文坛通讯报道、中外名家名作介绍等。刊内载有世界著名画作、中外文学家照片及木刻作品多幅。

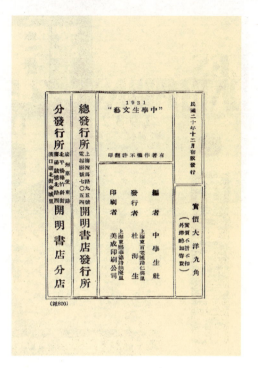

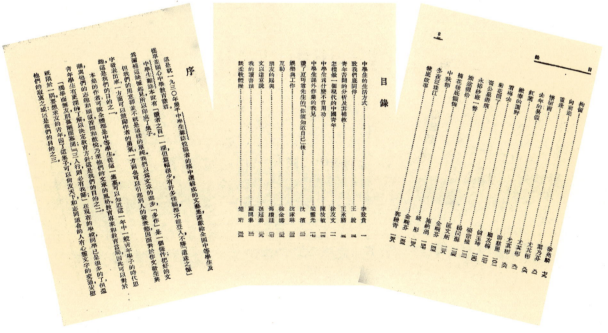

《中学生文艺》

    1931年12月（据版权页）在上海创刊，中学生社编辑，叶圣陶、夏丏尊等主编，开明书店发行，年刊。该刊为当年《中学生杂志》未刊稿件中选辑的文艺作品集，以发表青年心声，增强作者之间的交流，为教育提供参考为办刊目的，设有《小说》《随笔》《游记》《地方印象记》《诗歌》《戏剧》等栏目。作品从多个角度反映了当时青年学子的思想及生活，也体现出那个时代的学生思潮与志趣愿望。

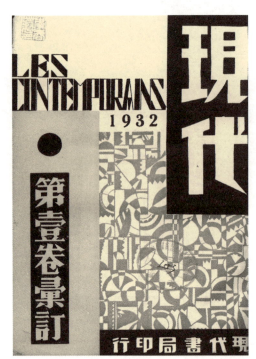
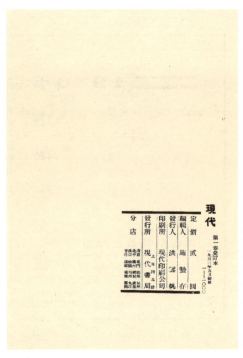

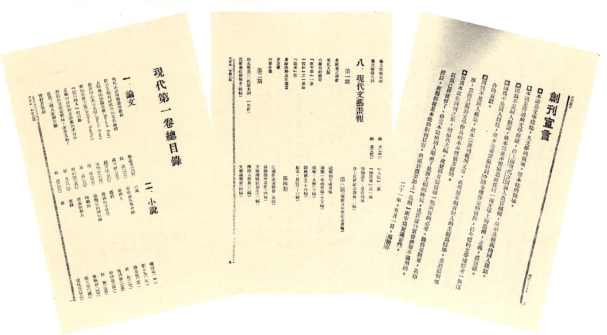

《现代》

　　1932年5月创刊于上海，施蛰存编辑，现代书局发行，月刊。创刊者提倡兼容并包的办刊原则。设有《小说》《诗》《文》等栏目。以小说和诗歌为主，兼有外国文学译作、名家名作介绍以及国外文坛信息。撰稿人有鲁迅、张天翼、穆时英、巴金等名家。第一卷里刊有张天翼的《宿命论与算命论》、戴望舒的《诗五篇》、施蛰存的《无相庵随笔》等作品。

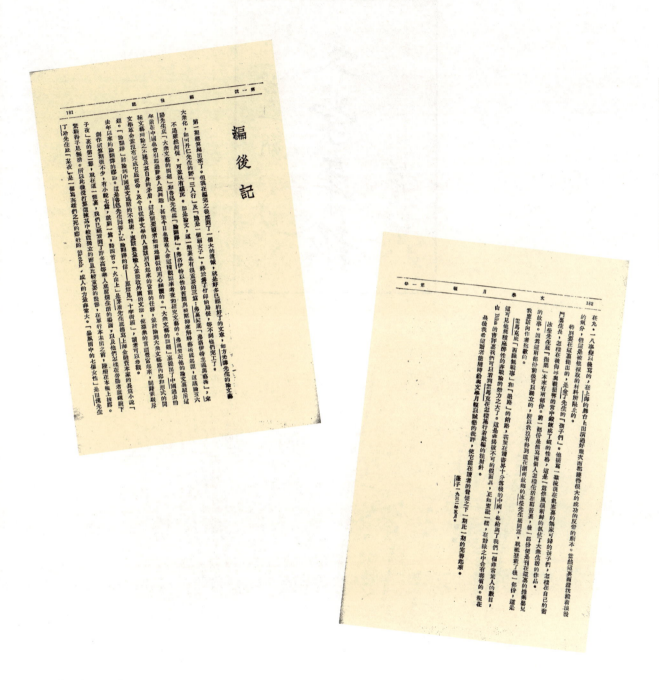

《文学月报》

　　1932年6月10日创刊于上海，共出6期。姚蓬子主编，文学月报社出版，光华书局发行，月刊。作为中国左翼作家联盟机关刊物之一，该刊意在发掘和培养新作家。内容以文学创作和理论研究为主，包括论文、诗、翻译小说、戏剧等。撰稿人有鲁迅、瞿秋白、茅盾、周扬等。第一期内刊有宋阳的《大众文艺的问题》、鲁迅的《火山上》、巴金的《马赛的夜》等文章。

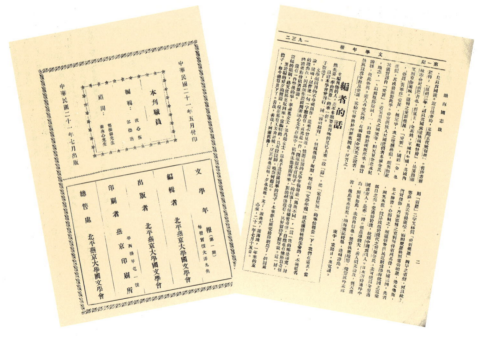

《文学年报》

　　1932年7月在北平创刊，郑振铎、谢冰心担任顾问，北平燕京大学国文学会编辑出版，年刊。该刊旨在对中国文学进行研讨与切磋。刊载内容以研究和介绍中国历代文学作品和作家为主。创刊号因为担任文学作品顾问的冰心生病未能审阅稿件，故发表的多为研究性文章，如郭绍虞的《杜甫戏为六绝句集解》、陆侃如的《中国古代的无韵诗》、郑振铎的《宋金元诸宫调考》等。刊名为我国著名教育家、古典文学家、语言学家、书法家郭绍虞先生所题。

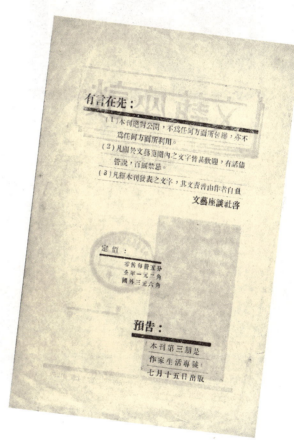

《文艺座谈》

　　1933年7月1日创刊于上海，共出4期。文艺座谈社主编，新时代书局发行，半月刊。该刊宣称"绝对公开，不为任何方面所包办，亦不为任何方面所利用"，立场中正。刊载内容囊括了文学评论、文人小记、作家生活、外国文坛、小说、散文、诗歌等。每期在刊末登载文坛消息。创刊号内载有张资平的《从早上到下午》、陈令仪的《诗八行》等作品。

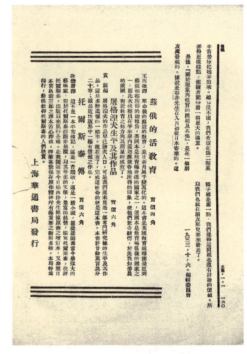

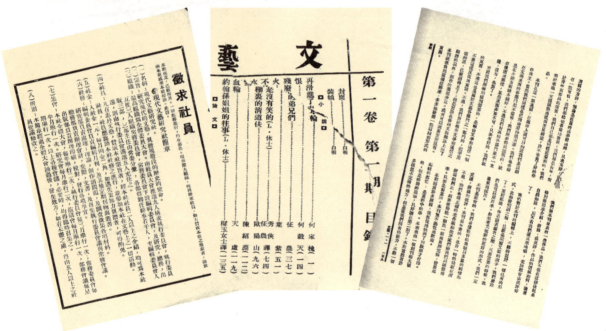

《文艺》

　　1933年10月创刊于上海，现代文艺研究社编辑出版，月刊。作为现代文艺研究社的社团刊物，该刊旨在为文学青年搭建一个发表作品的园地，以期发掘青年作家。设有《小说》《论文》《报告文学》《诗歌》《传记》《书评》等栏目。以发表原创作品为主，兼顾理论研究，另外及时且真实反映现实斗争的报告文学和通讯类作品也有涉及。

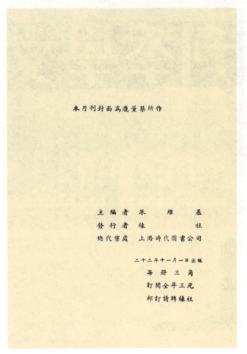

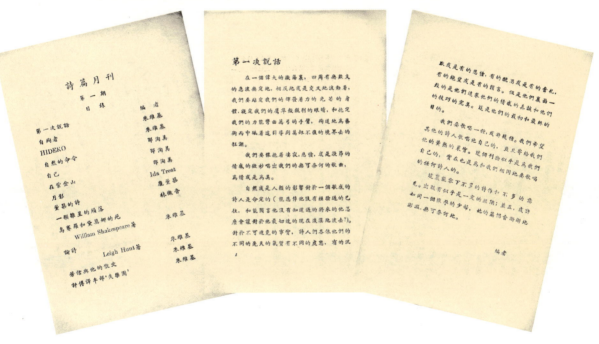

《诗篇月刊》

　　1933年11月1日创刊于上海，1934年2月停刊，共出4期。朱维基主编，绿社为发行者，月刊。创刊者提倡唯美主义，具有一定的时代特点。内容多为抒发作者个人情感的新诗，同时还载有译诗、诗歌评论等。创刊号内刊文有朱维基的《自殉者》、邵洵美的《自然的命令》、林微音的《一颗雏星的陨落》等。

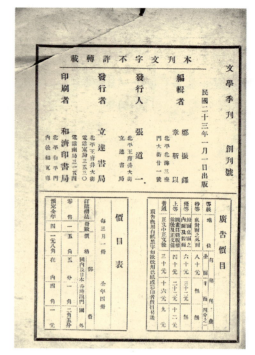

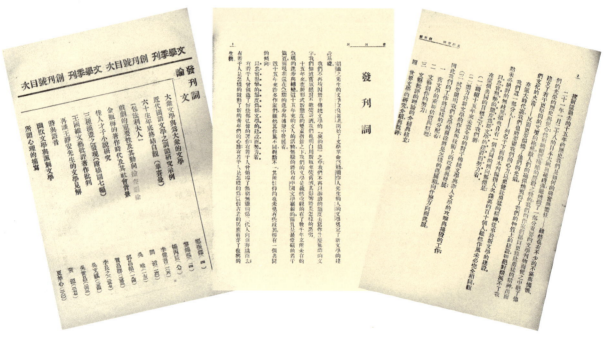

《文学季刊》

　　1934年1月1日创刊于北平，郑振铎、章靳以主编，冰心、朱自清、吴晗等编辑，立达书局发行，季刊。创刊者极力倡导新文学，并以忠实诚恳的态度为新文学建设而努力。设有《论文》《小说》《诗选》《散文随笔》《书报副刊》等栏目，主要刊载论著、小说、散文、随笔、诗歌等。所刊小说关注普通民众的生活，展现了不同阶层民众的生活状况及心态。

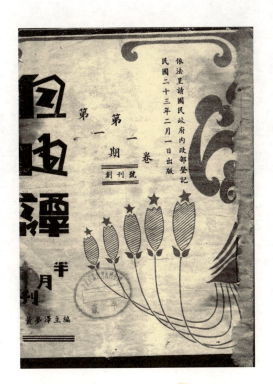

《自由谭半月刊》

　　1934年2月1日创刊于上海，黄梦泽主编。该刊以"自由谭"定名，意在"不拘一格、无所不谈"。主要供稿人有绍棠、维汉、程丽娟、王甘露、黄梦泽、沙恩薄等。首期所刊内容多为小品文，另有中篇小说《幸运的爱》，并设有《法律咨询》栏目。刊内登有漫画《自由谭半月刊》、创刊广告漫画《马路写真》，多人为该刊题字数幅，如创刊之际，袁履登题字"文艺之光"、虞和德题字"琳琅满目"等。

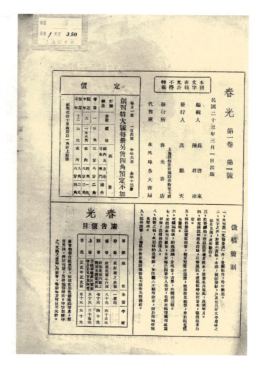

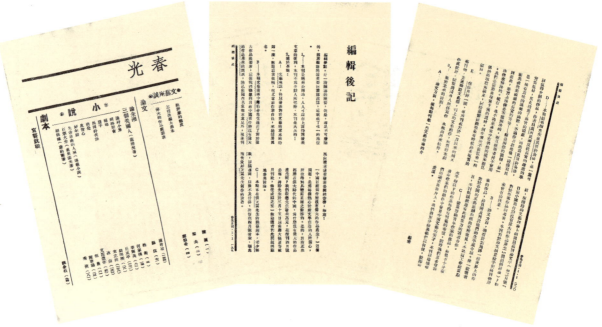

《春光》

　　1934年3月1日创刊于上海，庄启东、陈君冶编辑，春光书店发行，月刊。该刊以探讨文艺理论，指导文学创作为主。设有《论述》《小说》《剧本》《诗与散文》《创作日评》等栏目。内容涵盖名画、木刻、摄影作品等。撰稿人有郑伯奇、何家槐、李辉英、鲁彦、征农等。

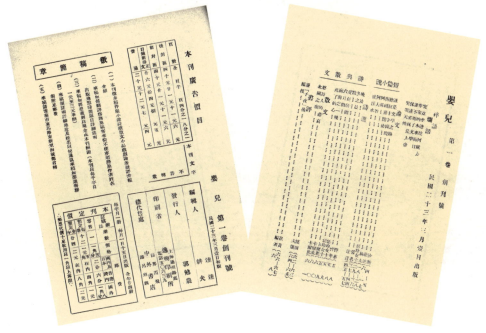

《婴儿》

　　1934年3月1日在上海创刊，达达、耕夫编辑，郭勉农发行，半月刊。刊名《婴儿》寓意该刊像一名刚出生的婴儿一样，希望在创刊者的精心呵护下健康成长。栏目设有《烂话》《论文》《诗选》《散文》《书评》等。所刊文章体裁广泛，内容丰富，包括小说、散文、诗歌、书评等。创刊号内刊有《作家的本来面目》《谁是文学之路》《北国之夜》等文章。

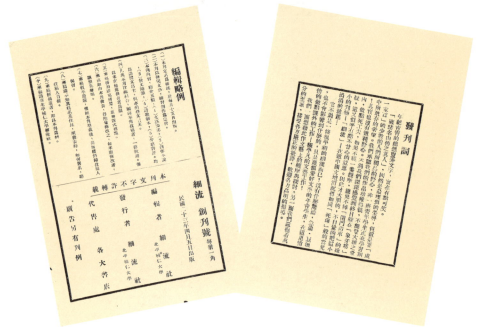

《细流》

    1934年4月5日创刊于北平，1936年6月停刊。辅仁大学细流社编辑发行，月刊。该刊是北平辅仁大学爱好文学的学生创办的，以研究文艺、练习创作为宗旨，希望通过"文艺上的观摩与探讨"的方式来促进中国文坛的兴起。主要刊载文艺论述、小说、散文随笔、诗歌剧本、书评作品等。刊名为沈尹默之弟、中国语言文字学家、文献档案学家、教育学家沈兼士题写。

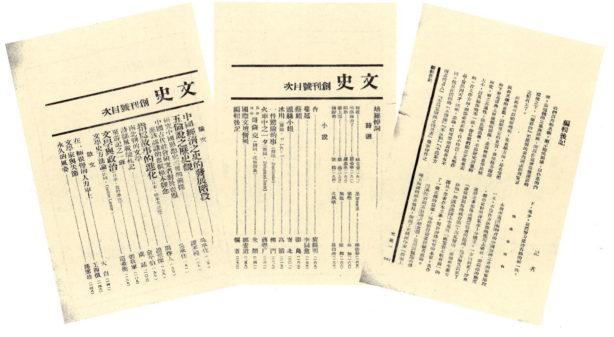

《文史》

　　1934年4月15日创刊于北平，仅出了4期，便被国民党"查封"。吴承仕编辑，北平中国学院国学系出版，双月刊。该刊在史学上，力求可靠的史实，把握正确的史观；在文学艺术上，追求深刻性、正确性、艺术性。设有《论文》《散文》《诗选》《小说》等栏目。内容除了文史方面外，还包括国际文坛情报等。撰稿人有赵景深、俞平伯、臧克家、吴承仕等。

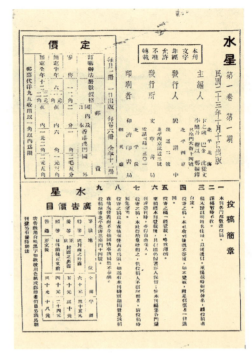

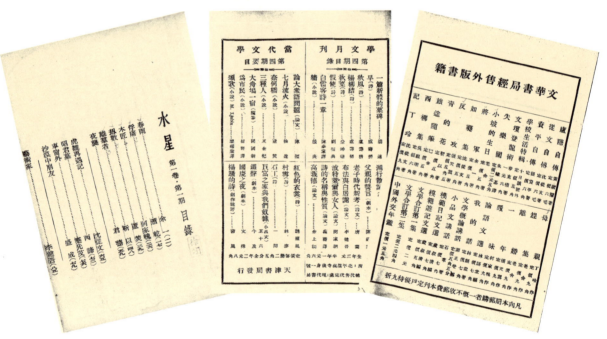

《水星》

　　1934年10月10日在北平创刊，1935年6月10日出版第二卷第三期后停刊。卞之琳、巴金、沈从文等主编，文华书局发行，阎镇中为发行人，月刊。作为《文学季刊》的副刊，该刊宣称不挂鲜明的政治旗帜，但京派的特点极为鲜明。主要刊载散文、短篇小说和诗歌，并推出许多优秀的文学作品。主要撰稿人有萧乾、靳以、沈从文、李健吾、何其芳、臧克家、郑振铎、巴金等。

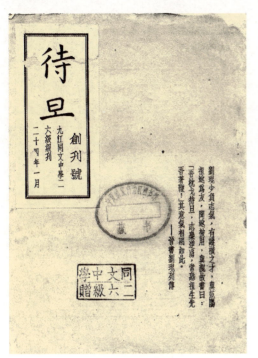

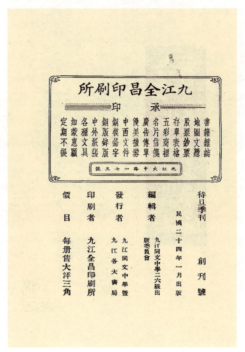

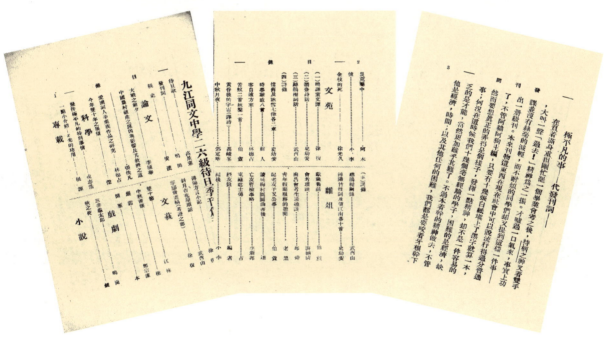

《待旦》

　　1935年1月创刊于江西九江，九江同文中学二六级出版委员会编辑，九江同文中学暨九江

各大书局发行，季刊。该刊系九江同文中学二六级级刊。"待旦"意为等待天明，因当时日寇

逼近，九江危在旦夕，同文中学以爱国情操为精神内涵，呼应五四运动，坚持办学，坚持传播

文化，期望有志青年参与抗日宣传，投身民族救亡运动。该刊设有《论文》《科学》《专载》

《文艺》《戏剧》《小说》《文苑》等栏目。刊内作品题材丰富，内容广泛，涵盖论文、科学

知识、小说、诗、戏剧等。刊后附有二六级级友题名录。

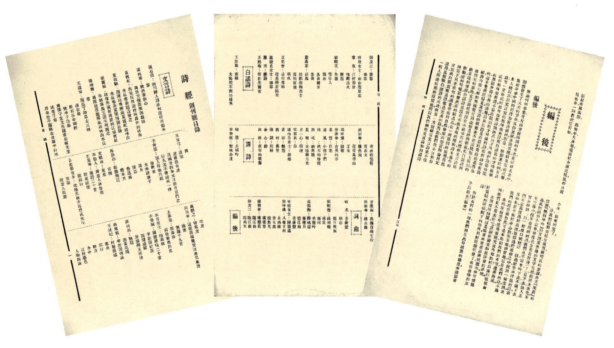

《诗经》

　　1935年2月25日创刊于上海，1936年4月停刊，共出6期。上海大夏诗社编辑委员会编辑，大夏诗社出版，双月刊（有脱期）。该刊以"汇聚诗歌爱好者共同研究探讨诗"为目的，推崇诗歌大众化。设有《文言诗》《白话诗》《译诗》《词曲》等栏目。所载作品没有过多限制，主张自由创作，新诗旧诗各具特色。主要撰稿人有王廷熙、钟朗华、孔宪铨、刘啸云、刘敬禹等。

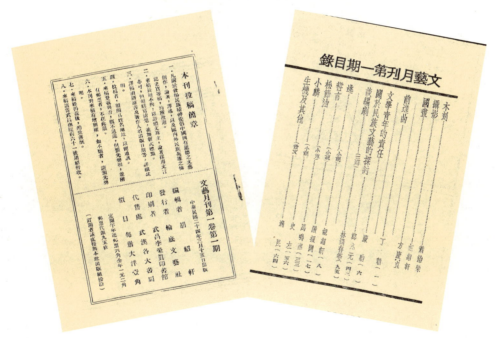

《文艺》

1935年3月15日创刊于武昌，胡绍轩编辑，轮底文艺社（后易名武汉文艺社）发行，月刊。凡关于发扬民族精神，提倡中国固有道德之文艺创作论著、译述以及国内外民族英雄之传经、史实等皆有收录。载有小说、散文、随笔、木刻画、摄影、国画等作品。创刊号内设有特辑《我与戏剧》，主要发表戏剧方面的作品。

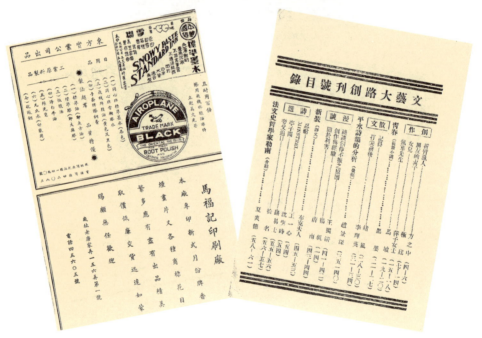

《文艺大路》

　　1935年5月10日在上海创刊，汪迪民主编，文艺大路社出版，月刊。该刊以服务读者，介绍优秀作品为主旨。辟有《创作》《散文》《漫谈》《诗选》等栏目。以登载文学作品为主，刊有小说、散文、诗译作等，作品紧扣时代脉搏，记录并反映社会现实。除刊载国内作家作品外，也收录一些国外作家及作品介绍。

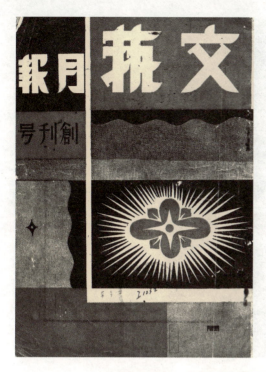
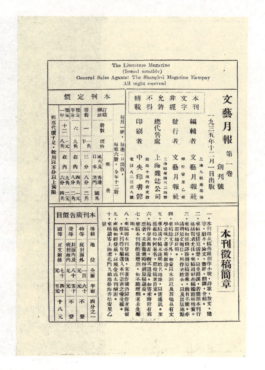

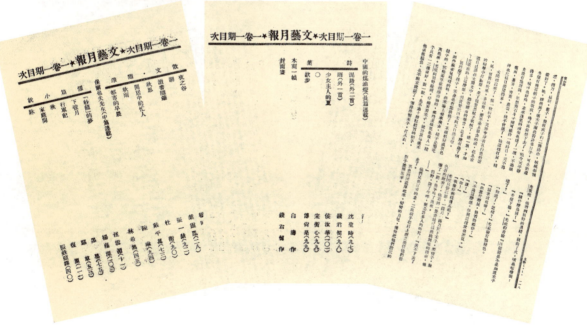

《文艺月报》

　　1935年12月1日创刊于上海，仅出1期。文艺月报社编辑发行，月刊。作为华东作协的机关刊物，其前身为《上海文学》，编委会主要由前新四军文人和前"鲁迅弟子"构成。设有《文艺谈座》《散文》《随笔》《短篇小说》《诗叶》等栏目，主要刊登论文、散文、随笔、小说、译作、书评等。主要撰稿人有杨荫深、钱君匋、林庚、郑雅秋等。创刊号内载有杨藻章的《文人与无赖》、林庚的《什么是艺术》等文章。

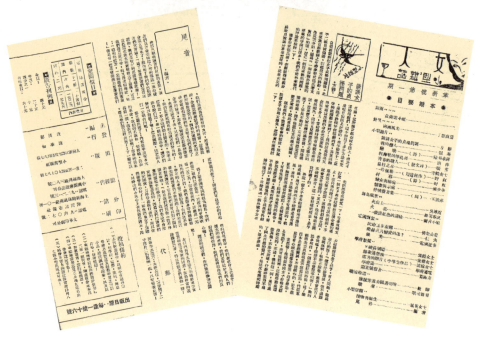

《女人》

　　1936年5月创刊于上海，沈淡影主编，沈季如发行，小型出版社出版，半月刊，馆藏为革新号。该刊主要面向女性读者，以关爱女性、服务女性为宗旨。设有《小型杂片》《舞岛风云》《电国飘絮》《学府散弦》《歌坛拾遗》《小型信筒》等栏目。载文以短小有趣为要，除刊登有关婚姻、家庭、健康、职场、社会地位等问题的文章外，亦发表以女性为题材的短篇小说、诗歌和歌舞明星的生活逸事等。

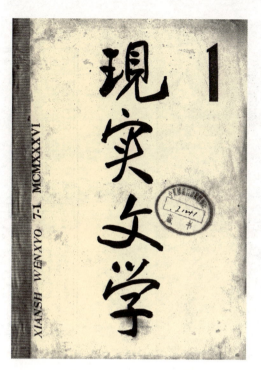

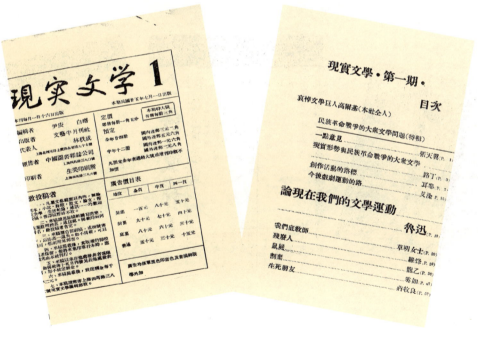

《现实文学》

　　1936年7月1日创刊于上海，同年8月1日即被查禁，仅出2期。编辑公开署名尹庚、白曙，实为胡风、张天翼，文艺半月刊社出版，半月刊。该刊旨在探讨民族革命战争的大众文学问题，研究当前文学运动状况。内容包括论文、报告文学、小说、诗歌、散文、各地通讯等，另配有插图、画像、照片和木刻画等艺术作品。撰稿人有鲁迅、胡风、田间、张天翼、唐弢等。创刊号为《民族革命战争的大众文学问题特辑》。

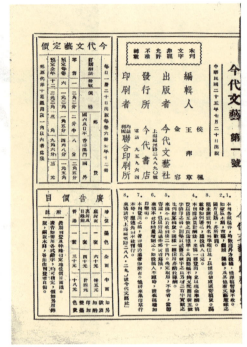

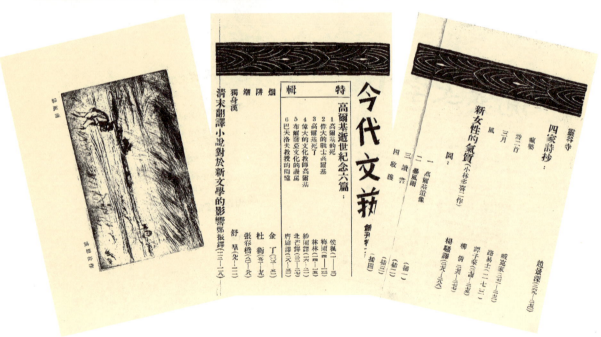

《今代文艺》

　　1936年7月20日创刊于上海，侯枫等编辑，今代文艺社出版，月刊。主要刊载小说、散文、诗歌、剧本、译文及评论。创刊号设有高尔基逝世纪念特辑，有高尔基遗像及签名，专载6篇纪念高尔基的文章，另具代表性的还有郑振铎的《清末翻译小说对于新文学的影响》、许幸之的《万里长城》和赵景深的《灵谷寺》等作品。

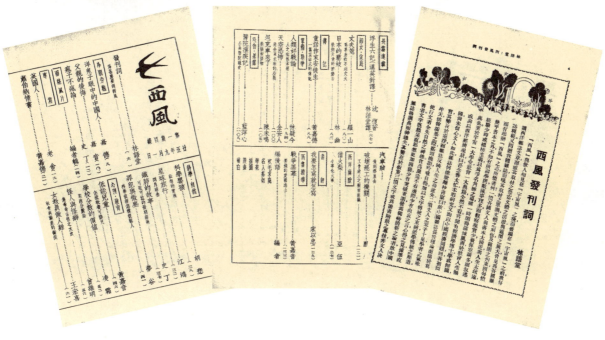

《西风》

　　1936年9月1日创刊于上海，黄嘉德、黄嘉音编辑，西风月刊社发行，陶亢德、黄嘉音为发行人，林语堂任顾问编辑，月刊。该刊以"译述西洋杂志精华，介绍欧美人生社会"，提倡有思想有情感有个性有趣味的通俗文章为宗旨。主要栏目有《冷眼旁观》《雨丝风片》《长篇连载》《妇女·家庭》《传记》《军备·战争》《科学·自然》《心理·教育》《西洋幽默》《书评》《西书精华》等。创刊号内有代表性的载文有黄嘉德的《萧伯纳情书》《童话作家安徒生》、老舍的《英国人》、罗一山的《丈夫荒》等。

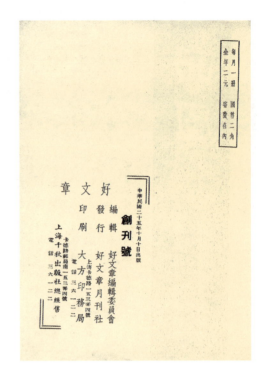

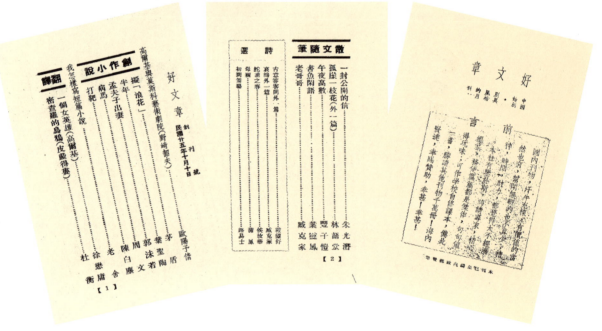

《好文章》

　　1936年10月10日创刊于上海，好文章编辑委员会编辑，好文章月刊社发行，月刊。该刊追求"篇篇都是杰作，句句值得玩味""备此一书，胜读其他刊物千万册"。主要登载现代名家的小说、诗歌、散文等。创刊号内载有叶圣陶的《半年》、郭沫若的《孟夫子出妻》、朱光潜的《一封公开的信》、林语堂的《孤崖一枝花》等文章。

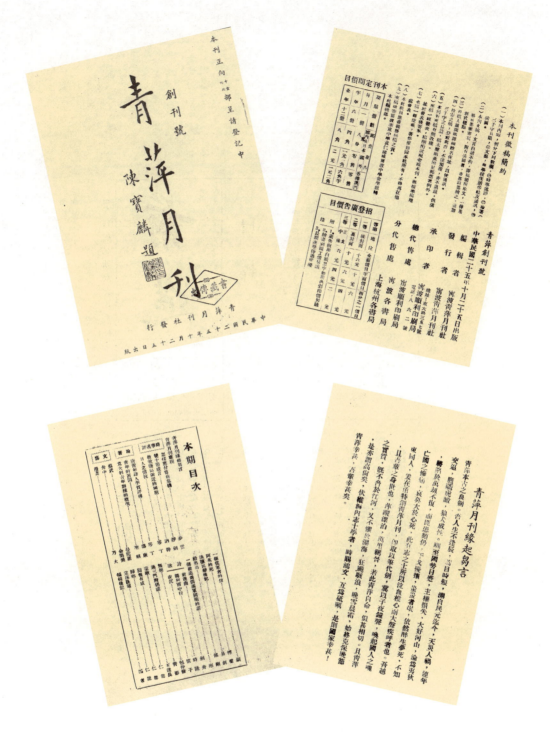

《青萍月刊》

　　1936年10月25日在宁波创刊，宁波青萍月刊社编辑发行，月刊。该刊由一群爱好文艺的中学生创办。创刊者以三民主义之立场，砥砺文艺，联络感情，发扬民族精神，唤醒国魂为宗旨。设有《时事述评》《论著》《文艺》《诗歌》等栏目。通过刊登小说、诗歌、论文、通讯、漫画等文艺作品展现青年学生的爱国情怀和救国热情。

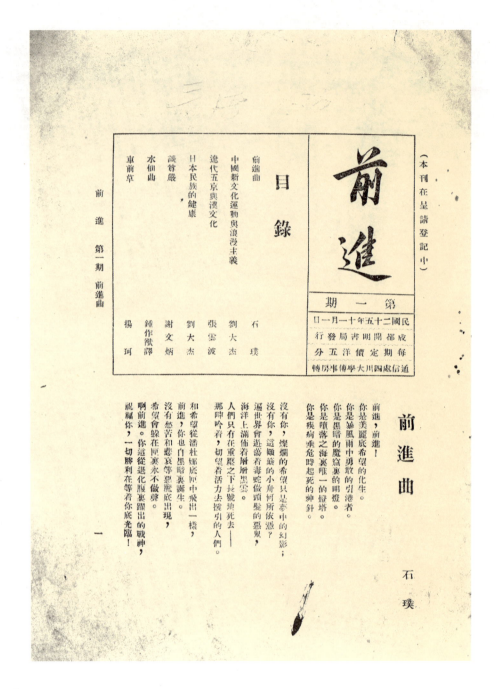

《前进》

1936年11月1日创刊于成都，四川大学前进社编辑，开明书局发行，半月刊。该刊主要论述中国新文化运动沿革，研究新文学理论，分析历史上中国社会政治对经济及民族文化的影响。以发表小说、译诗为主。创刊号内载有石璞的《前进曲》、刘大杰的《中国新文化运动与浪漫主义》、张云波的《辽代五京与汉文化》等文章。

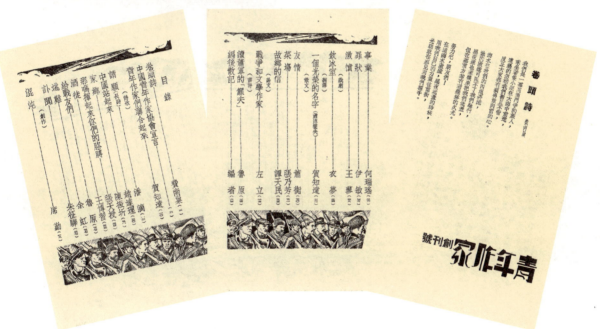

《青年作家》

　　1936年12月1日创刊于上海，费南巢主编发行，中国青年作家协会总会出版，月刊。该刊提出青年是中国民族解放与民族文艺发展的一种新锐力量，青年作家是中国文学的未来；指出青年作家应紧跟时代潮流，创作出有思想、有内容的艺术作品。创刊号内刊登了关于中国青年作家协会总会的一切事项，作品皆是中国青年作家协会会员的著作，体裁多样，诗歌、戏剧、散文、译作等皆所涵括。

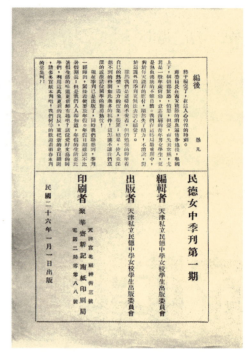

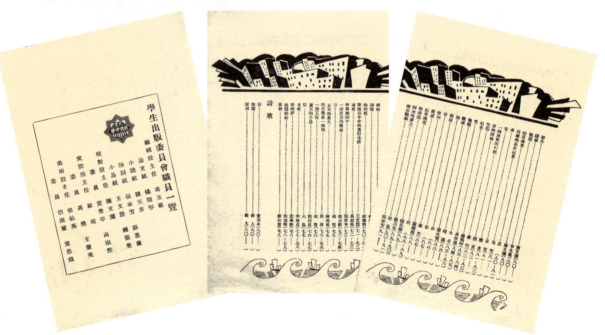

《民德女中季刊》

　　1937年1月1日创刊于天津，天津私立民德中学女校学生出版委员会编辑出版，季刊。设有
《论文》《小说》《随笔》《散文》《诗歌》《讲演》《补白》等栏目。所刊文章多为该校师
生作品，散文和诗歌所占比例最高。主要撰稿人有冯玉范、陈文澜、张敏英等。重要文章有
《文学内容与形式的轻重》《青年生活的改造》《酒肉之友与患难之交》等。

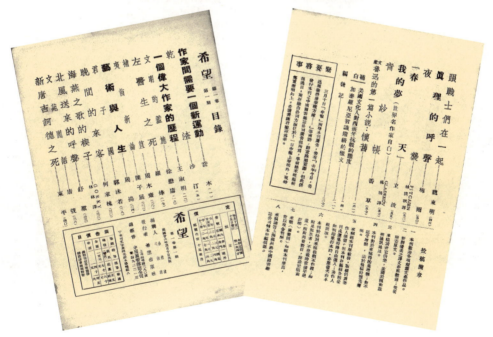

《希望》

　　1937年3月10日在上海创刊，徐懋庸、王淑明编辑，希望半月刊社出版，半月刊。刊名寄寓借文艺作品表达对民族解放、社会改革、文化发展等一切的希望。主要发表各种短篇文艺作品和译文，如乔木的《作家间需要一个新运动》、郭沫若的《君子国》、王淑明的《一个伟大作家的历程》等。知名撰稿人还有沙汀、唐弢、陈子展、舒群等。

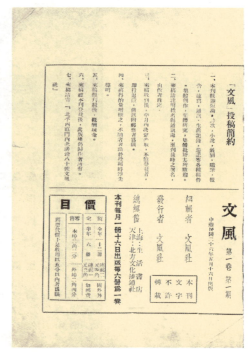

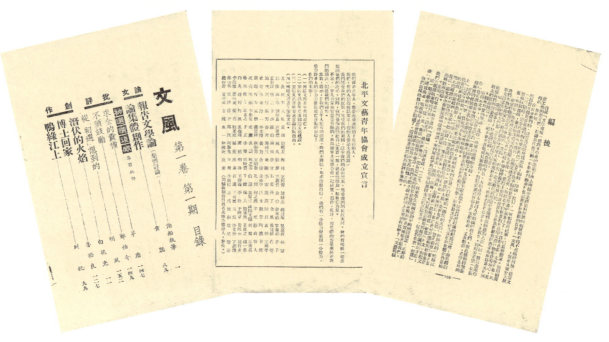

《文风》

1937年5月16日在上海创刊，文风社编辑发行，月刊。该刊意在把文艺的武器完全配备到救国运动上去，以期唤醒民众，激励全民抗战士气，实现民族救亡的文艺抗战使命。设有《论文》《批评》《创作》《报告》《通讯》《诗歌小品》《杂感》等栏目。创刊号内大多是北平文艺青年协会同人的作品，包括小说、短论、通讯报道、诗、随笔等。

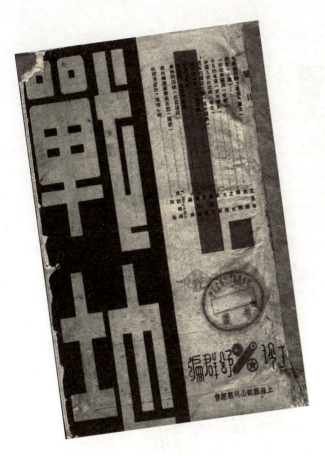

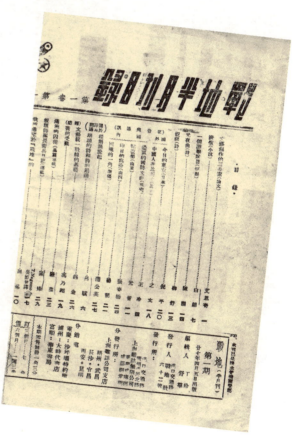

《战地》

　　1938年4月5日创刊于汉口，丁玲、舒群编辑，战地社发行，半月刊。该刊以战地为中心，旨在宣传抗战，坚持用事实说话，发表抗战指导理论，真实报道战争情况。设有《报告与通讯》《关于诗的朗诵》《杂感》等栏目。以发表文学作品为主，刊有国内外的小说、短剧、报告、通讯，以及时事评论、文艺创作理论等。

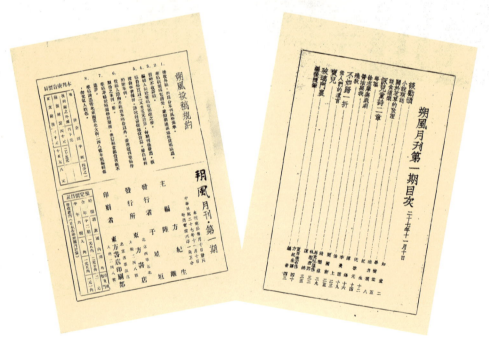

《朔风》

　　1938年11月10日创刊于北平，1939年终刊，共出25期。方纪生、陆离主编，东方书店发行，月刊，创刊者有感于北方文坛无刊物可读之沉寂，因该刊诞生于北方，撰稿者也多在北方，创刊之际又恰逢西北风吹刮时节，故名《朔风》。所刊以小品文为主，兼有小说、诗、随笔、民谣等。封面文字引自《论语·学而》。

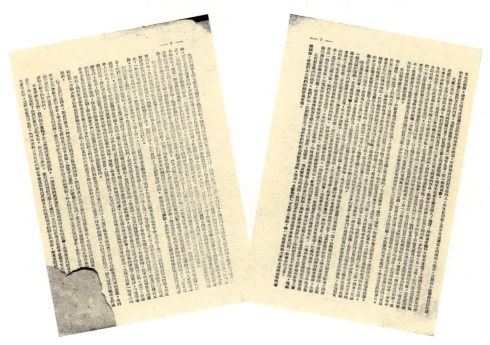

《文艺战线》

　　1939年2月16日创刊于陕西延安，出版至第6期停刊。延安文艺战线社出版，周扬主编，夏衍发行，月刊。该刊专供前方战士阅读，旨在激发士气，加强抗战建国的认识。刊内登载国内外大事件报道及浅释、后方民众动员报道、敌情简述、慰劳信件、战况时事评论以及小品文等。主要撰稿人有周扬、丁玲、成仿吾、艾思奇、沙汀、李伯钊等。

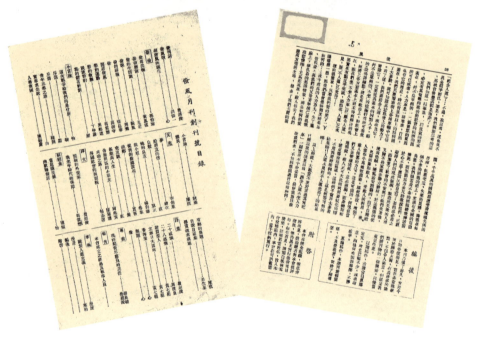

《俭风》

　　1939年4月1日在上海创刊，上海江西高级职业中小学校崇俭会宣传组出版，月刊。创刊者之办刊意图如刊名，即有感于时事多艰、人心不古，推崇以俭持家，以俭兴国，提倡去奢崇俭。设有《崇俭》《小言论》《文苑》《译文》《诗集》《专载》《报告》等栏目。刊有崇俭文章、时事言论、译文、诗、报告、信函、漫画等。

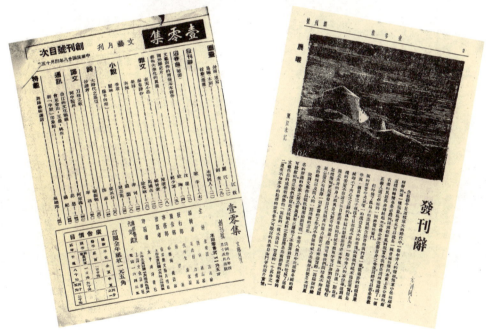

《壹零集》

    1939年4月15日创刊于上海，至1939年6月第1卷第3期停刊。朱家骏、孙志勤主编，倪琴生、朱家骏为发行人，壹零集文艺月刊社出版，月刊。该刊以反映抗战生活为使命，以搜集抗战史料为抓手，认为现实是文艺的母亲。栏目设有《杂文》《小说》《诗》《译文》《通讯》《特载》等。主要刊载文艺理论、小说、杂感、诗歌、戏剧等各种形式的文学作品，以及少量译文和文学评论文章。刊内还配有木刻画、特写、漫画等艺术作品。

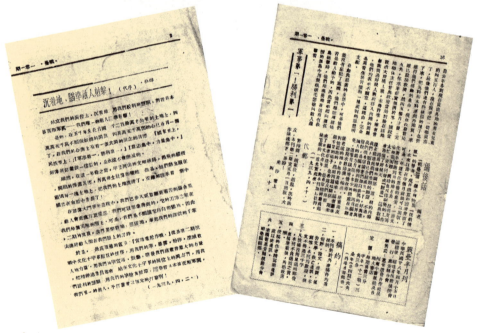

《战垒》

　　1939年4月15日在福建惠安创刊，福建省抗敌后援会惠安县分会编辑出版，半月刊。该刊作为《抗敌情报》的替刊，主要报道战争时期军事、政治方面的信息，刊有短评、论文、漫谈、报告文学、救亡通讯等，内容包括该时期中日间历次重要战役的各种战史资料、作战参考、情报分析、抗战事迹、支持抗日的文章等。

《笔阵》

　　1940年4月1日创刊于成都，中华全国文艺协会成都分会出版部编辑发行，月刊。该刊系中华全国文艺界抗敌协会成都分会会刊，后发展成为一般文艺刊物，旨在"使各地，更使成都的文艺工作者取得密切联系"。设有《诗抄》《杂感随笔》等栏目。刊内以会务报告为主，兼有小说、诗、随笔、杂文、散文等，内容多反映当地人民抗日反汉奸的斗争。

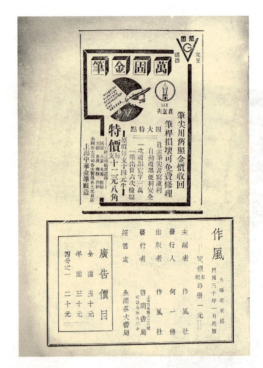

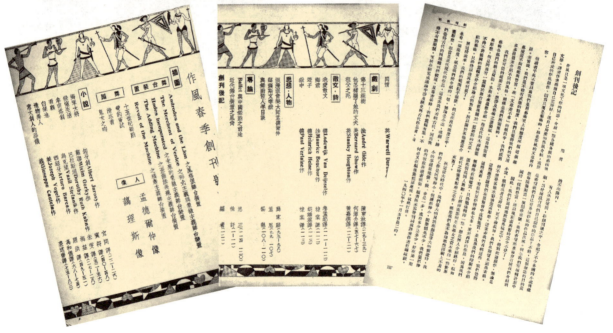

《作风》

　　1941年1月在上海创刊,作风社编辑出版,启明书局发行,月刊。设有《插图》《思想人物》《专论》等栏目。主要登载近现代国外的绘画、舞台设计、戏剧、小说、诗歌等艺术和文学作品。其中小说作品关注各阶层人民生活,反映社会生活百态。创刊号内代表性作品有《白兰地》《海军大将》《与舞蹈哲人半日谈》等。

《作家》

　　1941年4月在南京创刊，丁丁编辑发行，作家出版社出版，月刊。该刊除登载诗歌、散文、小品、小说、文学评论、译著、杂文等多种体裁的文学作品外，也十分关注文学理论的研究。创刊号内刊有《西方的书籍爱好者》《就那么回事》《文艺与宣传》《文艺与社会心理》等文学作品与理论研究文章，同时有《拓荒者》《解放之前》等多幅精美画作。封面由著名画家曹涵美设计。

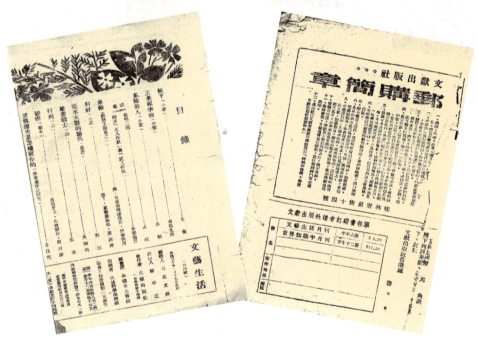

《文艺生活》

　　1941年9月15日创刊于桂林，1943年9月20日被广西当局限令停刊。司马文森编辑，文献出版社发行，月刊。作为战时桂林文坛的重要期刊之一，其主要刊有小说、诗歌、剧本、译作等作品，其中翻译作品所占比重较大，所刊作品大多反映当时大众的生活变动、心理状况及社会现实。创刊号内刊有艾芜的《轭下》、何家槐译的《齿轮》、司马文森的《王英和李俊》等文章。

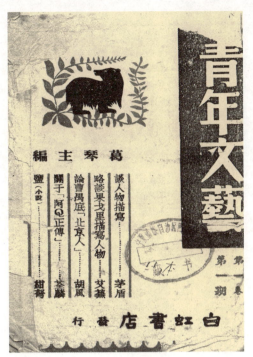

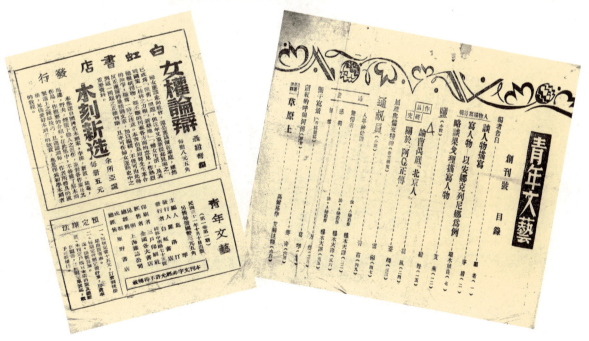

《青年文艺》

　　1942年10月10日创刊于桂林，1944年7月终刊。葛琴主编，白虹书店发行，月刊。该刊以"灌输文学知识，推荐新人作品"为宗旨，向青年介绍一些作家的学习和工作经验，以指导青年的文学创作和研究。辟有《作品研究》《诗选》《名著译释》等专栏。刊有小说、诗、散文、译作等。撰稿人有茅盾、艾芜、臧克家、沙汀、陈白尘、何其芳等。

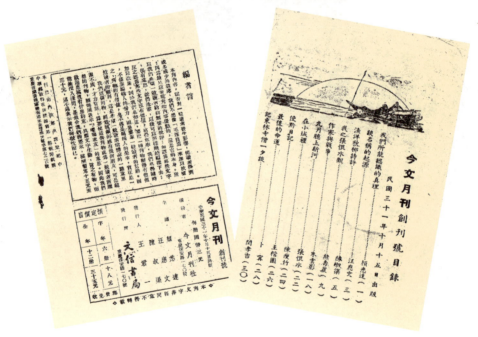

《今文月刊》

　　1942年10月15日创刊于重庆，今文月刊社编辑，文信书局发行，月刊。该刊是集杂文、散文、评论为一体的综合性刊物，反对古文的拘古泥古，故以《今文》名之。所载文章不拘内容形式，只要言之有物，读之有味即可，尤为欢迎具有哲学思辨性和古典文学涵养的文章。另外也刊登如法国莫泊桑的《复仇》、英国罗素的《烽火中的哲学》等国外名篇的中文版。

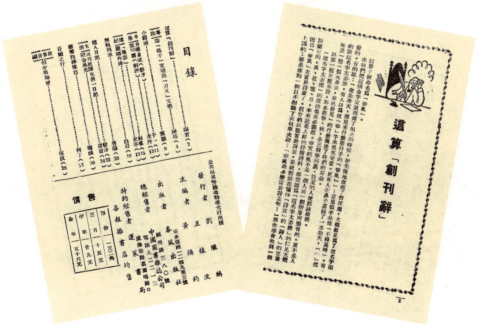

《春风》

　　1942年11月创刊于上海，王植波、黄焕钧主编，刘继麟发行，春风出版社出版，不定期刊行。该刊意在为读者呈现如春风般温暖宜人、异彩纷呈的作品，给读者带来温暖，使其感到爽快。设有《专论》《艺垒》《传记》《生活》《故事新编》等栏目。刊有专论、影剧评论、生活日记、幽默风趣的社会小说等。创刊号内刊有《超人日记》《伯牙与知音》等文章。

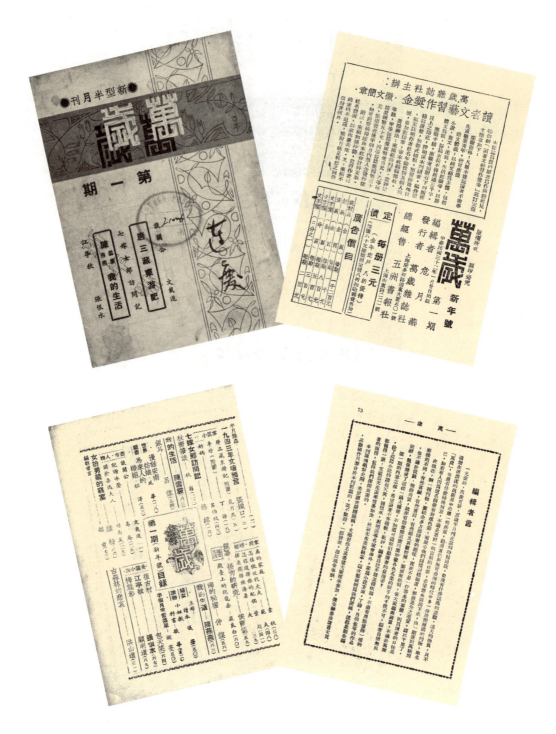

《万岁》

　　1943年1月20日创刊于上海，同年5月停刊。危月燕编辑，万岁杂志社发行，半月刊。该刊以雅俗共赏，顾全多方面读者的趣味为宗旨。栏目设有《世界猎奇》《古今人物》《家庭婚姻》《职业生活》《长篇小说》等。刊载内容涉及面广，如包天笑的《复古村》、张恨水的《江亭秋》、顾明道的《梅龙影》等知名作家的作品。

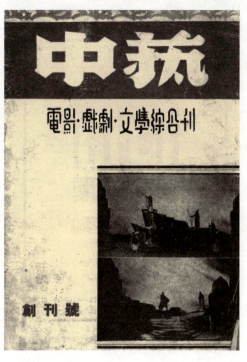

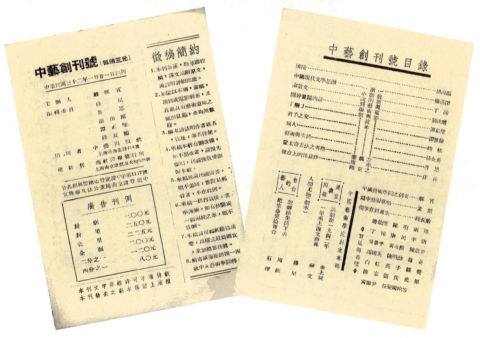

《中艺》

　　1943年1月21日在上海创刊，仅出3期便停刊。严雁宾主办，穆尼、鲁思、胡山源等编辑，中艺出版社出版，月刊。作为中国艺术学院创办的校刊，其以电影、戏剧、文学为主题。第一期为中国艺术学院创立专辑，内载有杨荫深的《中国现代文学思潮》、赫文的《一年来上海文艺界》、余上斌的《话剧在1942年》、穆尼的《人间尤物》等作品。

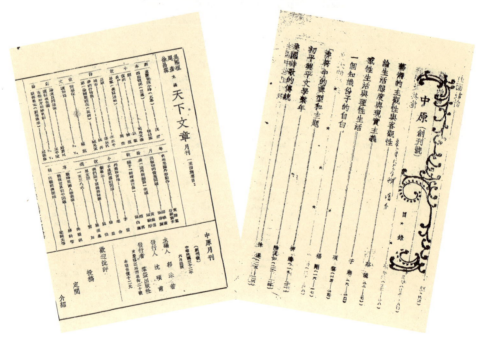

《中原》

  1943年6月创刊于重庆，共出版了6期。郭沫若主编，群益出版社发行，沈硕甫为发行人，月刊。刊名取自陆游的诗"王师北定中原日，家祭无忘告乃翁"，以表明该刊虽做学术，但也不忘抗日，提出要恢复中原被占领土。该刊"以文艺为中心，但亦注重一般文化问题，以至艺术理论"，主要宣传民主、抗日，坚持创作与研究并重。

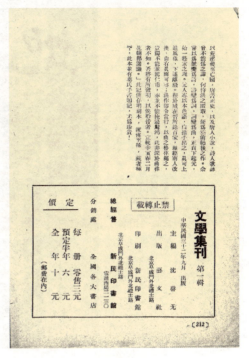

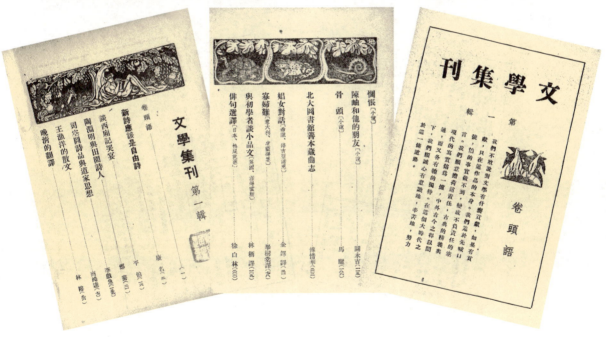

《文学集刊》

　　1943年9月在北京创刊，沈启无主编，艺文社出版，季刊。办刊者本着务实的态度，旨在将古典的精义与现代的写实熔为一炉，通古今、连中外，又使其各具特色。内容涵盖诗、词、文、小说、戏剧、学术评论等，其中诗歌、散文所占比重较大。作品多倾向于田园化，这既是一种对诗歌风格的追求，更是办刊者生活态度的写照。

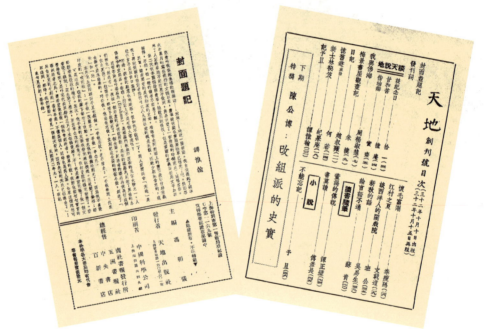

《天地》

　　1943年10月10日创刊于上海，同年10月15日再版，馆藏为再版本。冯和仪主编，天地出版社发行，月刊。所刊文章不限于文学作品，内容"取一切杂见、杂闻、杂事、杂物"，以杂取胜。栏目有《谈天说地》《读书随笔》《小说》等。封面由谭惟翰设计，为印度教三大神之一的婆罗马菩萨像，其手持笔杆、稿纸、墨水，代表文艺创造者和社会创造者，寓意创造新的天地，与刊名巧妙契合。

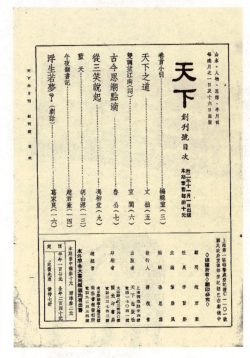

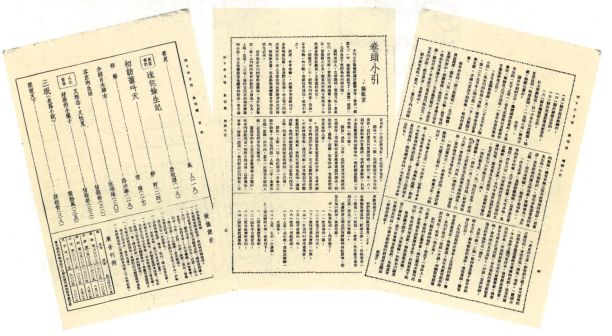

《天下》

　　1943年11月1日在上海创刊，叶劲风主编，天下出版社出版，半月刊。该刊以"山水、人物、思想"为主题，主张"言之有物"。内容"以文艺及知识为主体"，有传记、专访、小说、诗歌、游记、特写、报告文学、小品、随笔、文艺理论及文艺消息等。创刊号所载唐牧先生翻译的《流犯余生记》，被《西风》和《英文文摘》介绍。封面画作以明代诗人李梦阳的《寿歌二首（其二）》中的"翩翩白鹤舞青松"作为题词。

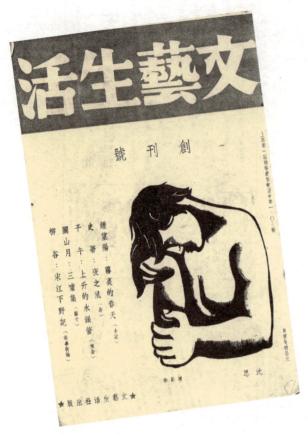

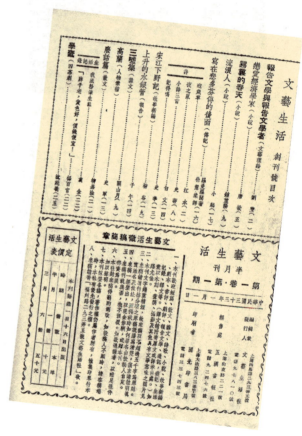

《文艺生活》

　　1944年1月1日创刊于上海，文艺生活社编辑发行，半月刊。该刊坚持以文艺革命运动为方针，以人民为中心的创作导向，着力提升文艺原创力，推动文艺创新。设有《诗》和《生活记录》等栏目，为不同的读者和作者开辟不同的文艺空间。刊内载有文艺理论、小说、诗歌、报告文学、杂文、散文、译作、游记等。

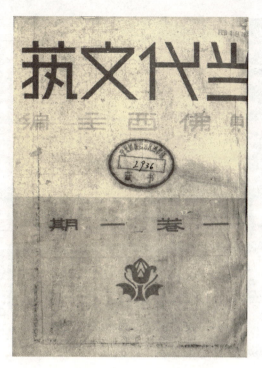

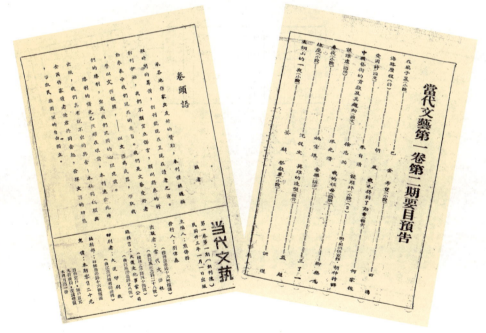

《当代文艺》

　　1944年1月1日创刊于桂林，1944年6月停刊，共出6期。熊佛西主编，当代文艺社出版，月刊。该刊"以文艺为武器，争取我们的胜利，完成我们建国的心理建设"为目的。设有《小说》《传记》《散文随笔》《诗词》《剧本》《译作》等栏目。主要刊载中国文坛进步作家的文学作品，如丰子恺的《我所见的艺术与艺术家》、茅盾的《小圈圈里的人物》、艾芜的《大舅父的悲剧》、柳亚子的《江左少年夏完淳传》、田汉的《抗战戏剧第七年》等。

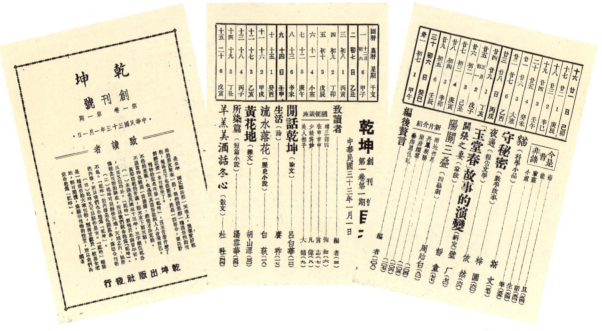

《乾坤》

　　1944年1月1日创刊于上海，杨泽夫编辑，乾坤出版社发行，月刊。取名《乾坤》之原因：一来该刊创刊于岁首年初，以资纪念；二来希望其能包罗万象；三来可解作男女，希望男女老幼都可阅读。栏目设有《随便谈座》《今是昔非录》《新片介绍》等。内容涵盖论文、诗、小说、杂文、散文、报告文学、科学小品、戏剧等。创刊号内国学名家吕白华先生的《闲话乾坤》旨在让读者明白《乾坤》之微言大义。

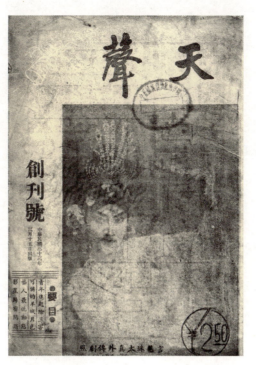

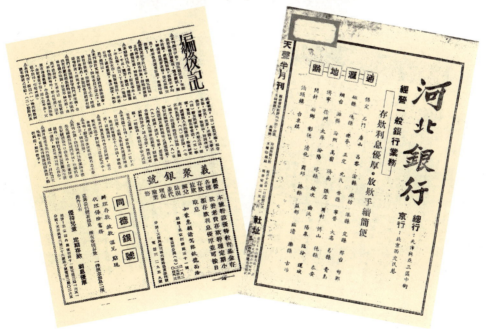

《天声》

　　1944年3月15日创刊于北京，吴宁靖任主编兼发行人，天声印刷局发行，半月刊。主要栏目有《半月影评》《妇女家庭》《影坛捷报》《戏剧杂咏》《时事述评》《小消息》《歌坛沉浮录》《同学新闻》等。创刊号内刊有《字典与唱戏》《英美觊觎油田之野望》《侯宝林学徐莘园》《马三立辗转去济南》等文章。该刊同时也介绍一些日常生活知识，如卫生保健、亲子教育、家庭厨艺等。

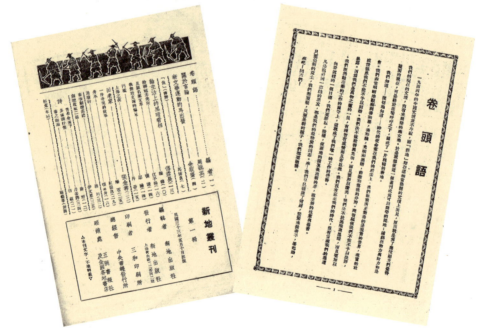

《新地丛刊》

　　1944年5月10日创刊于上海，1944年9月停刊。新地出版社编辑发行，刊期不详。创刊者试图在文坛开垦一片园地，以实现时代所赋予的责任和使命。该刊着力赞扬善与美，批判恶与丑。主要刊载文学作品，包括评论、小说、诗歌、书评等。封面配有木刻作品《拓荒》，与办刊旨趣交相呼应。

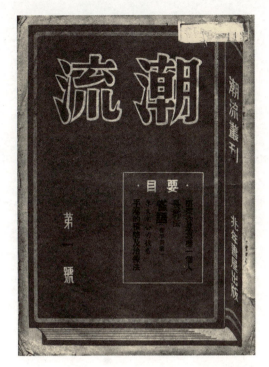

《潮流丛刊》

　　1944年6月12日创刊于上海，潮流社编辑发行，郑兆年任主编兼发行人，兆年书屋出版，月刊。创刊号为小说特辑，故以小说为主，兼有文摘、诗歌、译作、文学评论、笑话、国外文学名家名作介绍等，其中小说作品风格多偏向抒发情感和展现智性哲思。创刊号内载有林莽的《魂的流浪》、文龙的《将来你是怎样一个人》、S.K.的《男女平等是否可能》、丹心的《"聪明人"与"傻瓜"》等文章。

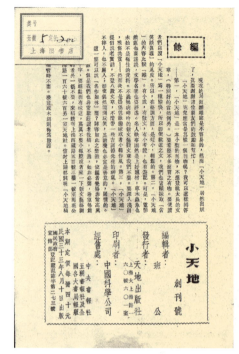

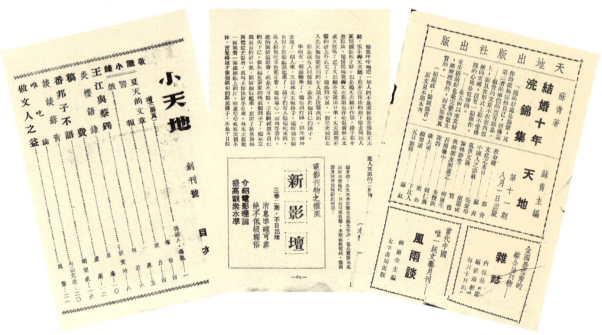

《小天地》

　　1944年8月10日在上海创刊，班公(即周班侯、周炳候等)编辑，天地出版社发行，月刊。作为小型刊物，其提倡言之有物，雅俗共赏，旨在通过短小、轻松的文章给读者带来愉悦的阅读感受。内容丰富，如小说、散文、小考证、游记、电影、戏剧、文学名著等皆有收录。撰稿者可谓名家如林，如张爱玲、苏青等。

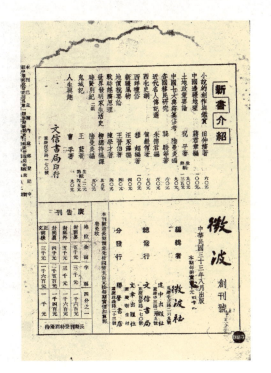

《微波》

　　1944年8月创刊于重庆，仅出2期。微波社编辑，文信书局发行。创刊者抱着不急功近利、踏实做事的态度办刊。宣称刊物公开公正，只看文章合不合用，不管作者有没有名，故撰稿人除叶以群、姚雪垠、荒芜、茅盾等名家外，也有一些"无名小卒"。设有《小说》《微言》《诗》等栏目。创刊号内刊有姚雪垠的《伴侣》、荒芜翻译的《小母亲》、臧克家的《你不是孤独的》、聂绀弩的《我若为王》等文章，聂绀弩的《我若为王》后被选入中学语文课本。

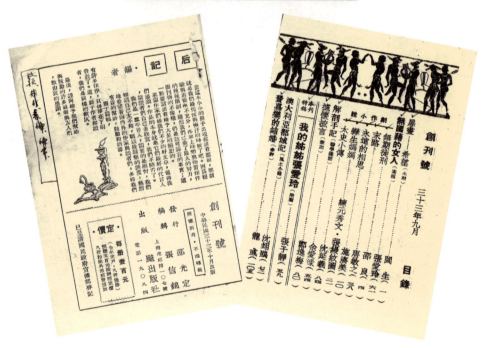

《飙》

　　1944年10月创刊于上海，张信锦编辑，邵光定发行，飙出版社出版，双月刊。该刊虽创刊于抗战时期，但所刊内容完全不涉及战争、政治、经济等宏大问题，意在文学的圈子中自娱自乐，以丰富民众精神生活为主旨。刊有小说、医学趣话、笔记、风土小志、书评、散文、戏剧等。

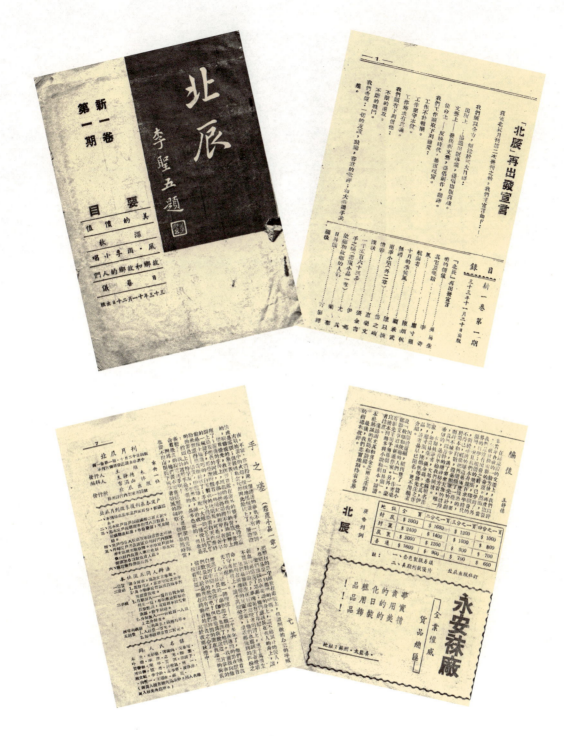

《北辰》

　　1944年11月20日复刊于江苏苏州，另起刊号为新一卷第一期。王静德、未央等编辑，北辰出版社发行，月刊。该刊以反映时代、暴露现实为使命，重在发扬新文艺，提倡创作、翻译，主要刊登短篇小说、诗歌、文坛谈话等。主要供稿人有吴易生、张金寿、伊马、尤其、应寸照等。首刊刊有《美的价值》《深秋》《一千五百六十三步》等文章。李圣五题写刊名。

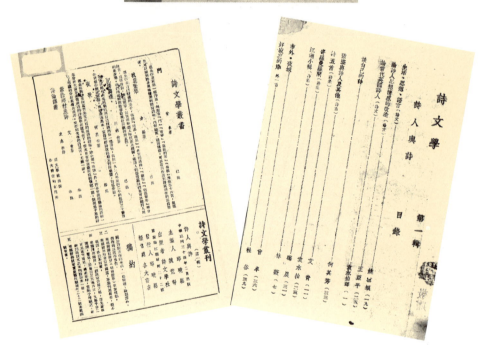

《诗文学》

　　1945年2月创刊于重庆，1946年10月15日停刊，第一辑为《诗人与诗》。邱晓崧、魏荒弩主编，诗文学社出版，不定期刊行。该刊旨在使写诗的笔更有力地反映这时代的光明面与黑暗面，留下一点真正的战斗时代的呼声。以刊载诗歌为主，兼有论文、批评等，内容包括诗歌、诗歌评论、译诗及部分延安诗稿，所刊诗歌反映真情实感及时代的脉搏。馆藏该刊为诗文学社赠给著名现代主义诗人、翻译家穆旦的，有诗文学社印章。

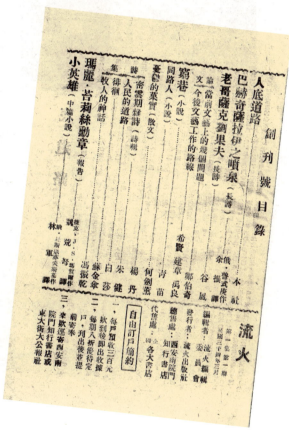

《流火》

　　1945年3月于西安创刊，仅出1期后终刊。流火编辑委员会编辑，流火出版社发行。创刊者认为艺术的道路就是人的道路，倡导文艺应成为执在大众手中的旗子或短剑，成为人的战斗品，使文艺与民主社会成长在一起，成为组成社会的有机体。内容以诗歌为主，兼有论文、小说、散文、报告等。

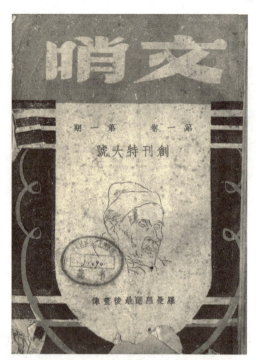

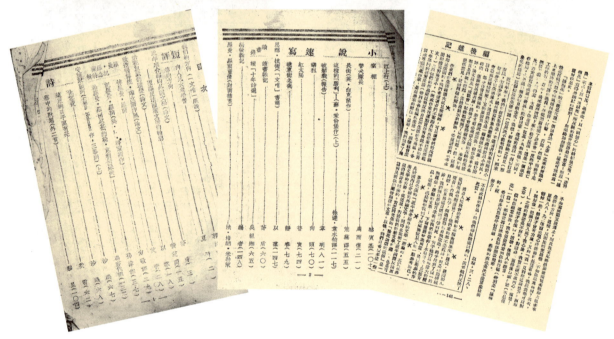

《文哨》

　　1945年5月4日创刊于重庆，文哨月刊社编辑，叶以群任编辑兼发行人，重庆建国书店发行，月刊。该刊旨在向生活学习，向民众学习，坚持从人民中来，到人民中去的办刊方向。设有《短评》《诗》《小说》《速写》《读书录》等栏目。刊有小说、诗歌、戏剧、报告、译作、文艺理论及作品评论等。创刊号内特设了《罗曼·罗兰纪念特辑》，封面有《罗曼·罗兰最后画像》。

《河山》

　　1945年8月5日再版于杭州，河山报社出版，刊期不详，馆藏为再版本。创刊者意在以笔作枪，借以宣传全民奋起抗战，抵御外侮，不当亡国奴之决心，对于不合理现实要勇敢抗争。主要刊登小说、诗歌、文学评论、散文、译作等，内容涵盖哲学、文学、革命反思等。创刊号刊有不少如《救国哲学》《祖国在召唤》《让我们鼓起勇气来》等爱国题材作品。

《时代文艺》

　　1945年9月15日创刊于上海，同年10月停刊。时代文艺社编辑，张朝杰发行，半月刊。该刊旨在发展中国的新文艺运动，以求达到建设一个进步的民主自由的国家。设有《短评》《文化消息》《创作》《胜利的合唱》等栏目。主要报道国内外文坛近况，评述国际国内政治形势，论述中国革命与民主运动进程。刊有《严惩战犯与汉奸》《胜利后的上海文化界》《鲁迅的诗及其他》等文章。

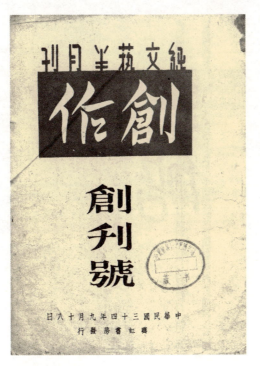

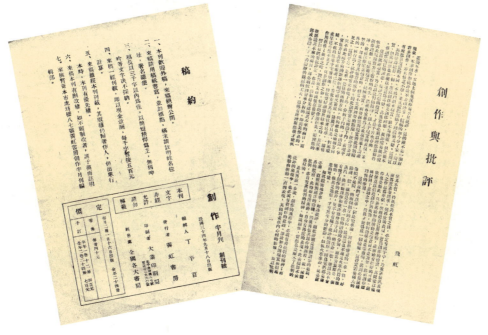

《创作》

　　1945年9月18日创刊于北平，同年11月停刊。丁辛百编辑，霁虹书房发行，半月刊。该刊号召大家承担责任，建设未来。刊有小说、诗歌、散文随笔等作品与评论。撰稿人有胡陵、马庸、杨涛、飞虹、白桦等。代表文章有《关于文人与器识》《创作与批评》《灰白的墙》《纪念一个孩子的成长》等。

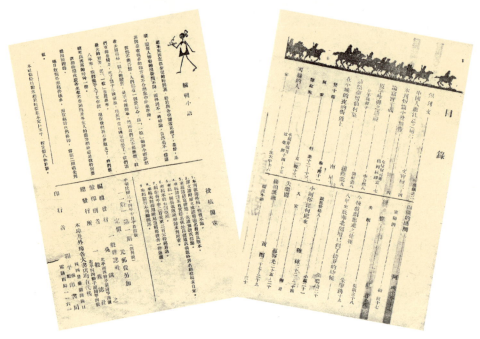

《一般》

　　1945年10月10日创刊于北平，吴镇之编辑，一般杂志社发行，刊期不详。该刊以"发扬中华民族道义精神，提高大众生活趣味"为宗旨。以刊发小说为主，兼顾评论、戏剧、科普等，也有部分译文作品。主要撰稿人有文实权、杨丙辰、赵荫棠、朱肇洛、黄雨等。代表文章有《中国人应注意之属邦》《原子炸弹之透视》《今后戏剧应走之途径》等。

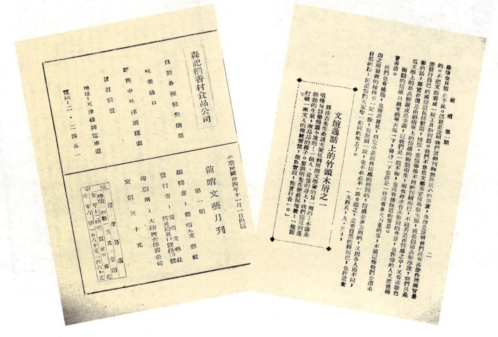

《前哨》

　　1945年11月1日创刊于上海，前哨文艺社编辑发行，月刊。创刊者宣称不以文艺作品宣传任何主张或学说，仅为抒发感情。内容涵盖文学评论、小品、散文诗等。创刊号内刊有壮途的《文学漫步》、王自竹的《作家与作品》、朱星的《中国古昔的散文诗》等文章。

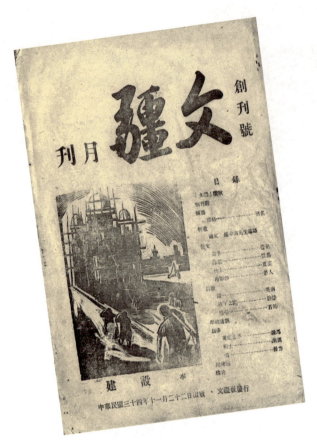

《文疆》

　　1945年11月22日在北平创刊，文疆社发行，月刊。该刊创刊的意义在于唤醒沉沦的青年，使其明了自己的责任，从而负起建国的伟任，共同努力向前奋斗，使中国在世界上大放异彩。因创刊于抗战后，故作品多以爱国主义为主题，载有短论、散文、诗歌、学校通讯、小说等。

《文选》

　　1946年1月1日创刊于上海，文宗山编辑，陈涤夷（陈蝶衣）发行，文选月刊社出版，月刊。刊内作品具有鲜明的时代特征，有小说、诗歌、散文、评论等。执笔人有茅盾、巴金、老舍、曹禺、郑振铎等。既有以战争为题材的《古来征战几人回》《狱中诗记》《桂北烽火线上》等作品，也有对文化方面的指导与反思，如《今后的文化任务》《写作材料的囤积》等作品。

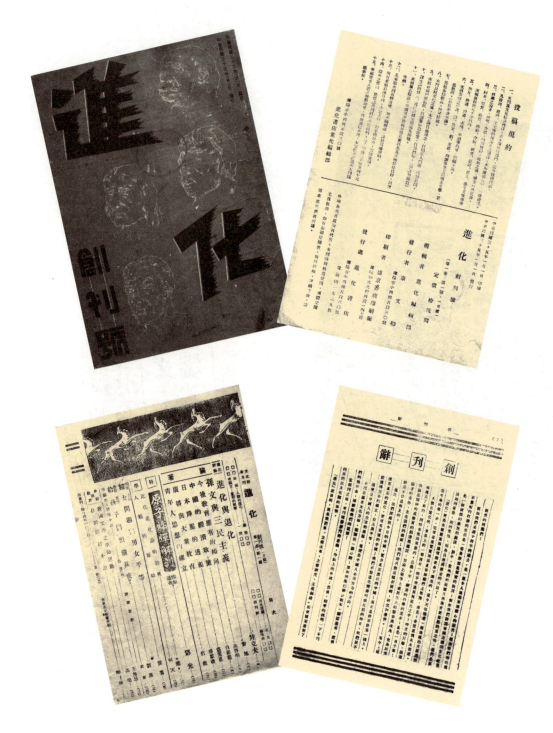

《进化》

　　1946年1月1日创刊于沈阳，进化编辑部编辑，进化书店发行，月刊。该刊以"怎样改革、怎样研究、怎样创造"而使国家立足世界之林为目的。设有《进化评论》《论著》《科学》《介绍与批评》《杂文》《报告文学》《学生文坛》《创作》《翻译文艺》等栏目。所刊内容有政治、经济、工业等论著与翻译，也有小说、诗歌、散文、报告文学、童话等文艺作品。

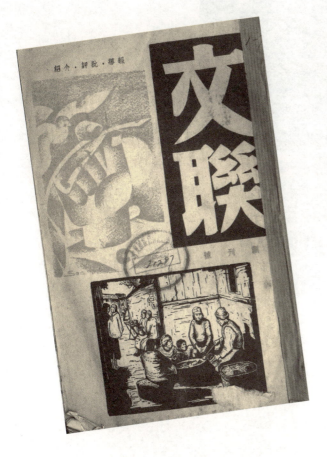

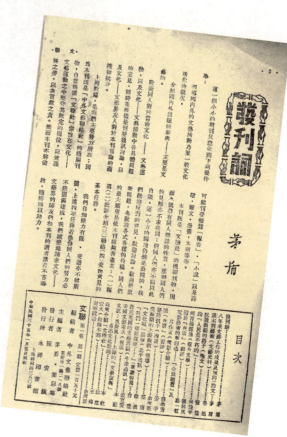

《文联》

　　1946年1月5日创刊于上海，中外文艺联络社编辑，茅盾、叶以群主编，永祥印书馆发行，半月刊。该刊旨在报道国内外文化及文艺活动概况，介绍国内外文艺新书，发表对当时文化及文艺运动的意见，增进同人之间的交流互鉴。作品取材广泛，形式风格多样，刊有报告、论文、小说、诗歌、杂文、木刻画等。作为文联社的机关刊物，其带有显著的同人杂志性质。创刊号内刊有茅盾的《八年来文艺工作的成果及倾向》、鲁迅的《谈木刻艺术》等文章。

《文汇半月画刊》

　　1946年4月1日创刊于上海，余所亚编辑，严宝礼发行，文汇报馆出版，半月刊。该刊倡导新文艺，分文艺和图画两大版块，《图画》栏包括漫画、国画、素描，以及铜、石、木等各种雕刻画，《文艺》栏包括戏剧、游记、诗歌、小说、随笔、杂文等。作为绘画艺术刊物，除刊登文艺作品外，也用文学笔触展现社会环境，表达作者思想观点。

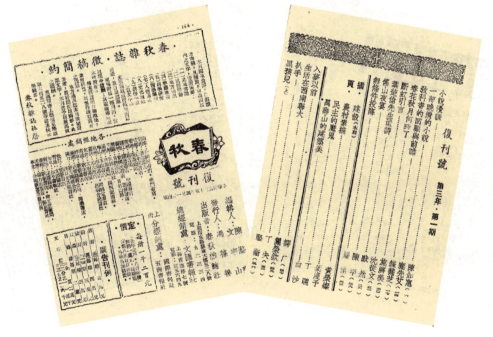

《春秋》

　　1943年8月在上海创刊，后因时局不稳停刊，1946年4月1日复刊，1949年3月再度停刊。陈涤夷（陈蝶衣）、文宗山编辑，春秋杂志社发行，月刊。该刊以提倡文艺、介绍知识为目的，希望能为人们提供精神食粮。作为一种以通俗文学和新文艺为主的综合性刊物，其刊载内容包含小说、诗、四幕剧、文化报道、木刻画、素描作品等。插图配有丁聪、白沙、叶浅予等名家作品。

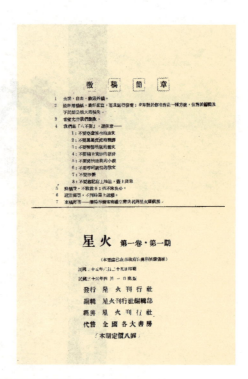

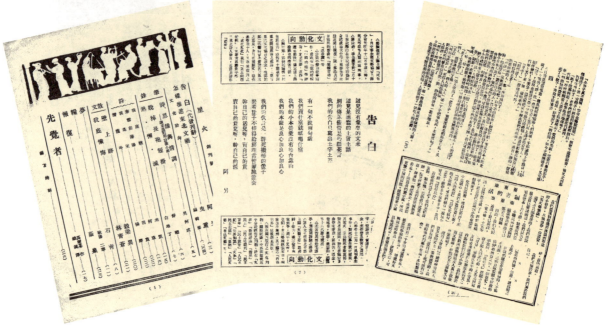

《星火》

　　1946年4月1日在沈阳创刊，星火刊行社编辑部编辑，星火刊行社发行，半月刊。该刊旨在做纯粹的文艺杂志，强调真言实语，宣称"要空虚无物的论文，不要马马虎虎的翻译，不要咳声叹气的杂文，不要糊涂玄妙的新诗，不要闲情逸致的小说，不要哼呵调情的散文，不要抄袭"。设有《笔锋》《诗》《散文》等栏目。主要发表小说、诗歌、散文、游记及文学评论，并报道文学界新闻。

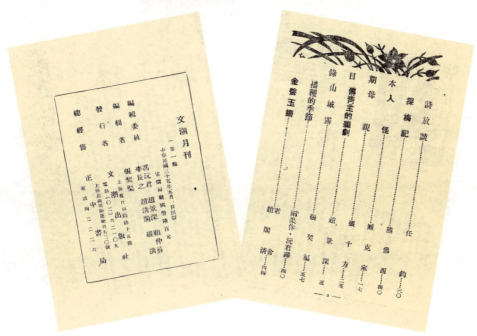

《文潮月刊》

　　1946年5月1日创刊于上海，张契渠等编辑，文潮出版社发行，月刊。该刊从创刊伊始就以纯文艺、超党派、自由主义为立场，以"给读者介绍值得看的小说，给作者贡献一点忠实的意见"为宗旨。无固定栏目设置，主要刊载诗歌、散文、小说等，兼有少量西方文学作品的译作。撰稿人有赵景深、老舍、臧克家等现实派及唯美派名作家。

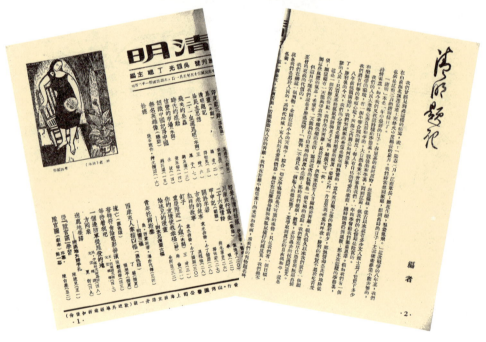

《清明》

　　1946年5月1日创刊于上海,吴祖光、丁聪主编,山河图书公司出版,刊期不详。该刊以"为时代呼喊,写人民的喜爱与愤怒"为宗旨。以刊载原创作品为主,包括小说、诗、散文、木刻画、雕塑作品、剧照等。多位文学名家曾为该刊撰稿,如田汉、老舍、张乐平、郭沫若、夏衍、叶浅予等。刊内有丁聪的人物素描、张乐平的漫画等。

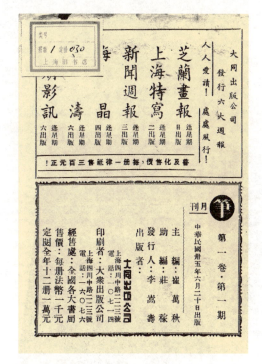

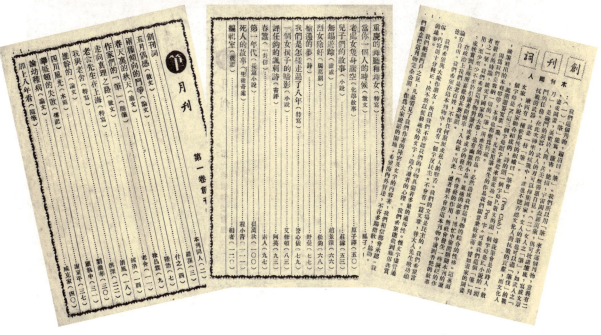

《笔》

　　1946年6月20日创刊于上海，崔万秋主编，大同出版公司出版，月刊。该刊旨在对读者有所启发，"对社会发生一些针砭的作用"。刊名 "笔"，既反映了笔的书画功能，也点出用文人之笔尽 "笔伐"战斗力量之责。创刊者宣称不做任何党派或私人的喉舌，凡是用笔产生的作品兼收并蓄。载有散文、论文、随笔、特写、木刻画、传记等，内容包含时事评论、幽默小品、风趣故事等。

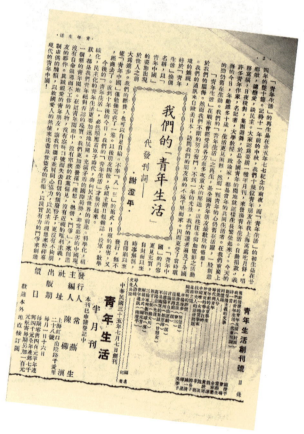

《青年生活》

　　1946年7月7日创刊于上海，陈柳浪主编，常燕生发行，半月刊。该刊立足于青年读者，意在用理想、热情、斗争来创造一个新的青年园地，集思想性、知识性、实用性、趣味性于一体。主要刊载与青年相关的各种文学作品，如名人传记、小说、诗歌、随笔、通讯等，其中通讯多来自欧美、日本，该刊多次受到国际同行访问。

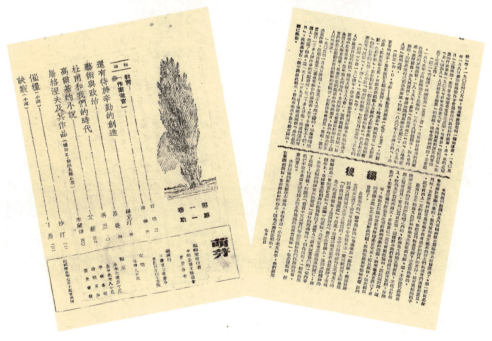

《萌芽》

　　1946年7月15日创刊于重庆，同年11月停刊，共出4期。中华全国文艺协会重庆分会编辑发行，月刊。该刊坚持现实性、思想性于一体的办刊方向。内容以文艺为中心，亦旁及一般文化的范围，如评论、小说、诗歌、散文、报道、国外名家名作以及文艺理论研究、政治文章等，无所不包。

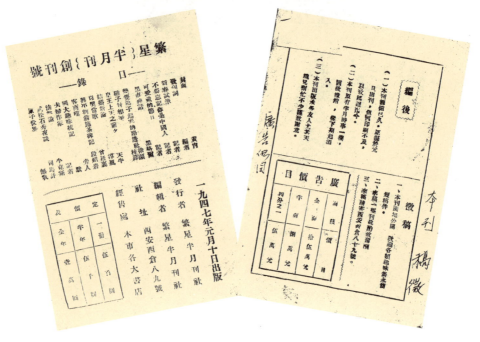

《繁星》

　　1947年1月10日创刊于西安，繁星半月刊社编辑发行，半月刊。创刊者有感于西安文化界之岑寂，故创办《繁星》，繁者多也、杂也，星者，零星也、琐碎也，故不限定文章之意义、范围。作品内容丰富，体裁广泛，有小说、论文、译作、科学问答等，封面为著名画家、社会活动家、收藏家黄胄的作品。

《大家》

　　1947年4月1日在上海创刊，唐云旌编辑，山河图书公司发行，月刊。创刊者有感于当时众多刊物品味不高之弊病，特创办此刊。该刊取材广泛，内容与形式并重，格调轻松明快。涵盖文学作品、文学评论、戏剧评论、美术作品等内容。创刊号内载有张爱玲的《华丽缘》、黄裳的《贵阳杂记》、张乐平的《漫画——三毛》等名家作品。

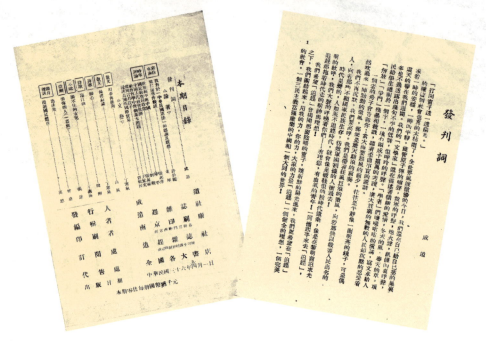

《追赶》

　　1947年5月1日在南京创刊，追赶杂志社编辑，追赶月刊社发行，月刊。创刊者有感于现实的残酷及文坛的沉寂，号召大家要紧跟时代，携起手来追赶新时代。刊内分为论著和文艺两部分，论著包括对民国宪法的认识和感想、对时事政治热点的评论等，文艺包括散文、诗歌、小说、戏剧、体育漫谈等。创刊号内刊有《我对于〈中华民国宪法〉的认识及感想》《从寓言看庄子》等文章。

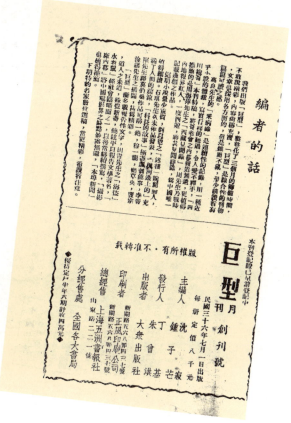

《巨型》

　　1947年7月1日创刊于上海，沈寂、钟子芒主编，大众出版社出版，月刊。文章取材广泛，内容杂而不乱，娱乐性与知识性兼具。栏目有《小说》《报告文学》《戏剧》《随笔》《内幕》《秘闻》《人物》《通讯》等。该刊尤为注重发表报告文学，亦兼有部分译作。所载文章亲近大众，通俗有趣，具代表性的有高良的《采病录》和田青的《海盗》等。

《中国作家》

    1947年10月1日在上海创刊，舒舍予（老舍）为发行人，中华全国文艺协会、中国作家编辑委员会编辑，月刊。该刊以"扩大文学作者队伍，促进文学事业的繁荣"为宗旨，关注现实，立足人民，为当时作家集结最多的文坛重地。登载了很多知名作家的作品，如《文学的历史动向》（闻一多）、《静夜的悲剧》（巴金）、《论严肃》（朱自清）、《论古西域画》（郑振铎）、《生命册上》（唐弢）等。

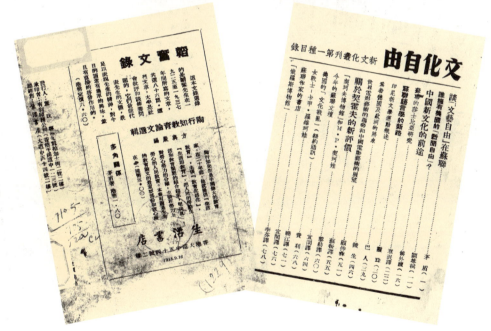

《文化自由》

1948年创刊，新文化丛刊出版社编辑，香港生活书店出版。刊期、出版地不详。《文化自由》为《新文化丛刊》第一种，主要刊载文艺论文、评论、散文等，内容为世界各国作品，尤其关注苏联文化的发展情况。载有茅盾的《谈"文艺自由"在苏联》、顾仲彝的《世界电影艺术的趋势和中国电影艺术的展望》、巴人的《印尼新文学运动概述》等文章。主要撰稿人有茅盾、刘尊棋、侯外庐、顾仲彝等。

《复活》

　　1948年1月创刊于宁波，田村主编，复活文艺社出版，刊期不详。该刊认为，在物质条件缺乏的现实情况下，觅取更有意义，更需要精神食粮，期待文艺复活，服务大众。以刊登文艺作品为主，有文学理论研究、评论、诗歌、散文、小说、戏曲、木刻画、漫画等。创刊号刊有《谈浪漫与写实》《文学的力量》《谈当前的文艺主题》等文章。刊名由丰子恺题写。

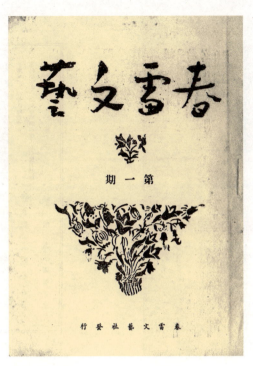

《春雷文艺》

　　1948年4月20日创刊于西安，国立西北大学春雷文艺社主编，顾问为马师儒，春雷文艺社发行，发行人为张云涛，月刊。该刊旨在为作者与读者建立起沟通学习的桥梁。刊载以反映农村乡土气息的歌谣、小说、诗歌作品为主，兼有论文、书评、散文、译著等文艺作品，创刊号除刊载了辛代的小说《门前》、臧克家的诗《人民歌者》等国内名家作品外，也有泰戈尔的《等待明天》等国外名家译作。

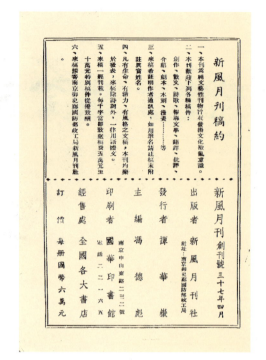

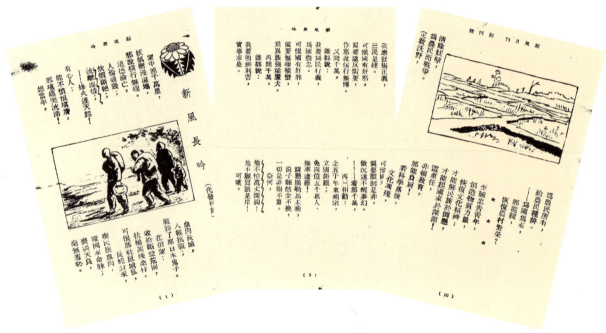

《新风》

　　1948年4月创刊于南京，冯德彪主编，新风月刊社出版，谭华岳发行，月刊。该刊旨在发扬文化戡乱意识，以《新风》为平台，以文艺作品为载体，希望成为读者的精神家园、作者思想的汇聚地。设有《小说》《翻译》《戏剧》《诗歌》《散文》等栏目。创刊者要求文章有生命、有活力、有风格，以发表文艺作品为主，包括小说、译作、戏剧、诗歌、散文、木刻画、漫画等作品。

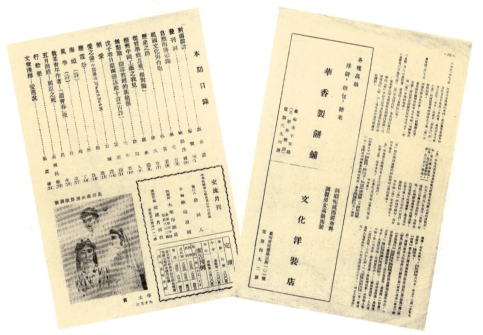

《交流》

　　1948年5月20日创刊于台南市，欧阳漫冈主编，交流月刊社发行，发行人为徐同人，月刊。该刊旨在"灌输时代知识，发扬民族精神，沟通各地现实民情及介绍国内外文化的动向"，倡导台湾与祖国大陆加强文化交流。内容涵盖文学艺术、历史文化、诗歌小说等。创刊号重要文章有《祖国文化与台胞》《自然的启示录》等。

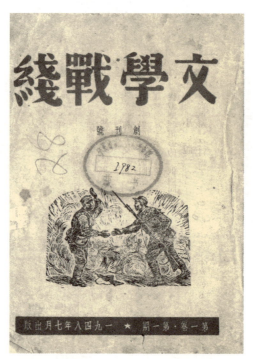

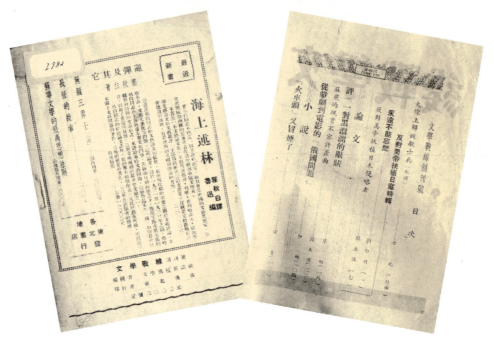

《文学战线》

　　1948年7月在哈尔滨创刊，哈尔滨文学战线杂志社编辑，东北书店发行，月刊。创刊者追求文化战线和思想战线的统一，办此刊以期为当时革命文学提供一个发表与展示成果的平台。设有《论文》《小说》《变化》《诗》等栏目。主要刊载反映人民大众的斗争和生活的各种文艺作品，如文艺论文、小说、戏剧、诗歌、报告文学、人物传记、散文、传记、速写、书报评介等。

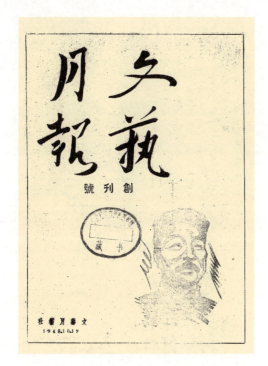

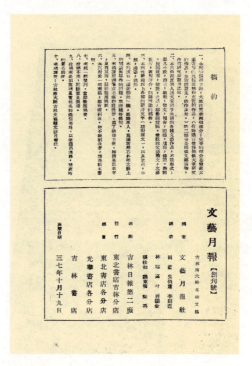

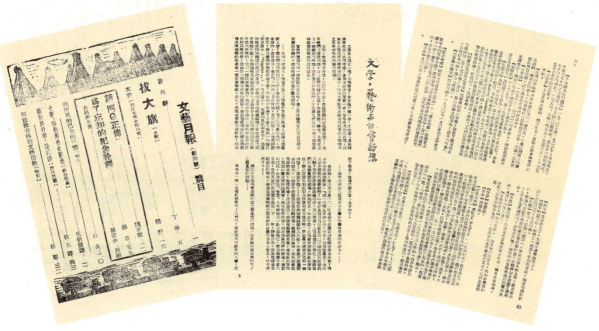

《文艺月报》

1948年10月19日在吉林创刊，文艺月报社编辑，东北书店吉林分店发行，月刊。作为北平左联机关刊物之一，因被国民党当局查禁而停刊。该刊旨在为文艺青年开辟一个园地，一来发表青年们的文艺作品，二来介绍前辈们的作品和理论。以发表原创作品为主，包括小说、报告、诗、散文、速写、戏剧、译作、评论、论文等，内容多反映人民大众的社会生活。

《南国》

　　1949年元旦创刊于广州，私立岭南大学国文学会出版，不定期发行。作为岭南大学国文学会的会刊，其旨在传播文化，为广大文艺爱好者打造一个创作与表现的平台。该刊以发表文学作品为主，内容包括问题讨论、作家介绍、戏剧理论、专书研究、学术思想、小说、诗歌、译著等。

《春雷》

　　1949年4月1日在上海创刊，春雷社印行，每月1日发行，2期后停刊。春雷社由蒋光慈、沈泽民等成立,作为革命文学社团的代表，其社刊《春雷》倡导革命文学，把目光转向劳苦大众。以发表文艺作品为主，刊有评论、歌谣、小说、诗等作品。创刊号内刊有许杰的《论人民文学》、丁力的《黄大嫂》、易水寒的《末路》等名家文章，封面刊有肖代的木刻作品。

题词

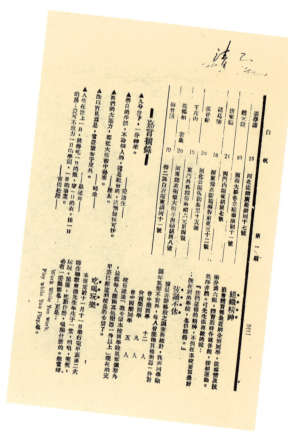

《白帆》

　　创刊于天津，具体创刊时间不详，市师完甲班编辑，华北印刷社印刷，不定期刊行。该刊主旨有二，一是希望借此在精神上与在校师生有紧密联系；二是借此留下学生时代的美好回忆。设有《论著》《小说》《诗与散文》《专载》等栏目。刊载内容多为学生作品，包含文学、教育方面的论文，学生创作的小说、诗歌、散文、社会观察报告等。内有木刻画《白帆》。

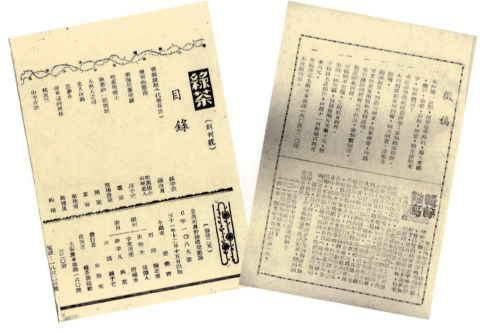

《绿茶》

　　1942年12月15日创刊于上海，1943年停刊。梁俊青主编，绿茶杂志社出版，月刊。创刊者试图在只有"酒"和"水"的上海文坛，为读者献上一杯清香醇永的绿茶，使读者能得其所好。刊载内容以小说为主，侧重于新文艺方面，包括小说、科学知识、医学常识、诗等。撰稿人有马博良、吴曼青、宗志扬、郑逸梅等。

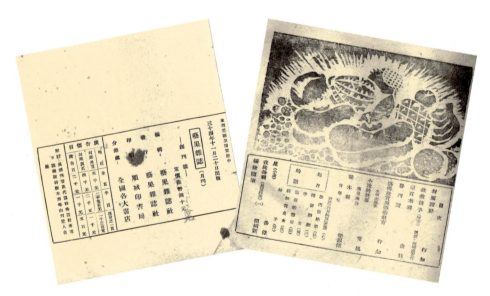

《艺果》

　　1945年11月20日创刊于北平，同年12月20日停刊。艺果杂志社编辑发行，月刊。该刊意在把研究学习所获得的成果贡献给国家和民族，关注现实。以刊载文学、艺术的创作方法及文艺理论为主，包括文艺评论、小说、诗、随笔等。封面由陶行知设计，内封为著名版画家凯绥·珂勒惠支的代表作品《救救孩子》。

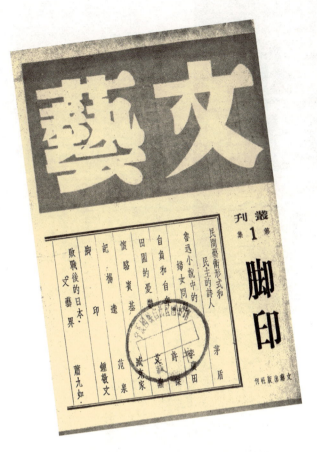

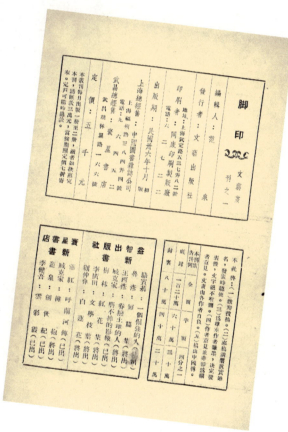

《文艺丛刊·脚印》

　　1947年10月创刊于上海，1948年7月停刊。范泉编辑，文艺出版社发行，月刊。共出6集，分别为《脚印》《呼唤》《边地》《雪花》《人间》《残夜》，馆藏为第1集《脚印》。该刊注重研究民间艺术与文学艺术之间的关系，也关注民众与文学之间的联系，倡导文学要为大众服务。刊载内容有小说、论文、书评、文艺评论、人物记述、散文、通讯等。撰稿人有茅盾、李广田、艾芜、臧克家等。

《华北文艺》

  1948年12月15日创刊于北平，1949年7月第6期停刊。华北文艺界协会编辑部编辑，欧阳山主编，华北文艺社出版，月刊。该刊编辑部根据华北文艺工作者会议确定的"必须更多更好地反映人民解放战争，反映土地改革，反映生产建设"的精神，以表现人民争取胜利的信心，开展文化宣传普及工作，进行经常的文艺批评为办刊宗旨。设有《剧作》《短篇创作》《研究介绍讨论》等栏目。以发表文艺作品为主，如报告、话剧、歌剧、诗、评论、歌曲等，兼有理论研究及批评。撰稿人有叶圣陶、贺敬之、萧也牧、曾昭耕、欧阳予倩、唐仁均、郭沫若、秦兆阳等。封面由著名美术家蔡若虹设计。

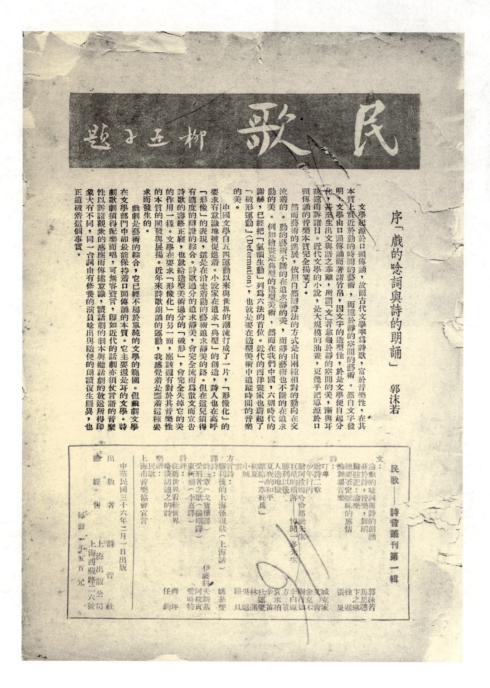

《诗音丛刊》

　　1947年2月1日创刊于上海，诗音社编辑出版，刊期不详。第一辑为《民歌》。该刊以汇集文艺爱好者，研究探讨诗歌问题，发表最新作品为主旨。内容以诗和民歌创作作品为主，包括诗、诗评、民歌、方言诗、乐谱以及上海市音乐协会宣言资料等。撰稿人有郭沫若、臧克家、艾青、陶行知等。刊名由柳亚子题写。

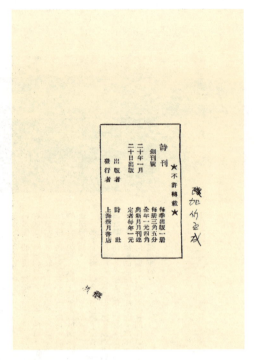

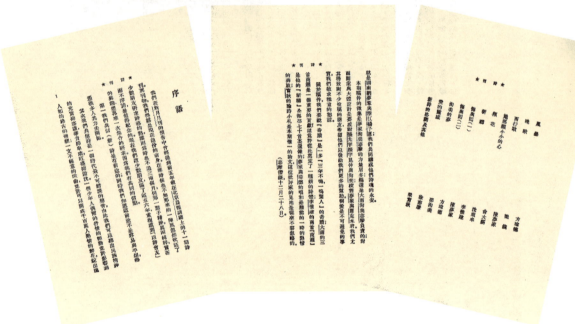

《诗刊》

    1931年1月20日创刊于上海，停刊于1932年7月。诗社出版，上海新月书店发行，季刊。创刊者认为诗歌是一个时代最不可或缺的声音，倡导以诗会友，寻找志同道合的诗友共同研究诗歌。主要刊载歌颂大自然及爱情、生活的新旧诗。撰稿人有徐志摩、闻一多、陈梦家、孙大雨、梁实秋、邵洵美等，皆为新月派诗人。

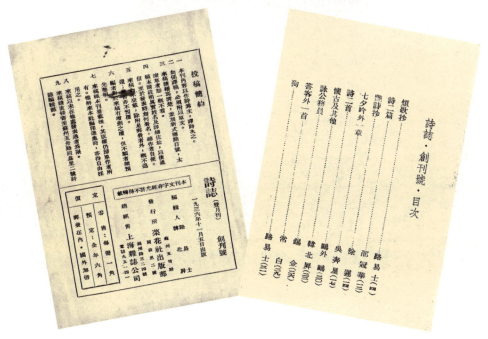

《诗志》

　　1936年11月5日创刊于苏州，停刊于1937年3月，共出3期。路易士、韩北屏编辑，菜花社出版部发行，双月刊。其前身为《菜花》，1936年9月创刊，仅出1期即停刊，因刊名不好听，后改为《诗志》另行出版。载有散文诗、新体诗、译诗等。作为中国20世纪30年代现代派诗歌的重要诗刊，其与戴望舒主编的《新诗》、吴奔星主编的《小雅》齐名。

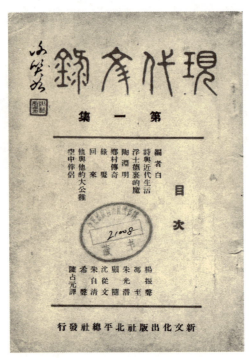

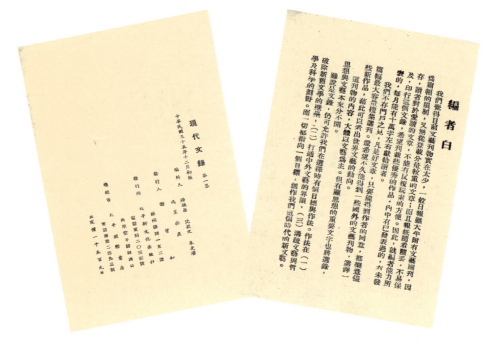

《现代文录》

　　1946年12月创刊于北平，仅出一期。朱光潜、杨振声、沈从文、冯至、徐盈编辑，新文化出版社北平总社发行，初定为月刊。该刊旨在"破除新旧文学的壁垒，打通中外文艺的界限，沟疏文艺与哲学及科学的划野"，创作出现代新文艺。刊载内容以文艺作品为主，包括论文、游记、小说、译作、名人传记等。

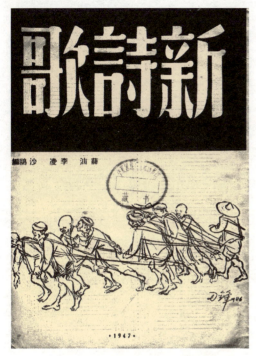

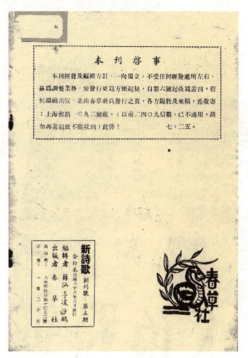

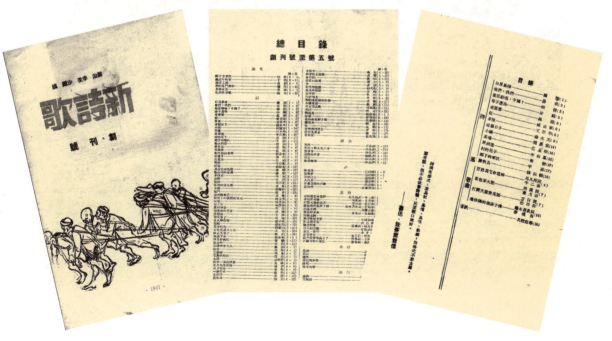

《新诗歌》

　　1947年8月创刊于上海，薛汕、李凌、沙鸥等编辑，新诗歌社发行，月刊。创刊者极力提倡诗歌要易记、易懂、易唱、动听。主要栏目有《论文》《诗》《译诗》《谣》《歌曲》《通信》《民歌》等。刊有论文、诗、译诗、谣、歌曲、木刻画等内容。撰稿人有程康定、沙鸥、臧克家、李白凤等中国诗歌会的新老诗人。馆藏为创刊号至第5号合订本。

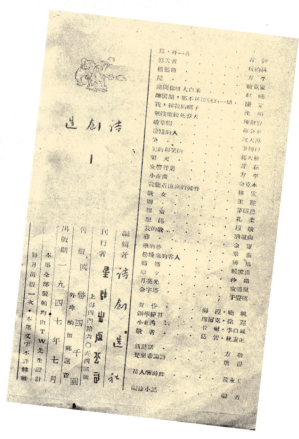

《诗创造》

　　1947年7月创刊于上海，1948年6月停刊，1948年7月复刊，终刊于1948年10月。诗创造社编辑，臧克家主编，星群出版公司发行，月刊。第一期为《带路的人》，该刊追求形式上的严谨和规范，反对脱离现实，关注意境和色调，做诗艺上的探索，反对标语口号式的空泛作品。刊载内容多为原创诗歌。

《新演劇》

　　1937年6月在上海创刊，新演剧社编辑出版，章泯、葛一虹为编辑，半月刊。同年8月停刊，1938年5月迁汉口复刊，6月再度停刊，1940年1月在重庆复刊。馆藏为重庆复刊号。内容包括戏剧界的发展、戏剧运动、剧本创作、戏剧在战争中的作用、演出信息等，此外还载有莫斯科艺术剧场介绍及戏剧表演理论。撰稿人有胡风、老舍、章泯、葛一虹等。

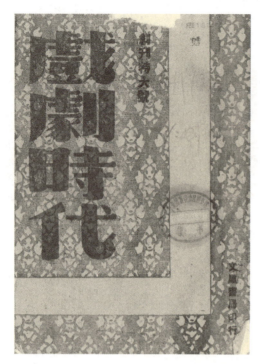

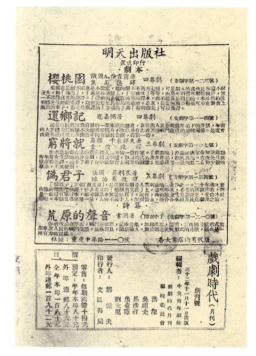

《戏剧时代》

　　1943年11月11日创刊于上海，中央青年剧社编辑，邹杰夫发行，月刊。该刊旨在建立正规、严肃的戏剧风气，提高戏剧水准，推进乡村戏剧工作，并将戏剧与当时的抗战状况联系起来，探讨救亡戏剧，对加强戏剧界的团结起了积极的作用。内容以戏剧的理论、评论、知识为主，兼及关于戏剧票价、乡村演剧、舞台新人、保障戏剧工作者生活等诸多方面的介绍。

《现代戏剧》

　　1929年5月5日创刊于上海，马彦祥主编，光华书局发行，月刊。该刊以学习和借鉴传统戏曲艺术的 "旧形式" 为前提，提倡表现现代生活、革新舞台艺术。内容包括戏剧评论、剧作、国内外戏剧剧本研究等，为戏剧爱好者了解戏剧理论及新剧作提供了平台。刊首附有多幅世界著名戏剧人物剧照。

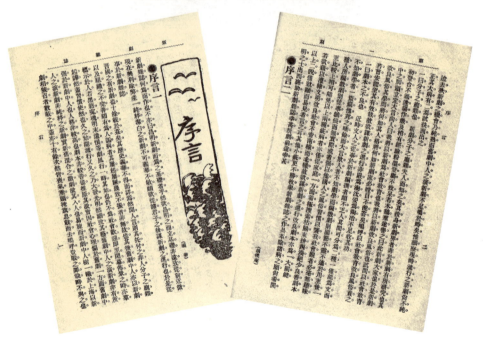

《新剧杂志》

　　1914年5月1日创刊于上海，仅出2期后即停刊。经营三、杜俊刍创办，管义华、王瘦月等撰述，张蚀川发行，双月刊。该刊以"昌明新剧"为宗旨。设有《图画》《言论》《月旦》《商榷》《剧史》《小说》《脚本》《艺府》《杂俎》等栏目。内容涵盖戏剧评论、剧作、戏剧史、话剧界名人传记等，还刊有小说。特聘南社领导人柳亚子等为名誉编辑，撰稿人多为南社成员。

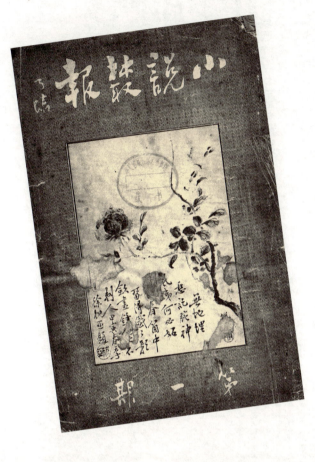

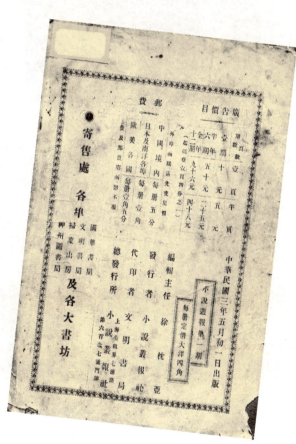

《小说丛报》

　　1914年5月1日创刊于上海，徐枕亚编辑，小说丛报社发行，月刊。徐枕亚为鸳鸯蝴蝶派代表人物。作为鸳鸯蝴蝶派文学的中心刊物之一，该刊设有《短篇小说》《谐林》《笔记》《新剧》《补白》等诸多栏目。刊载文章以言情小说为主，兼有滑稽小说、社会小说、神怪小说、实事小说、侦探小说等。此外，还有译作、弹词等。

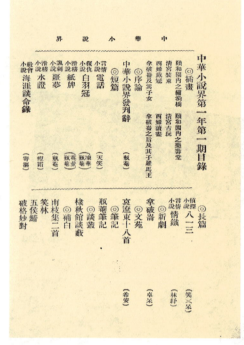

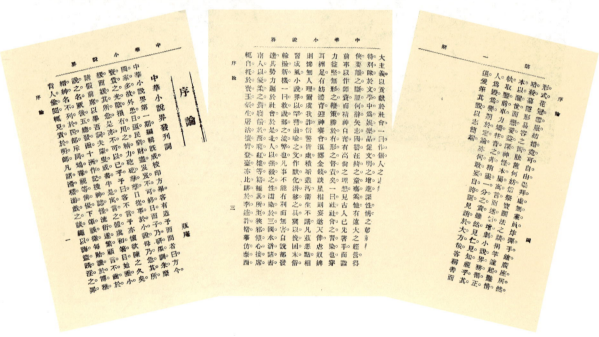

《中华小说界》

　　1914年1月1日创刊于上海，1916年6月停刊，共出30期。中华小说界社编辑，沈瓶庵主编，中华书局印行，月刊。该刊旨在以罕譬曲喻的作品，潜移默化地挽回末俗思想，为中华书局早期"八大杂志"之一。设有《短篇》《长篇》《新剧》《文苑》《笔记》《补白》等栏目。以发表原创小说为主，兼有少量翻译小说。供稿者有林纾、包天笑、周瘦鹃、徐卓呆、刘半农、严独鹤等。

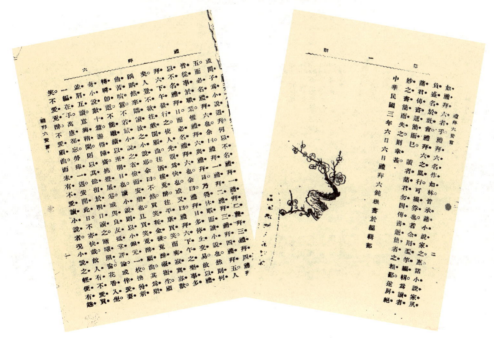

《礼拜六》

　　1914年6月6日星期六创刊于上海，中华图书馆发行，周刊。1916年4月满百期后停刊，1921年3月复刊，1949年1月刊行841期后停刊。创刊者认为礼拜六读小说既节省又安乐，且长久。该刊融教育性、文艺性及娱乐性于一体。以发表原创小说为主，包括言情小说、记事小说、侠情小说、哀情小说、滑稽小说等，另还有国外译著。封面水彩人物画出自著名画家丁聪之手，刊名"礼拜六"由创办人王钝根题写。

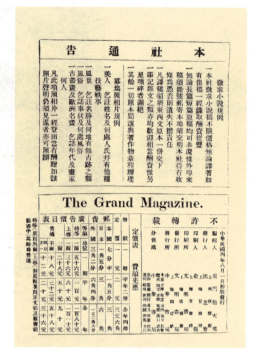

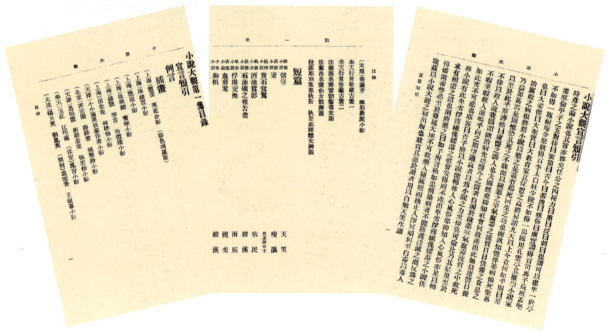

《小说大观》

1915年8月1日在上海创刊，1921年停刊。包天笑编辑，上海文明书局、中华书局发行，季刊。主编包天笑曾先后编辑《小说时报》《小说大观》《小说画报》等，被称为"鸳鸯蝴蝶派"的开山者和领袖人物，也被誉为"通俗文学之王"。该刊推崇科学，以道德教育为办刊宗旨。设有《短篇》《长篇》《剧本》《笔记》《日记》《外传》等栏目。所刊以原创小说为主，包括欧战小说、侦探小说、冒险小说、恐怖小说、哀情小说等，亦有国外名家译作。

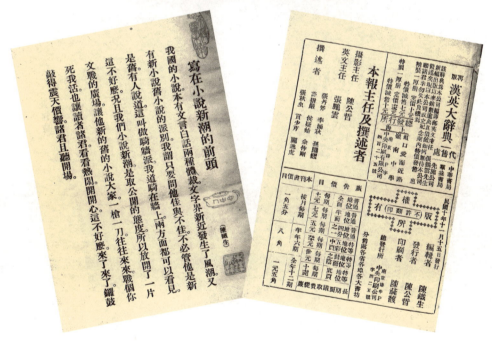

《小说新潮》

　　1921年11月15日在上海创刊，陈铁生编辑，陈公哲发行，月刊。作品多采用新的艺术形式及小说技巧，着重反映当时的社会观、人生观，内容包括滑稽小说、社会小说、纪实小说、家庭小说等。刊内还设有《新武化》栏目，刊载介绍武术方面的文章，并配有照片，以响应20世纪20年代到30年代初，在进行新文化运动的同时提倡新武化运动的主张。

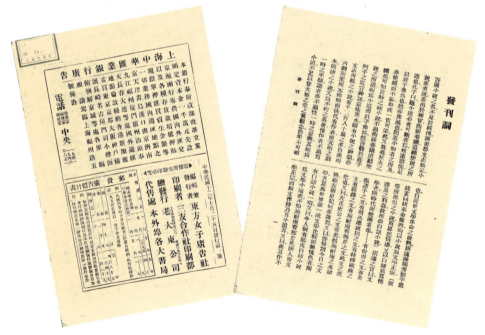

《东方小说》

　　1923年10月25日创刊于上海，东方女子广告社编辑发行，月刊。该刊除发表小说外，还刊有随笔、笔记、戏剧、谜语、杂俎、游记、诗歌、寓言等作品，既有原创作品，也有译作。刊有大量广告是该刊的一大特色，广告约占一半篇幅，刊首的《论登杂志广告的利益》直言广告之益处。撰稿人有郭沫若、柯灵、欧阳凡海、杨骚等。

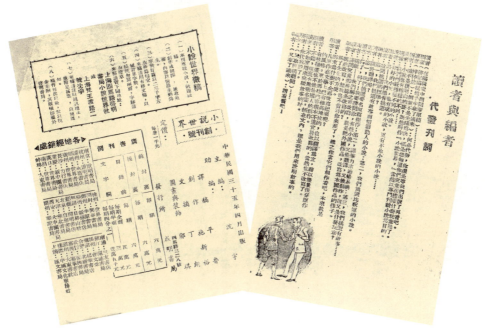

《小说世界》

　　1946年4月在上海创刊，沈宇主编，启明书局发行，月刊。该刊提倡刊载故事情节动人，篇幅短小的小说。以发表原创小说为主，包括侦探小说、冒险小说、历史新编、恐怖小说等，间有国外经典短篇小说的翻译和改写。作为抗战胜利后发行的小说刊物，刊登了大量国内外优秀小说作品。

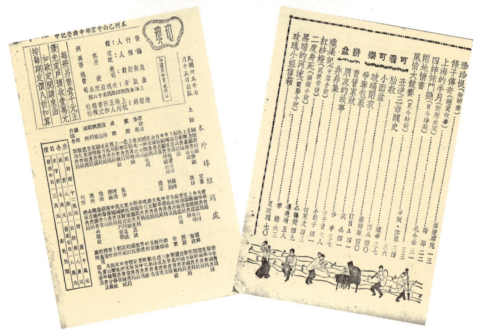

《玫瑰》

　　1946年7月15日创刊于上海，梁佩禺、沈丹蒂编辑，玫瑰出版公司出版，馥洲发行，半月刊。设有《猎奇世界》《可看可乐》《拼盆》等栏目。除了刊载武侠小说、侦探小说、推理小说、电影小说等外，还刊有世界各国奇闻逸事、译作、新闻报道等。创刊号内刊有《一人生两个心》《上海的半月》《红纱灯》《黑暗的河流》等文章。

《红皮书》

1949年1月20日创刊于上海，孙了红、程小青为编辑顾问，郑镟编辑，合众出版社发行，刊期不详。其编辑顾问程小青被誉为"中国推理小说之父"。该刊以发表原创小说为主，包括推理小说、侦探小说、冒险小说、恐怖小说等。创刊号内刊登了孙了红的《复兴公园之鹰》、程小青的《间谍之恋》、姚苏凤的《世界上最可鄙的人》等作品。

《小姐》

　　1936年7月在上海创刊，1937年终刊。江栋良、罗路编辑，中国图书杂志公司发行，半月刊。该刊是面向女性读者的刊物，旨在展示女性风采。画坛名家丁聪曾为该刊作画。设有《图照》《漫画》《文字》栏目。主要刊载关于女性题材的文章、特写、漫画。封面刊有大量沪上知名女性的照片。

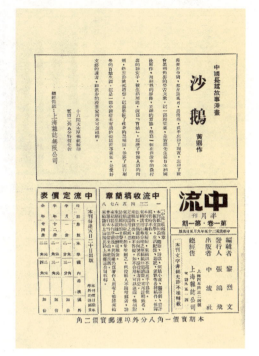

《中流》

　　1936年9月5日在上海创刊，1937年8月停刊。黎烈文编辑，中流社出版，上海杂志公司发行，半月刊。鉴于当时刊发随笔、杂文的刊物不多，创刊者创办此刊。以刊载杂文、随笔为主，作品内容广泛，篇幅短小，包括文艺时论、散文、小说、杂文、报告文学等。撰稿人有鲁迅、茅盾、巴金、张天翼、艾芜、老舍等。

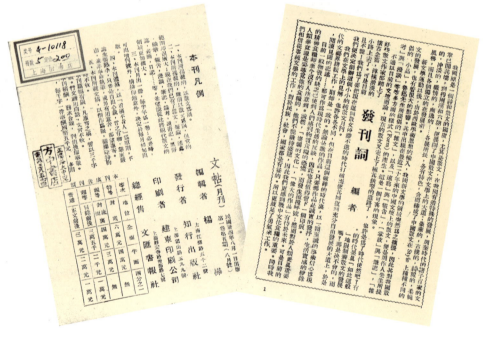

《文帖》

　　1945年8月1日创刊于上海，杨桦编辑，知行出版社发行，月刊。作为20世纪40年代沦陷时期上海出版的文学期刊中最后一种，该刊旨在创办淳朴清淡的纯情散文月刊。所载内容以散文为限，有杂文、短论、速写、随笔、报告、漫谈、笔记、杂考、读书记、风俗志、书简、日记等。

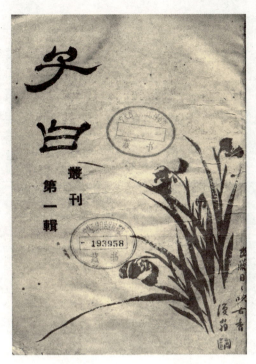

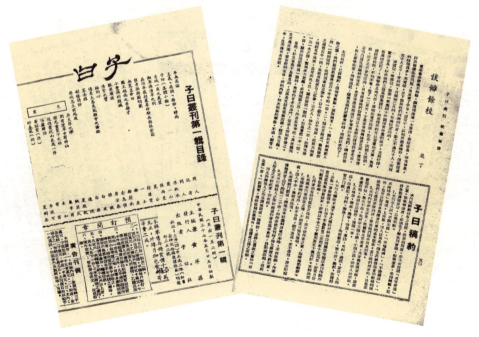

《子曰丛刊》

　　1948年5月25日创刊于上海，子曰社出版，黄萍荪主编发行，不定期发行。该刊以不谈主义、不唱高调、不说废话、不阿时尚为宗旨。作为文史掌故类刊物，其刊载内容以评论文章为主，包括时政访谈、杂感、随笔、特写、专访、史料、游记、印象记、联语等。撰稿人有胡先骕、张恨水、钱穆等。

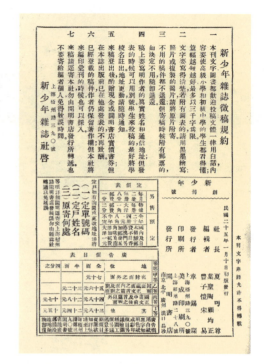

《新少年》

　　1936年1月10日创刊于上海，1937年7月停刊，1945年7月复刊后改名为《开明少年》。叶圣陶、丰子恺、顾均正、宋易编辑，开明书店发行，半月刊。该刊以引导少年认识社会、欣赏文艺、了解自然为主旨。主要刊载政治、社会、科学等方面的文章，包括时事述评、科学、天文、历史、地理、美术、音乐和卫生等方面的知识，小实验等。此外，还刊载诗歌、散文、童话、小说、报告文学、文学译作和名篇赏析等。

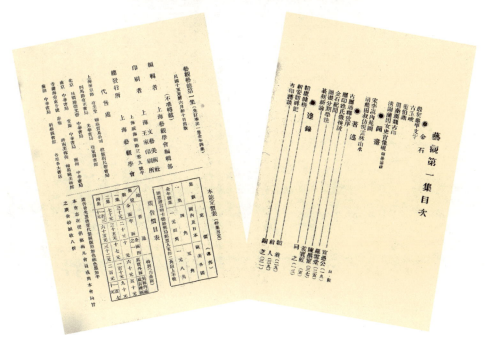

《艺观》

　　1926年6月10日在上海创刊，1929年8月15日停刊，共出6期。上海艺观学会编辑部编辑，上海艺观学会发行，月刊。该刊由《艺观画报》改版而来，内容较之前更丰富。设有《金石》《图画》《著述》《移录》《诗册》《奕谱》《摄影》《笔记》等栏目。主要刊载有关金石、字画、绘画技艺、棋谱探讨等方面的文章，也刊载诗词、游记等文学作品。刊首附有金石、篆刻、书画等照片。

《葱岭》

　　1929年4月1日在上海创刊，同年9月停刊，仅出2期。上海美术专门学校编辑发行，季刊。该刊以探讨艺术之结果，得汇东西两大文化作为亚洲文艺复兴之前驱为宗旨，即希望通过对艺术的钻研探讨，为我国文艺的复兴发展贡献力量。刊载的内容主要是关于绘画技艺研究的文章，也刊载戏剧、诗词、评论等。撰稿人有刘穗九、马公愚、黄宾虹等。

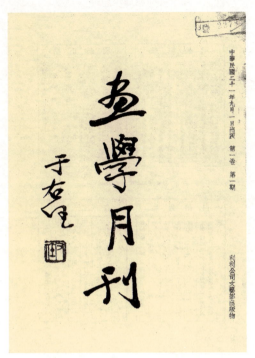

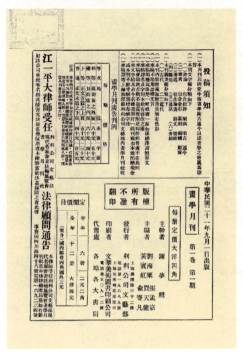

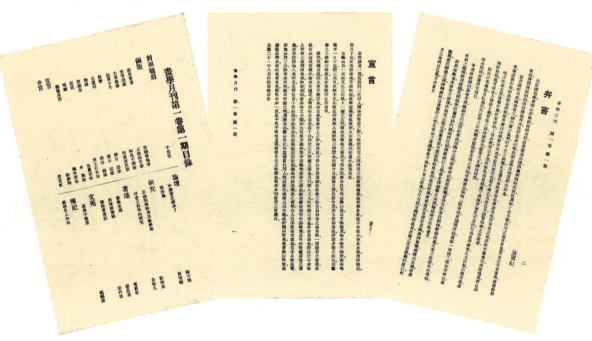

《画学月刊》

　　1932年9月1日创刊于上海，刘海粟等主编，利利公司文艺部发行，月刊。该刊以"研究中西画学、融古通今、谋画学之发展"为宗旨。设有《铜版》《宣言》《论坛》《研究》《著述》《文苑》《传记》等栏目。内容以古今中外画学研究为主。因主编刘海粟、黄宾虹皆为现代著名画家，故吸引了一大批名家为其投稿，供稿者有陈小蝶、贺天健、俞寄凡、胡君强等。

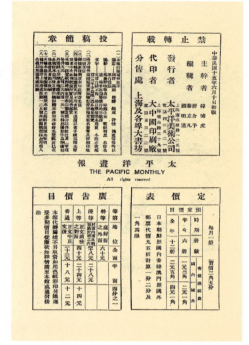

《太平洋画报》

　　1926年6月10日创刊于上海，主干者为韩啸虎，舒舍予（老舍）、秦立凡、顾明道编辑，太平洋美术公司发行，月刊。该刊以介绍电影相关知识、丰富民众生活、传播新知识、宣传艺术为宗旨。内容分摄影、图画、文字三部分，刊有明星剧照、讽刺漫画、短篇小说、速写及墨宝。主要撰稿人有郑逸梅、包天笑、张丹翁等。

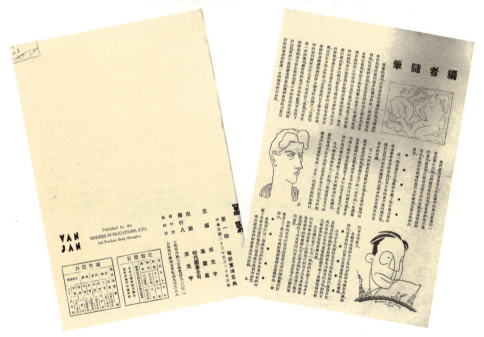

《万象》

　　1934年5月20日创刊于上海，张光宇、叶灵凤主编，时代图书公司出版，月刊。该刊旨在以充实的内容、精致的外表贡献于进步读者。刊物所载内容，艺术方面介绍了艺术家的作品，有日本的东方风藏书票，还有叶浅予先生的明快新装画、黄文农先生的讽刺画等；文学方面有施蛰存先生的轻逸随笔、邵洵美先生的散文，并介绍了不少外国文学家。供稿人有张光宇、叶浅予、黄文农、施蛰存、林语堂、邵洵美等。

《室画》

　　1927年10月1日在广州创刊，青年艺术社出版，刊期不详。编者希望通过该刊"提高民众赏鉴的眼光与认识艺术之途径"，同时"努力发扬艺术之真价值与真精神，以期划出一个新纪元来"。主要介绍世界艺术的理论和思潮。创刊号内刊载有《后期印象派底艺术》《暮色里的琴声》等文章。封面画为关良先生所创作。

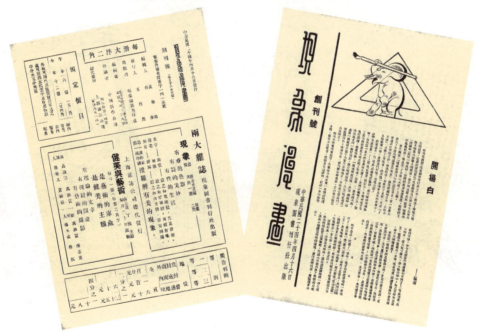

《现象漫画》

　　1935年4月16日创刊于上海，万籁鸣、薛萍编辑，现象图书刊行社出版，月刊。编者采用简单而夸张的手法从政治事件和生活现象中取材，通过夸张、比喻、象征等手法，借以讽刺、批评或歌颂世事人情、社会现实以及社会现象。封面漫画为程柳桑所作。创刊号内刊有丁聪的《春天的悲哀》、张英超的《南海女性之倾羡》等作品。

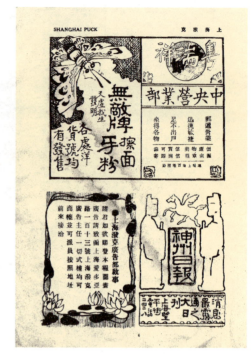

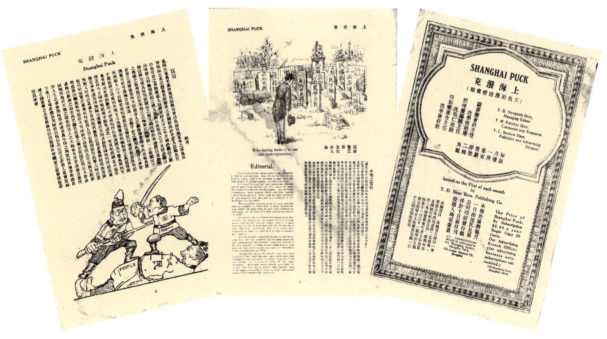

《上海泼克》

　　1918年9月1日创刊于上海，同年12月停刊。沈学仁编辑，沈氏兄弟公司发行，月刊。该刊又名《泊尘滑稽画报》，是中国第一份漫画期刊，开中国漫画杂志之先河。在中国的时局下，该刊以揭露帝国主义丑态，讽刺时局，针砭时弊为办刊责任。所载内容以漫画为主，既有针砭时弊的政治讽刺漫画，又有休闲娱乐的生活趣味、社会风俗漫画及连环漫画等，并载有时评、杂文、政论等。

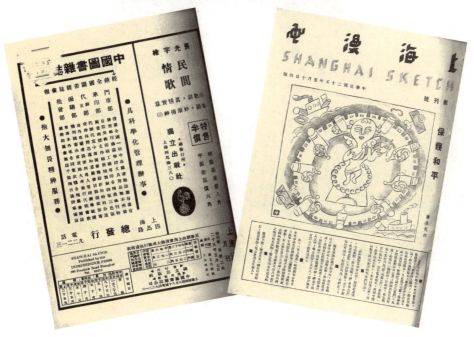

《上海漫画》

　　1936年5月7日创刊于上海，1937年6月停刊。上海漫画社编辑，独立出版社出版发行，月刊。该刊以漫画、素描等方式反映当时的社会状况、人民生活，并讨论时政，同时刊载部分随笔、小说、评论等。张乐平的《三毛》在该刊有连载，丁聪、廖冰兄、陈涓隐、华君武、汪子美等漫画大家的作品在该刊亦有刊载。

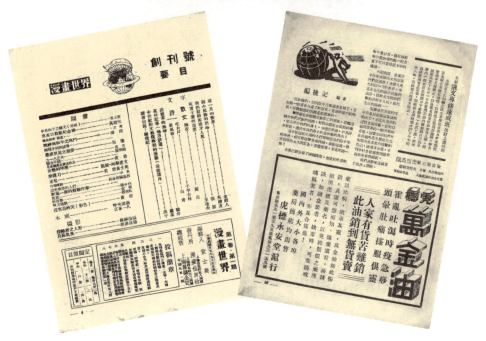

《漫画世界》

　　1936年9月5日创刊于上海，黄士英编辑，漫画世界社发行，月刊。设有《图画》《木刻》《摄影》《诗》《散文》等栏目。该刊充分运用漫画这一"斗争运动的武器"，登载针砭时弊的散文、诗歌及木刻作品，从现实的题材里表现推进解放大众的道理，宣传爱国主义，呼吁世界和平。创刊号内登载有《和平阵线与侵略阵线》《这一月的世界》《民族解放运动与联合战线》等文章及黄士英、力群、王达夫等人的漫画作品。

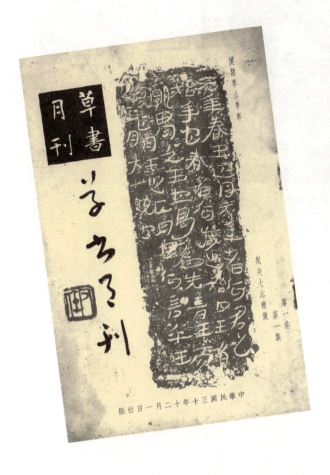

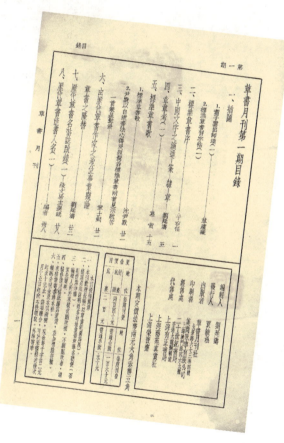

《草书月刊》

　　1941年12月1日在上海创刊，太平洋战争爆发后停刊，仅出1期。刘延涛编辑，草书月刊社出版，月刊。1947年5月10日复刊，1948年3月10日停刊，共发行6期，其中第5、第6期为合刊。该刊以"整理那千头万绪，茫茫无所归的中国草书"为宗旨。登载论述文字演进的论文、草书考订、历代草书名人名帖等。创刊号内刊载有于右任的《标准草书序》、刘延涛的《中国文字之演进——篆—隶—草》、沈尹默的《标准草书歌》等书法大家的文章。刊名由于右任题写。

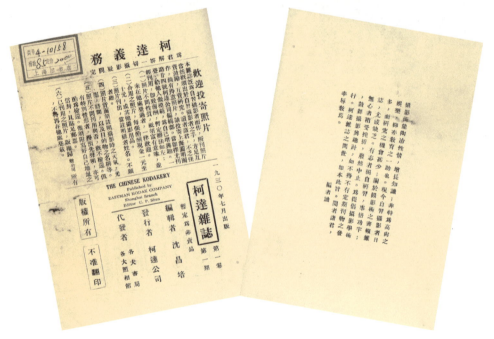

《柯达杂志》

　　1930年7月在上海创刊，沈昌培编辑，柯达公司发行，月刊。1937年8月13日，淞沪会战爆发，"柯达杂志"被迫停刊。作为柯达公司自办刊物，该刊以"提倡摄影学术，鼓舞摄影兴趣"为办刊宗旨。创刊者希望通过该刊一方面向大众宣传摄影学术，陶冶性情，增长知识，起到启蒙大众摄影的作用；另一方面也是为柯达公司的产品做广告宣传。汪琴川题写刊名。

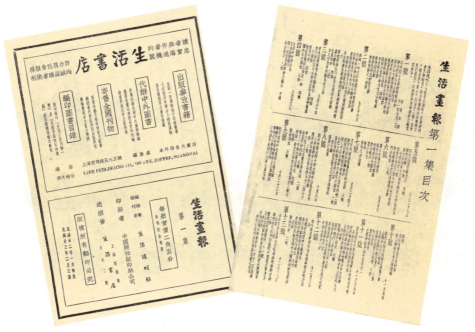

《生活画报》

　　1933年1月创刊于上海，生活周刊社编辑发行，半年刊。1934年2月3版，馆藏为3版本。第一集为《生活周刊》，"自7卷26期起，为增进读者兴趣起见，特每隔期增加画报4面，截至50期止，共出13号"，经过另行装订，"供爱好画报诸君之鉴赏与保存"。所载内容为反映当时战区情况、军队生活、国家风貌、中外时政、国外风光的摄影作品。

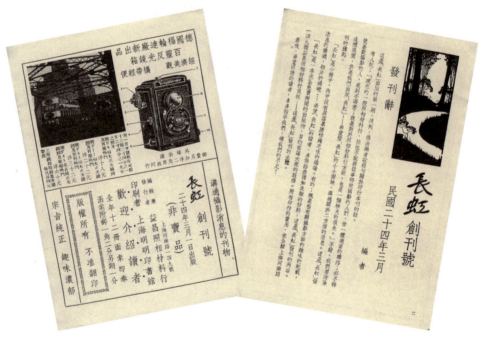

《长虹》

　　1935年3月1日在上海创刊，益昌照相材料行编辑发行，月刊。该刊以"希望摄影同志相互交换经验，讨论研究，以收切磋之效"为目的。开设栏目有《摄影记事》《摄影消息》《摄影闲话》等。所载内容多是摄影方面的趣味记载、摄影消息等，并介绍推广摄影用品及摄影展览等。刊有《快照》《室内人像摄影概论》等文章。

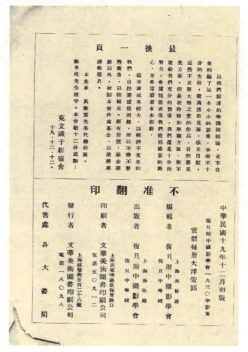

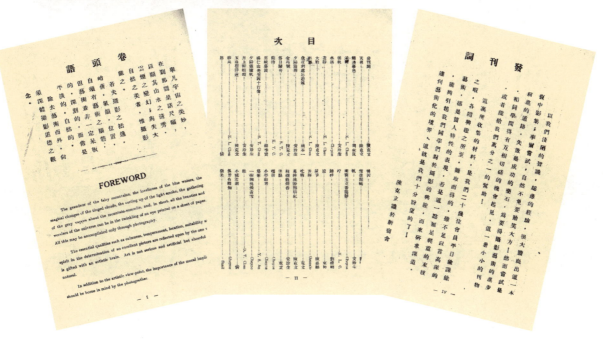

《复中影集》

　　1930年12月在上海创刊，复旦附中摄影学会编辑出版，刊期不详。该刊提倡摄影，以期"深体摄影道德之观念"。刊载内容以摄影作品为主，包括人物生活、自然风光、植物花鸟等类型的作品，也刊有摄影学会章程及业务信息等。首期刊有照片80多张，代表作品有《杨仁山先生四十肖像》《夕阳催远帆》《小劳动者》《孤芳有蝶知》等。

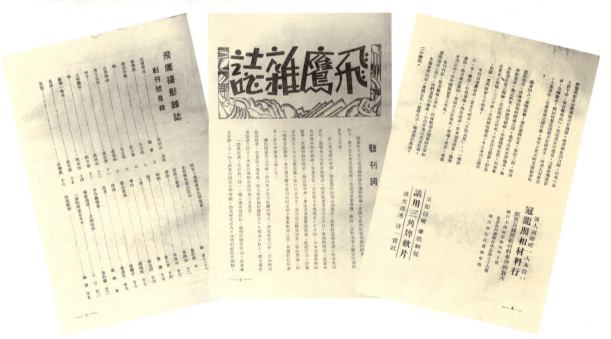

《飞鹰》

　　1936年1月在上海创刊，鹰社编辑，冠龙照相材料行出版发行，月刊。该刊内容务求艺术的大众化，以照片为主，文字为辅，多刊载乡村田垄、高山流水、地方人文类的摄影作品，以及介绍摄影技巧的文章。每期都设有照片摄法索引，介绍所载照片的摄影机、镜头、底片、摄法等。刊名由于右任题写，封面为摄影名家蒋炳南所作《任重致远》。

《抗战画报》

　　1937年8月29日在上海创刊，同年11月第10期停刊。抗战三日刊社编辑，为六日刊。该刊以"发扬抗战精神，普及抗战教育"为宗旨。主要刊登反映抗战前线战况、抗战期间城市和人民生活、英勇抗敌的将士、救护抗敌伤员等情况的照片。刊物在1937年10月10日第5期《双十节》革新出版，在原有的照片之外，再加上漫画、地图、图表等，以激励抗战的精神，暴露侵略者的罪行。

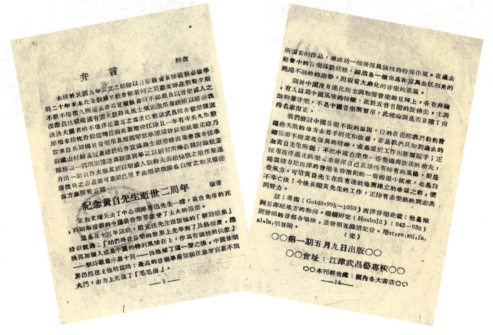

《音乐月刊》

　　1940年5月9日创刊于武昌，武昌艺术专科学校音乐研究会主编，月刊。该刊是为纪念"刚刚抬头"的中国新音乐界的导师——黄自去世两周年所做的专辑，内容有悼念文章及其作品。借追悼黄自，为抗战时期中国音乐界、整个民族的命运呼吁，同时激励民众秉先生遗志，教育、改革、创作，建立新中国民族音乐。

《今虞》

　　1937年5月在苏州创刊，今虞琴社编辑，刊期不定。作为研究古琴之专业刊物，该刊记录了今虞琴社成立一年来的雅集盛况，也记录了当时琴人及藏琴情况，更有对琴学琴论的见解及探讨。设有《图画》《记述》《论说》《学术》《考证》《曲操》《记载》《介绍》《艺文》《杂录》等十个栏目。主要内容包括介绍虞山琴社创始人严天池的生平，关于各地琴社雅集的图文记述，从琴派发展到指法析微，从音律到古琴古谱的考略，涉及甚广，另外还有琴人题名录、琴人问讯录、古琴征访录，以及几首曲谱。

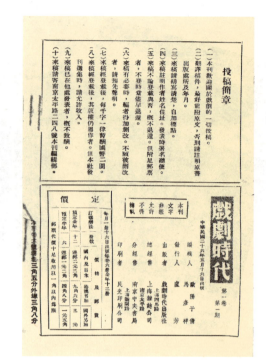

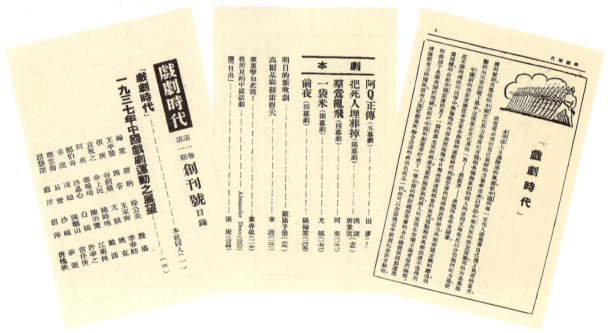

《戏剧时代》

　　1937年5月16日创刊于上海，同年6月第2期停刊。欧阳予倩、马彦祥编辑，戏剧时代出版社出版，月刊。该刊以"探讨怎样建立救亡戏剧"为使命，介绍国内外戏剧动态及重要理论。主要刊载原创和翻译作品，改编的独幕和多幕剧本，也有评论文章、戏剧界名人介绍、戏剧界消息报道等内容。主要撰稿人有韦春庙、阳翰笙等。

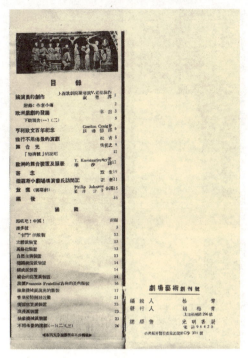

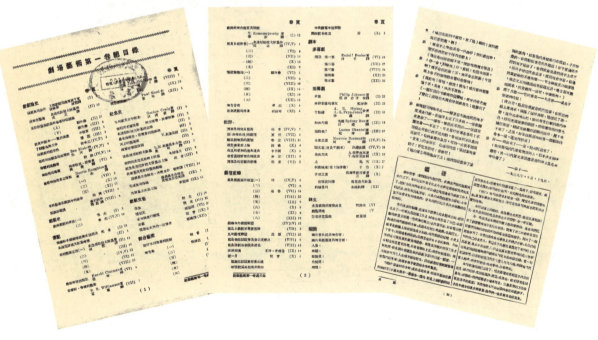

《剧场艺术》

　　1938年创刊于上海，1941年底因上海沦陷而停刊，共出32期。李伯龙以笔名松青编辑发行，月刊。该刊以期为剧场工作者，在剧艺修养方面尽一点绵薄之力。设有《戏剧论文》《剧场动态》《舞台艺术》等栏目。主要内容是关于戏剧理论、导演和表演艺术、话剧创作、舞台装置、舞台灯光、化装技术等知识，同时还刊印大量不同风格流派的舞台装置照片和演出剧照。

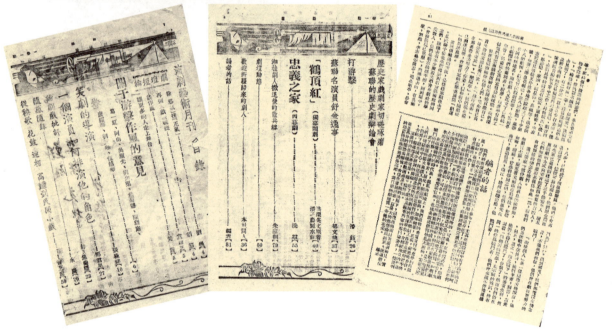

《演剧艺术》

　　1946年6月15日创刊，刘巍编辑，演剧艺术社出版，刊期不详。该刊创刊的初衷是希望"成为戏剧工作者及爱好者学术上研讨切磋的中心，并迅速而忠实地反映剧坛的各种现象，介绍较优良的作品"。刊物设有《剧坛短论》《每月座谈》《剧坛动态》等栏目。刊载内容涉及演员技巧研究、戏剧评论、中外戏剧研究及戏剧剧本等。

《影剧丛刊》

　　1948年9月30日在上海创刊，中国影剧丛刊编委会编辑，中国影剧丛刊社发行，不定期出版。该刊主要研究电影、戏剧等表演艺术，刊载文章涉及影剧语言艺术和表演技巧、影剧评论、剧本创作、角色塑造以及各国电影概况等内容。刊物的撰稿人有张骏祥、张瑞芳、袁雪芬、刘友瑾、费穆等。首期第一辑为《从舞台到银幕》，邀请石挥、沙莉、耿震、张石流四位演员通过自身经历，阐述电影和戏剧之间的联系。

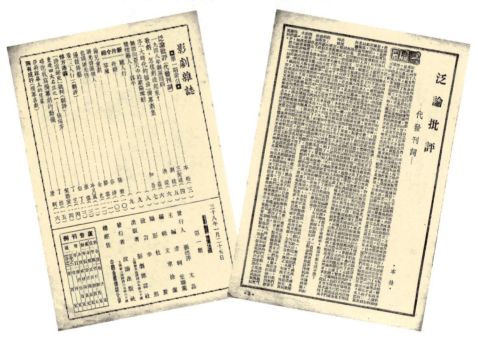

《影剧杂志》

　　1949年1月20日创刊于上海，唐轲、叶聊薰主编，影剧杂志社出版，月刊。主要涵盖新片、影星简介，不同艺术类型的概念，以及当时电影界明星和重要的电影事件。内容上以国内最新影片介绍、影评、海报和剧照为主。主要撰稿人有唐轲、孙毅、郑云、叶聊薰等。创刊号刊有《一九四八年剧运回顾》《论儿童剧》等文章。

《游艺画刊》

1940年4月创刊于天津，潘侠风主编，游艺画刊社出版，半月刊。该刊旨在发扬戏剧功能，评定艺术价值，提倡正当的文化娱乐活动。设有《什锦杂耍》《水银灯下》《沽上歌坛》《江南艺讯》《春明菊圃》《剧坛杂述》《要闻简摘》等栏目。刊登戏剧评论，剧种介绍，戏剧名伶剧照、生活照，国内外电影动态，影星新闻等内容。

民国时期创刊号图录

《申曲剧讯》

　　1940年8月10日在上海创刊，大阿福(叶峰)编辑，申曲剧讯社发行，周刊。申曲是沪剧的别称、上海的地方戏。该刊以申曲资讯为核心，以娱乐为特色，刊载上海申曲界演出信息，内容包括演员生活、新闻猎奇、演员访问、唱词评介、剧团通讯、明星小史、演出等情况，并刊有1940年筱文滨、解洪元、王雅琴、顾月珍等被选为申曲男女十大明星的详细报道。

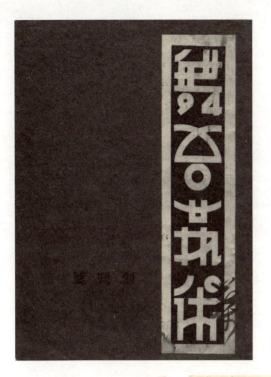
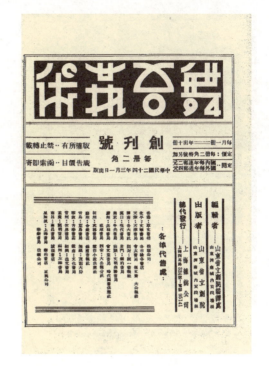

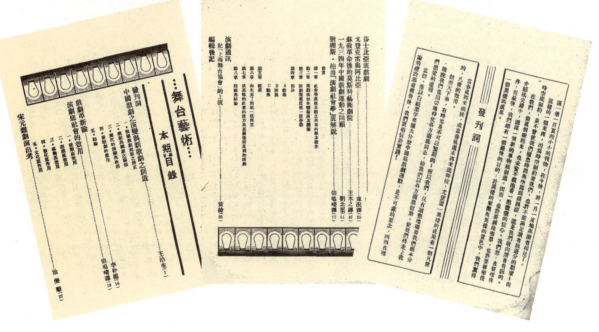

《舞台艺术》

　　1935年3月1日在济南创刊，1935年6月停刊。山东省立剧院编译处编辑，山东省立剧院出版，月刊。该刊研究理论，探讨中国喜剧史，介绍西方经典戏剧及苏联革命后的戏剧状况，并在实践中阐述戏剧艺术的真谛。创刊号内刊载有《中国戏剧之演变与新歌剧之创造》《戏剧革新论》《宋元杂剧演出考》等关于戏剧研究的文章。

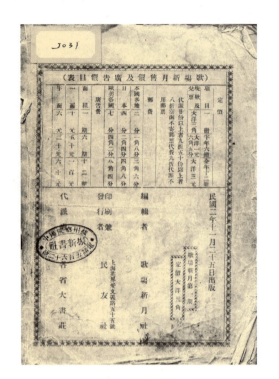
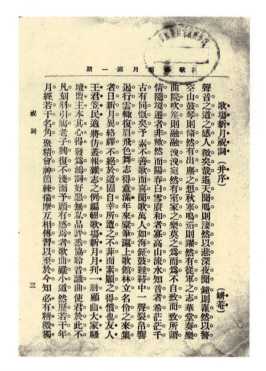

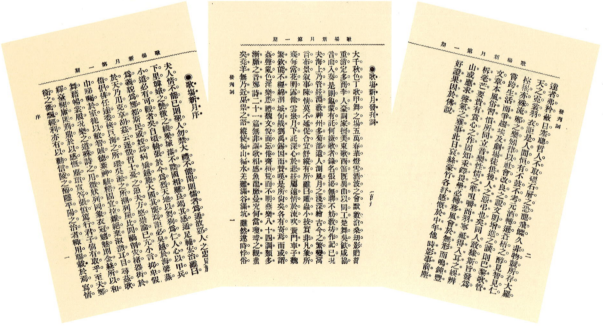

《歌场新月》

　　1913年11月25日创刊于上海，共出2期。王笠民主编，歌场新月社编辑，民友社发行，月刊。该刊旨在通过戏剧改良社会、增进文明。设有《名伶小影》《剧谭》《伶人事略》《梨园琐志》《贾冯丛谭》《文艺》《海上见闻录》《蝴蝶梦传奇》《新剧本》《丛录》等栏目。主要关注戏剧问题，介绍名伶，品评戏剧，刊登新旧剧作。

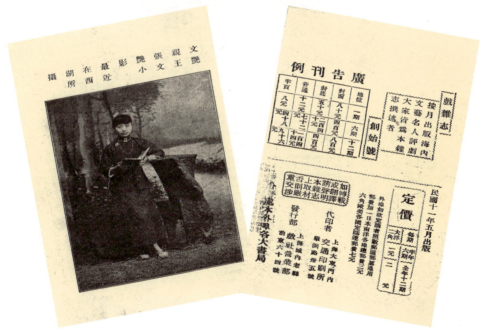

《戏杂志》

　　1922年5月创刊于上海，同年12月停刊，共出9期。戏社营业部发行，月刊。该刊以京剧为主，又强调娱乐，在当时提供戏剧改良、新剧发展的大环境中可谓独树一帜。设有《京剧》《昆剧》《新剧》《戏剧新闻》《游艺附录》等栏目。刊载戏剧评论、剧界新闻逸事以及戏剧唱词等内容。

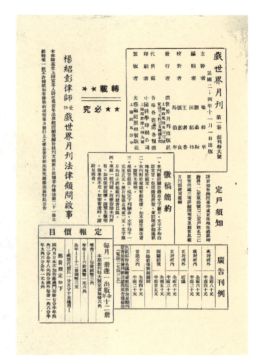

《戏世界月刊》

　　1935年11月1日创刊于上海，出2期后休刊，于1936年8月15日复刊。刘慕耘、汪绍枋编辑，戏世界月刊出版社发行，月刊。该刊以"寻求戏剧的真谛，探讨戏剧的元素，研究戏剧的构成"为宗旨。内容涵盖戏剧评论、演员介绍、小说、剧本、梨园佳话、戏曲图片与名人书画、戏剧艺术形象等。创刊号为著名京剧演员李万春的专号，主要登载其演出剧照、小传及各界人士对他演技的评论文章。

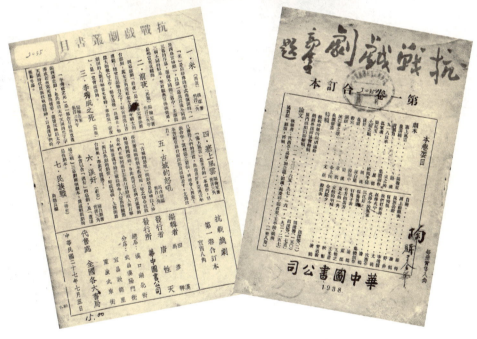

《抗战戏剧》

　　1937年11月16日创刊于汉口，1938年停刊。田汉、马彦祥编辑，华中图书公司发行，半月刊，馆藏为第一卷合订本。该刊旨在"动员全民族，为中华民族的生存，起来抗战"。设有《论文》《剧本》《特辑》《通讯网》等栏目。研讨抗战时期戏剧运动的理论与实践，总结抗战期间救亡演剧运动的经验与教训，推进有抗战意义的剧本创作，报道全国各地救亡演剧运动的情况。还刊登了以宣传抗战、发扬民族精神为题材的大量新剧本。

《戏迷传》

　　1938年9月1日创刊于上海，张剑花、刘慕耘、赵直正、邱六乔主辑，上海四合出版社出版，旬刊。设有《戏言》《戏剧讲座》《新闻网》《南腔北调》《歌女圈》《银色之街》《舞与导》《豆腐世界》《名著长篇》等九个栏目。内容从戏剧到娱乐都有涉及，采用图文并茂的方式介绍梅兰芳、马连良等近代著名戏曲演员，并刊登大量名伶照片。刊名由孙（菊仙）派老生传人、梨园界书法家时慧宝题写。

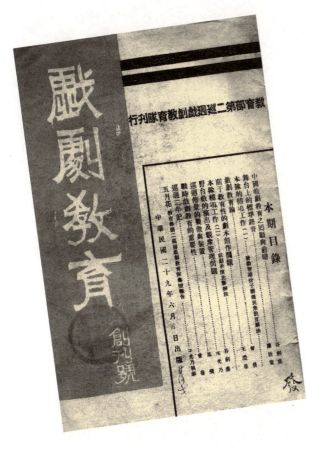

《戏剧教育》

　　1940年6月创刊于汕头，教育部第二巡回戏剧教育队研究组编，教育部第二巡回戏剧教育队出版，刊期不详。民国时期，随着对戏剧作用认知的提升，戏剧教育被逐步重视。该刊旨在探讨摸索现代戏剧教育方式。刊载戏剧教育、剧本、戏剧演出情况及巡回总结报告等内容。所载文章有《中国戏剧教育之回顾与前瞻》《舞台上的标准语音》《戏剧教育论》等。

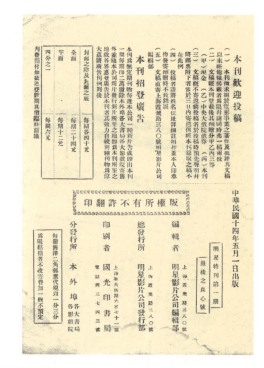

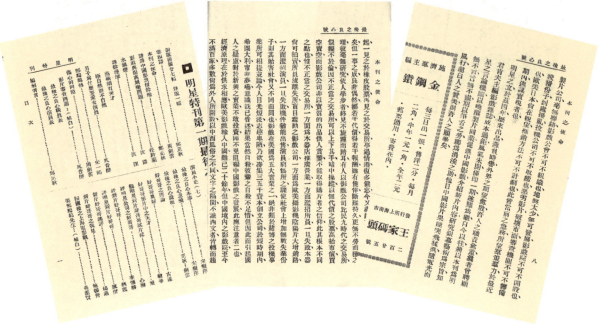

《明星》

1925年5月1日创刊于上海，1928年1月停刊。明星影片公司编辑部编辑，明星影片公司发行部发行，不定期出版。第一期为《最后之良心号》。该刊以唤醒制片同业，促进中国影戏发展，介绍新片内容，研究银幕艺术为宗旨。主要登载明星剧照、影评、影片介绍及新片宣传等内容。

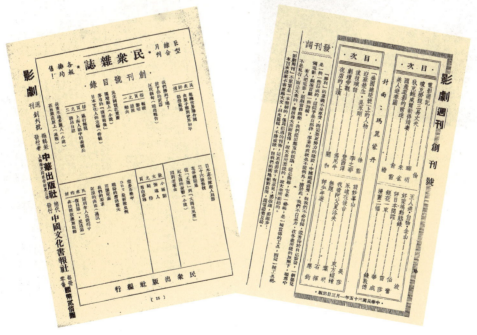

《影剧周刊》

　　1946年1月3日创刊于上海，中华出版社编辑发行，周刊。该刊反对将电影、话剧当作娱乐，主张把它作为一种艺术和宣传工具，为大众而宣传，说大众所要说的、说大众所要听的。内容分为影坛周记、演技琐话、剧坛旁观等主题。主要介绍国内外重要影片、影界资讯、影星生活、电影常识，探讨电影发展等。创刊号主要文章有《国产电影的前途》《永远在后台》《好莱坞动态录》等。

《影艺画报》

　　1946年12月1日在上海创刊，1947年1月停刊，共出2期。影艺出版公司编辑发行，月刊。该刊旨在为整个影坛服务，为广大观众指南。设有《新片介绍》《风景线上》等栏目，分为国片和外片两大部分。主要刊载国内外重要影片、影界资讯、新片预告，如《八千里路云和月》《芦花翻白燕子飞》。还刊登明星的照片和小传。

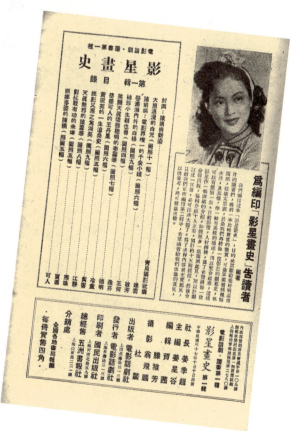

《影星画史》

　　1948年10月10日于上海创刊，1949年4月停刊，共出5期。姜星谷主编，电影话剧社出版，刊期不详。其办刊目的是将该刊"贡献给爱好明星相片的读者们"。主要登载明星照片，也介绍影星银幕史，揭秘其私生活，同时注意艺术理论的研究。刊有《大胆浪漫的白光》《楚楚可人的王丹凤》等照片。

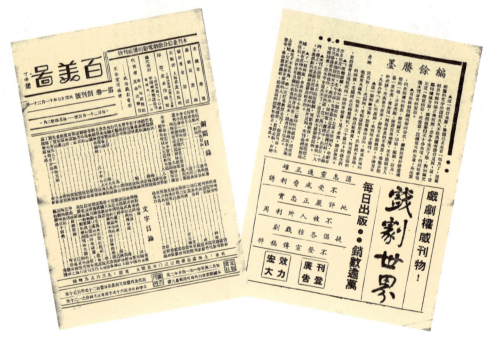

《百美图月刊》

　　1938年11月21日创刊于上海，章秀珊主编，高寒梅编辑，上海艺友出版社出版，月刊。编者办该刊以求一切美观，百美杂陈。内容分为铜图和文字两部分，刊载戏剧影视演员照片、戏剧影视评论及剧本等，其中图片为主，文字为辅。创刊号内刊有《梅程孰优论》《独立精神》《申曲演员总检阅》等文章。漫画大家丁悚题写刊名。

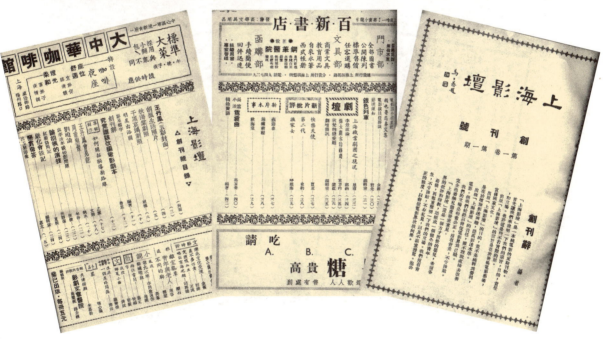

《上海影坛》

　　1943年10月10日在上海创刊，上海影业出版公司编辑发行，月刊。该刊以"发扬电影艺术，宣传国家文化"为宗旨，以"督促电影界为己职"，以"增加影迷兴趣，提高影迷水准"为目的。刊物封面每期刊载不同女明星的画报。设有《集体创作》《剧坛》《新片批评》《新片本事》等栏目。载文涉及剧本创作、电影与文学的关系研究、演技提升的探讨等内容。此外，还登载影星生活照、影剧照片以及长篇小说等。

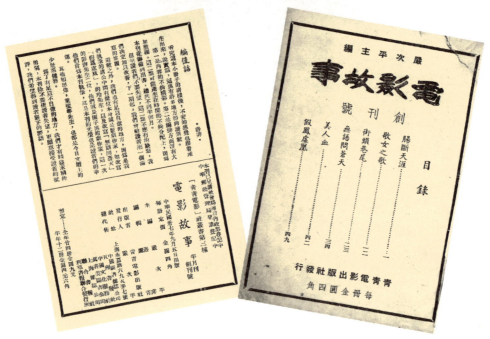

《电影故事》

  1948年9月5日创刊于上海，严次平主编，洛非、丽青编辑，青青电影出版社出版，半月刊。该刊系青年电影社丛书之第三种。作为以登载电影脚本为主的娱乐性刊物，主要登载热播电影剧本、剧照、职员表、演员表等。编者采用将电影改编成小说的形式，每期向大众推介不少电影。创刊号内登载了澎湃改作的《无语问苍天》、玲先生改作的《假凤虚凰》等剧本。

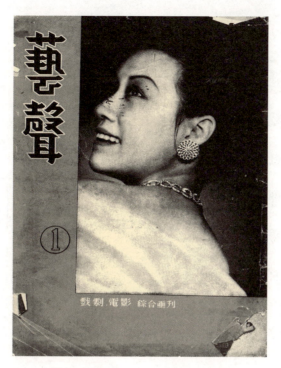

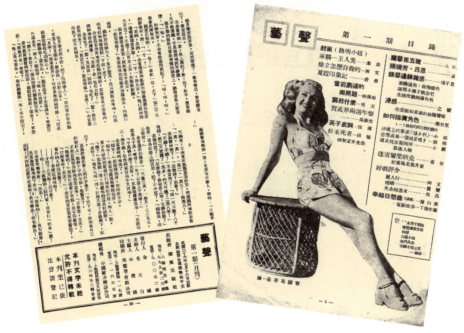

《艺声》

　　1947年7月16日创刊于上海，林朴晔主编，国风出版社出版，发行人为金城，月刊。该刊以图文兼具的形式介绍中外影片戏剧、中外戏剧电影界人物，以及有关戏剧电影的杂感、漫谈、评介等。创刊号刊登田汉的《英子哀词》，陈白尘作文、丁聪作图的《幸福狂想曲——电影故事》等重要文章。

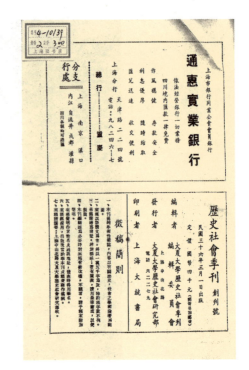

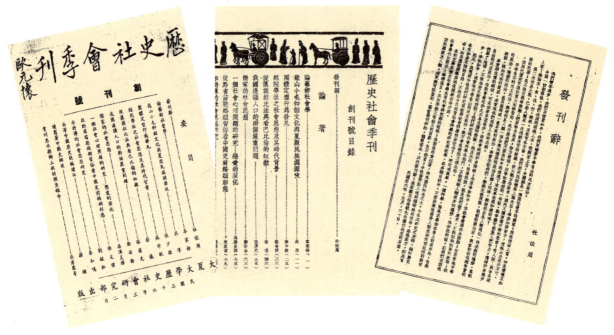

《历史社会季刊》

　　1947年3月1日在上海创刊，1947年9月停刊，大夏大学历史社会季刊编辑委员会编辑，大夏大学历史社会研究部发行，季刊。该刊以"研究学术问题，发表学术论文，报道校务信息"为主旨。设有《论著》《书评》《社会调查》《研究资料》等栏目。主要讨论有关中国历史、社会科学方面的问题，其所载文章既有该校文学院师生论文，也有当时国内社会各界知名人士之作。如吴泽霖、刘毓松、秦和鸣、翦伯赞等都曾为该刊撰稿。还刊有中国地方状况实地调查的原始资料等。

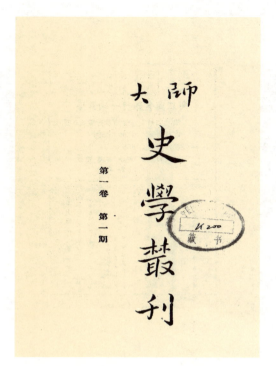

《师大史学丛刊》

　　1931年6月6日创刊于北平，北平国立师范大学史学会编辑，北平国立师范大学出版部发行，刊期不详。主要刊载历史研究和评论性专著。其中陆懋德的《西方史学变迁述略》一文，关注西方史学发展历程和现状，揭示西方史学发展史。柴德赓在大学二年级所著《明季留都防乱诸人事迹考（上）》一文，充分利用地方志和其他典籍资料，考据翔实。另有陈垣、黄公觉等史学大家文章。

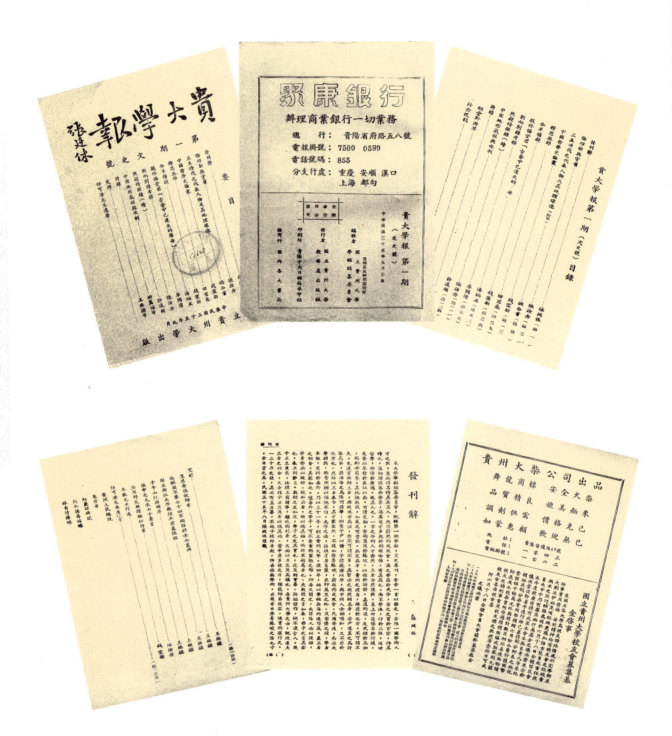

《贵大学报》

　　1946年9月在贵阳创刊，国立贵州大学学报编纂委员会编辑，国立贵州大学教务处出版组发行，刊期不详。依创刊号的发刊词所述，该刊应为文理综合学术刊物。第一期为文史号，其后应为法学号、理工号和商学专号，但目前仅见文史号。该刊主要论述哲学理论，介绍名人名著、地理环境，选载诗录、文稿摘抄等，其中有政治活动家任可澄先生遗著多篇。

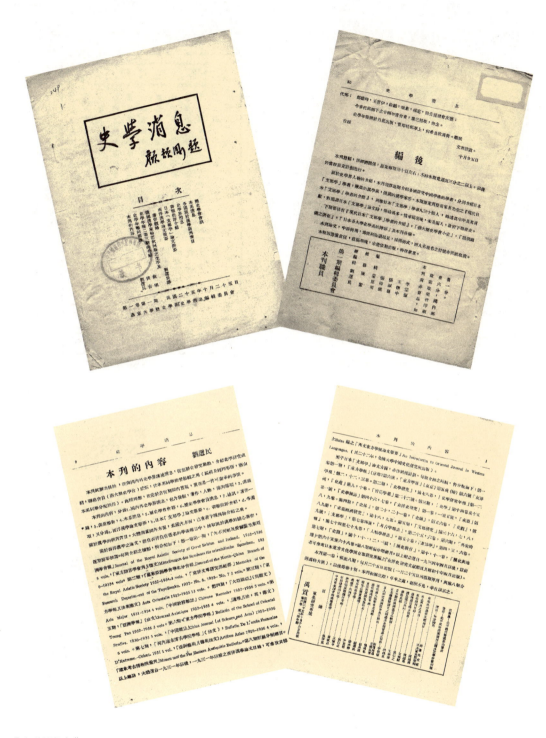

《史学消息》

　　1936年10月25日创刊于北平，燕京大学历史学系史学消息编辑委员会编辑发行，总编辑刘选民，月刊。该刊旨在"与国内外史学界沟通消息，提倡历史研究兴趣，介绍史学研究成绩，联络会员（燕大历史学会）感情，供本系同学练习编辑之用"。刊载国内外史学消息、讲演录、汉学新刊书目信息、调查报告、本系消息、历史学会会务、通讯等内容。刊名由中国近现代历史学家顾颉刚题写。

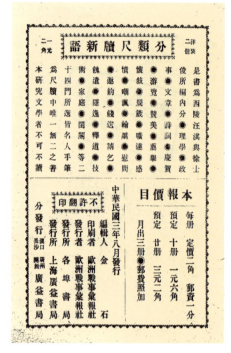

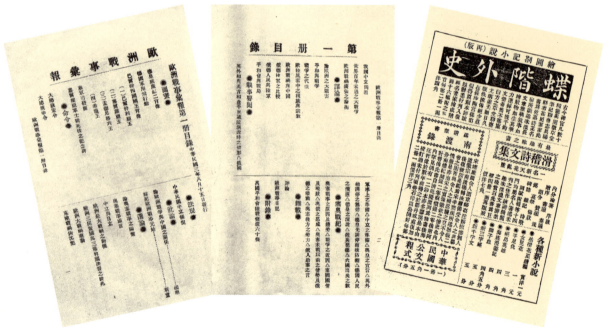

《欧洲战事汇报》

　　1914年8月创刊于上海，1914年8月30日停刊，仅出2期。金石编辑，欧洲战事汇报社发行，旬刊。栏目设置多而细，有《论说》《照片》《国际条约》《杂论》《各国战纪》《中国大事记》《外国大事记》《社论》《选论》《译论》《战记》《战事要闻》《战事日记》《评论》《附录》等。主要报道欧洲战事，论述欧战与中国关系，探讨战争根源及影响等。

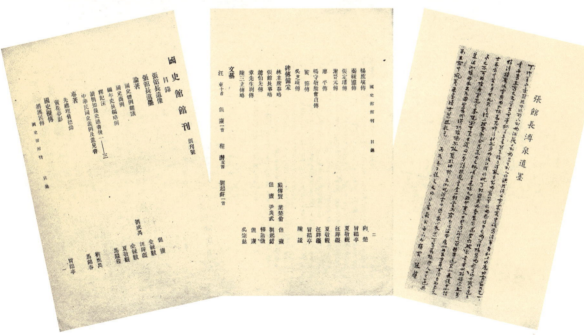

《国史馆馆刊》

　　1947年12月创刊于南京，国史馆编辑发行，季刊。该刊以"研究史学及国史上各项实际事例，并搜集当代名家之史料著述"为主旨。设有《论著》《专著》《国史拟传》《文艺》《馆务》等栏目。内容涉及史学史法论著、晚清以来私家专载笔记、文艺史料及个人碑刻铭文和传记，并着重讨论国史体例。创刊号设张继馆长特辑，收录其遗像及多篇遗著。

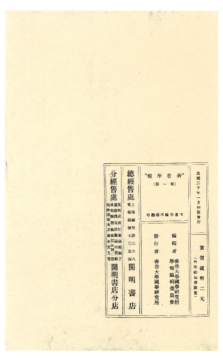

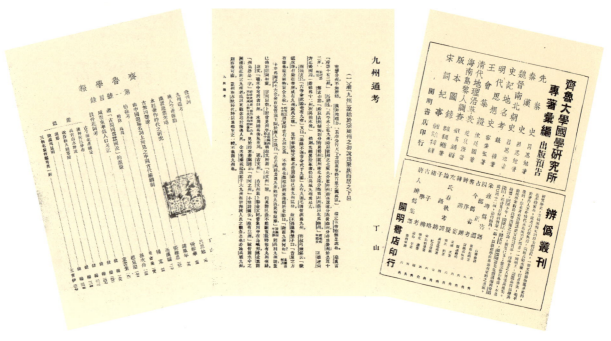

《齐鲁学报》

　　1941年1月创刊于济南，1941年7月停刊，共出2期。齐鲁大学国学研究所学报编辑委员会编辑，钱穆为主任，顾颉刚、吕思勉等为编辑，齐鲁大学国学研究所发行，半年刊。设《学术专著》《文学》《拾遗》等栏目。主要刊载文字学、史学、历史地理学等学术文章，注重考据。《杂组》栏文章基本为钱穆所作。主要撰稿人不乏国学和史学大师，如钱穆、吕思勉、丁山、朱希祖等。

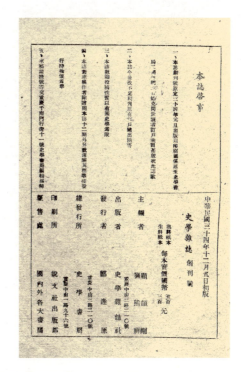

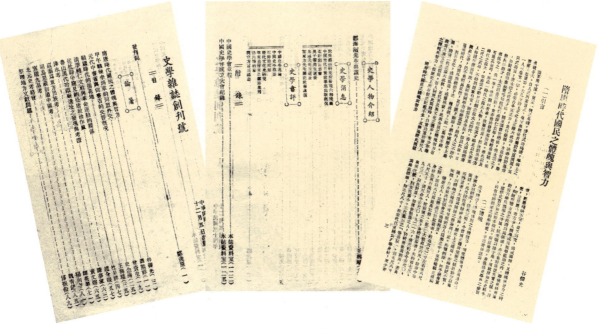

《史学杂志》

　　1945年12月5日创刊于重庆，顾颉刚、刘熊祥主编，史学杂志社出版，仅出1期。作为专业史学刊物，该刊主张以"史学提倡民族精神、培育爱国思想、建立心理国防"。设有《论著》《史学人物介绍》《史学消息》《史学书评》等栏目。主要刊载史学研究论文、史学消息、史书评价等方面文章。刊有《隋唐时代国民之体魄与智力》《整理地方文献问题》等文章。

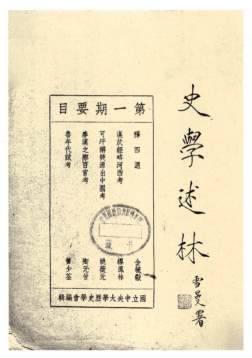

《史学述林》

　　1941年1月创刊于重庆，国立中央大学历史学会编辑发行，双月刊。创刊号为国立中央大学历史学会第二届年会纪念刊。主要刊载历史学会师生有关中国古代经学、政治、墓葬及史学等方面的研究论文。主要撰稿人有金毓黻、缪凤林、陶元甘、黄少荃等。刊载的主要文章有《释四通》《秦汉之际百官考》《西汉的重农抑商政策》等。著名书画家簠雪曼题写刊名。

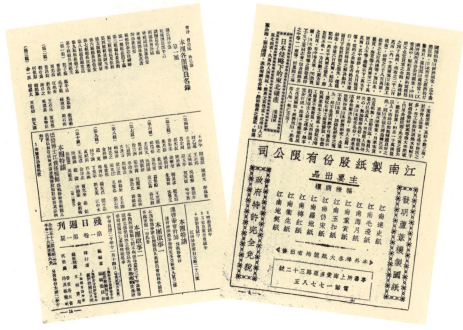

《残日》

　　1931年11月14日创刊于上海，1932年停刊，共出8期。经济救国抗日团编辑委员会编辑，经济救国抗日团发行，周刊。该刊主要揭露日本侵略罪行，号召人们反抗暴行。报道日本对我国经济领域的侵略，分析其对我国所造成的危害。创刊号内刊有《经济抗日以后》《日本侵略下的东北矿产》等文章。刊后附有团务消息、通讯等，另刊有广告多则。

《战事画刊》

　　1937年8月20日创刊于上海，1937年11月停刊，共出19期。良友图画杂志社编辑发行，余汉生为发行人，为五日刊。该刊曾于1937年9月1日再版，1937年9月15日3版，馆藏为3版本。该刊作为《良友图书杂志》的号外，刊登各地抗战新闻照片、各战场主要将领照片，介绍各地抗战情况，并配中英文的说明文字。创刊号内刊有《上海战事爆发后面面观》《在平汉路前线》等主题照片。

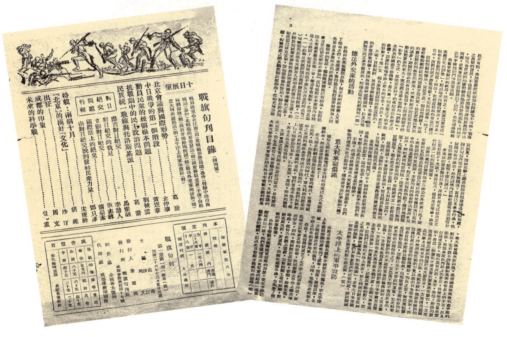

《战旗》

　　1937年12月5日创刊于成都，葛乔、沙汀、周文主编，战旗旬刊社发行，旬刊。葛乔、沙汀、周文是成都文化界救亡协会重要成员。该刊以团结文化界人士，开展救亡工作为宗旨。设有《十日展望》《对日绝交问题特辑》等栏目。主要刊载全面抗战以来国内及国际形势、抗战局势、民族统一战线、对日绝交、未来战争等内容。重要文章有宋庆龄的《两个十月》、金仲华的《中日战争的第一个阶段》等。

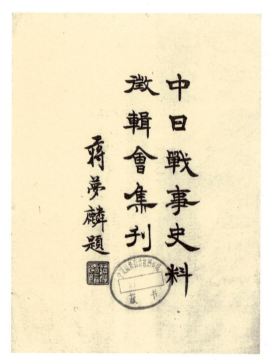
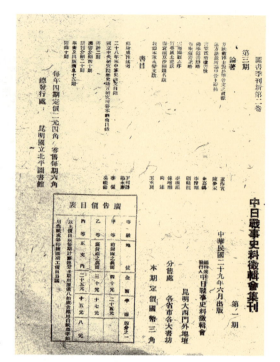

《中日战事史料征辑会集刊》

　　1940年6月创刊于昆明，中日战事史料征辑会编辑发行，季刊，因经费困难，仅出2期即停刊。该刊旨在补国史馆之缺。主要刊载中日战事史料征辑会的史料搜集、编辑等工作内容，并指出具体工作方法。因搜集史料原则上不分界限，故而还搜集到许多解放区资料。创刊号内刊有《论历史叙述的选择标准》《中日战事史料征辑会工作报告》等文章。中国近现代著名教育家蒋梦麟题写刊名。

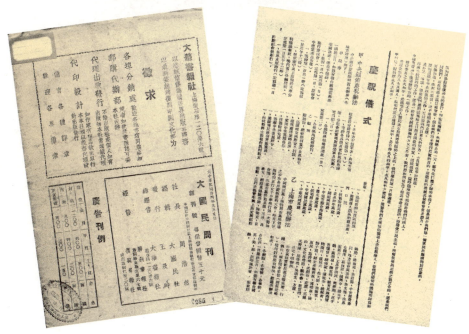

《大国民周刊》

　　1945年9月5日创刊于上海，大国民社编辑，社长周浩然，发行人王及时，周刊。创刊号为庆祝抗战胜利特辑。主要收集以庆祝抗战胜利为主题的文章，如刊登庆祝胜利的仪式和办法等内容，介绍日本向联合国投降经过和中国各战区的概况、中苏友好同盟条约等重要史料。创刊号内刊有《日本向联合国投降经过》《原子炸弹发明历史》等文章。

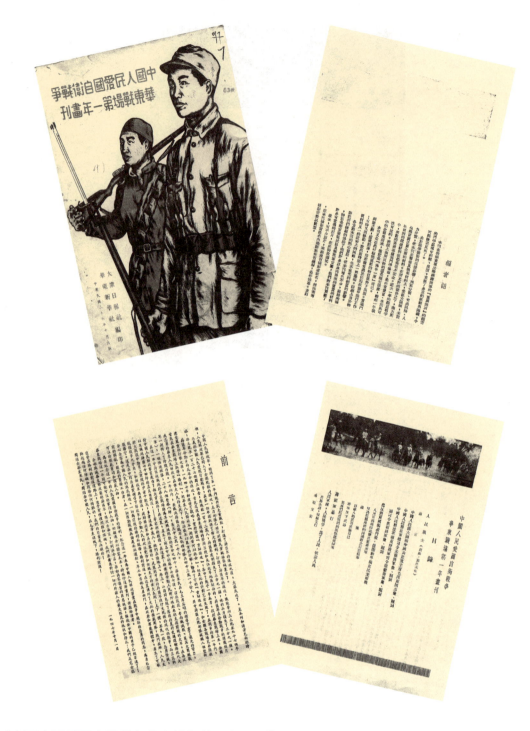

《中国人民爱国自卫战争华东战场第一年画刊》

　　1947年10月创刊于山东，大众日报社、华东新华社编印，年刊。该刊重在纪念解放战争爆发以来人民自卫战争所取得的胜利，纪念为人民解放事业牺牲的忠勇战士及可歌可泣的人物。刊载新闻照片240余幅，还有套色木刻画、年画等多幅，其中年画《立功回家》为彩色套印作品。创刊号内有毛泽东、朱德、陈毅、粟裕等同志的照片和题词。

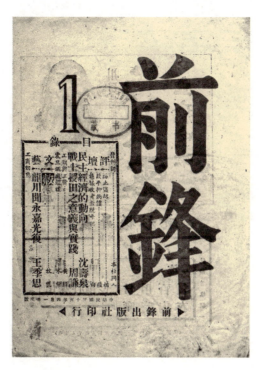

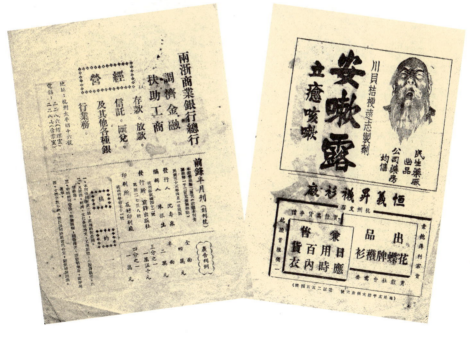

《前锋》

　　1946年4月1日创刊于杭州，朱恨生编辑，前锋出版社发行，半月刊。该刊旨在"提出正当政治意见供有关方面参考，服务农工商学各界"。设有《论坛》《文艺》《工商动态》等栏目。主要刊载政治、经济、文化等领域文章。其中沈寿泉的《民主经济的动向》一文，从向着民主和自由的方向进取、自由放任与计划统治的调和等方面论述了只有实行自由经济，才能保障经济自由与安全。

《上海战事画刊》

　　1932年2月25日创刊于上海，梁得所编辑，上海良友图书印刷公司发行，月刊。刊载反映上海战事实况照片170余幅，并配有中英文的说明文字，另附记述战事经过的文章和战区地图，还有蔡廷锴的题字。长篇报道《上海中日战事纪详》里详细介绍了"一·二八"事变及十九路军英勇抗击日本侵略的全过程，真实记录了日军惨无人道的暴行，及上海被炸后市民被迫出逃的情形。

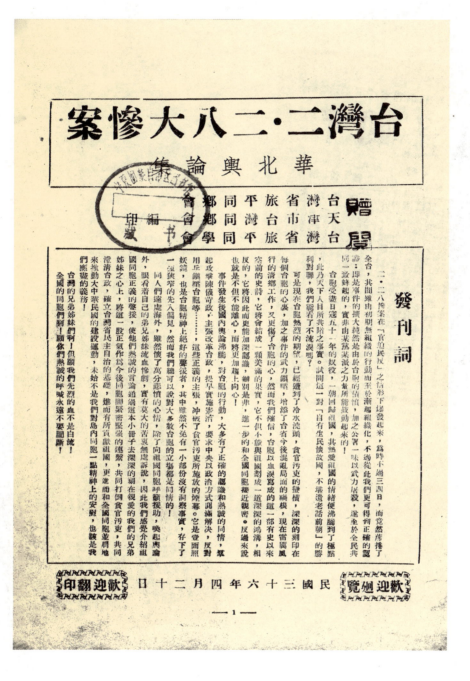

《华北舆论集：台湾二·二八大惨案》

　　1947年4月20日刊发，台湾省旅平同乡会、天津市台湾同乡会、台湾省旅平同学会联合编印，刊期不详。首期集中编发国内报刊，主要是当时北平、上海、天津等地主要报刊，如北平的《华北日报》《平民日报》、天津的《大公报》《民国日报》、上海的《文汇报》等刊发的有关台湾省二·二八大惨案的评论、善后、声援等文章。

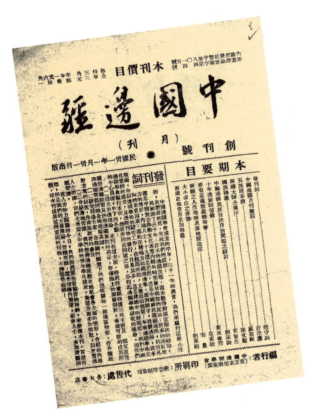

《中国边疆》

　　1942年1月31日创刊于重庆，中国边疆学会编辑发行，1944年8月发行第3卷第7期和第8期合刊后停刊，顾颉刚、黄奋生主编，月刊。该刊以建立治编理论、研究建边方案、介绍边地知识为宗旨。内容以研究边疆地理、政治、建设及社会问题为主。主要撰稿人有顾颉刚、陈文鉴、黄奋生、刘家驹等。创刊号内刊有《班禅大师全集序》《中国边疆民族自决自治问题之研讨》《西藏史地常用名词释义》等文章。

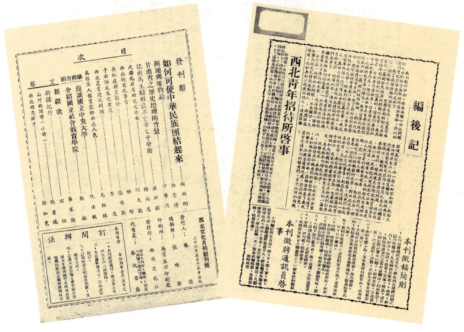

《西北文化》

    1947年5月15日创刊于南京，张维新编辑，西北文化社发行，发行人为罗伟，月刊。该刊旨在重建西北，鼓励激发西北青年的觉悟。主要探讨西北历史、地理、文化、教育、工农业等问题。还刊登介绍西北风光、介绍科学知识的、散文及诗歌等。撰稿人有顾颉刚、汪辟疆、杨鸿达、罗家伦等。创刊号刊有《如何可使中华民族团结起来》《于右任先生之孝思》等文章。

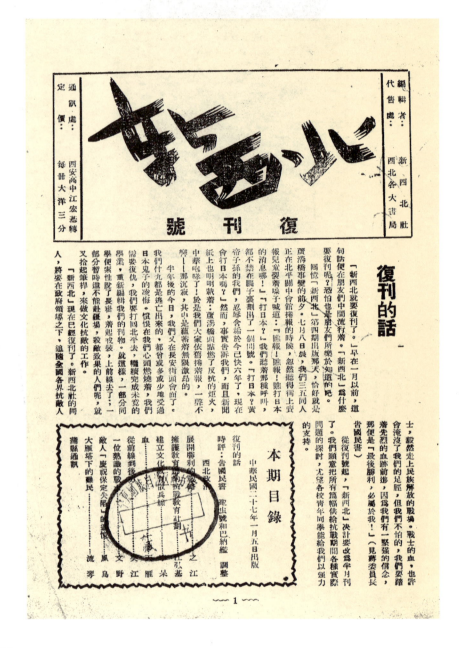

《新西北》

1929年4月在西安创刊，卢沟桥事变后因战局不稳被迫停刊，1938年1月5日在西安复刊。新西北社编辑发行，初为双月刊，复刊后改为半月刊，馆藏为复刊号。该刊以"阐扬西北固有文化，促进西北物质文明及唤起西北民众之建设思想"为宗旨，复刊后以刊登抗战时期战况分析、新闻通讯、战时民众生活及社会现状等为主要内容。复刊号内刊有《展开胜利的战略》《从前线到后方》《大雁塔下的难民》等文章。

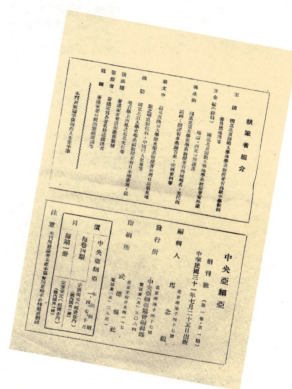

《中央亚细亚》

　　1942年7月25日创刊于北京，1944年7月停刊，共出3卷。马念祖编辑、中央亚细亚协会编辑部发行，季刊。该刊主要研究西北地区及西藏、中亚等地的历史、地理、宗教、风俗等。作者大都是民国时期著名学者，如王谟、裴文中、姚鉴、冯承钧等。创刊号内刊有《中央亚细亚概观》《新疆之史前考古》《西藏种族沿革地理考》等文章。周作人题写刊名。

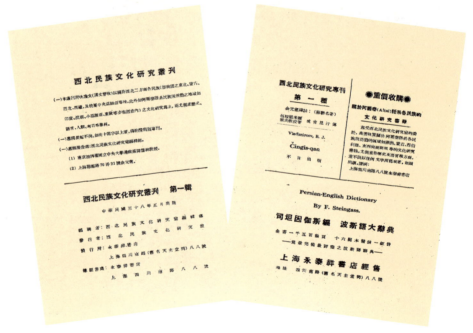

《西北民族文化研究丛刊》

　　1949年5月在上海创刊，西北民族文化研究室编辑部编辑，余元庵主编，西北民族文化研究室发行，不定期出版。该刊以研究西北各民族文化为主，所涉地域除我国东北、西北、西藏外，还包括蒙古国、俄属中央亚细亚、印度、伊朗、东欧等国家与地区，内容尤侧重历史、语言、人类、考古等学科。第一辑以研究蒙元史为主，有专著也有论文，有原创也有译作。

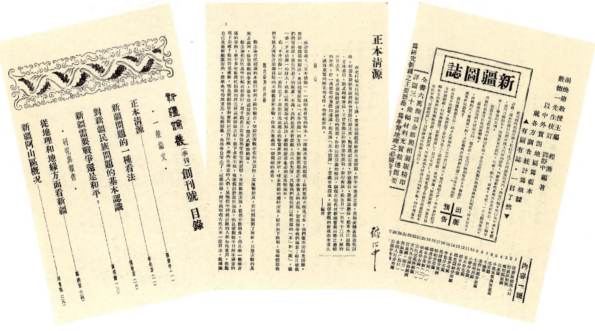

《新疆论丛》

　　1947年12月创刊于兰州，欧阳敏讷主编，西北文化建设协会发行，季刊。该刊设有《一般论文》《研究与报告》《文艺》等栏目。所刊关于新疆政治、经济、文化、历史、地理、民族、宗教等方面的论著、译文和通讯，也有维吾尔、哈萨克、蒙古等族文艺作品的译文等。创刊号收有张治中的《正本清源》、邹豹君的《从地理和地缘方面看新疆》、霍然辑译的《维族歌词选》等文章。

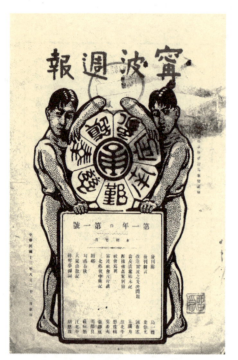

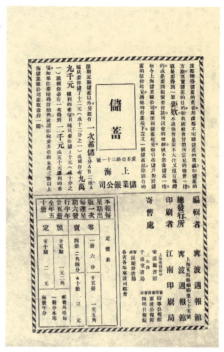

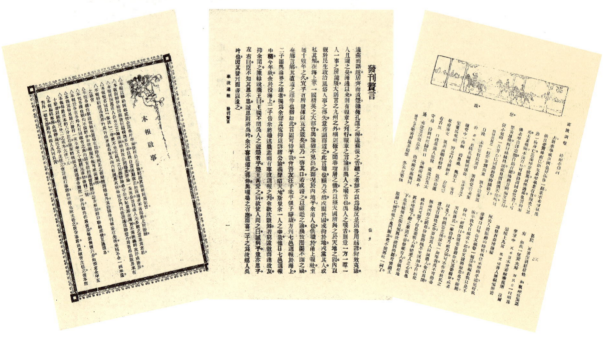

《宁波周报》

　　1924年8月23日创刊于上海，宁波周报馆（张静庐、汪北平等）编辑发行，周报。该刊以"联络同乡感情，企谋桑梓幸福，发挥公正言论，记述真确新闻"为宗旨。主要探讨宁波改造，杂谈宁波社会，介绍宁波教育和风土人情，还刊载少量文学作品。其中《社会写真》《宁波社会片片谈》介绍了宁波地区这一时期的社会百态。

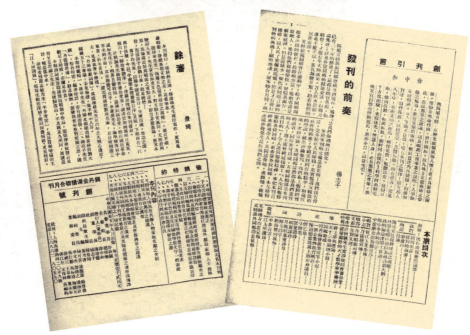

《镇丹金溧扬联合月刊》

　　1946年9月创刊于上海，韩可吾、凌馥康等编辑，镇丹金溧扬联合月刊社发行，月刊。该刊以发扬地方文献艺术，建议庶政兴革，鼓吹乡邦工商事业，报道人事动态为己任。设有《乡贤小志》《乡邦文献》《乡彦特写》《笔记》《诗词》等栏目。发表镇江、丹阳、金坛、溧阳、扬中五县旅沪同乡会同乡言论。刊载五县政治、社会动态、现代学说等内容，还大量刊登该同乡会会员的文艺作品，其中诗词居多，也有少量的小说。

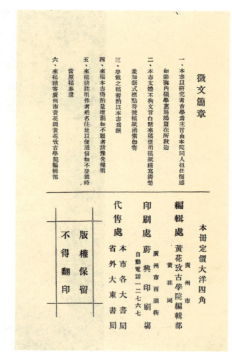

徵文簡章

一、本志以研究考古學爲主旨由本院同人相任撰述

二、本志文體不拘文言白話來稿望用稿紙繕寫清楚如蒙海內碩彥惠賜鴻篇在所歡迎

三、登載之稿酌以本志爲酬並加新式標點符號稿紙祈函索即寄

四、來稿本志得酌量增删如不願著者豫先聲明

五、來稿請詳明作者姓名住址以便通信如不登載時當原稿奉還

六、來稿請客廣州市黃花岡黃花攷古學院編輯部

本冊定價大洋四角

編輯處　黃花攷古學院編輯部
　　　　　黃花岡

印刷處　廣州市西湖街
　　　　　蔚典印刷廠
　　　　　自動電話一二七六七

代售處　本市各大書局
　　　　　省外大東書局

版權保留　不得翻印

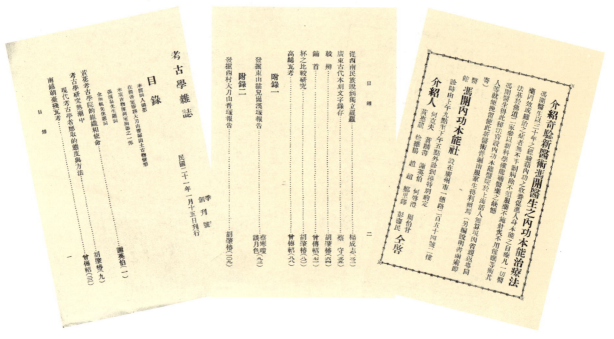

《考古学杂志》

　　1932年1月15日创刊于广州，黄花考古学院编辑部编辑，季刊。该刊以研究考古学为主旨。主要刊载考古学论著及考古发掘报告等。蔡元培题写刊名，并有张继、金曾澄题词两幅。我馆所藏创刊号钤有著名金石学家、西泠印社创始人之一的叶为铭藏书印"泉唐紫城叶氏家庙为铭所藏金石书画印""武林紫城叶氏家庙藏书之记"两方。

（第一期）

《野语》

　　1925年5月创刊于上海，1926年3月停刊。由野语杂志社编辑发行，月刊。该刊以"专集在野名流，以发扬文化，交换智识"为宗旨。设有《金石》《书画》《诗词》《笔记》《小说》《新闻》《弹词》《论说》等栏目。主要刊载金石、甲骨文、六国钱币、历代书画、诗词、考证、经史小学、碑拓、笔记、小说、新闻、弹词等内容。每期刊印金石书画照片若干。

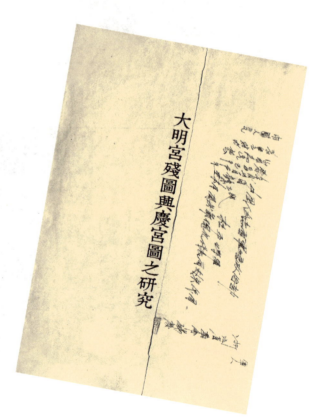

《考古专报》

　　1935年1月创刊于北平，国立北平研究院史学研究会编辑，国立北平研究院出版部印行，刊期不详。主要刊载历代都城遗址考证、地下文物发掘等专业考古论文，并附有文物图片和考古通讯等。创刊号内刊有何士骥的《石刻唐太极宫暨府寺坊市残图大明宫残图兴庆宫图之研究》，该文分八个部分，对唐大明宫进行了细致的研究，附有西京历代沿革图及各种古籍上的大明宫图。

《历史与考古》

　　1946年10月在沈阳创刊，沈阳博物馆编辑委员会编辑，阎文儒、李文信等为编委会成员，中国文化服务社东北区社发行，不定期出版。该刊主办者倡导以考古学为基础，侧重实物研究。内容有对出土文物的研究，也有考古调查报告等。首期所刊登论文多为考古界内大家所作，如史前考古学家、古生物学家裴文中的《中国之彩陶文化》，历史学家金毓黻之《汤著季汉书解题》等。

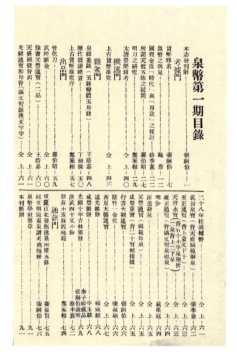

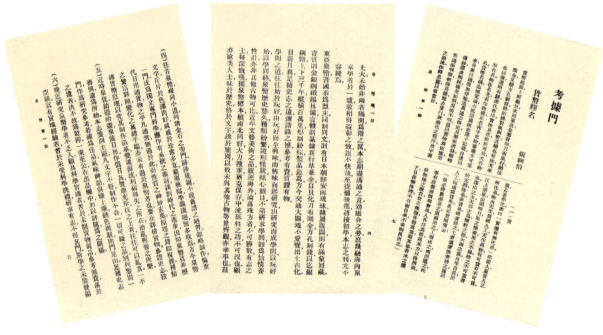

《泉币》

　　1940年7月创刊于上海，郑家相编辑，医学书局发行，双月刊。泉币，即钱币、货币。出自柳宗元《非上·大钱》："古今之言泉币者多矣。"作为专门探讨研究古今泉币之学术刊物，该刊以研究古今泉币，补史志之遗漏，纠历代之谬误为宗旨。设有《考据》《撰述》《杂著》《出品》《通讯》等栏目。主要刊载古今泉币知识、上古货币推究、各地所造泉币介绍等，后附泉币学社简章等。

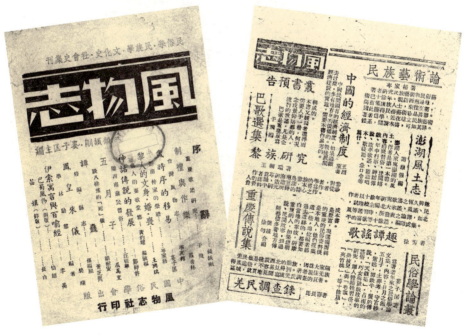

《风物志》

　　1944年1月31日创刊于重庆，顾颉刚、娄子匡主编，中国民俗学会出版，风物志社发行，刊期不详。该刊是关于民俗学、民族学、文化史、社会史理论和资料的集刊。主要致力于收集、整理和研究旧风俗，因势利导来移风易俗，创造适应时代的新风气、新风俗。创刊号内刊有罗香林的《制礼与作乐》、汪祖华的《陇西南藏民习俗》等文章。

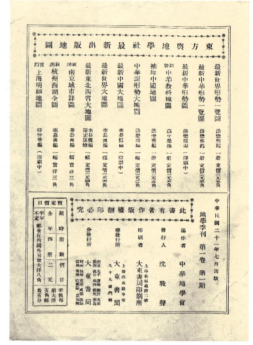

《地学季刊》

　　1932年7月创刊于上海，中华地学会编辑，大东书局发行，季刊。该刊以研究地理学为宗旨，以交换知识、发展地学为目的。就其内容而言，对内关注国计民生，对外介绍国际概况，以普及大众的地理学知识为要。另刊内附有国内外地理学专家的照片及特殊地形地貌图。创刊号内刊有《科学的经济地理学》《中国西北之天然富源》等文章。

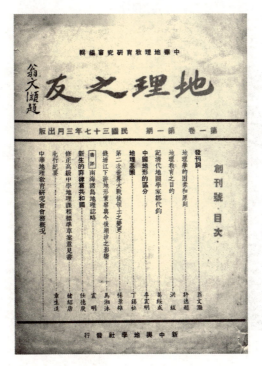

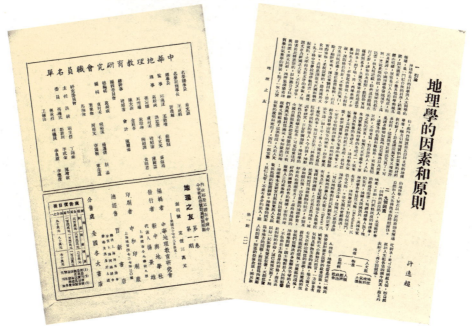

《地理之友》

　　1948年3月创刊于上海，中华地理教育研究会编辑，新中舆地学社发行，季刊。该刊以期"普及地理教育，灌输正确观念和知识，服务地理界同志"。主要研究地理学、地理教学及课程设置、教材编写等方面的问题，发表有关国内外区域地理、军事价值的论述和调查报告，介绍著名地理学家，刊登有关地理方面的书评、游记等。民国时期著名学者、中国早期著名地质学家翁文灏题写刊名。

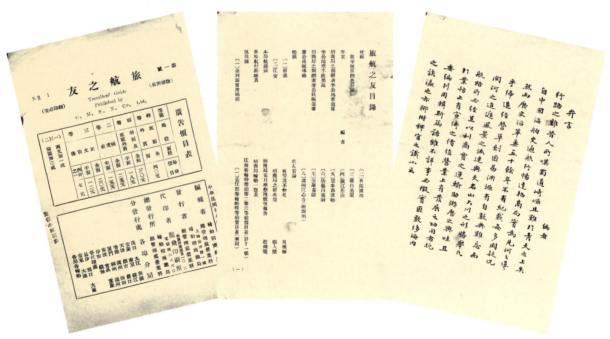

《旅航之友》

　　1928年10月创刊于上海，不久即停刊。轮船招商总局总管理处营业科编辑发行，刊期不详。内容以本局航线、旅游名胜、风景图说、游览行程、旅费价目、商业情形、气候风俗等为主，也刊载相关山水名胜、历代古迹、碑碣文字、古今建筑物等照片，以及游历诗词。创刊号内刊有《本局航线图》《招商局轮船一览表》等。

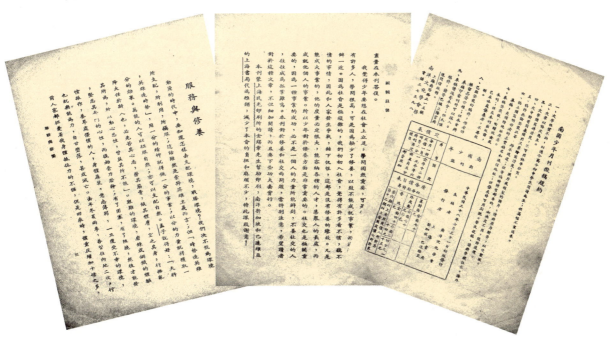

《南国少年月刊》

　　1939年7月31日创刊于新加坡巴达维亚，南洋文化学会主编，上海书局发行，月刊。该刊以"和南洋的新少年交朋友，共同研究怎样'认识社会、了解自然、欣赏文艺'"为主旨。介绍南洋地理历史环境、风土人情、文化教育、经济建设、科学知识，研究南国少年求学、修养、升学、卫生、就业等问题，借以达到"以文会友，以友辅仁"的目的。

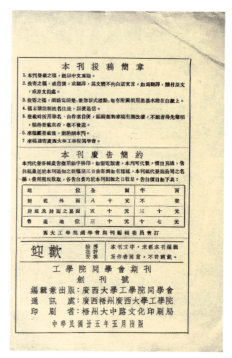

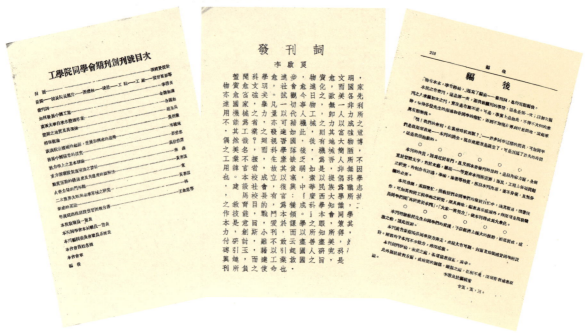

《广西大学工学院同学会期刊》

　　1936年5月创刊于广西梧州，广西大学工学院同学会编辑出版，刊期不详。该刊旨在为该院工程学术研究、探讨提供便利，并借此刊引起国人研究科学之兴趣，达到工业救国之目的。内容主要围绕工程研究问题展开，包括评述、学术、论著等专业文章。刊前还印有该学院全景、工厂内外、实验室、实习场景等照片。刊名由时任校长马君武先生题写。

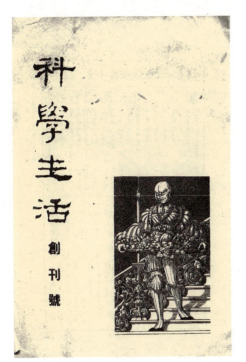

《科学生活》

　　1939年5月1日创刊于上海，科学生活社编辑发行，月刊。该刊以"科学生活化，生活科学化"为宗旨。设有《科学在今日》《补白》《图画》等栏目。用浅显易懂的文字，探讨自然科学与日常生活的关系，以启发国民对科学的认识，从而达到普及科学的目的。内容涉及科学问题探讨、科学理论介绍、科学常识分享等。创刊号刊载有《音乐和物理》《十种最需要的发明》《血液里的水》等文章。

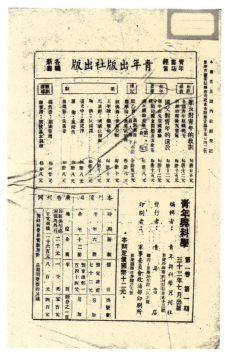

《青年与科学》

　　1943年7月创刊于重庆，青年与科学月刊社编辑，青年书店发行，月刊。该刊以"提倡科学研究与普及科学知识"为宗旨。设有《科学通论》《科学专论》《科学丛谈》《地质旅行》《科学记闻》等栏目。内容上不仅介绍科学上的高深学理及科学上之新发现，提供科学研究之参考，还将科学真理及自然界之现象及其与人生的关系介绍于普通民众，以促进大众对科学之兴趣。

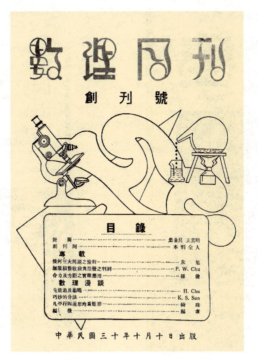

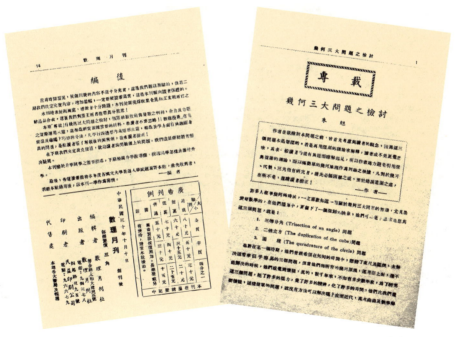

《数理月刊》

　　1941年10月10日创刊于上海，数理月刊社编辑出版，月刊。该刊以"服务数理同好为主旨，努力自勉以求内容真实"。设有《专载》《数理漫谈》等栏目。刊载数理方面专门论著及研究数理的重要材料，介绍数理方面有趣的知识和奇异的问题。重要文章有《几何三大问题之检讨》《合力及力距之实际应用》《兔能追及龟吗》等。

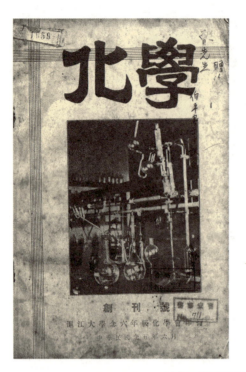

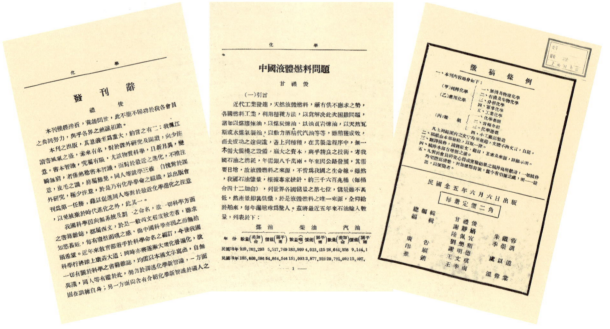

《化学》

  1936年6月6日创刊于上海，沪江大学念六年级化学会印行，刊期不详。该刊以 "促进同仁等对于最近化学进化之注意，以免被弃于时代进化之外"，翻译、训练自身并介绍化学新知识于国人为目的。内容略分纯粹化学、应用化学、杂俎三类。刊载有机化学、无机化学、工业化学等论著，报道化学新闻，介绍化学书报、化学游戏、小工艺品制造等内容。

《国立中央研究院天文研究所集刊》

　　1929年6月创刊于南京，国立中央研究院天文研究所编辑印行，刊期不详。第一号为《初

定南京鼓楼经纬度报告》专辑，该报告为高平子所著，同时他也是此次观测的候星者。择要叙

述了南京鼓楼经纬度观测程序及结果。内容分为仪器、观测法及公式、观测记录表、核算结果

表等。

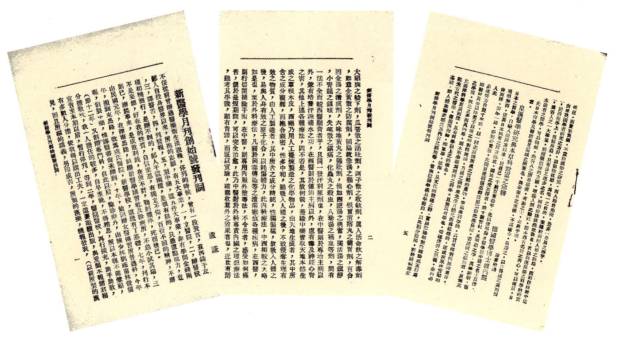

《新医学月刊》

　　1929年10月10日创刊于天津，卢抑甫主编，新医学会会员编辑，新医学月刊社发行，月刊。在盛行废止、反对汉医的时代，该刊号召全国医药界将东西医药学术融合汇通，以科学的方法研究并改进，免蹈日本汉医废而复兴之覆辙。介绍中华传统中医学理论、中医治疗方法、凡例，探讨中医学缺陷及改进等。重要载文有《伤寒金匮新论自序》《汉药常识入门序》《东洋和汉医学实验集序》等。

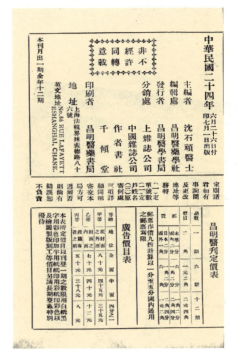

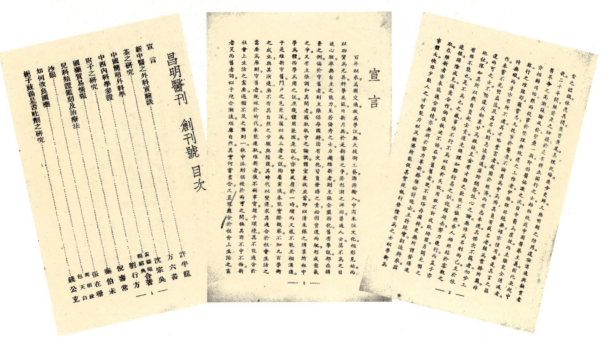

《昌明医刊》

　　1935年7月1日创刊于上海，昌明医药学社编辑，沈石顽主编，昌明医学书局发行，月刊。该刊以"整理国医学术，发扬国医药临床实验，融会中西，损弃成见努力奋斗，共谋进取，务期达到创造东方独特中国医学"为目的。刊物载文均为探讨中国医学理论、古代医药文献、日本汉方医学变迁史之研究心得，研究民间验方、医药疗法之效果等。

《医育》

　　1935年10月创刊于南京，后转至重庆出版，1941年6月停刊。南京教育部医学教育委员会医育月刊编辑室编辑发行，月刊。该刊旨在为医学教育提供交换意见的平台。主要发表医学专家教学经验所得，介绍医学研究成果及学校师生研究发现及心得等。创刊号包括时任教育部长王世杰的发刊词，我国近代公共卫生事业创建者、近现代医学巨星刘瑞恒的《现代医学生应有的一种训练》等文章。

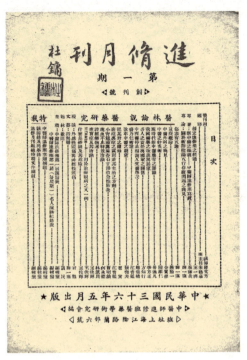

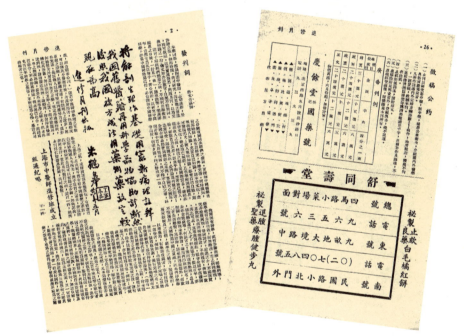

《进修月刊》

　　1947年5月创刊于上海，中医师进修班医药学术研究会编辑，进修月刊社出版，月刊。该刊"以研究中国医药，提倡中国医药为己任"，主张中医药与西洋医药学说结合，弥补中医药之不足。设有《专著》《专论》《医林论说》《医药研究》《漫谈》《文艺》《趣林》《特载》等栏目。主要刊载中医及新中医理论、中医改进以及医药研究等文章。刊名由杜镛（杜月笙）题写。

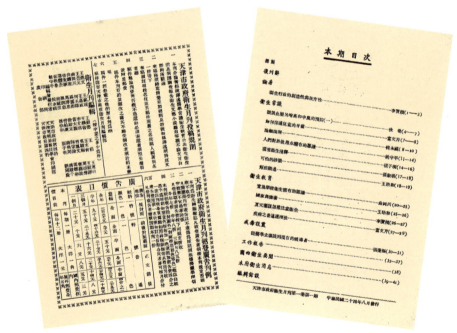

《卫生月刊》

　　1929年3月创刊，出版22期后停刊，1935年8月复刊于天津。天津市政府第四科编辑发行，月刊，馆藏为复刊号。该刊旨在普及卫生观念、介绍卫生常识，交换卫生知识。设有《论著》《卫生常识》《卫生教育》《戒毒丛谈》等栏目。介绍卫生行政方针及卫生设施，发表卫生改进意见及方策，普及医学卫生知识，以推进天津卫生事业蓬勃发展，保障社会大众身体之健康。

《首都卫生》

1929年10月创刊于南京，南京特别市卫生局编辑发行，刊期不详。该刊旨在推广卫生知识，建设城市公共卫生行政。作为南京特别市卫生局刊物，刊中附有该局开展的各项卫生工作的插图，通过《言论》《法规》《计划》《业务概况》《统计》《记事》《附录》等栏目，详细地反映了国民政府成立之初首都南京的卫生建设工作。

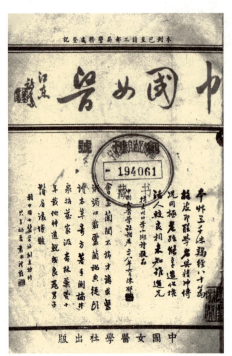

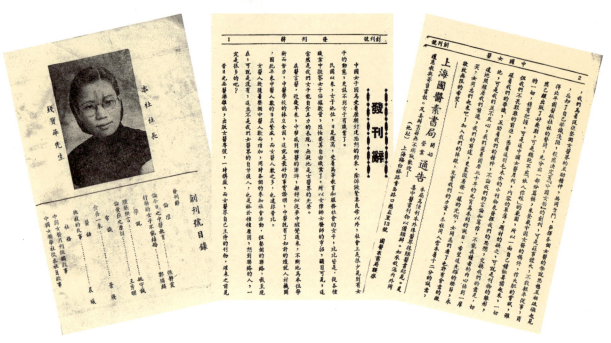

《中国女医》

　　1941年1月15日创刊于上海，共发行8期。中国女医学社主办，张静霞任总编辑，国医素书局发行，月刊。该刊本着化育群英，自强不息的原则，以发挥女医的学说思想，促进全国女医界的互助精神为宗旨。设有《论坛》《学说》《常识》《医话》《社务》等栏目。刊载中医教育、女子行医等论著，介绍中医病例、养生常识及医学故事等。

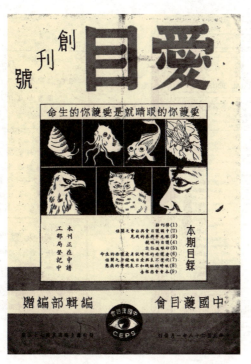

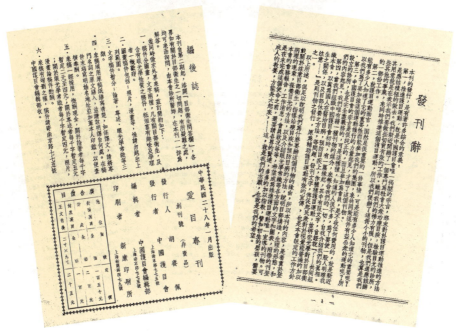

《爱目》

　　1939年1月创刊于上海，中国护目会编辑部编辑，中国护目会发行，发行人胡赓佩，不定期出版。该刊以推进护目运动为宗旨，旨在向社会大众宣传中国护目会的各项工作及护目知识，提高社会大众对目部卫生的关注。设有《论著》《专述》《眼光学常识》等栏目。主要刊载目部卫生及治疗、预防目疾的方法、眼光学常识等方面的文字和图表，附载中国护目会组织动机及工作消息。

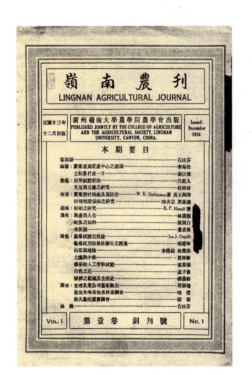

《岭南农刊》

　　1934年12月14日创刊于广州，黄琢修、李锦厚编辑，广州岭南大学农学院农学会出版，每学期出版一次。该刊旨在为岭南农业"作各种专科之参考"。设有《论著》《农艺》《病害》《森林》《渔牧》《园艺》《调查》《摘录》等栏目。主要刊载农林、渔牧、园艺、病虫害等方面的论著和文章。主要撰稿人有李马松、白思九、周朝瑞、古桂芬等。

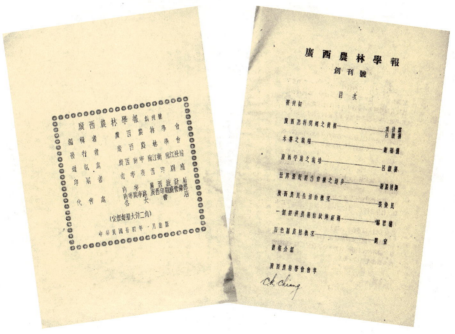

《广西农林学报》

　　1935年1月在广西南宁创刊，广西农林学会编辑发行，刊期不详。该刊以谋广西农业之发展，农村之复兴，农业科学之研究，及农业技术之改良为宗旨。主要刊载有关广西农业研究、农村概况、栽培技术、农民生活以及世界农业资讯等方面的文章，另外还向读者介绍一些农业书报。创刊号内刊有《广西肥料问题之商榷》《广西农民生活的概况》等文章。

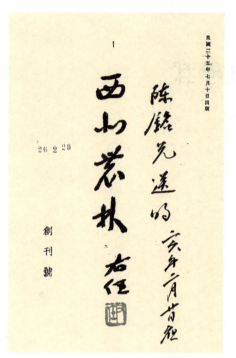

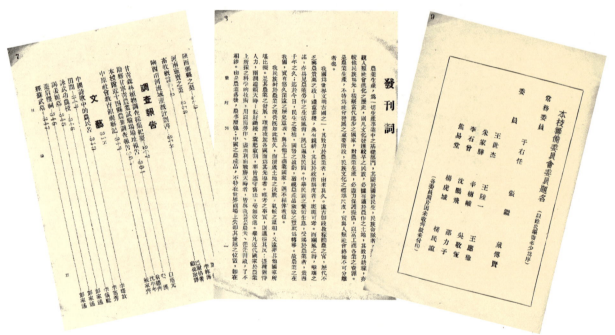

《西北农林》

　　1936年7月10日在西安创刊，国立西北农林专科学校编审委员会编辑，国立西北农林专科学校出版股出版，刊期不定。该刊以"阐发农林学理，传播农林知识，发展农林事业"为宗旨。设有《论著》《调查报告》《文艺》《章则》《通讯》《附录》等栏目。刊载的文章涉及陕甘宁农、林、畜牧业研究，实地勘验调查报告，河流流域灌溉计划等内容。创刊号还刊有国立西北农林专科学校建校筹备概况及该校各部概况。于右任题写刊名。

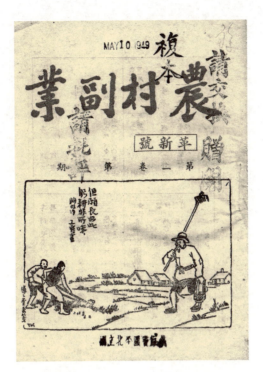

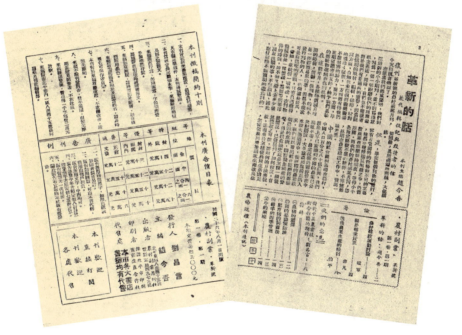

《农村副业》

　　1936年4月在北平创刊，1937年8月后停刊；1946年3月复刊，1946年4月3卷2期后又停刊，复刊于1947年8月，赵今吾主编，农村副业月刊社出版，月刊，馆藏为革新号。该刊旨在"研究农业建设，倡导农村副业"，提倡开展农村副业，复兴农村，改善农村生活，供给城市。设有《论著》《特辑》《特写》等栏目。该刊详细直观地阐述农村副业发展状况，介绍农村养殖、种植专业知识等农业相关知识。

《采冶年刊》

1932年8月20日创刊于天津，仅出1期。天津国立北洋大学采冶学会编辑出版，年刊。创刊号为施勃理教授七十五周岁纪念册。作为北洋大学采冶学会之会刊，其以"内以切磋矿冶学问于同人，外以介绍矿冶事业于社会"为宗旨。设有《祝词》《学术》《附录》等栏目。刊载多为专业学术论文，以期启发同人，商量学术，内容集名人著述及会员平日之心得为一体。

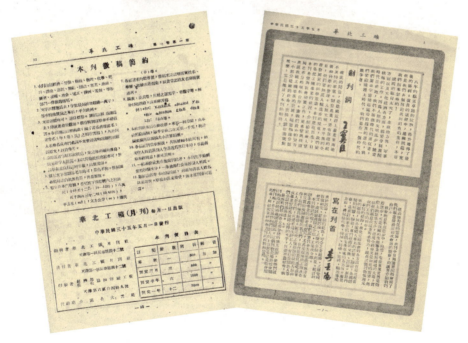

《华北工矿》

　　1946年5月1日创刊于天津，华北工矿月刊社编辑发行，王翼臣任社长，月刊。该刊旨在共谋工矿事业发展，共担建国使命，发挥人类技术机能的作用。设有《特载》《论著》《研究》《介绍》《资料》等栏目。介绍工业经济、工厂管理、经营管理、实验机关、工业法令等内容。讨论国内化学、机械、纺织、电工、矿冶等发展情况，另外还登载华北地区工矿调查统计资料。

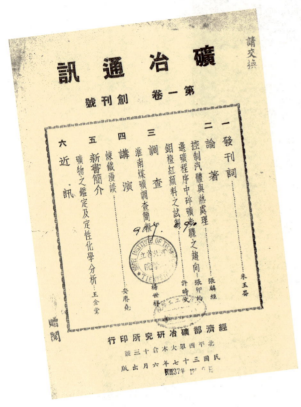

《矿冶通讯》

　　1948年6月创刊于北平，经济部矿冶研究所编辑发行，月刊。该刊旨在发挥以往之精神，加紧钻研工作，复兴发展工矿事业。设有《论著》《调查》《讲演》《新书简介》《近讯》等栏目。刊载工矿、冶金业领域专业研究论著及心得，介绍新出版工业类书籍，还刊登了大量工矿业调查资料。创刊号内刊有《控制汽体与热处理》《炼铁漫谈》等文章。

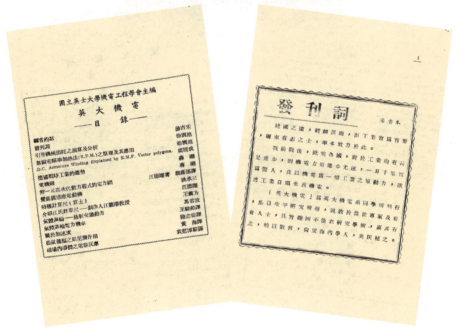

《英大机电》

1948年1月创刊于杭州，国立英士大学机电工程学会主编，国立英大机电工程学会英大机电出版委员会出版，刊期不详。该刊旨趣不仅是研究学术，还在沟通友谊，增进对共同事业的认识。内容多为本系教授和学生多年的工作经验与研究心得方面的论著，涵盖机械、电力、电讯、数学、物理学、计量学等多个方面，另外还有部分翻译作品。时任校长的汤吉禾题写刊名。

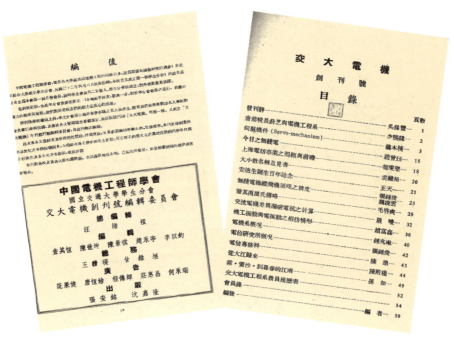

《交大电机》

　　1947年4月8日创刊于上海，汪绪祖任总编辑，中国电机工程师学会和国立交通大学学生分会编印，年刊。该刊旨在以科学之见解，实际之心得，为国人提供科学之理论，以促进电机学之发展。内容除刊载电机、电信方面的论著外，还有该校电机工程系的情况介绍以及教员履历表、会员录等，在做学术研讨的同时，面向社会介绍国立交通大学电机学系。

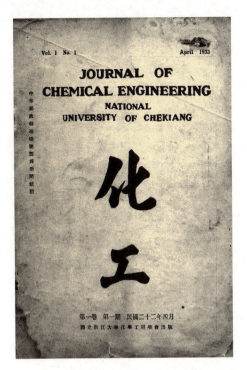

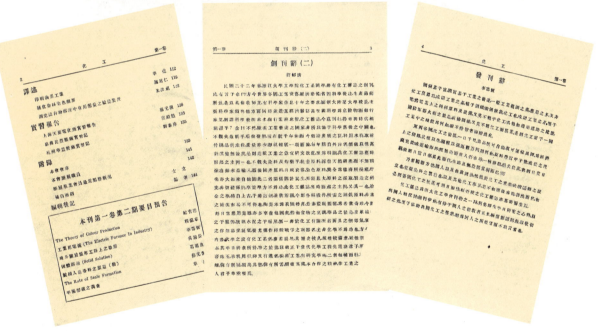

《化工》

　　1933年4月创刊于杭州，1935年3月停刊，同年12月更名为《浙江大学工程季刊》。国立浙

江大学化学工程学会编辑出版，半年刊。该刊以期"振兴工业，研究学术，刊集师生平日研究

之心得，以与国人相探讨"。栏目设有《论著》《演讲》《译述》《实习报告》《附录》等。

刊载有关日用、军用化学工业论文和译著，介绍化学工程学会会章、职员及会员等信息。

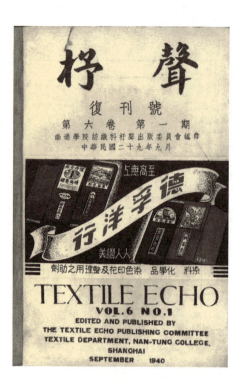

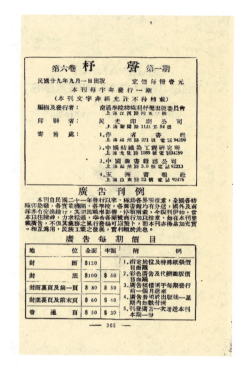

— 205 —

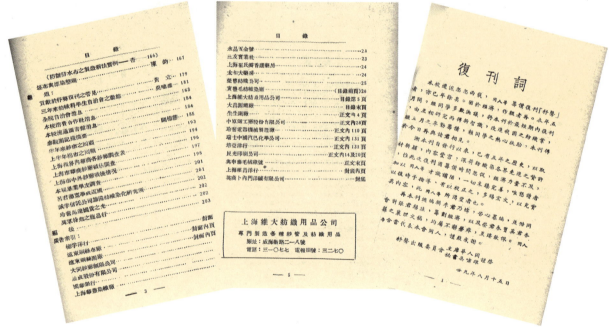

《杼声》

　　1933年5月创刊，1940年9月1日复刊于南通，馆藏为复刊号。南通学院纺织科杼声出版委员会编辑发行，半年刊。该刊以"互相研究而得新知识，改进我国之纺织业"为宗旨。设有《论著》《试验》《纺纱》《机织》《漂染印整》《杂俎》等栏目。探讨纺织、印染方面的各种生产工艺和技术，介绍机织、漂染印整、棉纺学、麻纤维、丝光研究、人造染料、纺织机械的构造及日常维护修理等内容。

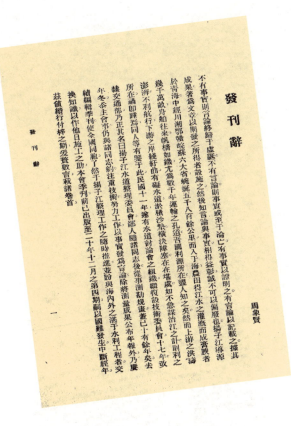

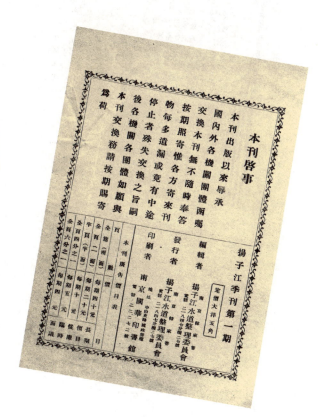

《扬子江季刊》

　　1933年3月创刊于南京，自第2卷第2期起改名为《扬子江水道季刊》，1935年再改名为《扬子江水利委员会季刊》。扬子江水道整理委员会编辑发行，季刊。该刊旨在使"全国同胞了然于扬子江整理工作之随时推进，并盼与海内外之湛于水利工程者交换知识"。设有《论著》《测量》《调查》《文牍连载》《会议记录》等栏目。该刊内容以报告工作、探讨学理为主，刊载了扬子江水道整理委员会的章则、工作报告、会议记录、调查统计等，另有民国二十年（1931）扬子江淮河运河流域灾区图和扬子江流域测绘图表。

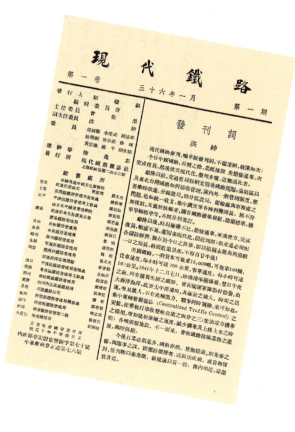

《现代铁路》

　　1947年1月1日创刊于上海，上海现代铁路杂志社主编发行，主要编辑人员为1945年派赴美国的铁路实习生，月刊。该刊以"介绍资本主义国家新知识、新理念"为主旨。以介绍铁路为主，其他工程为辅，每期将铁路土木、机械工程、运输等情况予以综合登载，并同时选登国内外铁路工程消息，但主要介绍美国铁路发展、业务管理、机车控制等内容。

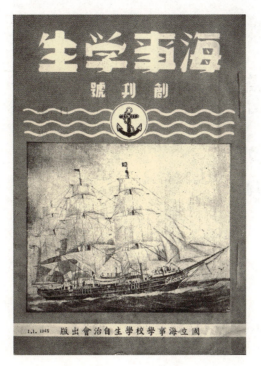

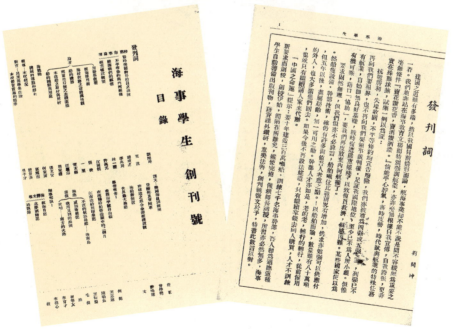

《海事学生》

　　1948年1月1日在汉口创刊；萧珞主编，国立海事学校学生自治会出版，刊期不详。该刊旨在唤醒民众对国家航海事业之重视，社会教化意义明显。设有《特写》《海事论坛》《论著》《报道》《教育》《译文》《学习报告》《海港素描》《海洋文学》等栏目。除刊载国内外海事方面学术论著及译文、海洋文学之外，亦刊载有关国内海港介绍之文章，另有该校学生学习之报告及校务概况等。

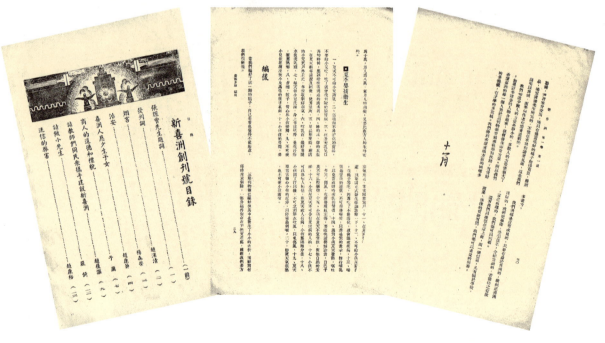

《新喜洲》

　　1936年5月1日创刊于上海，上海新喜洲社出版，刊期不详。该刊研究学术，提倡改革，介绍常识。作为合理商榷、正当解决喜洲各种问题的工具，其研究和讨论云南大理喜洲各种事业的兴革利弊。创刊号内刊有《商人的道德和礼貌》《喜洲教育的歧途》《我们的父母和子女》等文章。辛亥革命先驱者、喜洲人张耀曾先生题写刊名及亲撰弁言。

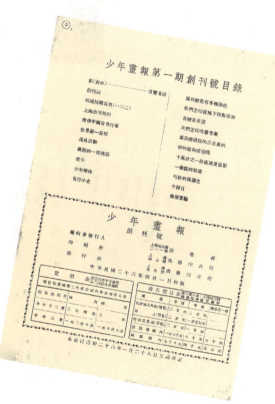

《少年画报》

1937年4月1日创刊于上海，徐应昶编辑，商务印书馆发行，月刊。该画报以期使用真实的图画和浅显的文字介绍各种知识，满足青少年的求知欲。所涉内容范围广泛，包括自然科学、应用技术、社会艺术等。除了介绍科学知识外，还刊载大量与抗战有关的图片。创刊号内刊有《世界第一长桥》《我们怎样从地下采取煤油》《十万分之一秒高速度摄影》等文章。

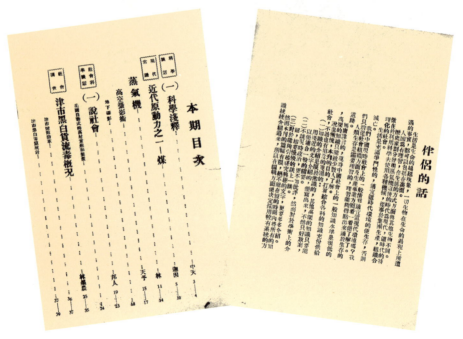

《现代伴侣》

　　《现代伴侣》创刊于天津，生流出版社出版，出版时间不详，半月刊。该刊以"综合各科知识供给社会"为目的。定位为"普遍各科知识的一般读物"。设有《科学谈话》《现代常识》《社会科学谈话》《社会调查》《文学谈话》等栏目。内容涵盖科学知识、物理现象、生活常识、摄影技巧、小说及漫画等。

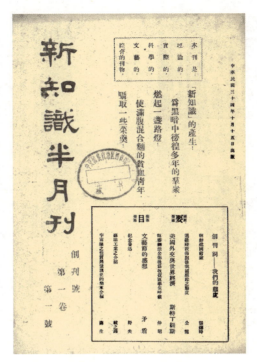

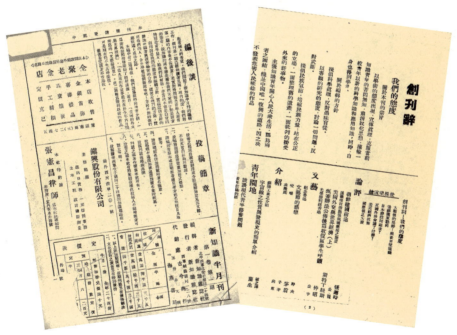

《新知识半月刊》

　　1945年10月15日创刊于北平，新知识杂志社编辑发行，半月刊。该刊是以"学术的态度出现，宣传真理，克服当前知识青年的苦闷无知，肃清奴化思想，灌输一般青年以新的科学知识和应用知识"为宗旨。提倡科学真理，反对愚昧盲从，提倡民族气节，培植民族力量。设有《论评》《文艺》《介绍》《青年园地》等栏目。内容涵盖国内外局势、内政外交、苏联情况等介绍评论，兼及少量文艺作品。

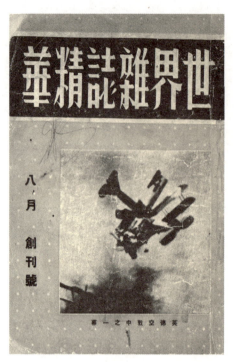

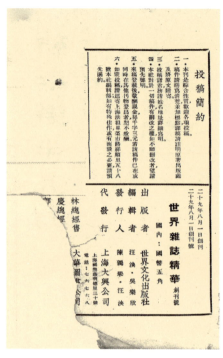

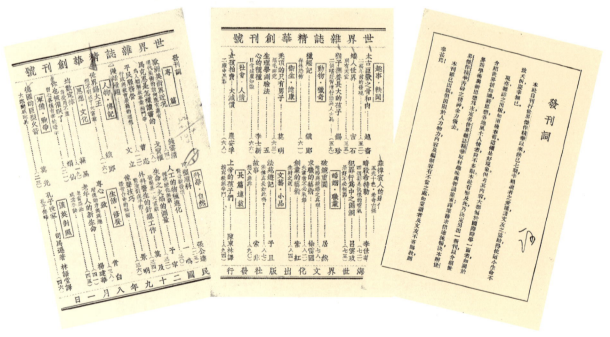

《世界杂志精华》

　　1940年8月1日创刊于上海，汪泱、吴乐欣编辑，世界文化出版社出版，月刊。该刊以介绍世界新学术与新思想为目的。设有《人物·传记》《思想·文化》《军备·战争》《趣事·轶闻》《动物·猎奇》《卫生·健康》《文艺·小品》等栏目。刊物以趣味与知识并重，文字浅显，范围广泛。内容涉及思想文化、军事战争、卫生健康、科学人文、婚姻职业等众多领域。

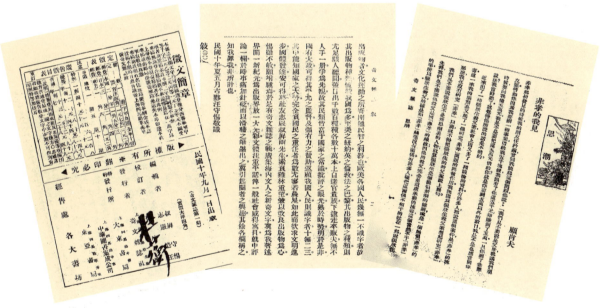

《奇文杂志》

　　1921年9月1日创刊于上海，姚叔屏、汪守惕、刘志严等编辑，奇文杂志社发行。该刊以广集海内文人新奇文字为目的。设有《小说》《评论》《剧本》《笔记》《诗词》《杂录》《戏谈》《魔术》等栏目，并由当时文化名人题写栏目名。刊载小说、诗歌、剧本、笔记等文学作品，以及各种考证、杂录、评论类文章。

《诚恒》

　　1924年6月15日创刊于北京，江苏七中旅京同学会编辑委员会编辑，江苏七中旅京同学会发行，刊期不详。该刊以母校校训"诚恒"定名，以"改革社会，研究科学"为宗旨。设有《评论》《学艺》《附录》三大栏目。载文涉及金融汇兑、债券发行、国家税收、国际贸易，及中国古代法制、学术流派等问题，包括地质学、数学方面的论文，以及会务报告和会员名录等。

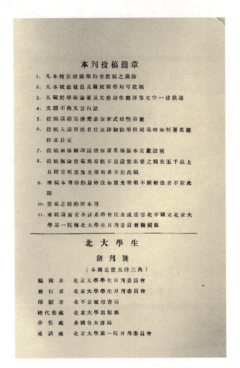

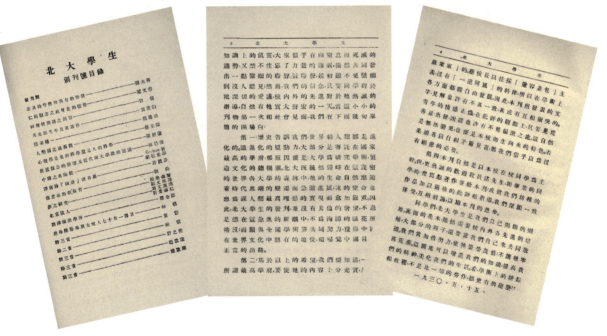

《北大学生》

　　1930年6月1日创刊于北平，1931年6月停刊，共出1卷6期。北京大学学生月刊委员会编辑
发行，李辛之为编辑主任，月刊。内容涵盖各个学科，主要刊载该校师生的学术论著和译述，
其中以政治、经济、文化、历史、哲学、教育等社会科学为重点，也有数学、理化及地质学方
面的论文，还刊有诗词、散文、小说和译作等文学作品。

《血轮月刊》

　　1931年4月1日创刊于北平，第一卷第二号起，与中华教育界合订。北平中法大学服院血轮出版部编辑发行，月刊。该刊旨在改变中国青年的"时代病"，呼吁青年担当时代责任。主要登载文艺评论、小说、散文、诗歌等文学作品，外国作家译作，学术论著，理论探讨等，创作与翻译并重。创刊号内刊有《现代青年的病源与改进》《韩非子学说在今日之评价》等文章。

《金陵学报》

　　1931年5月创刊于南京，私立金陵大学金陵学报编辑委员会编辑，私立金陵大学出版委员会出版，半年刊。该刊以"发表师生研究及讨论学术之作品"为主旨。主要刊载金陵大学师生在文史、艺术、社会科学、自然科学等方面的学术性研究论文。主要撰稿人有万国鼎、刘国钧、黄云眉等。创刊号载有《章炳麟与黄侃论韵书》、叶启勋辑的《桂馥何绍基隶释释续评校》等文章。

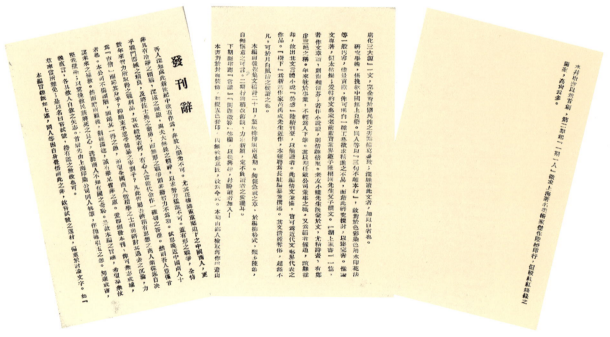

《拂晓月刊》

　　1932年5月31日创刊于上海，杨清磬、芮禹成编辑，上海印染公司拂晓月刊社发行，月刊，第一期为尝试号。该刊以"众志成城，坚我壁垒"，"挽救民族将死之良心，洗涤商人不知有国之奇耻"为宗旨。内容涉及工商业之发展、提倡国货、丝织业概况及历史等方面，并刊有探讨织物印染、印花工艺、色彩鉴赏力、染色用水等方面的研究论文，兼有散文、小说、剧本等文艺作品。

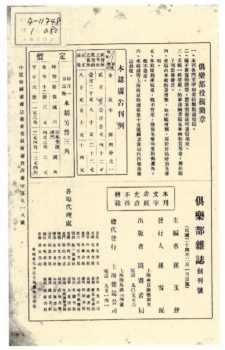

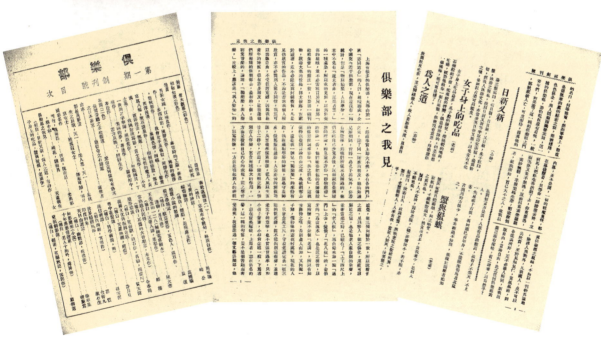

《俱乐部》

　　1935年2月1日在上海创刊，孙玉声主编，图画书局出版，月刊。刊载内容包括漫画、摄影名作、小说、影视评论、喜剧剧本等，对海外诸国的风土人情也多有介绍。除各类文章外，该刊亦刊登图画、照片、漫画。创刊号有周瘦鹃的《可爱的神话》一文、丁悚的漫画《如此国民》等。封面由田清泉设计。

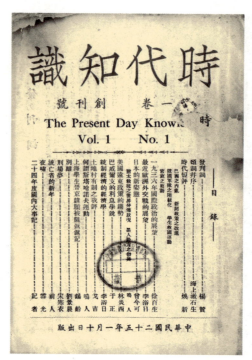

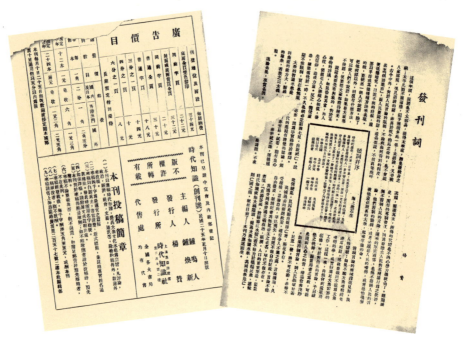

《时代知识》

　　1936年1月10日创刊于上海，钟鸣人、钟焕新主编，时代知识社发行，初为月刊，第7期起由时代知识社编辑并改为半月刊。该刊以"灌输时代知识，提高大众文化水准"为宗旨。内容涉及政治、经济、社会、文艺、通讯等。关注国内外政治动态，论述金融、土地和农村等经济问题，还刊载部分文学作品及国内年度大事记。

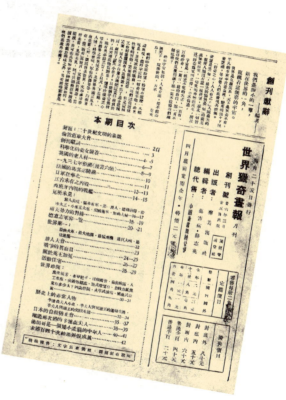

《世界猎奇画报》

　　1937年3月25日在上海创刊，1938年停刊。范寄病、薛志英编辑，声美出版社出版，月刊。该刊"以整个宇宙为材料，以天地万物为对象，怀寻珍猎奇之心，抱有异必录之旨"。侧重发掘奇人、奇事、奇物，刊载自然界之珍异怪象、世界各国之风土人情、稀奇科学发明、新式军备武器等。创刊号内刊有《日军在华北》《两大势力的对峙》等文章。

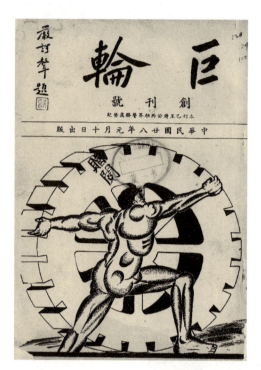

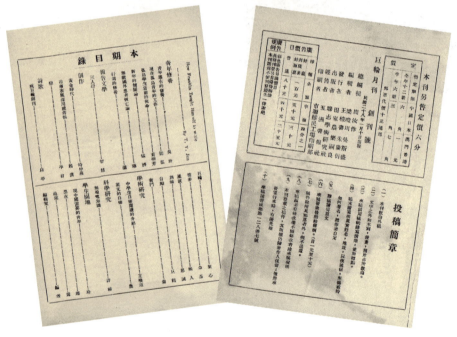

《巨轮》

　　1939年1月10日创刊于上海，同年第3期始与《谜林》合并改成《巨轮谜林》月刊。周汝作任总编辑，上海联志学术研究社出版。该刊旨在让学生及社会大众认清目标，担负起应尽的责任。设有《青年修养》《报告文学》《创作》《诗歌》《学术研究》《科学研究及学生园地》等栏目。主要评述中外时事政治，讨论青年学生的思想学习问题，刊载诗歌、散文、通讯、小说等文学创作作品及科学知识介绍等。

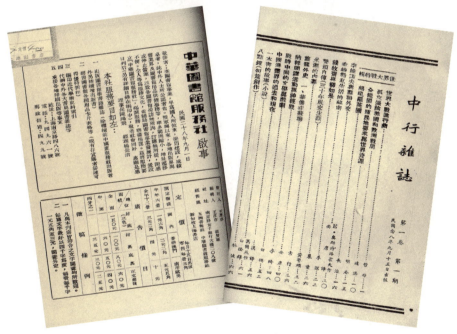

《中行杂志》

　　1939年9月15日在上海创刊，王彦存、庄智源编辑，中行杂志社出版，月刊。中行取自《论语》中的"不得中行而与之必也狂狷乎，狂者进取，狷者有所不为也"一句。设有《世界大战特辑》《随想随写》《摄影》《木刻画》《漫画》《低眉集》等栏目。载文涉及文学、国内外政治、木刻版画、摄影、书评等内容。创刊号刊载有《孤立派论美国和欧洲战局》《世界大战进行曲》《中国漫画界的过去和现在》等文章。

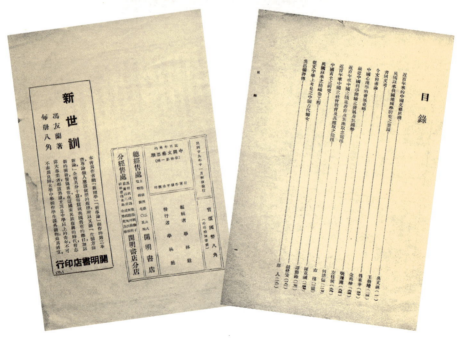

《学林》

　　1940年11月在上海创刊，学林社编辑发行，月刊。第一辑为《近百年来的中国文艺思潮》。刊载内容主要是文学艺术、地理、文字学、教育、工业、经济学、心理学等社会科学及自然科学方面的学术专著。撰稿人有吴文祺、王勤堉、傅东华、胡朴安等。创刊号刊载的文章有《近百年来的中国文艺思潮》《书同文考》《今文尚书论》《吴昌硕评传》等。

《学术季刊》

　　1942年1月1日创刊于重庆，1943年9月停刊。中国学术研究会编辑发行，季刊。第一期为文哲号，以后各期为理工号、法商号等。该刊以学术研究为任务，以期国人对于欧美学术思想得到正确的观念与参考，并期达到吾国"学术独立"与"技术自给"的境地为目的。刊登哲学、历史、地理、经济、文学方面的学术论著。主要撰稿人有梁宗岱、胡世华、林国光、沙学浚、洪谦等。

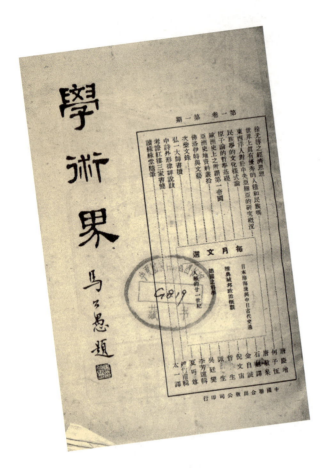

《学术界》

　　1943年8月15日在上海创刊，1944年6月停刊。学术界社编辑，中国联合出版公司发行，月刊。该刊所载文章、学术论文涉及中国及世界各国历史、地理、文化、少数民族研究、哲学、社会科学等多方面内容。主要撰稿人有吴廷燮、夏丏尊等。其中《考证红楼三家书简》《弘一大师书牍》等文章连续刊载多期。刊名由著名书画家马公愚题写。

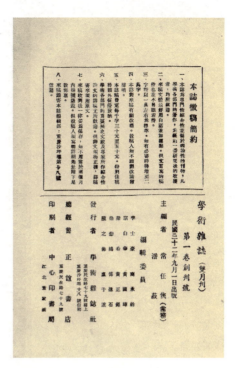

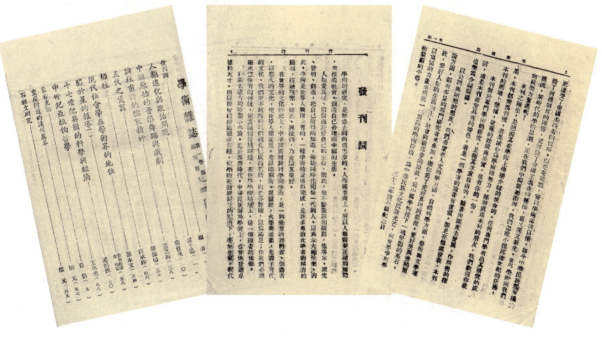

《学术杂志》

　　1943年9月1日在重庆创刊，常任侠、潘菽主编，李士豪、商承祚等编辑，学术杂志社出版，双月刊。该刊以传播介绍学术为使命。刊载历史考古、自然科学、社会经济、艺术及文学理论等方面的学术论著。主要撰稿人有常任侠、孙本文、冯友兰、梁漱溟、丰子恺、陈寅恪等。创刊号重要载文有《人类进化与政治问题》《读〈莺莺传〉》《理性与宗教之相违》《绘画改良论》等。

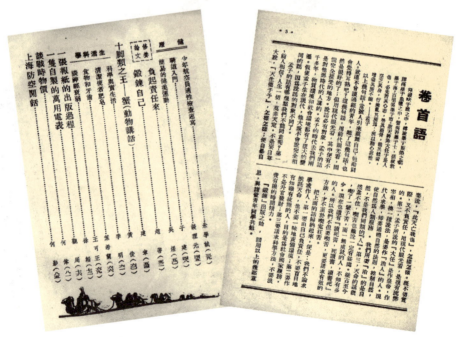

《锻炼》

　　1944年1月16日在上海创刊，建文出版公司编辑发行，半月刊。设有《谈话》《民国政治史话》《外国地理讲话》《健康》《修养论文》《生活科学》《写作往来》《书的世界》等栏目。所载内容涉及面较广，不仅有介绍军事武装的文章，还有许多介绍医药、科学知识、体育锻炼的文章。另外，为了倡导青年扩大知识面、多读书，该刊也载有不少关于读书的文章。

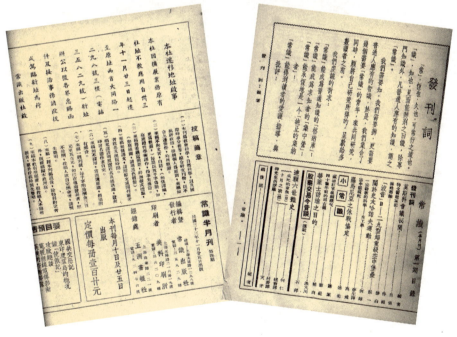

《常识》

　　1944年10月10日在上海创刊，1945年7月25日停刊，共发行20期，其中第19、第20期合刊。常识出版社编辑发行，月刊。该刊以"不批评政治、指摘个人"为原则，旨在向大众传播普通人应有之知识。内容涉及国际时事、经济、自然科学、国际文艺名著等诸多方面，特别注重各国军事科技、股票交易信息的介绍。

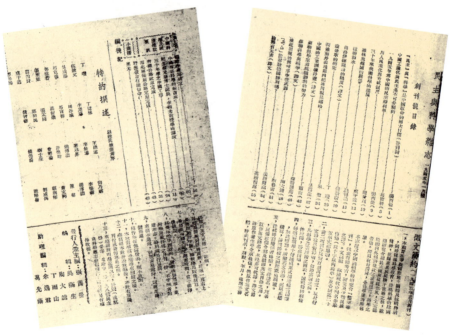

《民主与科学杂志》

　　1945年1月创刊于重庆，张西曼主编并发行，月刊。该刊是张西曼联合爱国知识分子创办的一份杂志，立愿将其作为全国民主和科学战士共同经营的学术园地，旨在"促进科学教育，发扬科学的建国精神，使国家民族同跻于富强之林"。刊载政治、科学论文，"介绍研究民主国家模范作风，尤其关于国内外经济建设之宏规硕画"。主要撰稿人有张西曼、马寅初、郭沫若、翦伯赞、茅以升等。

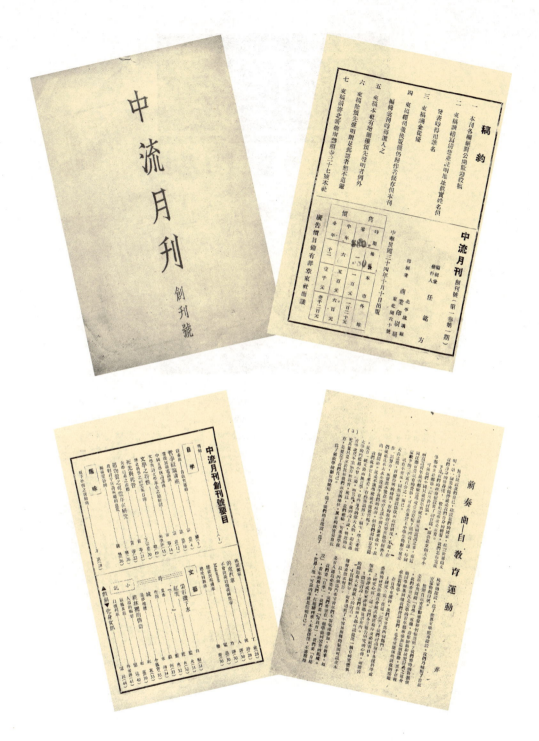

《中流月刊》

　　1945年10月10日创刊于北平，仅出1期就休刊，于1947年3月复刊，同年6月停刊，前后共出4期。任铭方编辑，中流月刊社发行，月刊。该刊意在"给人们一些清凉剂，告诉人们还有很多的事等待着去做"。内容主要针对青年，以期"在时局上给青年们一种剖析，在文艺上给青年们一种描写上的启示"。设有《自学》《趣味》《文艺》等栏目。刊载哲学、文学、历史、物理等学科知识，还有诗歌、小说、戏剧等文艺作品。

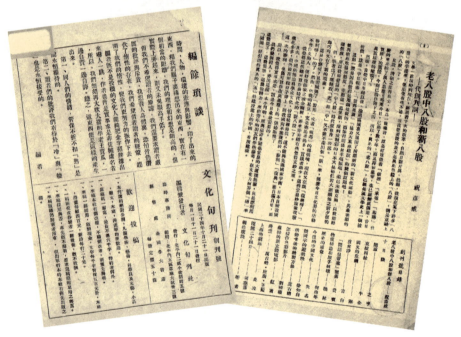

《文化旬刊》

　　1945年10月21日创刊于北平，文化旬刊社编辑发行，旬刊。该刊在抗日战争刚结束的情况下艰难创办，正值科学文化凋敝之际，本着实事求是的态度，以期为建设中的中国做贡献。内容涵盖学术、科学及文艺、小品、杂文、木刻、漫画等。刊登对中国文化走向的思考、物理现象的探究、抗战时期上海戏剧运动的开展、国外电影技术介绍等内容。

《青年魂》

　　1945年12月10日创刊于天津，天津青年出版社发行，半月刊。该刊主要面向青年，所刊多是符合新青年思想及所需之文章。设有《文坛逸话》《青年声》《想起来就说集》《拾月诗丛》《科学点滴》等栏目。内容涉及军事、科学知识、文学艺术等方面。重要文章有《萧伯纳评传》《战争与和平》《建国计划与青年思想》等。

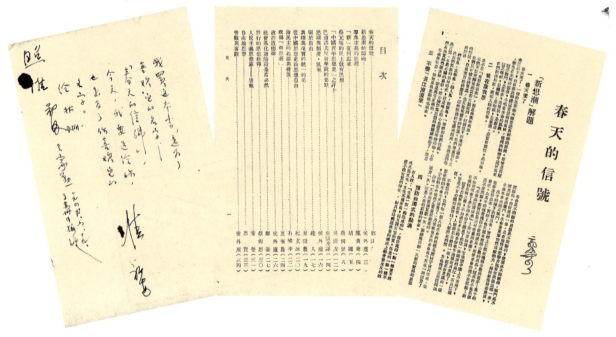

《文汇丛刊：春天的信号》

　　1947年9月创刊于上海，郭沫若等著，上海文汇报馆发行，刊期不详。为便于广大读者保存批阅、先睹为快，将文汇报附刊的《新思潮》《新社会》《新经济》《新教育》《新文艺》《新科学》六个周刊和《星期谈座》类文章汇印成册发售，本刊为第一辑，以郭沫若所著的《春天的信号》为刊首文章并以"春天的信号"为该辑主题，同时刊登了侯外庐的《新思潮的障碍》、蔡尚思的《蔡元培的民主教育思想》等系列文章。

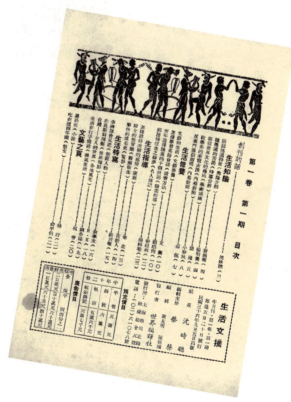

《生活文摘》

　　1947年9月5日创刊于上海,蔡声主编,黄友明、陈伯骧编辑,世界编译社发行,社长为沈时聪,半月刊。该刊旨在运用生活有关知识促进社会间的相互理解。设有《生活知识》《生活修养》《生活指导》《生活特写》《文艺之页》等栏目。内容包括分析时政内幕新闻,报道舆论职业青年问题,介绍读书方法、科学新知、各地风光、医药卫生知识,还登载散文、诗歌等文学作品。

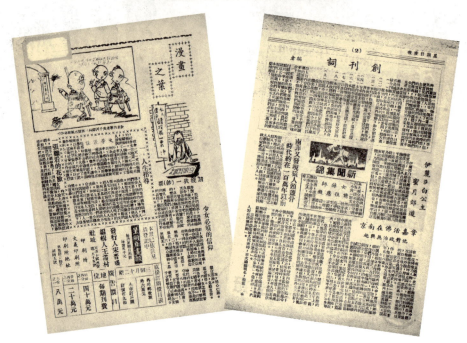

《星期日画报》

　　1947年12月14日创刊于天津，王霞村编辑，星期日画报社发行，发行人为宋晋璠，周刊。主要栏目有《国际透视》《戏剧》《名票简介》《歌舞台》《学府风光》《医药卫生》《内地风光》《漫画之叶》等。所载内容关注妇女及青年问题、国际及国内情势和世界知识，涉及政治、军事、电影、戏剧、医学、文学、艺术等多方面。封面登载民国时期名媛、女星照片。

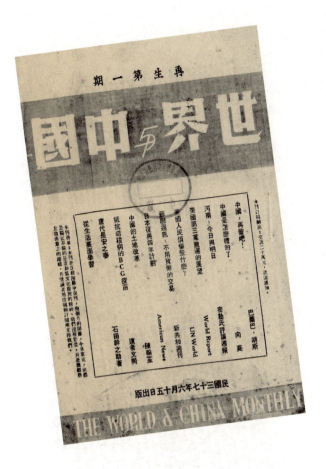

《世界与中国》

　　1946年1月创刊，1947年停刊，后于1948年6月15日复刊，另起刊号为再生第一期。李树桐编辑发行，刊期不定，馆藏为再生第一期。该刊本着独立不偏的态度和为文化服务的精神，向国人介绍进步学术思潮，以拓宽国人视野。文章既有欧美杂志翻译而来的，亦有取自国内刊物的，内容涉及国内外时政评论、经济、科学、医药、文学等多个方面。

《民讯》

　　1948年10月10日创刊于成都，民讯杂志社编辑发行，月刊。该刊旨在"守着爱真理与正义的本分，以求知和坚定的精神，做我们心之所愿力之所能的事"。内容主要是探讨科学、历史、经济、时政、外交、哲学等各个方面的问题，并刊载有外国名著的翻译作品、艺术作品及杂文等。创刊号所载文章有《美援与中国之命运》《杜甫的草堂生活》《论中国山水画（上）》等。

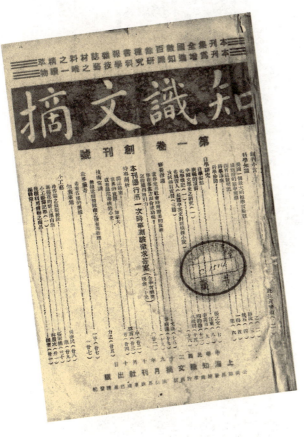

《知识文摘》

　　1940年10月10日创刊于上海，知识文摘月刊社编辑发行，月刊。该刊旨在为青年提供随时随地可以获得的现代的各种知识。设有《科学知识》《自学研究》《修养指导》《时事剖析》《技术常识》《世界猎奇》《小工艺》等栏目。内容摘自全国数百种书报、杂志、材料等，涵盖科学知识、自学研究、修养指导、时事剖析、技术常识、世界猎奇、小工艺、职业指导、中英文对照、侦探小说等。

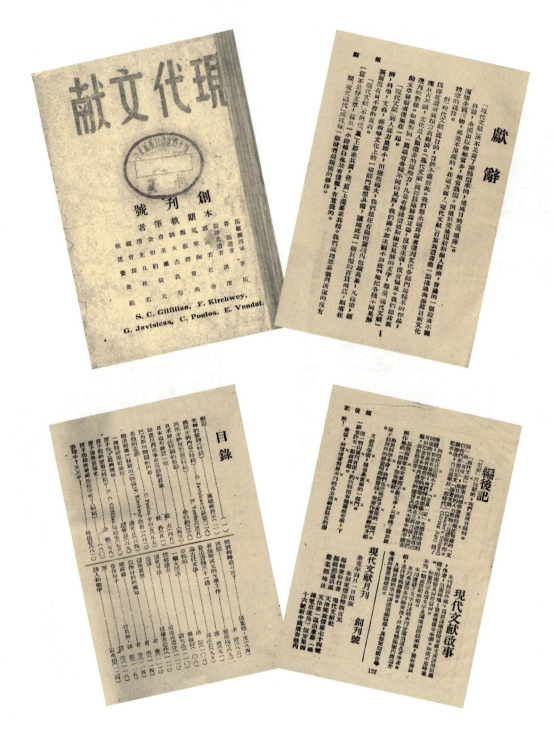

《现代文献》

　　1946年4月1日创刊于天津，1946年7月停刊，共出3期。现代文献社编辑发行，半月刊。该刊旨在服务读者，为读者尽一点沟通与推荐目前文化精粹的义务。内容包罗万象，凡政治、经济、科学、文学、艺术等都有涉猎。另还摘编国内外重要报刊的时事综述，介绍科学新发明和新发现，披露世界各国情况。郭沫若、郑振铎、叶圣陶、曹禺、老舍、潘光旦等都曾为该刊撰稿。

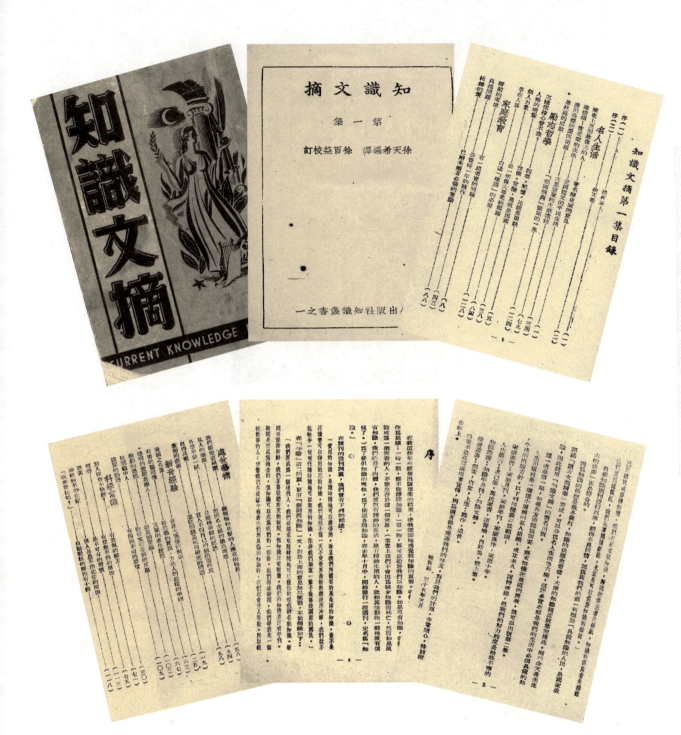

《知识文摘》

　　1946年4月在上海创刊，徐天希编译，人生出版社出版，系该社知识丛书之一，不定期发行。该刊是由徐天希编译《读者文摘》时专集而成，创刊者有感于知识的重要，旨在为读者供应各种知识，方便读者吸收。设有《名人生活》《励志哲学》《家庭教育》《处世艺术》《新奇经验》《科学常识》等栏目。创刊号内刊有《人格的培养》《淡泊典型的爱因司坦》等文章。

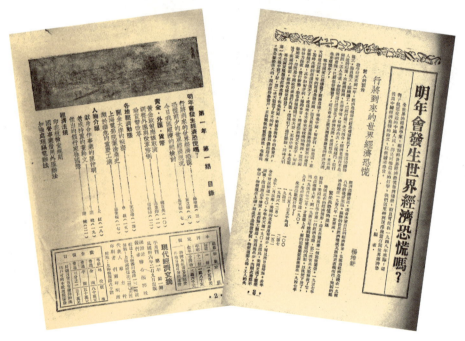

《现代经济文摘》

　　1947年2月9日创刊于上海，同年5月第7期停刊，后改名为《现代文摘》，至1947年10月停刊，馆藏为再版本。联合编译社编辑发行，半月刊。该刊以交流经济信息、促进经济发展为目的。主要栏目包括《黄金·外汇·货币》《各地经济动态》《人物介绍》《经济法规》等。内容涵盖各地经济动态、工商金融界知名人士的履历与经营事业、经济法规、经济资料等。

民国时期创刊号名录

B 哲学、宗教

哲学/哲学社编辑.—北京：哲学社[发行者]，一九二一年五月一日

证道学月刊/证道学会黎明社编辑.—上海：证道学会，一九二七年一月一日

B21

华国/华国月刊社编辑.—上海：华国月刊社[发行者]，一九二三年

B222

新人/新人月刊社编辑.—天津：天津新天津报业营业部[发行者]，一九三四年九月十日

大地/大地编辑社编辑.—上海：大地月刊社[发行者]，一九三八年四月

孔学/孔学会编辑.—重庆：孔学会[发行者]，一九四三年八月二十七日

B248.2

阳明学/阳明学社编辑.—[上海]：阳明学社[发行者]，一九四〇年十月

B561.54

罗素月刊/讲学社编辑.—上海：商务印书馆[发行者]，一九二一年

B82

八德杂志/钱选青编辑.—北平：北平八德推行社，一九四七年三月十五日

B844.2

大夏期刊/大夏大学学生会编辑部编辑.—上海：新新印刷公司[印刷者]，一九三〇年十二月

B95

道德杂志/道德杂志社编辑.—济南：济南上新街道院[发行者]，一九二一年十月十日

B96

明德报/曹鸿年主编.—天津：天津回教联合会，一九二四年十一月

B97

恩友半月刊/恩友社编辑.—北平：恩友社[发行者]，一九四六年二月十五日

C社会科学总论

C23

汕头市福建同乡会刊/汕头市福建同乡会编.—汕头：汕头市福建同乡会[发行者]，一九四七年四月

锡声/无锡旅京同乡会编辑委员会编辑.—南京：无锡旅京同乡会，一九四七年十月十日

C53

学术/汪馥泉编辑.—上海：学术社[发行者]，一九四〇年二月

C539

女子世界/天虚我生编辑.—上海：中华图书馆[发行者]，一九一四年十二月十日

家庭杂志/唐真如编辑.—上海：家庭杂志社[发行者]，一九一五年四月

学衡/学衡杂志社编辑.—南京：学衡杂志社[发行者]，一九二二年一月

文化杂志/中国文化科学社编辑. —上海：王文治[发行者]，一九三一年九月三十一日

文史杂志/文化杂志社编辑. —重庆：独立出版社[发行者]，一九四一年一月

C55

中国学报/[中国学报社编辑]. —[北京]：中国学报社[发行者]，一九一二年十一月

正谊/谷钟秀编辑. —上海：正谊杂志社[发行者]，一九一四年一月十五日

正志/李卓民编辑. —上海：上海新闻社[发行者]，一九一五年四月三十日

富强/中华学生实业团文学部编辑. —上海：学生实业团[发行者]，一九一五年六月

澄衷学报/[澄衷学校校友会编辑]. —[上海]：[澄衷学校校友会][发行者]，一九一七年
　　一月一日

新潮/北京大学新潮社编辑. —北平：国立北京大学新潮社出版部，一九一九年一月一日

石室学报/留京成都联合县立中学校同学会编辑部编辑. —北京：留京成都联合县立中学校同学
　　会，四川成都联合县立中学校，日本东京成都联合县立中学校同学会，一九二一年十一月十日

行健/中国少年自强会编辑. —上海：中国少年自强会[发行者]，一九二四年十二月

中社杂志/林嵩尊编辑. —上海：上海中社[发行者]，一九二五年六月一日

唤群特刊/[徐翰臣主编]. —[上海]：[上海唤群书报社]，一九二六年一月

北京大学研究所国学门月刊/国立北京大学研究所国学门编辑. —上海：开明书店[发行者]，
　　一九二六年十月二十日

坦途/　坦途社编辑. —北京，坦途社[发行者]，一九二七年十月

法科丛刊/王黻炜总编辑. —北京：国立京师大学校法科第一二三院[发行者]，一九二八年三月

新宇宙半月刊/新宇宙半月刊社编辑. —上海：新宇宙半月刊社[发行者]，一九二八年十月十五日

金陵月刊/金陵月刊编辑委员会编辑. —南京：南京金陵大学学生会[发行者]，一九二八年十二
　　月十日

世界杂志/世界杂志社编辑. —上海：世界杂志社，一九二九年一月一日

生活第一卷汇刊/生活周刊社编辑. —上海：中华职业教育社，一九二九年六月四版

新民半月刊/新民读书会编辑部编辑. —北平：新民读书会出版部[发行者]，一九二九年七月
　　十五日

东北丛镌/辽宁省教育厅编译处编辑. —沈阳：辽宁省教育厅编译处[发行者]，一九三〇年一月
　　三十日

女师大学术季刊/国立北平大学女子师范学院图书出版委员会编辑. —北平：国立北平大学女子
　　师范学院图书出版委员会[发行者]，一九三〇年三月

人文/人文编辑所编辑. —上海：人文编辑所[发行者]，一九三〇年五月十五日

长风/长风社编辑. —南京：时事月报社[发行者]，一九三〇年八月十五日

世界杂志/杨哲明编辑. —上海：世界杂志社[发行者]，一九三一年一月一日

社会杂志/社会杂志社编辑. —上海：社会杂志社发行所[发行者]，一九三一年一月十五日

现代学术/现代学术月刊社编辑. —上海：文华美术图书印刷公司[发行者]，一九三一年八月十日

探讨与批判/探讨批判社编辑部编辑. —北平：探讨批判社出版部[发行者]，一九三二年四月五日

新创造/新创造半月刊社编辑.—上海：仓颉印务有限公司[印刷者]，一九三二年四月十六日

二十世纪/二十世纪杂志社编辑.—上海：二十世纪杂志社[发行者]，一九三二年五月一日三版

再生/[再生杂志社编辑].—[北平]：[再生杂志社][发行者]，一九三二年五月二十日

百科杂志/百科杂志社编辑.—北平：中华印书局[发行者]，一九三二年七月一日

申报月刊/俞颂华，凌其翰，黄幼雄编辑.—上海：申报馆申报月刊社[发行者]，一九三二年七月十五日

复兴月刊/新中国建设学会编辑.—上海：新中国建设学会[发行者]，一九三二年九月一日

星期三/星期三周报社编辑.—上海：星期三周报社[发行者]，一九三三年一月四日

大学杂志/大学杂志社编辑.—上海：世界出版合作社[发行者]，一九三三年八月一日

新上海/王天恨，邵飘飘主编.—上海：沪滨出版社，一九三三年九月十日

长风/林庚白编辑.—上海：长风半月刊社[发行者]，一九三三年九月十一日

读者月刊/萧子敏编辑.—上海：张松涛，一九三三年九月十五日

新生/杜重远编辑.—上海：新生周刊社[发行者]，一九三四年二月十日

人言周刊/郭明，谢云翼编辑.—上海：第一出版社[发行者]，一九三四年二月十七日

新社会科学季刊/中华社会科学学社编辑.—南京：正中书局[发行者]，一九三四年二月二十日

创进/第四集团军总政训处编辑.—南宁：第四集团军总政训处[发行者]，一九三四年五月一日

奔进月刊/山西汾城县留平同学会执行委员会编辑.—北平：山西汾城县留平同学会[发行者]，一九三四年五月十五日

一周间/洪深，张常人编辑.—上海：现代书局[发行者]，一九三四年五月十七日

教授与作家/上海教授作家协会编辑.—上海：现代书局[发行者]，一九三四年七月二十日

文化建设/文化建设月刊社编辑.—上海：文化建设月刊社，一九三四年十月十日

史地社会论文摘要月刊/上海大夏大学史地社会学研究室编辑.—上海：大夏大学史地社会学研究室出版部，一九三四年十月二十日

社会科学研究/社会科学研究社编辑.—上海：社会科学研究社[发行者]，一九三五年三月

耀华/耀华社编辑.—［天津]：耀华社，一九三五年四月九日

活时代/施蛰存，周煦良编辑.—上海：上海出版公司[发行者]，一九三五年四月十日

导报/导社筹备处编辑.—上海：导社筹备处[发行者]，一九三五年四月十五日

国衡/国衡半月刊社编辑.—南京：国衡半月刊社[发行者]，一九三五年五月十日

学术世界/陈柱尊编辑.—上海：学术世界编译社，一九三五年六月

复旦学报/复旦大学出版委员会编辑.—上海：复旦大学出版委员会[发行者]，一九三五年六月三十日创刊，一九四四年十月复刊

人生旬刊/周世勋编辑.—上海：声美出版社[发行者]，一九三五年七月十一日

社会科学/国立清华大学社会科学编辑部编辑.—北平：国立清华大学出版事务所[发行者]，一九三五年十月

新世纪/谢恩祈，冯启明主编.—上海：世纪出版社[发行者]，一九三五年十一月五日

大众生活/邹韬奋编辑.—上海：大众生活社[发行者]，一九三五年十一月十六日

知识/江澣秋编辑. —上海：知识社，一九三五年十二月一日

改造/陶容编辑. —上海：改造社，一九三六年一月一日

逸经文史半月刊/谢兴尧主编. —上海：简又文[发行者]，一九三六年三月五日

贝满月刊/[编辑者不详]. —[北京]：[出版者不详]，一九三六年四月

新东方/张执一，江锶编辑. —上海：新东方社，一九三六年四月五日

沪光/何化神主编. —上海：艺路出版社[发行者]，一九三六年六月十日

现世界/钱俊瑞编辑. —上海：现世界社[发行者]，一九三六年八月十六日

新认识/夏征农主编. —上海：新认识社，一九三六年九月五日

星光月刊/学生自治会学术股编辑. —南京：私立江苏女子职业中学，一九三六年十月

大众论坛/王渔邨主编. —上海：大众论坛社[发行者]，一九三六年十一月十日

广州学报/广州市立中山图书馆编. —广州：广州市立中山图书馆，一九三七年一月一日

月报/胡愈之[等]编辑. —上海：开明书店，一九三七年一月十五日

每月画报/李世芳编辑. —上海：合众出版社，一九三七年一月十五日

大众文化/王振之编辑. —北平：大众文化社[发行者]，一九三七年一月二十日

读书半月刊/陈子展主编. —上海：读书半月刊社，一九三七年二月一日

上海生活/戈的编辑. —上海：联华广告公司出版部[发行者]，一九三七年三月一日

生活学校半月刊/陈子展主编. —上海：生活学校社，一九三七年三月十日

社会科学月报/冯执中编辑. —上海：路式导[发行者]，一九三七年三月十日

丁丑杂志/宋介主编. —北平：丁丑学会[发行者]，一九三七年四月三十日

国民/谢六逸编辑. —上海：国民周刊社[发行者]，一九三七年五月七日

万有画报/王哲编辑. —上海：万有画报社，一九三七年五月十五日

天社半月刊/天社学术研究部编辑. —上海：天社学术研究部，一九三七年六月一日

中华公论/王志莘[等]编辑. —上海：中华公论社[发行者]，一九三七年七月二十日

华联/华联同乐会学术科出版组，华联同学会扩大征求委员会宣传股编辑. —上海：华联同乐会
　　学术科出版组，华联同学会扩大征求委员会宣传股，一九三八年六月十五日

白鹅半月刊/辛家栋主编. —上海：田群[发行者]，一九三八年六月二十日

橄榄杂志/程小青，徐碧波编辑. —上海：何怀达[发行者]，一九三八年十月十日

罗汉菜/三乐农产社编辑. —上海：三乐农产社[发行者]，一九三九年一月

说文月刊/卫聚贤主编. —上海：卫聚贤[发行者]，一九三九年二月一日

名著选译月刊/刘龙光编辑. —上海：名著选译月刊社[发行者]，一九三九年四月一日

理论与现实/沈志远主编. —上海：生活书店[发行者]，一九三九年四月十五日

选萃/殷克志编辑. —上海：选萃月刊社，一九三九年四月二十日

译刊/译刊社编辑. —上海：中国图书杂志公司[发行者]，一九四〇年一月

新东方杂志/中华洪道社新东方杂志社编辑. —上海：中华洪道社新东方杂志社[发行者]，
　　一九四〇年二月

新认识月刊/新认识月刊社编辑. —重庆：新认识月刊社[发行者]，一九四〇年三月十五日

新道理/曹伯韩，林山，温涛编辑.—桂林：文化供应社[发行者]，一九四〇年七月一日

新动向/新动向旬刊社编辑.—南京：新动向旬刊社[发行者]，一九四一年四月十五日

读者文摘/读者文摘社编辑.—上海：上海书报公司[发行者]，一九四一年九月十日

女声/左俊芝编辑.—上海：女声社[发行者]，一九四二年五月十五日

世说/英国驻华大使馆新闻处编辑.—重庆：英国驻华大使馆新闻处[发行者]，一九四二年十月
　　十日

时与潮副刊/时与潮社编辑.—重庆：时与潮社[发行者]，一九四二年十月二十日再版

大众/钱须弥编辑.—上海：大众出版社[发行者]，一九四二年十一月一日

天行杂志/俞子夷编辑.—南平：天行社[发行者]，一九四三年一月一日新一卷第一期

翻译杂志/翻译杂志社编辑.—桂林：孙明心[发行者]，一九四三年九月一日

楚声月刊/楚声月刊社编辑.—湖北：湖北省政府宣传处[发行者]，一九四三年十月十日

求是/纪果庵主编.—南京：求是月刊社[发行者]，一九四四年三月一日

中国学报/中国学报社编辑.—北京：中国学报社[发行者]，一九四四年三月二十五日

欧闻集锦/窦燕山编辑.—上海：欧闻集锦出版社，一九四四年八月革新号

读书青年/读书青年社编辑.—北京：读书青年社[发行者]，一九四四年十月十日

人文/蒋槐青编辑.—上海：人文出版社，一九四四年十月十五日

六艺/康丹主编.—上海：史凌柏，一九四五年二月五日

新世纪/新世纪月刊社编辑.—上海：新世纪月刊社[发行者]，一九四五年四月一日

新生中国/新生中国社编辑.—上海：新生中国社，一九四五年九月十日

平论半月刊/平论社编辑.—上海：平论社[发行者]，一九四五年九月十六日

青年周刊/三民主义青年团平津支团第四分团编辑.—北平：三民主义青年团平津支团第四分团
　　[发行者]，一九四五年九月十八日

新光明周刊/新光明杂志社编辑.—北平：新光明杂志社[发行者]，一九四五年九月三十日

新语/周熙良，傅雷编辑.—上海：新语社[发行者]，一九四五年十月一日

凯声/凯声周刊社编辑.—北平：北平协和印书局[发行者]，一九四五年十月十日

新生命/[编辑者不详].—[北平]：新生命月刊社[发行者]，一九四五年十月十日

新文化/新文化半月刊社编辑.—上海：谢吉然[发行者]，一九四五年十月二十日

知识/徐百益，卞其蕤编辑.—上海：人生出版社，一九四五年十月二十一日

吐露月刊/市三中文艺研究社主编.—天津：市三中文艺研究社，一九四五年十一月十五日

读者半月刊/周德编辑.—上海：读者出版社，一九四五年十二月一日

跋涉/跋涉杂志社编辑部编辑.—天津：跋涉杂志社[发行者]，一九四五年十二月一日

综合/综合周刊社编辑.—上海：大同书局[发行者]，一九四五年十二月八日

万众/万众杂志社编辑.—上海：雨花出版社，一九四五年十二月

中坚月刊/中坚月刊社编辑.—上海：中坚月刊社[发行者]，一九四六年一月一日

大中/[编辑者不详].—北平：大中杂志社，一九四六年一月

一四七画报/吴宗祜编辑.—北平：吴宗祜[发行者]，一九四六年一月十一日

文讯/顾颉刚，白寿彝主编.—重庆：文讯月刊社，一九四六年一月十五日复刊号

六艺/六艺月刊社主编.—上海：上海刊行社，一九四六年二月复刊号

青年半月刊/青年半月刊社编辑.—天津：青年半月刊社[发行者]，一九四六年五月一日

新世纪/[秦以主编].—[上海]：[新世纪出版社]，一九四六年六月二十二日

艺文画报/艺文书局编辑所编辑.—上海：艺文书局[发行者]，一九四六年七月

化雨文摘/龚伟主编.—上海：化雨文摘社[发行者]，一九四六年七月一日

中国学术/中国学术工作者协会编辑.—重庆：中国学术工作者协会，一九四六年八月一日

说话半月刊/谢大荒主编.—上海：力行出版社，一九四六年八月一日

时海半月刊/时海半月刊社编辑.—[北京]：时海半月刊社[发行者]，一九四六年八月十六日

四海/李树桐编辑.—北平：李树桐[发行者]，一九四六年十月二十五

中庸（试办期）/中庸杂志社编辑.—北京：夏慰会[发行者]，一九四六年十一月一日

评论报/评论报社编辑.—上海：评论报社[发行者]，一九四六年十一月九日

改造杂志/改造出版社编辑部编辑.—上海：改造出版社[发行者]，一九四六年十一月十二日

进刊/进刊出版社编辑部编辑.—上海：进刊出版社[发行者]，一九四六年十二月六日

生力/生力月刊社编辑.—北平：钱举一[发行者]，一九四七年一月一日复刊号

现代学报/现代学报编辑部编辑.—[南京]：卢逮曾[发行者]，一九四七年一月一日

现代春秋/现代春秋社编辑.—天津：现代春秋社[发行者]，一九四七年一月十日

文风学报/文风学报编辑委员会编辑.—广州：私立广东国民大学文学院，一九四七年三月一日

西北通讯/西北通讯社编辑.—南京：西北通讯社[发行者]，一九四七年三月十日

进步/刘伯玑，王民主编.—南京：进步出版社[发行者]，一九四七年四月五日

自由谈/吕白华主编.—上海：自由谈月刊出版社[发行者]，一九四七年五月一日

现代知识/现代知识半月刊社编辑委员会编辑.—北平：现代知识半月刊社[发行者]，一九四七
    年五月一日

人人周报/万梅子主编.—上海：人从众文化公司[发行者]，一九四七年五月五日

新力/新力出版社编辑.—广州：新力出版社[发行者]，一九四七年六月一日

现代文摘/蔡力行编辑.—上海：联合编译社[发行者]，一九四七年六月四日

进修/[上海聚兴诚银行总申同人进修会编辑].—上海：聚兴诚银行总申同人进修会[发行者]，
    一九四七年六月二十日

前锋/袁哲[等]编辑.—上海：朱绍曾[发行者]，一九四七年六月三十日

中国评论/中国评论社主编.—南京：中国评论社[发行者]，一九四七年七月十日

群众文化/群众文化编辑委员会编辑.—大连：群众文化出版社[发行者]，一九四七年八月十日

人生杂志/吴摩西主编.—上海：上海人生杂志社[发行者]，一九四七年十一月

新闻观察旬刊/刘贻规主编.—上海：新闻观察社[发行者]，一九四七年十一月

文藻月刊/李善修主编.—南京：文藻月刊社[发行者]，一九四八年一月一日复刊号

社会科学论丛/国立中山大学法学院主编.—广州：国立中山大学出版组，一九四八年二月一日
    复刊号

自由与进步/自由与进步半月刊社编辑委员会编辑.—南京：自由与进步半月刊社[发行者]，

民国时期創刊號图录

一九四八年六月一日

时事评论/潘世杰，卫一萍主编.—上海：六联印刷公司[发行者]，一九四八年七月七日

生活杂志/刘崇庆主编.—安东：生活杂志社，一九四八年八月十五日

大流/大流月刊编辑委员会编辑.—天津：大流月刊社，一九四八年十月十五日

中大半月刊/李旭东编辑.—[北平]：李旭东[发行者]，一九四八年十一月一日

新生杂志/陈耕心主编.—天津：新生杂志社[发行者]，一九四八年十一月十六日

舆论/余宗范主编.—上海：舆论半月刊社，一九四八年十一月十六日复刊号

燕京社会科学/林耀华[等]编辑.—北平：北平燕京大学法学院，一九四八年十一月

译文月刊/译文月刊编辑.—沈阳：东北书店[发行者]，一九四九年四月一日

人民世纪/人民世纪编委会主编.—南京：魏麟[发行者]，一九四九年四月三日复刊号

新大陆/新大陆月刊社编辑委员会编辑.—北平：徐志平[发行者]，[出版时间不详]

C832.1

社会统计月刊/北京特别市社会局编纂委员会编辑.—北京：北京特别市社会局编纂委员会，
　　一九三八年十一月

C832.67

广西统计季报/广西省政府总务处统计室编辑.—桂林：广西省政府总务处统计室，一九三七年三月

C832.71

四川统计/四川省政府统计人员训练班同学会编辑.—成都：四川省政府统计人员训练班同学会
　　[发行者]，一九三九年二月一日

C91

边疆/边疆半月刊编辑部编辑.—南京：边疆半月刊社[发行者]，一九三六年八月二十五日

边疆通讯/蒙藏委员会边疆政教制度研究会编辑.—巴县：蒙藏委员会边疆政教制度研究会[发行
　　者]，一九四二年十一月一日

社会建设/孙本文主编.—南京：社会建设月刊社[发行者]，一九四八年五月一日复刊号

C913

民众生活旬刊/徐绿芙编辑.—上海：民众学会，一九三〇年五月二十日

新家庭/周瘦鹃编辑.—上海：大东书局[发行者]，一九三一年一月

舞影五日刊/田中编辑.—上海：舞影出版社，一九三六年十月二十日

家庭良友/家庭良友社编辑部编辑.—上海：家庭良友社，一九三七年一月三十日

C913.1

健康家庭/潘仰尧[等]编辑.—上海：健康家庭社，一九三九年四月一日

C913.11

快乐家庭/徐百益，卞其蕤编辑.—上海：快乐家庭出版社，一九三六年一月

新家庭/黄永年主编.—上海：新家庭杂志出版社[发行者]，一九三六年十一月一日

C93

管理/交通大学管理学院主编.—上海：交通大学管理学院，一九四七年四月复刊号

D政治、法律

D0

国是/吴佳侠编校.—北京：政治研究会[发行者]，一九一三年五月二十日

D035

行政研究/行政院行政效率研究会编辑.—南京：行政院行政效率研究会[发行者]，一九三六年
十月五日

D035.5

地方自治合订本/河南地方自治研究会主编.—开封：河南民国日报[发行者]，一九三二年十二
月十一日

D420

村治/梁漱溟主编.—北平：村治月刊社[发行者]，一九三〇年六月一日

D422

民间/民间社编辑.—北平：民间社，一九三四年五月十日

D43

一二一月刊/一二一月刊编辑委员会编辑.—天津：省女中自治会出版股，一九四六年二月一日
初版，一九四六年二月七日再版

D432

青年之光/青年之光社主编.—上海：青年之光社[发行者]，一九三二年五月一日

童育/范晓六主编.—上海：童育月报社[发行者]，一九三四年八月十五日

青年丛刊/青年丛刊社编辑.—上海：青年丛刊社[发行者]，一九四五年五月二十日

正风/徐之华，韩逸影编辑.—[上海]：蒋祖耀[发行者]，一九四六年一月一日

五四月刊/[编辑者不详].—[出版地不详]：[出版者不详]，一九四六年二月一日

合作青年/李乡朴编辑.—上海：中国合作青年出版社，一九四七年七月十六日新一卷

时代青年/时代青年月刊社编辑委员会编辑.—北平：时代青年月刊社[发行者]，一九四八年六
月十五日

中国青年/中国青年社编辑.—[平山]：中国青年社，一九四八年十二月二十日复刊号

D432.9

青年/黄立钧总编辑.—上海：[上海青年会学生会]一九二五年十月

D44

蔷薇周刊/蔷薇社编辑.—北京：北京世界日报社[发行者]，一九二六年十一月十六日

D440

新民主妇女/新民主妇女编辑委员会编辑.—上海：新民主妇女出版合作社，一九四九年六月
二十日

D442

妇女月报/妇女月报社编辑.—北平：妇女月报社[发行者]，一九三四年八月五日

妇女大众/妇女大众社编辑.—[出版地不详]：妇女大众社，一九三五年十一月十日

妇女杂志/王灵娴编辑.—奉天：妇女杂志社[发行者]，一九三八年三月十日

今日妇女/王者香，柴寿厂编辑.—天津：人民世纪杂志社，一九四六年十二月五日

D442.9

新妇女/新妇女月刊社编辑.—北平：新妇女月刊社[发行者]，一九四五年十月十日

妇女文化/李曼瑰[等]编辑.—重庆：妇女文化月刊社[发行者]，一九四六年一月

D5

集纳/宜闲编辑.—上海：集纳周报社[发行者]，一九三七年十二月十一日

和平钟/和平钟杂志社编辑.—北平：和平钟杂志社[发行者]，一九四五年九月十五日

大众文摘/大众文摘社编辑.—[胶东]：胶东新华书店，一九四六年五月二十五日

D523.3

现代警察/刘尧峰主编.—南京：警高同学会，一九三三年七月一日

D55

论衡/论衡杂志社编辑.—北京：论衡杂志社[发行者]，一九一三年五月二十九日

D6

独立青年/独立青年杂志社编辑.—上海：独立青年杂志社[发行者]，一九二六年一月

论语/林语堂主编.—上海：中国美术刊行社[发行者]，一九三二年九月十六日初版，一九三三
　　年二月十六日五版

西北文化月刊/西北文化出版社编辑.—西安：中国文化服务社陕西分社[发行者]，一九四一年
　　五月十五日

和平杂志/和平杂志社编辑.—上海：和平杂志社[发行者]，一九四二年二月五日

民族与国家/司徒彦编辑.—昆明：族国杂志社[发行者]，一九四二年十二月

D602

苏俄评论/苏俄评论社编辑.—南京：苏俄评论社，一九三一年十月一日

D618

公道/王望孚编辑.—上海：公与出版社[发行者]，一九四五年十二月八日

D631

沪卫月刊/上海市保卫总团部沪卫月刊社编辑.—上海：上海市保卫总团部沪卫月刊社[发行
　　者]，一九四六年三月五日

D634.3

世界华侨月刊/世界华侨月刊社编辑部编辑.—上海：世界出版协社[发行者]，一九四八年七月
　　七日

D665.1

宣传季刊/中国国民党河北省党务指导委员会宣传部编.—保定：中国国民党河北省党务指导委
　　员会宣传部，[出版时间不详]

D674.2

河西/河西学会编辑部编辑.—[兰州]：河西学会出版股[发行者]，一九三四年八月十五日

D674.4

海声/青海留平学会编辑.—北平：青海留平学会[发行者]，一九三六年十一月十五日

D675.3

苏声月刊/中国国民党宣传科苏声江苏省执行委员会月刊编辑部编辑.—镇江：中国国民党江苏
    省执行委员会宣传科[发行者]，一九三三年六月

D675.5

镇海县政专刊/浙江镇海县政府编辑.—镇海：浙江镇海县政府，一九二九年五月

宁绍新报/宁绍新报社编辑.—上海：宁绍新报社[发行者]，一九四七年三月十日

D675.6

江西政报/江西省人民政府秘书处编辑.—南昌：江西省人民政府秘书处，一九四九年八月二十日

D675.8

台湾月刊/王钟麟编辑.—上海：王丽明[发行者]，一九四六年一月一日新年号

D676.5

社会月刊/社会月刊编辑部编辑.—汕头：汕头市政府社会局[发行者]，一九四〇年五月二十一日

D69

宪政月刊/宪政月刊社编辑.—上海：宪政月刊社[发行者]，一九四〇年九月二十日

D693

国会丛报/国会丛报社编辑.—上海：中国图书公司[发行者]，一九一三年六月

大中华/梁启超主编.—上海：大中华杂志社[发行者]，一九一五年一月二十日

建设周刊/建设周刊社编辑.—上海：上海泰东图书局[发行者]，一九二七年五月一日劳动节专号

民立学期刊/薛宜耕编辑.—上海：民立学生会，一九二八年七月

大夏季刊/大夏大学季刊社编辑.—上海：大夏大学季刊社[发行者]，一九二九年五月一日

太平杂志/田桐总主笔.—上海：泰东图书局[发行者]，一九二九年十月一日

广东留平学会年刊/广东留平学会编辑.—北平：广东留平学会，一九三〇年

考试院公报/考试院秘书处编.—南京：考试院秘书处[印刷者]，一九三一年一月

协进/山西长治县留平协进会出版委员会编辑.—北平：山西长治县留平协进会[发行者]，
    一九三一年十一月二十日

前路/新青年学会编辑.—温州：新青年学会[发行者]，一九三三年六月一日

中央政治学校政治季刊/中央政治学校政治季刊编辑委员会编辑.—南京：中央政治学校编译部
    [发行者]，一九三三年十月

大上海半月刊/邱梦彤主编.—上海：大上海图书公司[发行者]，一九三四年五月二十日

大声半月刊/大声半月刊社编辑.—[天津]：大声半月刊社[发行者]，一九三四年十一月五日

真理评论/真理评论社编辑.—北平：真理评论社[发行者]，一九三六年一月一日

永生/金仲华编辑.—上海：永生周刊社[发行者]，一九三六年三月七日

民立旬刊/民立中学民立旬刊编辑委员会编.—上海:民立中学民立旬刊编辑委员会[发行者]，
    一九三六年三月二十日

文摘/复旦大学文摘社编辑.—上海：黎明书局[发行者]，一九三七年一月一日

解放之路/中华民族解放先锋队北平总队部编辑.—[出版地不详]：[出版者不详]，一九三七年
　三月

宪政半月刊/汪馥炎[等]主编.—上海：宪政半月刊社[发行者]，一九三七年七月二十五日

南雄呼声/广州市南雄学会编辑委员会编辑.—广州：广州市南雄学会，一九三七年八月一日复
　刊号

文化战线旬刊/施复亮[等]编辑.—上海：上海编辑人协会[发行者]，一九三七年九月一日

战时教育/生活教育社编.—上海：生活教育社，一九三七年九月二十五日

导报增刊/导报社编辑.—上海：导报社[发行者]，一九三九年四月二日

青年中国季刊/青年中国季刊社编辑.—重庆：青年中国季刊社，一九三九年九月三十日

上海周报/弗利特编辑.—上海：英商独立出版公司[发行者]，一九三九年十一月一日

现代中国/天水行营政治部现代中国社编辑.—西安：天水行营政治部现代中国社[发行者]，
　一九四〇年四月二十日

大亚洲主义月刊/大亚洲主义月刊社编辑.—南京：大亚洲主义月刊社，中央书报发行所[发行
　者]，一九四〇年八月十五日

现代周报/上海现代出版社编辑.—上海：上海现代出版社[发行者]，一九四四年八月十二日

大公/汪正禾主编.—南京：大公周报社[发行者]，一九四五年四月十日

正义/戴魏光编辑.—南京：朱亚雄[发行者]，一九四五年六月十六日

新蒙/文实权编辑.—张家口：新蒙杂志社[发行者]，一九四五年七月十五日

上海论坛/上海论坛社编辑.—上海：上海论坛社[发行者]，一九四五年七月二十一日

人人周刊/孙祖庚编辑.—上海：人人出版社，一九四五年九月十八日

自由中国/自由中国编辑委员会编辑.—上海：自由中国出版社，一九四五年九月二十日

前锋/前锋社编辑.—上海：群毅出版公司，一九四五年十月一日

国民公论/国民公论社编辑.—北平：国民公论社[发行者]，一九四五年十月十日

民主/郑振铎主编.—上海：民主周刊社[发行者]，一九四五年十月十三日

民众杂志/民众出版社编辑.—上海：民众出版社[发行者]，一九四六年一月一日

真理与自由/陈乃昌主编.—上海：真理与自由周刊社[发行者]，一九四六年一月八日

政治系刊/上海复旦大学政治学会编.—上海：上海复旦大学政治学会[发行者]，一九四六年一
　月二十日

现实生活/现实生活社编辑.—天津：刊联出版部[发行者]，一九四六年二月二十五日

民言/民言编辑委员会编辑.—上海：民言出版社，一九四六年六月二十五日

时文特辑/时文特辑社编辑.—邯郸：邯郸艺术供应社[发行者]，一九四六年八月三十一日

民潮月刊/陈树渠主编.—香港：民潮月刊社[发行者]，一九四六年九月十五日

国光/郭兰馨编辑.—上海：上海市国货工厂联合会[发行者]，一九四六年十二月

半月新闻/柯泉清主编.—杭州：半月新闻出版社[发行者]，一九四七年一月十日

历史政治学报/陈华主编.—广州：私立岭南大学政治学会，一九四七年一月十二日

时代批评/周鲸文主编.—香港：时代批评社[发行者]，一九四七年六月十六日复刊号

老百姓/罗虔英，李乡朴编辑.—上海：老百姓出版社，一九四七年七月十日新一号

内幕新闻/孙先松主编.—南京：民主日报社[发行者]，一九四七年九月二十五日

土地改革/土地改革编辑委员会编.—南京：土地改革编辑委员会，一九四八年四月一日

新路周刊/中国社会经济研究会编辑.—北平：中国社会经济研究会[发行者]，一九四八年五月
十五日

民声（西安版）/民声月刊社编辑.—西安：民声月刊社[发行者]，一九四八年九月十五日

天下一家/刘不同主编.—南京：天下一家周刊社[发行者]，一九四八年九月十八日

启示/启示月刊社编辑.—上海：启示月刊社[发行者]，一九四九年一月一日革新号

透视/透视丛刊社编辑.—上海：张充万[发行者]，一九四九年一月二十五日

民潮丛刊/民潮出版社编辑.—上海：民潮出版社[发行者]，一九四九年二月十日

今日新闻：文摘旬刊/阎少显主编.—南京：今日新闻社[发行者]，一九四九年二月二十日

政治观察/社会新闻社编.—上海：社会新闻社[发行者]，一九四九年二月二十四日

上海特写/上海特写出版社编.—上海：影艺出版公司[发行者]，一九四九年三月十二日

边听/边听月刊编辑委员会编辑.—成都：自力书局[发行者]，一九四九年三月二十五

平民世纪/平民世纪出版社编辑.—上海：平民世纪出版社[发行者]，一九四九年四月十一日

D693.0

南方杂志/中国国民党广西省整委会编译委员会编辑.—南宁：中国国民党广西省党务整理委员
会[发行者]，一九三二年六月一日

三民主义月刊/胡汉民主编.—广州：三民主义月刊社[发行者]，一九三三年一月十五日

D693.09

南洋评论/[南洋杂志社编辑室编辑].—吉隆坡：南洋杂志社，一九二二年

民生周刊/民生周刊编辑部编辑.—上海：民生编辑社[发行者]，一九三一年七月十九日

旭光/旭光杂志社编辑股编辑.—南京：旭光杂志社[发行者]，一九三五年五月十五日

实报半月刊/管翼贤，罗保吾编辑.—北平：马家声[发行者]，一九三五年十月十六日

辟生/苏华民编辑.—上海：辟生半月刊社[发行者]，一九三六年五月一日

复中半月刊/复旦附中半年刊社编辑.—上海：复旦大学附属中学，一九三七年春季

译报周刊/译报周刊社编辑.—上海：译报周刊社[发行者]，一九三八年十月十日

法言/法言出版社编辑.—上海：法言出版社[发行者]，一九四〇年八月十六日

苦竹/苦竹社编辑.—南京：苦竹社[发行者]，一九四四年十月

青年生活/青年生活出版社编辑.—北平：青年生活出版社[发行者]，一九四五年十月一日

青光/常勖，张简予编辑.—上海：青光半月刊社，一九四五年十一月一日复刊号

周报/唐弢，柯灵编辑.—上海：周报社[发行者]，一九四五年十一月十五日三版

民主生活/宋云彬主编.—北平：民主生活社[发行者]，一九四六年一月九日渝版，一九四六年
一月十五日平版

真话/翁北溟主编.—上海：真话杂志社，一九四六年二月二日新一期

建国评论/建国评论社编辑.—北平：建国评论社[发行者]，一九四六年二月十五日

东北公论/东北公论社编辑部编辑.—长春：东北公论社[发行者]，一九四六年四月一日

消息半周刊/宋明志，丁北成编辑.—上海：消息半周刊社[发行者]，一九四六年四月七日

昌言/马叙伦编辑.—上海：昌言杂志社，一九四六年五月四日

中国舆论月刊/中国舆论社编辑.—上海：中国舆论社[发行者]，一九四八年四月二十八日

再造/周一志主编.—上海：方言[发行者]，一九四八年七月五日复刊号

活路/活路丛刊社编辑.—上海：活路丛刊社[发行者]，一九四八年十月六日

时论周刊/时论周刊社编辑.—上海：时论周刊社[发行者]，一九四九年二月十三日

时局观察/上海沪光周报社编辑.—上海：国强出版社[发行者]，一九四九年二月二十日

D693.2

善后会议公报/善后会议委员会编辑.—[北京]：善后会议委员会[发行者]，一九二五年二月

D693.4

大天津/大天津月刊编辑部编辑.—天津：大天津月刊编辑部[发行者]，一九四四年一月一日

D693.6

内政公报/内政部内政公报编纂室编辑.—南京：内政部总务局第一科[发行者]，一九三八年
　　十一月

人事行政/中国人事行政学会编.—重庆：中国人事行政学会[发行者]，一九四二年十二月

D693.62

边政/川康边防总指挥部编辑.—西昌：川康边防总指挥部[发行者]，一九二九年九月

地方自治专刊/南京中央党部内中央地方自治计划委员会编辑.—南京：南京中央党部内中央地
方自治计划委员会[发行者]，一九三七年六月一日

保甲周刊/上海保甲刊物出版公司编辑.—上海：上海保甲刊物出版公司，一九四二年十月十五日

新绥蒙/绥蒙指导长官公署新绥蒙社编辑.—归绥：绥蒙指导长官公署新绥蒙社[发行者]，
　　一九四五年五月十五日

自治月刊/自治月刊社编辑.—天津：自治月刊社[发行者]，一九四六年十月三十一日

地方自治/地方自治月刊编辑委员会编辑.—上海：地方自治出版社[发行者]，一九四七年一月
　　二十日

市政导报/吉林市人民政府编辑.—吉林：吉林市人民政府，一九四九年六月十八日

D693.63

人事管理/屠哲隐、顾炳元主编.—上海：中国人事管理学会[发行者]，一九三五年九月十五日

考政学报/中国考政学会编辑.—重庆：侯绍文[发行者]，一九四四年九月九日

D693.65

浙江警察/中国警察学会浙江分会编辑委员会编辑.—杭州：中国警察学会浙江分会[发行者]，
　　一九三九年五月一日

D693.66

振务月刊/四川省振务会编.—成都：四川省振务会[发行者]，一九三七年五月

D693.73

海外侨讯汇刊/吴泽霖编辑.—上海：国立暨南大学海外文化事业部[发行者]，一九三六年四月

南洋杂志/许云樵主编. —新加坡：南洋杂志社[发行者]，一九四六年十月十五日

D693.74

蒋党内幕/大同出版社编辑委员会编辑. —上海：大同出版社，一九四九年六月

D693.9

新民意报副刊：青声/天津青年问题讨论会编辑. —天津：天津青年问题讨论会，一九二三年七月

上海生活/黄文农[等]主笔. —上海：上海生活社[发行者]，一九二六年七月七日

政衡/政衡月刊社编辑. —南京：政衡月刊社[发行者]，一九三四年一月二十日

经世季刊/罗根泽，高亨主编. —重庆：经世社[发行者]，一九四〇年六月三十日

人生/陆钟恩主编. —上海：人生出版社[发行者]，一九四三年七月二十五日

建设评论/建设评论社编辑. —北平：大业印刷局[发行者]，一九四五年十月十日

家/黄嘉音主编. —上海：家杂志社[发行者]，一九四六年一月

D73

亚洲世纪/方秋苇编辑. —上海：改造出版社股份有限公司，一九四七年五月一日

D731.3

日本评论/日本研究会，日本评论社编辑. —东京：日本研究会[发行者]，一九三二年

日本研究/日本研究社编辑. —北平：日本研究社[发行者]，一九四三年九月二十日

D81

国际月刊/国际月刊社编辑. —上海：国际月刊社[发行者]，一九三九年七月二十日

国际知识/国际知识社编辑. —上海：上海出版社，一九四五年六月一日

自由世界论文集/毕修勺编辑. —上海：上海自由世界出版社[发行者]，一九四六年一月

D82

外交评论/外交评论社编辑. —南京：外交评论社[发行者]，一九三二年六月二十日

D829.313

中国与东亚/中国与东亚月刊社编辑. —上海：东亚联盟中国总会上海分会，一九四三年一月一日

D90

新时代/新时代月刊社编辑. —[北平]：新时代月刊社，一九四六年二月二十日

新法学/新法学社编辑委员会编辑. —上海：新法学社[发行者]，一九四八年七月十五日

D92

法令周刊/郭卫主编. —上海：上海法学编译社，一九三〇年七月二日创刊，一九四五年十月十日复刊

震旦法律经济杂志/震旦法律经济杂志社编辑. —[上海]：震旦大学法学院[发行者]，一九四四年

D926.5

天津律师公会旬刊/天津律师公会旬刊社编辑. —天津：天津律师公会旬刊社，一九三三年二月二十八日

D929.6

河北高等法院公报/[编辑者不详]. —保定：河北高等法院编纂室，一九二九年一月

E 军事

E-49

军事知识/军事知识社编辑.—上海：军事知识社[发行者]，一九三七年十一月一月

E2

军工/人民解放军东北军区军工部（军工）编辑委员会编辑.—[沈阳]：人民解放军东北军区军工部(军工)编辑委员会，一九四九年四月十五日

E223

战士月报/战士月报社编辑.—重庆：战士月报社[发行者]，一九四三年三月十五日

E24

陕西军人实业月刊/陕西军人实业月刊社编辑.—西安：陕西军人实业月刊社[发行者]，一九二三年九月

E25

国防研究/吴石主编.—柳州：第四战区司令长官司令部军学研究会，一九四二年十二月十五日

国防月刊/国防部新闻局编辑.—南京：国防月刊社，一九四六年九月

E251

工校月刊/陆军工兵学校将校团职属陆军工兵学校区党部编辑.—[出版地不详]：陆军工兵学校，一九三五年五月三十一日

E256

防展汇刊/军事委员会防空委员会编辑.—南京：军事委员会防空委员会[发行者]，一九三五年八月

E296

青年军人周刊/军事周刊编辑处编辑.—[出版地不详]：[出版者不详]，一九二二年三月二十五日

武铎/武铎杂志社编辑.—上海：武铎杂志社[发行者]，一九二三年十月十日

E296.54

大鹏月刊/空军军官学校政治部主编.—昆明：空军军官学校政治部[发行者]，一九四二年七月三十一日

大鹏季刊/空军军官学校政治部主编.—昆明：空军军官学校政治部[发行者]，一九四四年四月十五日复刊号

F 经济

F-55

绸缪/严谔声主编.—上海：上海绸业银行通问科[发行者]，一九三四年九月十五日

F0

之江经济期刊/潘祖永[等]编辑.—杭州：之江文理学院经济学会[发行者]，一九三四年一月一日

时代经济/祝百英[等]编辑.—上海：时代经济研究所[发行者]，一九四八年七月

F092.7

华大经济学报/程英祺[等]编辑.—成都：华西协和大学经济研究所，一九四四年七月

F1

经济汇刊/河北省立法商学院经济学会主编.—天津：河北省立法商学院经济学会[发行者]，
一九三六年一月十五日

经济学报/张廷祝主编.—北京：燕京大学经济学会，一九四〇年五月

经济论衡/经济论衡编辑委员编辑.—重庆：民生主义经济学社[发行者]，一九四三年一月一日

F119.6

新闻月报/新闻月报社编辑.—上海：新闻月报社[发行者]，一九四五年五月一日

F119.9

经济导报/蒋朴凡主编.—上海：经济导报社[发行者]，一九四三年五月十五日

F12

建设/中华民国建设委员会编译委员会编辑.—南京：中华民国建设委员会编译委员会[发行
者]，一九二八年十月

中国建设/中国建设协会编辑.—上海：中国建设协会[发行者]，一九三〇年一月一日

经济学刊/复旦大学经济学会编辑.—上海：上海光华书局[发行者]，一九三一年六月

社会经济月报/社会经济调查所编辑.—上海：社会经济调查所[发行者]，一九三四年一月

经济丛报/经济丛报社编辑.—上海：经济丛报社[发行者]，一九三九年六月七日

经济研究季报/丁洪范[等]编辑.—天津：天津达仁学院经济研究所，一九四一年三月

经济导报/经济导报社编辑.—上海：经济导报社，一九四二年十二月

工商半月刊/中国文化服务社天津分社编辑部编辑.—天津：中国文化服务社天津分社业务部[发
行者]，一九四五年十二月一日

中华工商/私立中华工商专科学校出版委员会编辑.—上海：私立中华工商专科学校出版委员会
[发行者]，一九四七年六月

F120

经济科学/国立成都大学经济学会编辑.—成都：国立成都大学经济学会[发行者]，一九二九年

经济科学/经济科学编辑委员会编辑.—北平：经济科学研究会[发行者]，一九三四年三月三十日

F127

江苏月报/江苏月报社编辑.—镇江：江苏月报社[发行者]，一九三三年十一月二十日

F127.3

东北经济/王念祖[等]编辑.—沈阳：东北经济研究社[发行者]，一九四七年四月一日

东北经建/东北经建编辑委员会编辑.—沈阳：东北行辕经济委员会[发行者]，一九四七年八月
十五日

F127.4

西北论坛/西北论坛社编辑.—兰州：西北论坛社[发行者]，一九四七年七月七日

西北经济/陕西省银行经济研究室主编.—西安：薛嘉万[发行者]，一九四八年三月十五日

F127.5

东南经济/东南经济月刊社编辑.—上饶：东南经济月刊社，一九四一年一月十五日

F127. 6

四川经济季刊/四川省银行经济研究处编辑. —重庆：四川省银行经济研究处[发行者]，
　　一九四三年十二月十五日

四川建设/张益弘主编. —成都：四川建设杂志社[发行者]，一九四四年二月十五日

F127. 64

湖南省银行经济季刊/湖南省银行经济研究室编辑. —长沙：湖南省银行[发行者]，一九四二年
　　十月一日

F129

食货/陶希圣主编. —上海：新生命书局[发行者]，一九三四年十二月一日

经济杂志/四川经济学会编辑. —重庆：重庆市商会，一九三六年七月

日用经济月刊/美商环球信托公司经济研究部编辑. —上海：美商环球信托公司[发行者]，
　　一九三九年三月十日

F129. 6

中国经济/中国经济研究会编辑. —上海：神州国光社[发行者]，一九三三年四月十五日

河南建设/河南省建设厅编辑委员会编辑. —开封：河南省建设厅编辑委员会[发行者]，
　　一九三四年一月

川边季刊/重庆中国银行编辑. —重庆：重庆中国银行[发行者]，一九三五年三月

山东工商月报/李寿庭[等]编辑. —[济南]：山东工商月报社，一九三六年十月十日

中建月刊/中建月刊社编辑. —北平：中建月刊社[发行者]，一九四五年十月十日

民生半月刊/鲍祖宜编辑. —上海：建国出版社[发行者]，一九四六年十二月十六日

清议/胡铁总编辑. —上海：战后建设问题研究会，一九四七年五月十五日

工商天地/袁拜里主编. —上海：工商天地出版社[发行者]，[一九四七年]

四川经济汇报/四川省银行经济研究处编辑. —重庆：四川省银行经济研究处[发行者]，
　　一九四八年二月十五日

察省经济/察哈尔省银行经济研究室编辑. —张垣：察哈尔省银行经济研究室[发行者]，
　　一九四八年八月二十日

中建半月刊：综合版/[中国建设服务社出版部编委会编辑]. —上海：中国建设服务社，
　　一九四九年二月十日

工业通讯/上海市工业协会编辑. —上海：上海市工业协会，一九四九年九月十日新一号

F23

正谊会计月刊/正谊会计编译社编辑. —上海：正谊会计编译社[发行者]，一九四○年十月一日

计学杂志/东吴大学法学院计学杂志社编辑. —上海：东吴大学法学院计学杂志社[发行者]，
　　一九四一年五月

F24

劳动季刊/国立劳动大学编辑委员会编辑. —上海：国立劳动大学出版社[发行者]，一九三一年
　　九月

华北劳动/华北劳动月刊社编辑. —天津：华北劳动月刊社[发行者]，一九四六年一月十五日

F273

生产管理/生产管理月刊社编辑.—上海：生产管理月刊社[发行者]，一九四六年七月一日

F299.22

市政建设/李森堡主编.—青岛：中国市政研究会青岛分会市政建设社，一九四八年十月十五日

F299.29

上海市政建设专刊/姜豪主编.—上海：中国战后建设协进会上海分会[发行者]，一九四七年三月十五日

F3

福建农业通讯/福建省农业改进处编辑.—福州：福建省农业改进处[发行者]，一九四〇年五月一日

F32

津南农声季刊/津南农村生产建设实验场编辑部编辑.—河北：津南农村生产建设实验场[发行者]，一九三五年九月三十日

农业生产/张权编辑.—北平：农业生产社[发行者]，一九四六年六月十五日

F32-53

乡村建设旬刊汇要/[山东乡村建设研究院编辑].—[邹平]：山东乡村建设研究院，一九三二年

F326

棉产汇报/四方田芳市编辑.—上海：华中棉产改进会[发行者]，一九四三年三月十日

F326.12

棉运合作/中央棉产改进所棉业经济系编辑.—西安：中央棉产改进所棉业经济系[发行者]，一九三六年一月一日

F326.3

中蚕通讯/中国蚕丝公司编辑出版委员会主编.—上海：中国蚕丝公司[发行者]，一九四六年十月十日

F326.39

东方渔业/官商合办青岛鱼市场股份有限公司编辑.—青岛：青岛鱼市场出版委员会[发行者]，一九四八年四月一日

F326.4

水产月刊/实业部上海鱼市场筹备委员会编辑.—上海：实业部上海鱼市场筹备委员会[发行者]，一九三四年六月一日

F327.53

江苏地政/江苏地政编辑处编辑.—南京：江苏省土地局[发行者]，一九三二年十二月

F329.06

乡村建设季刊/四川乡村建设学院编辑.—[重庆]：四川乡村建设学院研究实验部[发行者]，一九三五年七月二十日

F426.9

建设评论/曹茂良主编.—上海：建设评论社[发行者]，一九四七年九月二十日

F429.6

中国工业/中国工业月刊社编辑.—桂林：中国工业月刊社，一九四二年一月二十五日

F511

交通月刊/交通出版社主编.—南京：交通出版社[发行者]，一九四七年四月十五日

F512

交通周刊/张一帆编辑.—上海：交通周刊社[发行者]，一九四五年七月一日

F512.3

交通建设季刊/交通建设季刊社编辑.—重庆：交通建设季刊社[发行者]，一九四一年

F55

航务月刊/航务月刊社编辑.—上海：航务月刊社[发行者]，一九三七年一月一日

F550.72

海运月刊/中华海运服务社天津分社编辑.—天津：中华海运服务社天津分社，一九四七年五月
　　三十一日

F552.9

海建/陆养浩主编.—上海：中国建设出版社[发行者]，一九四八年五月十日

F710

商学杂志/天津直隶法政专门学校商科编辑.—天津：天津直隶法政专门学校商科[发行者]，
　　一九一六年一月十日

F72

上海总商会月报/上海总商会编辑.—上海：上海总商会月报社发行处[发行者]，一九二一年七
　　月二十一日

F727.58

台湾贸易/陈霞洲主编.—台北：台北市进出口商业同业公会[发行者]，一九四七年十二月十五日

F729.6

商学研究/国立上海商学院学术研究会编辑.—上海：国立上海商学院学术研究会[发行者]，
　　一九四一年一月一日

商业统制会刊/全国商业统制总会秘书室编辑.—上海：全国商业统制总会[发行者]，一九四三
　　年七月十五日

商学研究/石抗鼎主编.—上海：商学研究社[发行者]，一九四六年十二月十二日复刊号

F752.96

国货月报/马息深，孙筹成主编.—上海：上海国货工厂联合会，一九三七年七月

F768.29

烟酒月刊/[编辑者不详].—山东：[出版者不详]，一九二八年十一月

F8

财政学报双月刊/中国财政学会编辑.—重庆：刘振东[发行者]，一九四二年十一月

F812

税务月刊/税法委员会编辑.—北京：税法委员会[发行者]，一九一四年一月一日

税则委员会季刊/财政部税则委员会编纂组编辑.—南京：财政部税则委员会[发行者]，
一九三九年十二月

F812.771

四川财政季刊/四川财政季刊社编辑.—成都：四川财政季刊社[发行者]，一九三八年十一月一日

F812.96

上海财政/上海市财政局刊物编辑委员会编辑.—上海：上海市财政局刊物编辑委员会[发行
者]，一九三〇年十月

主计通讯/主计部编辑.—南京：主计部[印刷者]，一九四八年六月三十日

财政汇刊/陕甘宁边区政府财政厅财政汇刊编辑委员会编辑.—[延安]：陕甘宁边区政府财政厅
财政汇刊编辑委员会，一九四九年六月一日

F83

台湾银行季刊/台湾银行金融研究室编辑.—台北：台湾银行[发行者]，一九四七年六月

F830

银行生活/孙洁人编辑.—上海：银行生活社[发行者]，一九三七年二月一日

F830.4

银行实务月报/银行学会编辑.—上海：银行学会[发行者]，一九三七年七月三十一日

F830.9

资本市场/上海证券交易所调查研究处编辑.—上海：上海证券交易所[发行者]，一九四八年一月

F832.765

广东省银行月刊/广东省银行经济研究室编辑.—广州：广东省银行经济研究室[发行者]，
一九三七年七月十五日

F832.922

河北省银行月刊/河北省银行经济研究室编辑.—天津：河北省银行经济研究室[发行者]，
一九四八年二月二十九日

F832.96

中行月刊/[中国银行经济研究室编辑].—上海：[中国银行经济研究室]，一九三〇年七月

中联银行月刊/中国联合准备银行调查室编辑.—北京：中国联合准备银行[发行者]，一九四一
年一月

中央银行月报/中央银行经济研究处编辑.—上海：中央银行经济研究处[发行者]，一九四六年
一月复刊号

G文化、科学、教育、体育

G0

东西/陶亢德主编.—上海：古今出版社[发行者]，一九四三年四月

G1

中外文化/中外文化协会编译委员会编辑.—上海：中外文化协会[发行者]，一九三七年二月一日

G119

世界文化/姚蓬子，袁孟超编辑.—上海：世界文化社[发行者]，一九三六年十一月十六日

G125

文协：中日文化协会上海分会月报/中日文化协会上海分会业务处出版股编辑.—上海：中日文
化协会上海分会[发行者]，一九四三年十一月二十五日

G127

边疆研究季刊/卞宗孟主编.—[重庆]：中国边疆文化促进会[发行者]，一九四〇年九月十八日

G13

东方文化月刊/东方文化月刊社编辑.—北京：东方文化月刊社[发行者]，一九三八年一月
二十五日

东光/[东京铁道省国际观光局编辑].—东京：[东京铁道省国际观光局][发行者]，一九四二年一月

G21

生力/申报新闻函校同学会编辑.—上海：申报新闻函校同学会[发行者]，一九三六年八月三十日

现代新闻/章伯钧[等]编辑.—上海：联合编译社[发行者]，一九四七年五月十日

G210

报学季刊/申时电讯社主编.—上海：申时电讯社[发行者]，一九三四年十月十日

G212

现实：新闻周报/曹亨闻总编辑.—上海：曹亨闻[发行者]，一九四七年七月二十五日

钮司（又名新闻周刊）/钮司社编辑委员会编辑.—上海：影艺出版公司[发行者]，一九四八年
十二月二十四日

号外/[编辑者不详].—[出版地不详]：[出版者不详]，一九四九年

合众新闻/合众新闻编辑部编辑.—[上海]：[出版者不详]，一九四九年二月二十一日

G219.29

上海记者/上海记者社编辑.—上海：上海特别市新闻记者公会出版委员会[发行者]，一九四二
年六月二十日

G22

播音教育月刊/教育部社会教育司编辑.—上海：[出版者不详]，一九三六年十一月一日

G229.2

中国广播月刊/班显祖[等]主编.—北平：北平中国广播月刊社[发行者]，一九四七年五月五日

G23

书人/书人社编辑部编辑.—上海：书人社出版部[发行者]，一九三七年一月

读书与出版/读书与出版社编辑.—上海：生活书店[发行者]，一九四六年四月五日复刊号

G239.29

出版月刊/许达年编辑.—上海：中华书局发行所[发行者]，一九三七年四月五日

G249.29

中山文化教育馆季刊/中山文化教育馆编辑.—上海：中山文化教育馆出版物发行处[发行者]，
一九三四年八月

G25

北京图书馆月刊/北京图书馆编辑.北平：北京图书馆，一九二八年五月

山东省立图书馆季刊/山东省立图书馆编辑.—济南：山东省立图书馆[发行者]，一九三一年三月

图书季刊/国立北平图书馆图书季刊编辑部编辑.—昆明：国立北平图书馆图书季刊编辑部[发行者]，一九三四年三月

图书月刊/国立中央图书馆编辑.—四川：三民主义丛书编纂委员会[发行者]，一九四一年一月三十一日

图书馆学报/中国图书馆学社编辑出版委员会编辑.—重庆：中国图书馆学社[发行者]，一九四五年六月三十日

G252

读书季刊/中国文化建设协会北平分会主编.—北平：唯生书店[发行者]，一九三五年六月一日

G256

厄言/国立师范学院国文学会厄言社编辑.—湖南：国立师范学院国文学会厄言社[发行者]，一九四三年六月

G256.1

文澜学报/浙江省立图书馆编辑.—杭州：浙江省立图书馆[发行者]，一九三五年一月

G256.3

考文学会杂报/贝仲琪编辑.— 苏州吴县：考文学会筹备会[发行者]，一九三七年五月一日

G258.6

广东国民大学图书馆馆刊/广东国民大学图书馆编辑.—广州：广东国民大学图书馆[发行者]，一九三三年五月一日

G259.271

北大图书部月刊/北大图书部月刊编辑会编辑.—北京：国立北京大学出版部[发行者]，一九二九年十月二十日

G3

文理学报/广东省立文理学院出版委员会编辑.—广州：广东省立文理学院出版组，一九四六年六月一日

G4

新教育/新教育编辑部编辑.—上海：新教育共进社，一九一九年二月

国立北平图书馆读书月刊/国立北平图书馆读书月刊编辑部编辑.—北平：国立北平图书馆及各大书房[发行者]，一九三一年十月十日

图书评论/刘英士编辑.—南京：图书评论社[发行者]，一九三二年九月一日

新教育杂志/新教育杂志社编辑.—镇江：华美印书社[发行者]，一九四七年五月十五日

G40

教育潮/浙江省教育会编辑.—杭州：浙江省教育会[发行者]，一九一九年四月二十五日

科学与教育/科学与教育社编辑.—济南：科学与教育社，一九二一年十月

艺术与教育月刊/艺术与教育社编辑.—福州：艺术与教育社[发行者]，一九三二年一月二十五日

G42

教育学会/河北省立女子师范学院教育学会出版部编.—天津：河北省立女子师范学院出版课[发

行者]，一九三四年六月二十五日

G423

教育季刊/大夏大学教育季刊社编辑.—上海：大夏大学教育季刊社[发行者]，一九二七年六月
　　一日

G455

现代学生/刘大杰[等]编辑.上海：大东书局[发行者]，一九三〇年十月

莘莘/莘莘学志社编辑—上海：莘莘学志社，一九四五年二月一日

G51

教育与青年/金世培编辑.—天津：徐治，张维民[发行者]，一九四七年十一月二十二日

G52

教育与中国/教育研究会编辑.—北平：教育研究会[发行者]，一九三四年一月一日专刊第一号

丁一学生月刊/[编辑者不详].—[出版地不详]：[出版者不详]，一九三四年一月三十一日

学生之友月刊/叶作舟[等]编.—绍兴：学生之友社[发行者]，一九四七年二月

G520

大众教育/陶行知，郭一岑编辑.—上海：大众教育社[发行者]，一九三六年五月十日

G527. 21

天津教育/天津教育月刊社编辑部编辑.—天津：天津教育月刊社[发行者]，一九四八年十一月

G527. 22

河北教育/河北省政府教育厅，河北教育月刊社编辑.—保定：河北省政府教育厅，河北教育月
　　刊社，一九二八年九月

G527. 23

南明/王漱菻[等]编辑.—南明：南明四校同学会，一九三七年六月一日

G527. 3

东北教育/东北教育社编辑.—沈阳：东北书店[发行者]，一九四九年四月十五日

G527. 503

江苏教育行政月报/江苏省行政公署教育司编辑.—南京：江苏省行政公署教育司[发行者]，
　　一九一三年一月

G527. 51

上海教育周刊/上海教育出版社编辑.—上海：上海教育出版社[发行者]，一九四六年十二月
　　十六日

G527. 52

青岛教育/谭天凯[等]编辑.—青岛：青岛市教育局[发行者]，一九三一年四月

G527. 53

江宁教育：江宁县教育会会刊/[江宁县教育会编辑].—江宁：[江宁县教育会]，一九二九年七月

G527. 55

萧山教育月刊/萧山县政府教育科编.—萧山：萧山县政府教育科[发行者]，一九三九年六月一日

G527.57

福建教育/福建教育厅福建教育编辑委员会编辑.—福州：福建省政府秘书处公报室[发行者]，一九三五年三月十日

晋江国教通讯/晋江县政府教育科，晋江县国教研究会编辑.—福建：晋江县政府教育科，晋江县国教研究会[发行者]，一九四七年二月一日

G527.61

开封实验教育季刊/李东旭主编.—开封：开封教育实验区委员会出版部[发行者]，一九三五年一月

G527.71

威远教育月刊/威远县教育局编辑处编辑.—[出版地不详]：[出版者不详]，一九三〇年九月

G529.6

教育学报/[编辑者不详].—北京：中华民国教育总会[发行者]，一九三九年一月

G620

江苏省小学教师半月刊/江苏省教育厅第二科编辑.—镇江：江苏省教育厅庶务室[发行者]，一九三三年九月十六日

G629.29

小学教育月刊/江苏小学教育月刊社编辑.—南京：江苏小学教育月刊社[发行者]，一九二五年六月

G63

天津德华中学校校友会会报/周震昌[等]编辑.—天津：天津德华中学校校友会贩卖部[发行者]，一九一八年十二月

励进/学术励进会学术股编辑.—温州：学术励进会[发行者]，一九三〇年十月二十九日

中山县立中学校六周年纪念特刊/六周年纪念筹备会编辑.—广州：中山县立中学校，一九三五年十二月十五日

战时中学生/李一飞，郭莽西编辑.—杭州：正中书局[发行者]，一九三九年二月

新学生/叶溯中主编.—上海：正中书局[发行者]，一九四六年五月十五日

G633.3

国文杂志/叶圣陶编辑.—桂林：国文杂志社[发行者]，一九四二年八月一日

G635.5

清心月刊/[上海清心中学学生自治会编辑].—上海：上海清心中学学生自治会，一九三七年四月十五日

中学生/中学生编辑委员会编辑.—天津：工商中学生出版社，一九四二年三月十五日

读书杂志/茅茇芹[等]编辑.—丽水：读书杂志社[发行者]，一九四三年五月十五日

G639.2

甬江声/甬江女子学校学术部编纂.—宁波：学生自治会，一九三一年六月

章贡期刊/涂瑛，余世禄总编.—南昌：章贡中学学生自治会[发行者]，一九四一年六月

G639.282.1

南中半月刊/南开中学南中半月刊社编.—天津：南开中学南中半月刊社[发行者]，一九二三年
　十一月

G639.285.1

民立学生/上海民立中学学生自治会第一届干事会智育部出版委员会编辑.—上海：上海民立中学
　学生自治会第一届干事会智育部出版委员会，一九三一年四月一日

格致公学念孙院季刊/格致公学念孙院编.—上海：格致公学念孙院[发行者]，一九三五年一月

政刊/粤东中学政级级有会编.—　上海：粤东中学政级级有会，一九三八年

G639.285.3

南菁学生/南菁学生编辑委员会编辑.—江阴：江苏南菁中学，一九四六年十二月二十日复刊号

G639.285.5

金中校刊/金陵中学校刊社编辑.—南京：金陵中学校刊社，[出版时间不详]

G639.286

一中学生/广东省立第一中学校学生自治会学术股编辑委员会编辑.—广州：广东省立第一中学
　校学生自治会学术股，一九三三年六月

G639.29

一中/[柴德赓，汪菊影编辑].—[杭州]：一中两部学生会，一九二八年六月十五日

广雅丛报/广雅中学学生自治会学术股编辑.—广州：广雅中学学生自治会学术股[发行者]，
　一九三七年四月二十日

G645.5

光华期刊/光华大中学生会编辑部编辑.—上海：光华大中学生会[发行者]，一九二七年六月
　三十日

河北留东年刊/河北留东年刊编纂委员会编辑.—东京：河北驻日留学生经理处，一九三四年三月

大学生/中国大学生学术研究会编辑.—南京：中国大学生学术研究会[发行者]，一九四五年一月

G649.2

心音/河南大学心心社编辑.—开封：河南大学心心社，一九三一年九月一日

格致公学有光院刊/格致公学有光院编辑.—[上海]：格致公学有光院[发行者]，一九三五年一月

新苗/国立北平大学女子文理学院出版委员会编辑.—北平：国立北平大学女子文理学院出版委
　员会[发行者]，一九三六年五月一日

交大友声/国立交通大学上海同学会编辑.—上海：国立交通大学上海同学会[发行者]，
　一九四七年四月八日复刊号

G649.28

南洋季刊/上海南洋大学出版部编辑.—上海：上海南洋大学出版部[发行者]，一九二六年一月
　十五日

北京大学月刊/北京大学月刊编辑处编辑. —上海：商务印书馆[发行者]，一九一九年一月出
　　版，一九一九年四月二十五日再版

教育学报/燕京大学教育学会编辑委员会编辑. —北平：燕京大学教育学会[发行者]，一九三六
　　年三月三日

清华旬刊/清华大学学生自治会编辑. —北平：清华大学学生自治会[发行者]，一九四八年一月

山大学报/国立山西大学文法学院合编. —太原：国立山西大学出版委员会，一九四七年五月一日

报展/上海复旦大学三十周年纪念世界报纸展览会筹备会编辑. —上海：上海复旦大学新闻学会
　　[发行者]，一九三六年一月

巨流/巨流编辑组编辑. —[上海]：立信同学会学术部[发行者]，一九四六年十二月二十日

南通学院月刊/南通学院编辑. —南通：南通学院[发行者]，一九四七年五月

浙大月刊/国立浙江大学编辑. —浙江：国立浙江大学[发行者]，一九四四年二月

华西学报/钟正楙编辑. —成都：成都华西协和大学中国文学系[发行者]，一九三三年九月

国立四川大学季刊/国立四川大学季刊编辑委员会编辑. —成都：国立四川大学秘书处出版课
　　[发行者]，一九三五年七月一日

云南大学学报/国立云南大学西南文化研究室编辑. —昆明：国立云南大学，一九三九年四月

南开四十周年纪念校庆特刊/校庆特刊编辑委员会编辑. —天津：[出版者不详]，一九四四年十
　　月十七日

铎声季刊/河南省立第一师范编辑部编辑. —开封：河南省立第一师范学校，一九二五年六月

淮滨季刊/河南省立淮阳师范学校编辑. —淮阳：河南省立淮阳师范学校，一九三六年五月一日

师大学刊/国立北京师范大学学刊审查委员会编辑. —北京：国立北京师范大学学刊审查委员会
　　[发行者]，一九四二年六月

市师/[天津市立师范学校编]. —天津：天津市立师范学校，一九三六年五月十一日

市商校刊/市商自治会出版股校刊编辑部编辑. —天津：市商学生自治会[发行者]，一九四八年

十月十日

G725

乡教月刊/湖南省教育厅直辖乡村短期义务教育区编辑.—长沙：湖南省教育厅直辖乡村短期义务教育区[发行者]，一九三七年一月十五日

G725.81

苏省乡师月刊/江苏省立南京中学乡村师范编辑.—无锡：江苏省立无锡中学乡村师范[发行者]，一九三一年三月

G727

大东月报/[吕何均编辑].—上海：上海大东书局[发行者]，一九二四年

G77

社会教育季刊/吴学信，蒋德成编辑.—上海：上海大夏大学社会教育研究会[发行者]，一九三七年一月一日

抗战教育/抗战教育旬刊社编辑.—福州：福建省立民众教育处出版委员会经理部[发行者]，一九三八年五月五日

民教月刊/天津特别市社教编审会编辑.—天津：天津特别市社教编审会[发行者]，一九三八年十一月十日

民众周刊/顾颉刚主编.—上海：大中国图书局，一九四七年五月二十四日

侠风/侠风编辑部编辑.—上海：侠谊社[发行者]，一九四八年十二月

G775

时代学生/时代学生出版社编辑.—上海：时代学生出版社[发行者]，一九四五年十月十六日

G78

现代父母/陈征帆编辑.—上海：中华慈幼协会[发行者]，一九三三年二月

G79

自修杂志/李开仁编辑.—上海：自修杂志社，一九三六年五月一日

自修大学/平心编辑.—上海：张鸿飞[发行者]，一九三七年一月二十三日

读书月报/艾寒松，史枚编辑.—重庆：生活书店[发行者]，一九三九年二月一日

青年学报/青年学报社编辑.—江西泰和：江西省立图书馆文化服务部[发行者]，一九四三年一月

G8

艺府半月刊/黄一飞主编.—[上海]：艺府杂志社[发行者]，一九三八年十二月五日

中国体育月刊/徐英主编.—南京：中国体育协会全国总会，一九四二年二月十日

G80

体育/京师体育研究社编辑.—北平：京师体育研究事务所[发行者]，一九一八年三月一日

体育季刊/东南大学体育季刊社编辑.—上海：东南大学体育季刊社[发行者]，一九二二年五月

体育季刊/体育改进社编辑.—北平：著者书店，一九三三年一月

现代体育/曾维祺主编.—上海：现代体育馆[发行者]，一九四二年十月一日

G852

武术/谢强公编辑.—上海：中华武术会，一九二一年一月

国术统一月刊/姜侠魂主编.—上海：国术统一月刊社[发行者]，一九三四年七月二十日

求是月刊/求是月刊社编辑.—济南：健康实验学社[发行者]，一九三五年二月十日

G894

现代邮政/现代邮政月刊社编辑.—南京：现代邮政月刊社[发行者]，一九四七年八月二十日

H语言、文字

H0

国立中央研究院历史语言研究所集刊/国立中央研究院历史语言研究所编辑.—广州：商务印书
馆[发行者]，一九二八年十月

H1

中国语文学丛刊/国立暨南大学中国语文学会编辑.—广州：国立暨南大学中国语文学系研究室
[发行者]，一九三三年五月一日

国立中山大学文史集刊/国立中山大学中国语言文学研究所，历史学研究所编辑.—广州：国立
中山大学出版组[发行者]，一九四八年一月

H36

日语月刊/[东方日文补习学校编辑].—上海：东方日文补习学校[发行者]，一九三五年七月一日

I文学

新文学半月刊/孔另境主编.—上海：权威出版社[发行者]，一九四六年一月一日

北国杂志/张毅编辑.—北平：北国杂志社[发行者]，一九四六年十二月十五日

I0

艺术/沈端先编辑.—上海：艺术社，一九三〇年三月十六日

国立中央大学文史哲季刊/[国立中央大学编辑].—南京：[国立中央大学]，一九四三年一月

I054

小说/小说月刊社编辑.—香港：小说月刊社，一九四八年七月一日

I1

流萤/中国大学英文学会编辑.—北平：中国大学出版部，一九三〇年三月一日

文艺风景/施蛰存编辑.—上海：文艺风景社，一九三四年六月一日

文学新地/文学新地社编辑.—上海：文学新地社，一九三四年九月二十五日

世界文学/伍蠡甫主编.—上海：黎明书局，一九三四年十月一日

杂文/杜宣编辑.—上海：卓戈白[发行者]，一九三五年五月十五日

隽味集/顾宗沂，张贤佐编辑.—上海：民益荧记印刷公司[发行者]，一九三八年三月二十日

世界文艺季刊/杨振声，李广田主编.—南京：世界文艺季刊社[发行者]，一九四五年八月南京
初版，一九四六年八月上海再版

文章/文章社编辑.—上海：文章社，一九四六年一月十五日

老爷/陈蝶衣，刘柳影编辑.—上海：老爷杂志社，一九四六年九月

I106

文艺世纪/杨桦[等]编辑.—上海：青年画报社，一九四四年九月

I111

译文/黄源编辑.—上海：生活书店[发行者]，一九三四年

文海/东京文海文艺社编辑.—东京：东京文海文艺社[发行者]，一九三六年七月十五日

译林/译林社编辑.—上海：译林社[发行者]，一九四〇年五月五日

千秋/徐础编辑.—上海：千秋社，一九四四年六月一日

锤炼/北平锤炼杂志社编辑.—北平：北平锤炼杂志社，一九四五年十月十九日

乐观/周瘦鹃编辑.—上海：银都广告社，一九四七年四月

I112

现代诗风/戴望舒主编.—上海：脉望社出版部[发行者]，一九三五年十月十日

I114

小说海/黄山民编辑.—上海：中国图书公司和记[发行者]，一九一五年一月一日

每月侦探/今文编译所编辑.—上海：精华出版社，一九四〇年二月一日

I2

莺花杂志/孙静菴，胡无闷编辑.—上海：莺花杂志社[发行者]，一九一五年二月一日

一般/夏丏尊主编.—上海：开明书店[发行者]，一九二六年九月五日

文学生活/文学生活社编辑.—上海：联合书店[发行者]，一九三一年三月一日

文学/文学社编辑.—上海：上海生活书店[发行者]，一九三四年一月一日

艺文两月刊/夏剑丞主编.—上海：艺文社，一九三六年四月一日

绿洲月刊/绿洲月刊社编辑部编辑.—北平：绿洲月刊社[发行者]，一九三六年四月一日

野马文艺月刊/野马文艺社编辑.—成都：野马文艺社[发行者]，一九三九年十一月十五日

越光/越光文艺研究社编辑.—绍兴：越光文艺研究社，一九四四年四月一日

西北风半月刊/西北风半月刊编辑部编辑.—西安：西北风半月刊社，一九四五年一月十五日

麦籽/何舍里编辑.—上海：麦籽月刊出版社，一九四五年十一月一日

文坛月报/魏金枝主编.—上海：联华图书公司，一九四六年一月二十日

鲁迅文艺月刊/鲁迅文艺社编辑.—天津：鲁迅文艺社[发行者]，一九四六年二月二十五日

青岛文艺/刘燕及编辑.—青岛：青岛文艺社[发行者]，一九四七年四月二十五日初版，
　　一九四七年五月十日再版

国立中山大学文学院院刊：文学/国立中山大学文学院编辑.—广州：国立中山大学文学院[发行
　　者]，一九四七年七月十五日

生活文艺/生活文艺社编辑.—天津：知识书店[发行者]，一九四九年四月二十五日

I206

文学批评/王郁天编辑.—桂林：史蒂安[发行者]，一九四二年九月一日

中原·文艺杂志·希望·文哨联合特刊/中原社[等]编辑.—重庆：中原社，希望社，文艺杂志
　　社，文哨社，一九四六年一月二十日

1206.6

中国文学季刊/中国公学大学部中国文学系会编辑.—上海：述学社出版部，一九二九年

现代文学/北新书局编辑.—上海：北新书局，一九三〇年

文艺阵地/茅盾主编.—汉口：文艺阵地社，一九三八年四月十六日

江苏作家/江苏省作家联谊会编辑.—苏州：江苏省作家联谊会，一九四一年九月二十日

文学报/孙陵编辑.—桂林：文学报社，一九四二年六月二十日

大同周报/大同周报出版社编辑部编辑.—上海：大同报社，一九四五年九月二十四日

月刊/沈子复〔等〕编辑.—上海：权威出版社，一九四五年十一月十日

学风/学风编辑室编辑.—上海：益智出版社〔发行者〕，一九四七年四月一日

新艺苑/新艺苑杂志社编辑.—北平：新艺苑杂志社〔发行者〕，一九四八年五月五日

文艺工作/孙陵编辑.—上海：文艺工作社，一九四八年五月二十日

1207

艺文杂志/艺文杂志编辑部编辑.—北京：艺文社，一九四三年七月一日

学海/钱仲联主编.—南京：学海月刊社，一九四四年七月十五日

艺文杂志/范之龙编辑.—上海：大学出版社，一九四五年十二月二十五日

1207.25

中国新诗/方敬〔等〕编辑.—上海：森林出版社，一九四八年六月

1207.8

学筌/学筌期刊编辑委员会编辑.—武汉：国立武汉大学中国文学系学筌期刊社，一九三七年六月

1209

大江/大江月刊社编辑.—上海：大江书铺，一九二八年十月十五日

121

小译丛/陈小基，王亚洪编辑.—东京：小译丛社，一九三六年五月十日

文学界/周渊主编.—上海：文学界月刊社，一九三六年六月五日

1216

自由杂志/童爱楼编辑.—上海：申报馆〔发行者〕，一九一三年九月二十日

余兴/时报馆余兴部编辑.—上海：有正书局，一九一四年一月

织云杂志/顾痴遁，杜啸霞编辑.—上海：上海扫叶山房松江分号〔发行者〕，一九一四年

眉语/高剑华主编.—上海：新学会社〔发行者〕，一九一五年二月二十日

双星/双星杂志社编辑.—上海：双星杂志社〔发行者〕，一九一五年三月十五日

文星杂志/倪义抱编辑.—上海：上海国学昌明社〔发行者〕，一九一五年八月一日

友声/倪轶池编辑.—上海：薄海同文学会发行部〔发行者〕，一九一九年七月二十五日

晓光/晓光社编辑.—苏州：晓光社〔发行者〕，一九二三年九月一日

文学季刊/黄俊编辑.—上海：上海新文化书社〔发行者〕，一九二三年十月

月亮杂志/严芙孙主编.—上海：月亮杂志社〔发行者〕，一九二四年五月十八日

洪水/创造社编辑.—上海：光华书局〔发行者〕，一九二六年六月初版，一九二五年九月复刊，
　　一九二七年四月三版

渤海风/渤海风编辑部编辑.—天津：渤海风社[发行者]，一九二七年八月六日

泰东月刊/[编辑者不详].—上海：泰东图书局，一九二八年

新月月刊/新月书店编辑.—上海：新月书店[发行者]，一九二八年三月

蔷薇/蔷薇社编辑.—上海：蔷薇社[发行者]，一九二八年三月十五日

青春月刊/向培良编辑.—上海：青春月刊社，一九二九年十月一日

文艺月刊/中国文艺社编辑.—南京：中国文艺社[发行者]，一九三〇年八月十五日

青萍/殷克勤，吕克强编辑.—无锡：青萍社，一九三〇年十二月二十五日

微音/微音月刊社编辑.—上海：微音月刊社[发行者]，一九三一年三月十五日

现代文艺/叶灵凤编辑.—上海：现代文艺社，一九三一年四月一日

中学生文艺/叶圣陶[等]主编.—上海：开明书店[发行者]，一九三一年十二月

南华文艺/曾仲鸣主编.—上海：未央书店，一九三二年一月一日

现代/施蛰存编辑.—上海：现代书局[发行者]，一九三二年五月

文学月报/姚蓬子主编.—上海：文学月报社，一九三二年六月十日

文学年报/北平燕京大学国文学会编辑.—北平：北平燕京大学国文学会，一九三二年七月

文艺座谈/文艺座谈社主编.—上海：新时代书局[发行者]，一九三三年七月一日

文艺/现代文艺研究社编辑.—上海：现代文艺研究社，一九三三年十月

诗篇月刊/朱维基主编.—上海：绿社[发行者]，一九三三年十一月一日

文学季刊/郑振铎，章靳以主编.—北平：立达书局[发行者]，一九三四年一月一日

中国文学月刊/庄心在，陆印全编辑.—南京：流露社，一九三四年二月一日

自由谭半月刊/黄梦泽主编.—上海：[出版者不详]，一九三四年二月一日

春光/庄启东，陈君冶编辑.—上海：春光书店[发行者]，一九三四年三月一日

婴儿/达达，耕夫编辑.—上海：郭勉农[发行者]，一九三四年三月一日

小品文半月刊：人间世/林语堂主编.—上海：良友图书印刷有限公司，一九三四年四月五日

细流/辅仁大学细流社编辑.—北平：辅仁大学细流社[发行者]，一九三四年四月五日

文史/吴承仕编辑.—北平：北平中国学院国学系，一九三四年四月十五日

当代文学/当代文学社编辑.—天津：天津书局[发行者]，一九三四年七月一日

水星/卞之琳[等]主编.—北平：文华书局[发行者]，一九三四年十月十日

待旦/九江同文中学二六级出版委员会编辑.—九江：九江同文中学暨九江各大书局[发行者]，
　　一九三五年一月

生生月刊/李辉英，朱菉园主编.—上海：图画书局，一九三五年二月一日

新小说/郑君平编辑.—上海：良友图书印刷有限公司[发行者]，一九三五年二月十五日

诗经/上海大夏诗社编辑委员会编辑.—上海：大夏诗社，一九三五年二月二十五日

文艺/胡绍轩编辑.—武昌：轮底文艺社[发行者]，一九三五年三月十五日

新文学/新文学社编辑.—上海：中华杂志公司[发行者]，一九三五年四月十日

文艺大路/汪迪民主编.—上海：文艺大路社，一九三五年五月十日

文艺月报/文艺月报社编辑.—上海：文艺月报社[发行者]，一九三五年十二月一日

生活·思想·文艺·半月刊:人间世/史天行主编.—汉口：汉口良友图书公司[发行者]，
　　一九三六年三月十六日

女人/沈淡影主编.—上海：小型出版社，一九三六年五月革新号

作家/孟十还主编.—上海：作家社[发行者]，一九三六年五月十五日三版

现实文学/尹庚，白曙编辑.—上海：文艺半月刊社，一九三六年七月一日

今代文艺/侯枫[等]编辑.—上海：今代文艺社，一九三六年七月二十日

西风/黄嘉德，黄嘉音编辑.—上海：西风月刊社[发行者]，一九三六年九月一日

好文章/好文章编辑委员会编辑.—上海：好文章月刊社[发行者]，一九三六年十月十日

青萍月刊/宁波青萍月刊社编辑.—宁波：宁波青萍月刊社[发行者]，一九三六年十月二十五日

前进/四川大学前进社编辑.—成都：开明书局[发行者]，一九三六年十一月一日

青年作家/费南巢主编.—上海：中国青年作家协会总会，一九三六年十二月一日

民德女中季刊/天津私立民德中学女校学生出版委员会编辑.—天津：天津私立民德中学女校学
　　生出版委员会，一九三七年一月一日

希望/徐懋庸，王淑明编辑.—上海：希望半月刊社，一九三七年三月十日

创作/李辉英，汪淼编辑.—上海：薰风出版社[发行者]，一九三七年四月十五日

文风/文风社编辑.—上海：文风社[发行者]，一九三七年五月十六日

七月/胡风编辑.—上海：七月社[发行者]，一九三七年九月十一日

战地/丁玲，舒群编辑.—武汉：战地社[发行者]，一九三八年四月五日

西北文艺/全国文协西安分会编辑委员会编辑.—西安：全国文协会西安分会出版部，一九三八
　　年六月二十三日

朔风/方纪生，陆离主编.—北京：东方书店[发行者]，一九三八年十一月十日

文艺战线/周扬主编.—延安：文艺战线社，一九三九年二月十六日

俭风/[编辑者不详].—上海：上海江西高级职业中小学校崇俭会宣传组，一九三九年四月一日

壹零集/朱家骏，孙志勤主编.—上海：壹零集文艺月刊社，一九三九年四月十五日

战垒/福建省抗敌后援会惠安县分会编辑.—惠安：福建省抗敌后援会惠安县分会，一九三九年
　　四月十五日

中国文艺/张深切编辑.—北京：中国文艺社[发行者]，一九三九年九月一日

自力/邵贻裘[等]编辑.—上海：[光华附中高一上乙A组]，一九四〇年一月十五日

文学集林第一辑：山程/文学集林社编辑.—[桂林]：文学集林社[发行者]，一九四〇年四月

现代文艺/改进出版社编辑.—永安：改进出版社，一九四〇年四月

笔阵/中华全国文艺协会成都分会出版部编辑.—成都：中华全国文艺协会成都分会出版部[发
　　行者]，一九四〇年四月一日

作风/作风社编辑.—上海：作风社，一九四一年一月

作家/丁丁编辑.—南京：作家出版社，一九四一年四月

文艺生活/司马文森编辑.—桂林：文献出版社[发行者]，一九四一年九月十五日

创作月刊/希金主编.—成都：中国文化服务社四川分社[发行者]，一九四二年二月一日

文艺先锋/王进珊编辑. —重庆：文艺先锋社[发行者]，一九四二年十月十日

青年文艺/葛琴主编. —桂林：白虹书店[发行者]，一九四二年十月十日

今文月刊/今文月刊社编辑. —重庆：文信书局[发行者]，一九四二年十月十五日

春风/王植波，黄焕钧主编. —上海：春风出版社，一九四二年十一月

万岁/危月燕编辑. —上海：万岁杂志社[发行者]，一九四三年一月二十日

中艺/穆尼[等]编辑. —上海：中艺出版社，一九四三年一月二十一日

一般/周雨人，张哲生编辑. —上海：一般杂志社，一九四三年二月一日

大千/陈迩冬主编. —桂林：大千杂志社，一九四三年六月

中原/郭沫若主编. —重庆：群益出版社[发行者]，一九四三年六月

民族文学/民族文学月刊社编辑. —重庆：青年书店[发行者]，一九四三年七月七日

文学集刊/沈启无主编. —北京：艺文社[发行者]，一九四三年九月

天地/冯和仪主编. —上海：天地出版社[发行者]，一九四三年十月十日初版，十月十五日再版

天下/叶劲风主编. —上海：天下出版社，一九四三年十一月一日

文艺生活/文艺生活社编辑. —上海：文艺生活社[发行者]，一九四四年一月一日

文潮/文潮社编辑. —上海：文潮社[发行者]，一九四四年一月一日

当代文艺/熊佛西主编. —桂林：当代文艺社，一九四四年一月一日

乾坤/杨泽夫编辑. —上海：乾坤出版社[发行者]，一九四四年一月一日

中国文学/柳龙光编辑. —北京：华北作家协会[发行者]，一九四四年一月二十日

天声/吴宁靖主编. —北京：天声印刷局[发行者]，一九四四年三月十五日

新地丛刊/新地出版社编辑. —上海：新地出版社[发行者]，一九四四年五月十日

潮流丛刊/郑兆年主编. —上海：兆年书屋，一九四四年六月十二日

小天地/班公编辑. —上海：天地出版社[发行者]，一九四四年八月十日

微波/微波社编辑. —重庆：文信书局[发行者]，一九四四年八月

文艺春秋丛刊：两年/永祥印书馆编辑部编辑. —上海：永祥印书馆股份有限公司[发行者]，一九四四年十月十日

飙/张信锦编辑. —上海：飙出版社，一九四四年十月

北辰/王静德[等]编辑. —苏州：北辰出版社，一九四四年十一月二十日新一卷

希望/胡风主编. —重庆：希望社，一九四五年一月

诗文学/邱晓崧，魏荒弩主编. —重庆：诗文学社，一九四五年二月

流火/流火编辑委员会编辑. —西安：流火出版社[发行者]，一九四五年三月

文哨/叶以群编辑. —重庆：重庆建国书店[发行者]，一九四五年五月四日

河山/[编辑者不详]. —杭州：河山报社，一九四五年八月五日再版

时代文艺/时代文艺社编辑. —上海：张朝杰[发行者]，一九四五年九月十五日

创作/丁辛百编辑. —北平：霓虹书房[发行者]，一九四五年九月十八日

一般/吴镇之编辑. —北平：一般杂志社[发行者]，一九四五年十月十日

前哨/前哨文艺社编辑. —上海：前哨文艺社[发行者]，一九四五年十一月一日

文疆/[编辑者不详].—北平：文疆社[发行者]，一九四五年十一月二十二日

人之初/刘思训编辑.—上海：人之初杂志社[发行者]，一九四五年十二月十五日

文选/文宗山编辑.—上海：文选月刊社，一九四六年一月一日

进化/进化编辑部编辑.—沈阳：进化书店[发行者]，一九四六年一月一日

文联/茅盾，叶以群主编.—上海：永祥印书馆[发行者]，一九四六年一月五日

人民文艺/人民文艺社主编.—北平：人民文艺社[发行者]，一九四六年一月二十五日

白山/白山社编辑部编辑.—安东：白山社，一九四六年二月二十日

人民世纪/人民世纪社编辑.—上海：文人出版社[发行者]，一九四六年二月二十三日

文献/文献月刊社编辑.—上海：文献出版社[发行者]，一九四六年三月一日

文汇半月画刊/余所亚编辑.—上海：文汇报馆，一九四六年四月一日

春秋/陈涤夷，文宗山编辑.—上海：春秋杂志社[发行者]，一九四六年四月一日复刊号

星火/星火刊行社编辑部编辑.—沈阳：星火刊行社，一九四六年四月一日

水星/水星社编辑部编辑.—广州：水星社，一九四六年四月二十五日

文潮月刊/张契渠编辑.—上海：文潮出版社[发行者]，一九四六年五月一日

清明/吴祖光，丁聪主编.—上海：山河图书公司，一九四六年五月一日

笔/崔万秋主编.—上海：大同出版公司，一九四六年六月二十日

青年生活/陈柳浪主编.—上海：常燕生[发行者]，一九四六年七月七日

萌芽/中华全国文艺协会重庆分会编辑.—重庆：中华全国文艺协会重庆分会[发行者]，
    一九四六年七月十五日

繁星/繁星半月刊社编辑.—西安：繁星半月刊社[发行者]，一九四七年一月十日

人世间/凤子主编.—上海：人世间社[发行者]，一九四七年三月二十日复刊

大家/唐云旌编辑.—上海：山河图书公司[发行者]，一九四七年四月一日

追赶/追赶杂志社编辑.—南京：追赶月刊社[发行者]，一九四七年五月一日

巨型/沈寂，钟子芒主编.—上海：大众出版社，一九四七年七月一日

中国作家/中华全国文艺协会，中国作家编辑委员会编辑.—上海：舒舍予[发行者]，一九四七
    年十月一日

文化自由/新文化丛刊出版社编.—香港：香港生活书店，一九四八年

西北文艺/郭廓主编.—兰州：西北文化建设协会[发行者]，一九四八年一月

复活/田村主编.—宁波：复活文艺社，一九四八年一月

同代人文艺丛刊：由于爱/同代人社主编.—上海：同代人社[发行者]，一九四八年四月二十日

春雷文艺/国立西北大学春雷文艺社编辑.—西安：春雷文艺社[发行者]，一九四八年四月二十日

新风/冯德彪主编.—南京：新风月刊社，一九四八年四月

交流/欧阳漫冈主编.—台南：交流月刊社[发行者]，一九四八年五月二十日

文学战线/哈尔滨文学战线杂志社编辑.—哈尔滨：东北书店[发行者]，一九四八年七月

文艺月报/文艺月报社编辑.—吉林：东北书店吉林分店[发行者]，一九四八年十月十九日

南国/[编辑者不详].—广州：私立岭南大学国文学会，一九四九年一月一日

春雷/[编辑者不详].—上海：春雷社[发行者]，一九四九年四月一日

白帆/市师完甲班编辑.—[出版地不详]：[出版者不详]，[出版时间不详]

远东/远东社编辑.—上海：远东社[发行者]，[出版时间不详]

I216.1

绿茶/梁俊青主编.—上海：绿茶杂志社，一九四二年十二月十五日

艺果/艺果杂志社编辑.—北平：艺果杂志社[发行者]，一九四五年十一月二十日

文艺丛刊·脚印/范泉编辑.—上海：文艺出版社[发行者]，一九四七年十月

I218.2

华北文艺/华北文艺界协会编辑部编辑.—北平：华北文艺社，一九四八年十二月十五日

I22

诗音丛刊/诗音社编辑.—上海：诗音社，一九四七年二月一日

I226

诗刊/[编辑者不详].—上海：诗社，一九三一年一月二十日

诗志/路易士，韩北屏编辑.—苏州：菜花社出版部[发行者]，一九三六年十一月五日

新诗刊/新诗刊社编辑部编辑.—上海：新诗刊社，一九三八年

现代文录/朱光潜[等]编辑.—北平：新文化出版社北平总社[发行者]，一九四六年十二月

新诗歌/薛汕[等]编辑.—上海：新诗歌社[发行者]，一九四七年八月

I226.1

诗创造/臧克家主编.—上海：星群出版公司[发行者]，一九四七年七月

I23

新演剧/章泯，葛一虹编辑.—重庆：新演剧社，一九四〇年一月复刊号

戏剧时代/洪深[等]编辑.—重庆：邹杰夫[发行者]，一九四三年十一月十一日

I230

现代戏剧/马彦祥主编.—上海：光华书局[发行者]，一九二九年五月五日

I234

新剧杂志/夏秋风编辑.—上海：张蚀川[发行者]，一九一四年五月一日

I24

小说丛报/徐枕亚编辑.—上海：小说丛报社[发行者]，一九一四年五月一日

I246

中华小说界/沈瓶庵主编.—上海：中华书局[发行者]，一九一四年一月

礼拜六/[编辑者不详].—上海：中华图书馆[发行者]，一九一四年六月六日

小说大观/包天笑编辑.—上海：上海文明书局，中华书局[发行者]，一九一五年八月一日

小说新潮/陈铁生编辑.—上海：陈公哲[发行者]，一九二一年十一月十五日

东方小说/东方女子广告社编辑.—上海：东方女子广告社[发行者]，一九二三年十月二十五日

小说世界/沈宇主编.—上海：启明书局[发行者]，一九四六年四月

玫瑰/梁佩禺，沈丹蒂编辑.—上海：玫瑰出版公司，一九四六年七月十五日

红皮书/郑馢编辑.—上海：合众出版社[发行者]，一九四九年一月二十日

神秘书/龙骧，端木洪编辑.—上海：神秘书出版社，一九四九年四月九日

I253

小姐/江栋良，罗路编辑.—上海：中国图书杂志公司[发行者]，一九三六年

I26

中学生文艺半月刊/[中学生文艺半月刊编辑室编辑].—上海：[出版者不详]，一九四五年十一月一日

I266

中流/黎烈文编辑.—上海：中流社，一九三六年九月五日

文帖/杨桦编辑.—上海：知行出版社[发行者]，一九四五年四月一日

子曰丛刊/黄萍荪主编.—上海：子曰社，一九四八年五月二十五日

I28

新少年/叶圣陶[等]编辑.—上海：开明书店[发行者]，一九三六年一月十日

I313

大东亚文学/齐藤一宽编辑.—东京：日本电报通信社[发行者]，一九四四年十一月一日

J 艺术

艺观/上海艺观学会编辑部编辑.—上海：上海艺观学会[发行者]，一九二六年六月十日

葱岭/上海美术专门学校编辑.—上海：上海美术专门学校[发行者]，一九二九年四月一日

上海画报/叶灵主编.—上海：现代出版社，一九三八年十一月二十七日

时代/余以文编辑.—上海：时代半月刊社，一九三九年一月一日

新艺术/新艺术社编辑.—上海：民意出版社，一九四八年五月二十五日

J0

画学月刊/刘海粟[等]主编.—上海：利利公司文艺部[发行者]，一九三二年九月一日

J052

太平洋画报/舒舍予[等]编辑.—上海：太平洋美术公司[发行者]，一九二六年六月十日

J111

万象/张光宇，叶灵凤主编.—上海：时代图书公司，一九三四年五月二十日

J12

沪声/蒋湘君，冷冰主编.—上海：沪声出版社，一九三六年五月十六日

J2

室画/[青年艺术社编辑].—广州：青年艺术社，一九二七年十月一日

J218.2

现象漫画/万籁鸣，薛萍编辑.—上海：现象图书刊行社，一九三五年四月十六日

J228.2

上海泼克（又名泊尘滑稽画报）/沈学仁编辑.—上海：沈氏兄弟公司[发行者]，一九一八年九月一日

漫画和生活/张谔编辑.—上海：漫画和生活社，一九三五年十一月十日

漫画界/漫画建设社编辑. —上海：漫画建设社，一九三六年四月一日

上海漫画/上海漫画社编辑. —上海：独立出版社，一九三六年五月七日

时代漫画/鲁少飞编辑. —上海：时代漫画社，一九三六年六月二十日复刊号

漫画世界/黄士英编辑. —上海：漫画世界社[发行者]，一九三六年九月五日

J292.11

草书月刊/刘延涛编辑. —上海：草书月刊社，一九四一年十二月一日

J4

柯达杂志/沈昌培编辑. —上海：柯达公司[发行者]，一九三〇年七月

黑白影刊/黑白影社编辑股编辑. —上海：黑白影社，一九三六年七月一日

J419.1

生活画报/生活周刊社编辑. —上海：生活周刊社[发行者]，一九三三年一月初版，一九三四年
　　二月三版

J421

长虹/益昌照相材料行编辑. —上海：益昌照相材料行[发行者]，一九三五年三月一日

J428

复中影集/复旦附中摄影学会编辑. —上海：复旦附中摄影学会，一九三〇年十二月

飞鹰/鹰社编辑. —上海：冠龙照相材料行，一九三六年一月

抗战画报/抗战三日刊社编辑. —上海：[抗战三日刊社][发行者]，一九三七年八月二十九日

J6

音乐月刊/武昌艺术专科学校音乐研究会主编. —武昌：[出版者不详]，一九四〇年五月九日

乐风月刊/乐风月刊社编辑. —重庆：乐风月刊社[发行者]，一九四一年一月一日

音乐月刊/缪天瑞[等]主编. —重庆：音乐月刊社[发行者]，一九四二年三月

音乐学习月刊/音乐学习社编辑. —福州：音乐学习社[发行者]，一九四六年七月十五日

J632.31

今虞/今虞琴社编辑. —苏州：今虞琴社，一九三七年五月

J8

戏剧时代/欧阳予倩，马彦祥编辑. —上海：戏剧时代出版社，一九三七年五月十六日

剧场艺术/松青编辑. —上海：松青[发行者]，一九三八年九月十九日

演剧艺术/刘巍编辑. —重庆：演剧艺术社，一九四六年六月十五日

影剧丛刊/中国影剧丛刊编委会编辑. —上海：中国影剧丛刊社[发行者]，一九四八年九月
　　三十日

J80

影剧杂志/唐轲，叶联薰主编. —上海：影剧杂志社，一九四九年一月二十日

J805.2

游艺画刊/潘侠风主编. —天津：游艺画刊社，一九四〇年四月

J809.2

申曲剧讯/大阿福（叶峰）编辑. —上海：申曲剧讯社[发行者]，一九四〇年八月十日

J809. 26

舞台艺术/山东省立剧院编译处编辑. —济南：山东省立剧院，一九三五年三月一日

戏剧旬刊/张古愚主编. —上海：国剧保存社出版部，一九三五年十二月二十一日

J82

歌场新月/歌场新月社编辑. —上海：民友社[发行者]，一九一三年十一月二十五日

戏杂志/[编辑者不详]. —上海：戏社营业部[发行者]，一九二二年五月

戏世界月刊/刘幕耘，汪绍枋编辑. —上海：戏世界月刊出版社[发行者]，一九三五年十一月一日

抗战戏剧/田汉，马彦祥编辑. —汉口：华中图书公司[发行者]，一九三七年十一月十六日

戏迷传/张剑花[等]主辑. —上海：上海四合出版社，一九三八年九月一日

戏剧画报/[戏剧画报社编辑]. —上海：[戏剧画报社]，一九四六年四月二十七日

J821

十日戏剧/郑过宜编辑. —上海：国剧保存社，一九三七年二月十五日

戏/戏杂志社编辑部编辑. —上海：戏杂志社，一九三八年一月一日

J892

戏剧教育/教育部第二巡回戏剧教育队研究组编辑. —汕头：教育部第二巡回戏剧教育队，
　　一九四〇年六月

J9

明星/明星影片公司编辑部编辑. —上海：明星影片公司发行部[发行者]，一九二五年五月一日

银幕周报/[江俊明主编]. —上海：东方印书馆[发行者]，一九三一年九月二十日

银色旬刊/吴镛子主编. —上海：中国图书编译馆，一九四〇年六月二十五日

影剧周刊/中华出版社编辑. —上海：中华出版社[发行者]，一九四六年一月三日

影艺画报/影艺出版公司编辑. —上海：影艺出版公司[发行者]，一九四六年十二月一日

影星画史/姜星谷主编. —上海：电影话剧社，一九四八年十月十日

J905

电影新闻/电影新闻编辑部编辑. —上海：现象图书刊行社，一九三五年七月七日

电影杂志/影业出版社编辑部编辑. —上海：影业出版社[发行者]，一九四七年十月一日

西影/盛琴仙，马博良主编. —上海：西影出版社，一九四八年十一月七日

J905. 2

女神图画月刊/严次平编辑. —上海：[女神出版社][发行者]，一九三五年五月一日

百美图月刊/章秀珊主编. — 上海：上海艺友出版社，一九三八年十一月二十一日

上海影坛/上海影业出版公司编辑. —上海：上海影业出版公司[发行者]，一九四三年十月十日

J909. 2

电影故事/严次平主编. —上海：青青电影出版社，一九四八年九月五日

J909. 26

艺声/林朴晔主编. —上海：国风出版社，一九四七年七月十六日

K历史、地理

K0

历史社会季刊/大夏大学历史社会季刊编辑委员会编辑.—上海:大夏大学历史社会研究部[发行者],一九四七年三月一日

K03

师大史学丛刊/北平国立师范大学史学会编辑.—北平:北平国立师范大学出版部[发行者],一九三一年六月六日

贵大学报/国立贵州大学学报编纂委员会编辑.—贵阳:国立贵州大学教务处出版组[发行者],一九四六年九月

K092.6

史学消息/刘选民总编辑.—北平:燕京大学历史学系史学消息编辑委员会[发行者],一九三六年十月二十五日

K143

欧洲战事汇报/金石编辑.—上海:欧洲战事汇报社[发行者],一九一四年八月

K2

国史馆馆刊/国史馆编辑.—南京:国史馆[发行者],一九四七年十二月

K204

齐鲁学报/齐鲁大学国学研究所学报编辑委员会编辑.—济南:齐鲁大学国学研究所[发行者],一九四一年一月

K207

史学杂志/顾颉刚,刘熊祥主编.—重庆:史学杂志社,一九四五年十二月五日

K23

史学述林/国立中央大学历史学会编辑.—重庆:国立中央大学历史学会[发行者],一九四一年一月

K264

残日/经济救国抗日团编辑委员会编辑.—上海:经济救国抗日团[发行者],一九三一年十一月十四日

K265

战事画刊/良友图画杂志社编辑.—上海:良友图画杂志社[发行者],一九三七年八月二十日初版,一九三七年九月一日再版,一九三七年九月十五日三版

战时大学周刊/战时大学编辑部编辑.—上海:战时大学周刊社,一九三七年十月三十日

战旗/葛乔[等]主编.—成都:战旗旬刊社[发行者],一九三七年十二月五日

中日战事史料征辑会集刊/中日战事史料征辑会编辑.—昆明:中日战事史料征辑会[发行者],一九四〇年六月

大国民周刊/大国民社编辑.—上海:王及时[发行者],一九四五年九月五日

中国人民爱国自卫战争华东战场第一年画刊/大众日报社,华东新华社编.—山东:[大众日报社,华东新华社],一九四七年十月

K265.2

前锋/朱恨生编辑. —杭州：前锋出版社[发行者]，一九四六年四月一日

K265.21

上海战事画刊/梁得所编辑. —上海：上海良友图书印刷公司[发行者]，一九三二年二月二十五日

K265.65

史笔/史笔编纂馆编辑. —上海：史笔编纂馆[发行者]，一九四〇年二月二日

K266.54

华北舆论集：台湾二・二八大惨案/台湾省旅平同乡会[等]编辑. —天津：天津市台湾同乡会
[等][印刷者]，一九四七年四月二十日

K29

中国边疆/中国边疆学会编辑. —重庆：中国边疆学会[发行者]，一九四二年一月三十一日

西北文化/张维新编辑. —南京：西北文化社[发行者]，一九四七年五月十五日

K294

新西北/新西北社编辑. —西安：新西北社[发行者]，一九三八年一月五日复刊号

中央亚细亚/马念祖编辑. —北京：中央亚细亚协会编辑部[发行者]，一九四二年七月二十五日

西北民族文化研究丛刊/西北民族文化研究室编辑部编辑. —上海：西北民族文化研究室[发行
者]，一九四九年五月

K294.5

新疆论丛/欧阳敏讷主编. —兰州：西北文化建设协会[发行者]，一九四七年十二月

K295.1

上海市通志馆期刊/[上海通志馆编辑]. —上海：[上海通志馆]，一九三三年六月

K295.5

宁波周报/宁波周报馆编辑. —上海：宁波周报馆[发行者]，一九二四年八月二十三日

镇丹金溧扬联合月刊/韩可吾[等]编辑. —上海：镇丹金溧扬联合月刊社[发行者]，一九四六年
九月

K85

考古学杂志/黄花考古学院编辑部编辑. —广州：[黄花考古学院][发行者]，一九三二年一月
十五日

K87

野语/野语杂志社编辑. —上海：野语杂志社[发行者]，一九二五年五月

考古专报/国立北平研究院史学研究会编辑. —北平：国立北平研究院出版部[发行者]，
一九三五年一月

历史与考古/沈阳博物馆编辑委员会编辑. —沈阳：中国文化服务社东北区社[发行者]，
一九四六年十月

K875.6

泉币/郑家相编辑. —上海：医学书局[发行者]，一九四〇年七月

K892

风物志/顾颉刚，娄子匡主编.—重庆：中国民俗学会，一九四四年一月三十一日

K892.3

南金杂志（天津）/南金杂志社编辑.—天津：南金杂志社，一九二七年八月十日

K9

地学杂志/中国地学会编辑.—北平：中国地学会[发行者]，一九一〇年一月初版，一九一一年
六月再版，一九二二年七月三版，一九三四年十月四版

K90

地学季刊/中华地学会编辑.—上海：大东书局[发行者]，一九三二年七月

K92

地理之友/中华地理教育研究会编辑.—上海：新中舆地学社[发行者]，一九四八年三月

K928.7

旅航之友/轮船招商总局总管理处营业科编辑.—上海：轮船招商总局总管理处营业科[发行
者]，一九二八年十月

K928.9

旅行天地月刊/屠良才主编.—上海：旅行天地社[发行者]，一九四九年一月一日

K933

南国少年月刊/南洋文化学会主编.—上海：上海书局[发行者]，一九三九年七月三十一日

N自然科学总论

N49

科学画报/中国科学社编辑.—上海：中国科学图书仪器公司[发行者]，一九三三年八月一日初
版，一九三四年十月一日三版

科学知识/科学知识社编辑.—北平：科学知识社[发行者]，一九四六年五月一日

N533

科学丛刊/上海沪江大学自然科学社编辑.—上海：上海沪江大学自然科学社，一九二八年

N55

国立武汉大学理科季刊/国立武汉大学理科季刊委员会编辑.—武昌：国立武汉大学出版部[发行
者]，一九三〇年九月

国立北洋工学院工科研究所研究丛刊第一号/[国立北洋工学院工科研究所编辑].—天津：国立
北洋工学院出版组[发行者]，一九三五年十一月

广西大学工学院同学会期刊/广西大学工学院同学会编辑.—梧州：广西大学工学院同学会，
一九三六年五月

科学生活/科学生活社编辑.—上海：科学生活社[发行者]，一九三九年五月一日

青年与科学/青年与科学月刊社编辑.—重庆：青年书店[发行者]，一九四三年七月

科学周报/[科学周报社编辑].—北平：科学周报社，一九四五年十月一日

O数理科学和化学

数理月刊/数理月刊社编辑.—上海：数理月刊社，一九四一年十月十日

06

化学/甘礼俊总编辑.—上海：沪江大学念六年级化学会[发行者]，一九三六年六月六日

大同化学汇刊/大同大学理学院化学系三四年级同学会编辑.—上海：大同大学民二十八九级化
学系同学会，一九三九年八月

P天文学、地球科学

P1

国立中央研究院天文研究所集刊/国立中央研究院天文研究所编辑.—南京：国立中央研究院天
文研究所[发行者]，一九二九年六月

P22

浙江测量杂志/浙江测量学会编辑.—杭州：浙江测量学会[发行者]，一九三〇年一月三十日

P562

地质论评/中国地质学会编辑.—北平：北平西城兵马司九号地质图书馆[发行者]，一九三六年
二月

R医药、卫生

新医学月刊/卢抑甫主编.—天津：新医学月刊社[发行者]，一九二九年十月十日

昌明医刊/沈石顽主编.—上海：昌明医学书局[发行者]，一九三五年七月一日

医育/南京教育部医学教育委员会医育月刊编辑室编辑.—南京：南京教育部医学教育委员会医
育月刊编辑室[发行者]，一九三五年十月

进修月刊/中医师进修班医药学术研究会编辑.—上海：进修月刊社，一九四七年五月

R1

卫生月刊/天津市政府第四科编辑.—天津：天津市政府第四科[发行者]，一九三五年八月复刊号

R199.2

首都卫生/南京特别市卫生局编辑.—南京：南京特别市卫生局[发行者]，一九二九年十月

R2

中医新生命/谢诵穆编辑.—上海：陆渊雷医室[发行者]，一九三四年八月三十日

国医文献：中国医学院院刊/国医文献编辑委员会编辑.—上海：上海市国医公会[发行者]，
一九三六年

中国女医/张静霞总编辑—上海：国医素书局[发行者]，一九四一年一月十五日

R77

爱目/中国护目会编辑部编辑.—上海：中国护目会[发行者]，一九三九年一月

S农业技术

国立中央大学农学丛刊/国立中央大学农学院编辑.—南京：国立中央大学出版组[发行者]，
一九三三年十一月十日

岭南农刊/黄琢修，李锦厚编辑.—广州：广州岭南大学农学院农学会，一九三四年十二月十四日

广西农林学报/广西农林学会编辑. —南宁：广西农林学会[发行者]，一九三五年一月

西北农林/国立西北农林专科学校编审委员会编辑. —西安：国立西北农林专科学校出版股，
　　一九三六年七月十日

S40

苏农季刊/江苏省立苏州农业学校编辑. —苏州：江苏省立苏州农业学校[发行者]，一九三四年
　　四月

S15

土壤专报/实业部地质调查所，国立北平研究院地质学研究所编辑. —北平：实业部地质调查
　　所，国立北平研究院地质学研究所[发行者]，一九三一年二月

S3

农学/东南大学农科农学编辑部编辑. —南京：东南大学农科农学编辑部[发行者]，一九二三年
　　五月

农学/谢公墨，尤其伟编辑. —上海：露香园畜植公司，一九四四年四月十五日

S39

农村副业/赵今吾主编. —北平：农村副业月刊社，一九四七年八月一日革新号

S562

中国棉业副刊/农林部棉产改进处，农林部中央农业实验所棉作系编辑. —南京：中国棉业副刊
　　社，一九四七年七月一日

S6

园艺/国立中央大学园艺学会园艺编辑部编辑. —南京：国立中央大学园艺学会园艺编辑部[发行
　　者]，一九三五年七月

S78

木业界/木业界刊物编辑股编辑. —上海：上海市木业促进会，一九四〇年三月五日

木业界/上海市木商业同业公会教育组出版股编辑. —上海：上海市木商业同业公会教育组[发行
　　者]，一九四六年七月十五日复刊号

S81

浙江畜牧/浙江省立实验农校畜牧科出版委员会编辑. —杭州：浙江省立实验农校畜牧科出版委
　　员会[发行者]，一九三五年十二月

S9

中华水产杂志/[中华水产杂志社编辑]. —上海：[中华水产杂志社][发行者]，一九二一年二月

浙江省立水产科职业学校校刊/浙江省立水产科职业学校编辑. —定海：浙江省立水产科职业学
　　校[发行者]，一九三〇年四月

水产汇志/[中华水产学会广东分会编辑]. —广州：广东建设厅水产试验场，一九三一年五月一日

T工业技术

工业学院学报/河北省立工业学院学报社编辑. —天津：河北省立工业学院图书馆[发行者]，
　　一九三四年九月

工程/金问江等编辑.—上海：上海工程专科学校同学会出版股[发行者]，一九三九年十二月

理工杂志/理工杂志社编辑.—北平：理工杂志社[发行者]，一九四五年十一月十五日

T-55

工程界：大众的科学与工程月刊/工程界杂志社编辑.—上海：工程界杂志社[发行者]，
一九四五年七月

TB

交大工程季刊/交通大学工学院编辑.—上海：交通大学工学院[发行者]，一九四七年四月八日

北大工程/国立北京大学工学院自治会主编.—北平：[北大工程学院总务部发行组][发行者]，
一九四八年三月一日

TD

采冶年刊/天津国立北洋大学采冶学会编辑.—天津：天津国立北洋大学采冶学会，一九三二年
八月二十日

华北工矿/华北工矿月刊社编辑.—天津：华北工矿月刊社[发行者]，一九四六年五月一日

工矿建设月刊/祝百英主编.—上海：工矿出版社，一九四七年六月一日

矿冶通讯/经济部矿冶研究所编辑.—北平：经济部矿冶研究所[发行者]，一九四八年六月

TH

交大轮机/国立交通大学轮机工程学会编.—上海：[出版者不详]，一九四八年四月

TM

英大机电/国立英士大学机电工程学会主编.—杭州：国立英大机电工程学会英大机电出版委员
会，一九四八年一月

TM1

大同电工/大同大学电机工程学会出版委员会编辑.—上海：大同大学电机工程学会[发行者]，
一九四一年十一月

电工年刊/戚国彬，王爵麟编辑.—上海：大同大学电机系校友会[发行者]，一九四八年四月

TM3

交大电机/汪绪祖总编辑.—上海：中国电机工程师学会，国立交通大学学生分会[印刷者]，
一九四七年四月八日

TM6

冀北电力专刊/[资源委员会冀北电力公司编].—北平：[资源委员会冀北电力公司]，一九四八
年三月一日

TQ01

化工/黎超海等编辑.—[杭州]：国立浙江大学化学工程学会，一九三三年四月

TS1

北平纺织染研究会季刊/北平纺织染研究会编辑.—北平：北平纺织染研究会办事处[发行者]，
一九二九年六月

纺织染工程/黄希阁编辑.—上海：中国纺织染工程研究所，一九三九年五月一日

杼声/南通学院纺织科杼声出版委员会编辑.—上海：南通学院纺织科杼声出版委员会[发行

者]，一九四〇年九月一日复刊号

中国纺织学会会刊/中国纺织学会编辑. —重庆：中国纺织学会[发行者]，一九四三年四月

纺织建设月刊/方柏容主编. —上海：中国纺织建设公司董事会纺织建设月刊社[发行者]，
　　一九四七年十二月十五日

纺声/上海纺织工业专科学校纺织科学友会纺声出版委员会编辑. —上海：上海纺织工业专科学
　　校纺织科学友会纺声出版委员会，一九四八年二月一日

TS24

台湾糖业季刊/台湾糖业季刊编辑委员会编辑. —台北：台湾糖业公司[发行者]，一九四七年十
　　月一日

TS26

酿造杂志/徐望之主编. —上海：中国酿造学社[发行者]，一九三九年一月一日

TS95

小工艺/小工艺半月刊社编辑. —上海：小工艺半月刊社[发行者]，一九三八年十二月十六日

TS976

家庭常识/天虚我生主编. —上海：中华图书馆[发行者]，一九一七年六月

理想家庭/张冰独编辑. —上海：理想家庭月刊社[发行者]，一九四一年三月十五日

TU

中国营造学社汇刊/[中国营造学社编辑]. —北平：中国营造学社[发行者]，一九三〇年七月

国立清华大学土木工程学会会刊/土木工程学会，北平国立清华大学土木工程学会编辑. —北
　　平：土木工程学会，北平国立清华大学土木工程学会[发行者]，一九三二年七月

TU984.251

上海工务/上海市工务局，上海工务月刊社编辑. —上海：上海市工务局，上海工务月刊社，
　　一九四七年七月

TV

河海季刊/朱塘总编辑. —南京：南京河海工程专门学校[发行者]，一九二三年三月

TV882.2

扬子江季刊/扬子江水道整理委员会编辑. —南京：扬子江水道整理委员会[发行者]，一九三三
　　年三月

U交通运输

U2

现代铁路/现代铁路杂志社主编. —上海：现代铁路杂志社[发行者]，一九四七年一月一日

U6

海事学生/萧珞主编. —汉口：国立海事学校学生自治会，一九四八年一月一日

Z综合性图书

Z228

聊斋半月刊/聊斋半月刊社编辑. —上海：白苹美术广告社[发行者]，一九三三年五月

新喜洲/［编辑者不详］.—上海：新喜洲社，一九三六年五月一日

少年画报/徐应昶编辑.—上海：商务印书馆［发行者］，一九三七年四月一日

康乐世界/萧振铠总编辑.—上海：康乐世界社，一九三九年五月一日

现代伴侣/生流出版社编辑.—天津：生流出版社，［出版时间不详］

Z228.2

第二代丛刊/葛家良主编.—上海：第二代出版社［发行者］，一九四四年五月十五日

新知识半月刊/新知识杂志社编辑.—北平：新知识杂志社［发行者］，一九四五年十月十五日

Z4

世界杂志精华/汪泱，吴乐欣编辑.—上海：世界文化出版社，一九四〇年八月一日

Z62

奇文杂志/姚叔屏［等］编辑.—上海：奇文杂志社［发行者］，一九二一年九月一日

诚恒/江苏七中旅京同学会编辑委员会编辑.—北京：江苏七中旅京同学会［发行者］，一九二四
　　年六月十五日

北大学生/北京大学学生月刊委员会编辑.—北平：北京大学学生月刊委员会［发行者］，
　　一九三〇年六月一日

血轮月刊/北平中法大学服院血轮出版部编辑—北平：北平中法大学服院血轮出版部［发行
　　者］，一九三一年四月一日

金陵学报/私立金陵大学金陵学报编辑委员会编辑.—南京：私立金陵大学出版委员会，
　　一九三一年五月

拂晓月刊/杨清磬，芮禹成编辑.—上海：上海印染公司拂晓月刊社［发行者］，一九三二年五月
　　三十一日

妇女生活图画杂志/胡考编辑.—上海：浩荡刊行社，一九三二年六月十八日初版，一九三二年
　　六月二十六日再版

学术月刊/学术月刊社编辑.—上海：学术月刊社［发行者］，一九三三年五月五日

俱乐部/孙玉声主编.—上海：图画书局，一九三五年二月一日

勷勤大学季刊/勷勤大学出版委员会编辑.—广州：广东省立勷勤大学，一九三五年十月

时代知识/钟鸣人，钟焕新主编.—上海：时代知识社，一九三六年一月十日

世界猎奇画报/范寄病，薛志英编辑.—上海：声美出版社，一九三七年三月二十五日

巨轮/周汝作总编辑.—上海：联志学术研究社，一九三九年一月十日

研究与进步/中德学会编.—北平：中德学会，一九三九年四月

中行杂志/王彦存，庄智源编辑.—上海：中行杂志社，一九三九年九月十五日

学林/学林社编辑.—上海：学林社［发行者］，一九四〇年十一月

学术季刊：文哲号/中国学术研究会编辑.—重庆：中国学术研究会［发行者］，一九四二年一月
　　一日

学术界/学术界社编辑.—上海：中国联合出版公司［发行者］，一九四三年八月十五日

学术杂志/常任侠，潘菽主编.—重庆：学术杂志社［发行者］，一九四三年九月一日

锻炼/建文出版公司编辑.—上海：建文出版公司［发行者］，一九四四年一月十六日

常识/常识出版社编辑.—上海：常识出版社[发行者]，一九四四年十月十日

民主与科学杂志/张西曼主编.—重庆：张西曼[发行者]，一九四五年一月

中流月刊/任铭方编辑.—北平：中流月刊社[发行者]，一九四五年十月十日

青年之友/青年之友社编辑.—北京：青年之友社[发行者]，一九四五年十月十日

文化旬刊/文化旬刊社编辑.—北平：文化旬刊社[发行者]，一九四五年十月二十一日

青年魂/[天津青年出版社编辑].—天津：天津青年出版社[发行者]，一九四五年十二月十日

文汇丛刊：春天的信号/[编辑者不详].—上海：文汇报馆[发行者]，一九四七年九月

生活文摘/蔡声主编.—上海：世界编译社[发行者]，一九四七年九月五日

星期日画报/王霞村编辑.—天津：星期日画报社，一九四七年十二月十四日

世界与中国/李树桐编辑.—北平：李树桐[发行者]，一九四八年六月十五日再生第一期

民讯/民讯杂志社编辑.—成都：民讯杂志社，一九四八年十月十日

学澜/学澜编辑委员会编辑.—南京：学澜周刊社[发行者]，一九四八年十月十日

Z89

知识文摘/知识文摘月刊社编辑.—上海：知识文摘月刊社[发行者]，一九四〇年十月十日

中国文摘/徐慧棠，沈毓刚编辑.—[上海]：山河图书出版公司[发行者]，一九四五年十月五日

现代文献/现代文献社编辑.—天津：现代文献社[发行者]，一九四六年四月一日

知识文摘/徐天希编译.—上海：人生出版社，一九四六年四月

现代经济文摘/联合编译社编辑.—上海：联合编译社[发行者]，一九四七年二月九日

革命文献与民国时期文献
保护计划

成 果

民国时期
創刊號 图录

宁夏回族自治区图书馆 编著

上册

国家图书馆出版社

图书在版编目（CIP）数据

民国时期创刊号图录：全二册／宁夏回族自治区图书馆编著 .—北京：国家图书馆出版社，2022.1
ISBN 978-7-5013-7158-7

Ⅰ．①民… Ⅱ．①宁… Ⅲ．①期刊—汇编—中国—民国
Ⅳ．① Z62

中国版本图书馆 CIP 数据核字（2020）第 268670 号

书　　名	民国时期创刊号图录（全二册）	
著　　者	宁夏回族自治区图书馆　编著	
责任编辑	谢阳阳	
封面设计	王新颖	

出版发行　国家图书馆出版社（北京市西城区文津街 7 号 100034）
　　　　　　（原书目文献出版社　北京图书馆出版社）
　　　　　　010-66114536 63802249 nlcpress@nlc.cn（邮购）

网　　址	http://www.nlcpress.com	
印　　装	北京金康利印刷有限公司	
版次印次	2022 年 1 月第 1 版　2022 年 1 月第 1 次印刷	
开　　本	889 × 1194　1/16	
印　　张	53.25	
字　　数	680 千字	
书　　号	ISBN 978-7-5013-7158-7	
定　　价	600.00 元	

本书编委会

主　　　任　　韩　彬

副　主　任　　吕　毅　　陶爱兰

顾　　　问　　李习文　　梁春阳

主　　　编　　吕　毅　　王钧梅

副　主　编　　陶爱兰　　李海燕　　尹光华

编　　　撰　　（按姓氏笔画排序）

丁宁宁　　马　苗　　王海宁　　占红霞

白文安　　刘　欢　　李　刚　　李　霄

张明乾　　陈广金　　岳　霞　　姚晓燕

徐远超　　谭　继

序言

　　积极开发馆藏资源，努力发掘文献价值，全力开展信息服务，充分彰显社会效应，是大型公共图书馆的职责与义务所在。为了切实履行好这一职责与义务，我们对本馆馆藏文献进行了全面普查与分析，确立了数个具有重要社会价值的开发、整理、编纂项目，以期将多年来深藏于书山文海的历史文献宝藏通过科学组织与编辑，形成系统化的文献信息产品，服务于读者，服务于社会。呈现在读者面前的这部《民国时期创刊号图录》（以下简称《图录》），便是近年来我馆馆藏文献开发系列项目中的重要成果之一。

　　创刊号作为期刊问世的"宣言书"，对创刊目的、办刊宗旨、栏目设置、内容风格、载文类型、投稿要求均进行了明确告知。在民国时期的各种期刊中，诸如"论究学术、阐求真理、昌明国粹、融化新知""正其谊不谋其利，明其道不计其功""发扬东方文化，融贯世界学术，促进社会改造，倡导人类和平"等独具民国文化人精神特质的创刊理念，大都在创刊号中得到淋漓尽致的体现。各创刊号中所刊文稿亦为精挑细选之力作或名家的特约论稿，装帧印刷也力求彰显特色，代表着每种期刊的精华所在，具有"一叶知秋"的文献参考价值和"一斑见豹"之史料研究价值。然而，此类珍贵的文献，目前大都散藏于各地区的图书馆和私家宅院，其中很多被尘封，正处于腐化蠹蚀或流散损坏之中，随时都有湮灭的可能，抢救整理这些文献刻不容缓。

　　《图录》从我馆卷帙浩繁的馆藏民国期刊中精选了其中最具社会价值、文献价值、文物价值、鉴赏价值、收藏价值的700多种创刊号，分别以"提要"和"名录"的形式，依学科分类，图文并茂地加以编纂，便于读者了解与检索。其中，"提要"分别对700多种创刊号简明扼要地介绍了其创刊时间、主办者、办刊宗旨、主要栏目以及所刊重要文章、主要撰稿人等，旨在为读者了解各刊特色、精髓提供"导游指南"；"名录"收录了1000多种民国期刊，分类编排，旨在将此类文献之"菜单"原汁原味地呈现给读者。

　　众所周知，民国时期是中国从半封建半殖民地社会向着民族独立、社会民主之社会而努力奋斗的重要历史时期；是中国传统文化与西方现代文化全面碰撞、交流、兼容的时代；也是中国农业文明向工业文明逐渐过渡的艰辛时期；亦是社会各种政治力量、军事力量激烈角逐，国外帝国主义侵略势力不断蚕食，中华民族处于最危险的时期；更是革命力量由小到大、由弱变强，最终推翻"三座大山"，创建中华人民共和国的民主革命时期。如此风云激荡、波涛汹涌、天翻地覆的历史，必然会在当时的各类文献中烙上深深的印记。作为中国期刊史上空前繁荣的民国时期期刊，则是客观及时、全面系统、具体生动、深刻翔实地记载这段历史之最主要的文献集合体。故此，国家图书馆近些年来面向全国组织申报民国时期文献整理项目，以便系统地抢救、保护、开发这类历史文献，使其发挥出应有的价值。"民国时期创刊号图录"便是国家图书馆民国时期文献保护工作办公室2019年批准立项的文献整理课题之一。这一课题成果的问世，无论从宏观、中观、微观层面来看，均有着不凡的意义与价值。

《图录》的编纂与出版，宏观层面的意义与价值在于：以原始期刊的载体形式，反映了1912—1949年间中国政治、经济、文化、社会、军事、科教诸方面的历史进程，为深化民国史研究，提供了全方位、广角度的第一手资料。此类独特的"史料集合体"，对于人们全面真实地了解民国时期纷繁的史实，客观深入地研究民国历史进程的轨迹，科学系统地评价民国时代的历史地位，均有着不可替代的文献参考与利用价值。

《图录》的编纂与出版，中观层面的意义与价值在于：为定向研究民国时期的"专门史""学术史"提供了具体而系统的文献信息资源。民国时期，是中国期刊事业由蹒跚起步到全面发展的重要时期。这期间，创刊数量与日俱增，涉及的学科门类不断健全。哲学宗教、政治法律、历史地理、语言文字、军事、经济、文学、艺术、数理化、农业科学、工业技术、交通运输等专业、领域的期刊可谓"应有尽有"，加之数以百计的大学综合性期刊，使得期刊文献所蕴含的历史信息涉及各类学科、各行各业。《图录》的编纂与出版，为诸如"民国时期的经济发展""民国时期的工业技术""民国时期的交通运输业""民国时期的哲学研究""民国时期的科学进展"等各类中观课题研究，提供了不可或缺的原始资料，为人们从不同视角深化对民国史的探讨，拓展了必要的信息通道。

《图录》的编纂与出版，微观层面的意义与价值在于：为深化研究民国时期的某一具体史实、某一社会团体、某一学术大师，提供了全面、具体、丰富、生动的定题信息服务。比如要深入研究上海"淞沪抗战"之史实，通过《图录》可检索到诸如《上海战事画刊》等一大批相关的民国期刊，进而获得系统而具体的文献资料；再如，要深入研究"左翼作家联盟"的相关史实，通过《图录》可检索到诸如左翼作家联盟机关刊物《文学月报》等一系列与之相关的民国期刊，进而获取"海量"的具体史料。同理，要系统了解民国时期文学领域中的"唯美派""鸳鸯蝴蝶派""新月派"的来龙去脉，进而深入研究其文学特色，亦可通过《图录》而检索到大批原始史料。此外，民国时期既是中西文化大碰撞、大交流、大兼容的时代，亦是名家云集、大师辈出的时期。诸如梁启超、章炳麟、蔡元培、鲁迅、冯友兰、马叙伦、蒋梦麟、马寅初、柳亚子、林语堂、章乃器、梁漱溟、胡愈之、陈寅恪、傅斯年、赵元任、郭沫若、叶圣陶、吕思勉、翦伯赞、田汉等一大批学贯中西、融通古今的大家、名师，均做过多种期刊的主编或撰稿人，研究他们的"生平与思想"，离不开对民国期刊文献的检索与利用。《图录》恰恰在这方面给人们提供了及时而准确的信息服务。

除了上述间接、潜在的社会价值外，《图录》最为直接、显性的价值则体现在无可替代的"文献学研究基本素材"方面，即为"民国期刊史研究"提供了较为完整的文献信息检索指南。比如"民国期刊学科分布特点、地域分布特点、行业分布特点""民国期刊事业发展的阶段性特点""从期刊视角看民国时期的学术发展""抗战期刊的兴起与全民动员""革命根据地、解放区期刊发展历程"等众多基于期刊史料而开展的文献学研究课题，均离不开《图录》"按图索骥"功能的有效发挥。

此外，《图录》也为"中国期刊史研究"提供了较为全面、系统的"文物"资料，为人们从"文物"的路径探讨民国时期的期刊事业发展特点，进而深化对民国时期社会文化事业、学术研究事业、科技教育事业发展历程的研究，提供了"辨章学术，考镜源流"所必需的系统化"物证"材料。

与此同时，民国期刊中那些凝聚着厚重历史感、儒雅传统风、拙朴书法美的封面、装帧，无疑具有独特而重要的鉴赏价值与收藏价值。还有诸如《流民图》《三毛》等具有特殊历史意义和艺术风格的连载画作，尤其是由丰子恺、黄胄、蒋兆和、丁聪、张乐平、华君武等著名画家所作的封面画、刊内插画，吴昌硕、谭延闿、潘龄皋、马公愚、于右任、李叔同、章士钊、马叙伦等著名书法家题写的刊名、题词等珍贵艺术作品，散见于数百种刊物之中。《图录》的收集，进而成就了难得一见的"民国书画作品大展"。

《图录》历经艰辛从申报立项、整理研究到得以如期出版，得到了国家图书馆民国文献保护中心、国家图书馆出版社的大力支持，在此，一并表示衷心的感谢！

当然，《图录》的上述社会价值、文献价值、文物价值、鉴赏价值、收藏价值能否如愿彰显，还有待于时间、实践的检验。我们诚挚地期待业界同人与广大读者予以评价、指教。

宁夏回族自治区图书馆

《民国时期创刊号图录》整理与编辑委员会

2020年6月30日

凡例

一、《民国时期创刊号图录》收录范围为宁夏回族自治区图书馆所收藏的产生于1912年至1949年中华人民共和国成立这一特定历史时期的期刊创刊号。

二、本图录收录的创刊号一般为报刊开始刊行的第一期，涵盖复刊号、革新号、新一期、新一号、新一卷、再生第一期等。创刊号的再版本、三版本也在收录范围。

三、本图录依据《中国图书馆分类法》（第四版）分类，各类目下按照历史年代排序，且按馆藏刊号时间收录，年代相同的民国期刊创刊号，按照题名笔画排序。

四、本图录提要内容包括：题名、创刊时间、停刊时间、创刊地点、发刊周期、主编、出版发行单位或发行人、办刊宗旨或目的、刊物主要内容等。

五、每种民国期刊创刊号有相应提要，并配以能反映该刊版本、内容及特色的书影。书影一律采用原件。提要要求客观反映民国期刊创刊号的基本信息，并进行规范描述。

六、创刊号名录中不确定的信息，如出版地、出版时间等，用"〔 〕"标出。出版者不确定的，注出发行者，并用"〔 〕"标出。

目录

上 册

下 册

提要

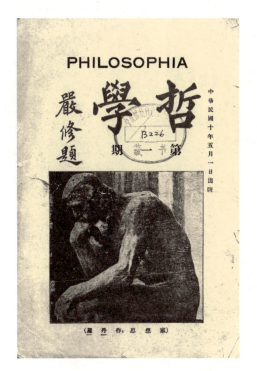

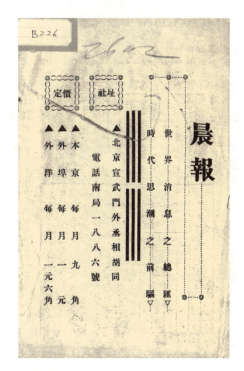

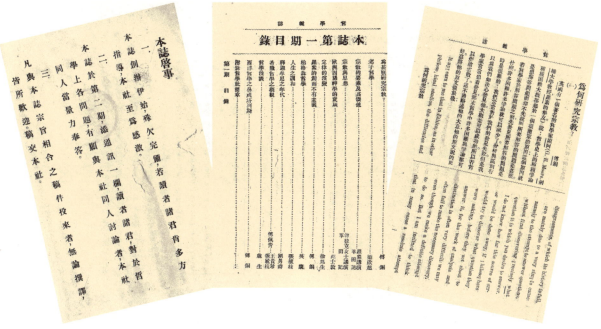

《哲学》

　　1921年5月1日在北京创刊，哲学社编辑发行，出版周期不定。该刊以"共同研究哲学"为宗旨，探讨并研究哲学上的各种问题，如宗教与哲学之关系、中国古代哲学、西方著名哲学思想等。主要撰稿人有梁启超、傅铜、张毓桂等。封面有罗丹所作思想家雕塑，刊内有《新教育》《北京大学新潮》《改造》等刊物宣传广告。

《证道学月刊》

1927年1月1日在上海创刊，证道学会黎明社编辑，证道学会出版，月刊。作为上海证道学会的会刊，其宗旨有三：一是"提倡博爱，没有种族宗教阶级男女国籍的分别"；二是"研究哲学、科学和世界上所有的宗教"；三是"探讨宇宙间的秘理和人身内蛰未发现的能力"。内容涉及哲学、科学、宗教、儒学、道学及修身养性之道。

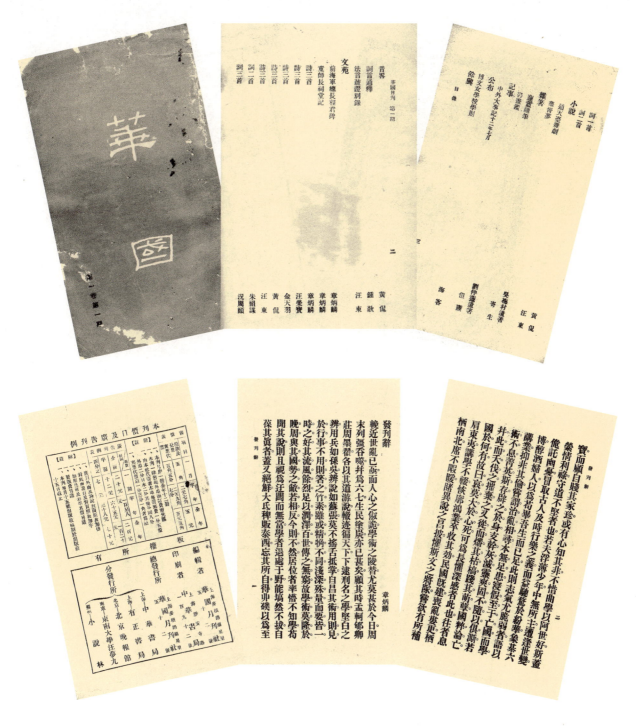

《华国》

　　1923年在上海创刊，1926年出版至第3卷第14期后停刊。华国月刊社编辑发行，章炳麟任社长，月刊。该刊以"甄明学术，发扬国光"为宗旨，"选材则慎，而体例至宽"。涵盖《名家书画》《通论》《学术》《文苑》《小说》《杂著》《记事》《公布》《余兴》《谜选》等栏目。撰稿者大家云集，章炳麟、梁启超、黄侃等皆在列。创刊号内收有章炳麟先生所藏《新出三体石经拓本》、所撰《新出三体石经考》等。

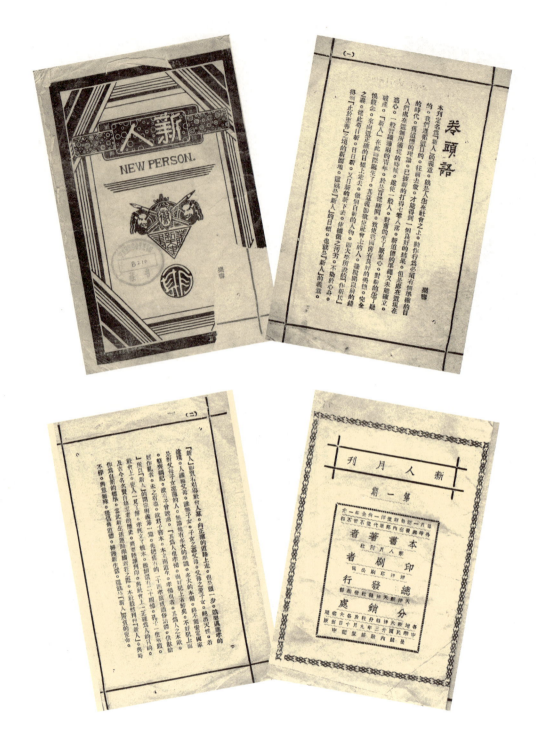

《新人》

　　1934年9月10日创刊于天津，同年11月停刊。新人月刊社编辑，天津新天津报业营业部发行，月刊。该刊以"提倡旧道德，拥护新生活"为使命。主要栏目有《时论》《专论》《诗》《辩论》《文摘》《介绍》《书评》《通讯》等。创刊号将传统《二十四孝》作为开宗明义第一篇，分章介绍了二十四孝，每一孝先以白话文介绍内容，后配以诗文图画，通俗易懂。

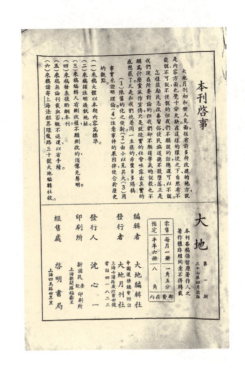

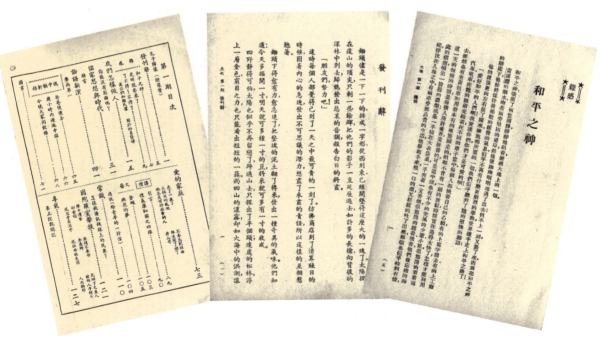

《大地》

　　1938年4月创刊于上海，大地编辑社编辑，大地月刊社发行，月刊。该刊以鼓励民志、改善习俗、反映社会现实、吐露真实情感为目的，自称不为任何党派做宣传。辟有《杂感》《域中辎轩录》《讲坛》《文艺》《常识》《专载》等栏目。该刊推崇儒家思想，倡导传统文化，编者希望此刊可给战时的民众以精神慰藉。另内封页有《孔子像赞》。

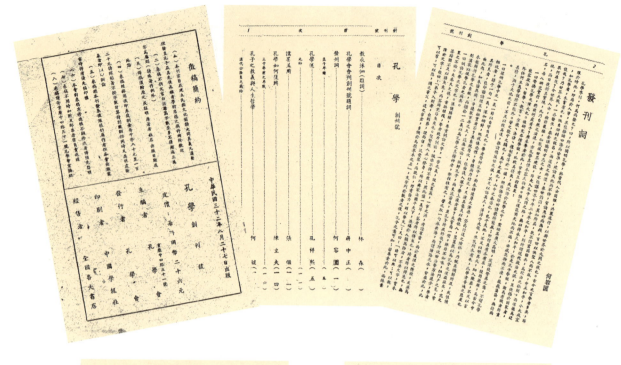

《孔学》

　　1943年8月27日在重庆创刊，孔学会编辑发行，季刊。该刊以"阐明孔学之全体大用，以匡辅世道人心，缔造世界大同"为旨趣，以期将"诸经之言，融成一体，会归一元"。主要栏目有《专载》《读书指导》《书报介评》《青年论坛》《史料》《文苑》《会闻》等。内容以研究、整理孔子及其继承者的思想为主。创刊号内收有孔祥熙的《孔学述》、何键的《孔子之教义与人生哲学》、李之常的《怎样读论语》等文章。

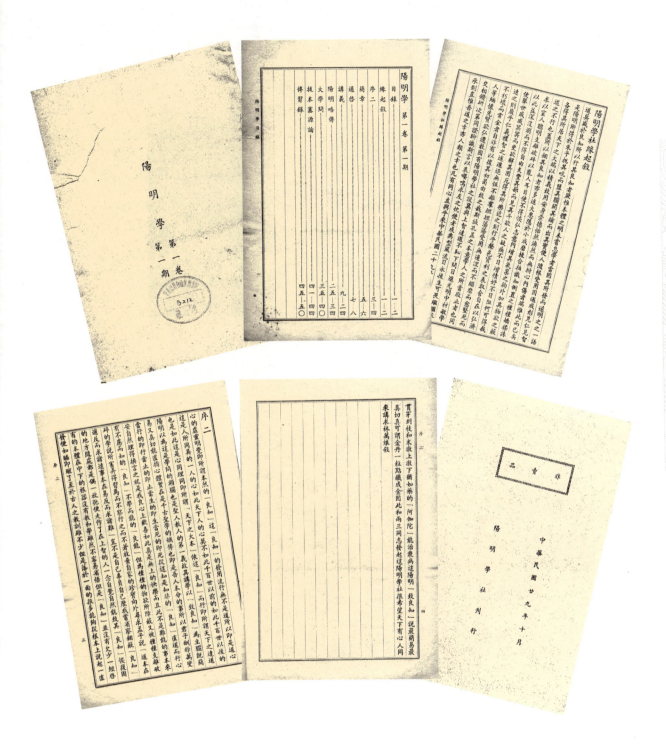

《阳明学》

　　1940年10月在上海创刊，1941年12月发行至第1卷第6期停刊。阳明学社编辑发行，不定期出版。该刊以研究王阳明学派思想及理论为主，以"博学、审问、慎思、明辨、笃行"为追求。创刊号内刊有阳明学社简章、通启、阳明学讲义、《阳明略传》、《大学问》、《拔本塞源论》、《传习录》等内容。另该刊仿古籍版式，版框栏为绿丝栏。

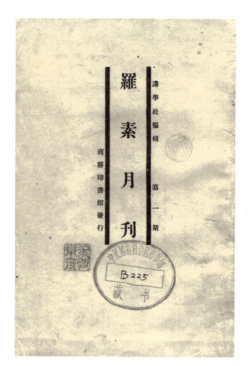

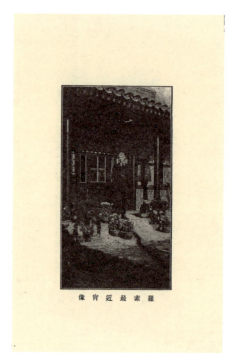

《罗素月刊》

　　1921年创刊于上海，讲学社编辑，商务印书馆发行，月刊。该刊是讲学社邀请英国大哲学家、思想家罗素来华讲学，专为发表其演讲录而出版的。作为罗素研究专刊，创刊号对罗素其人及其哲学精神、来华演讲录及当时讲学社欢迎罗素之盛况都有记录。著名学者、语言学家赵元任担任罗素的翻译，凡是发文，需由其审阅后方可发表。

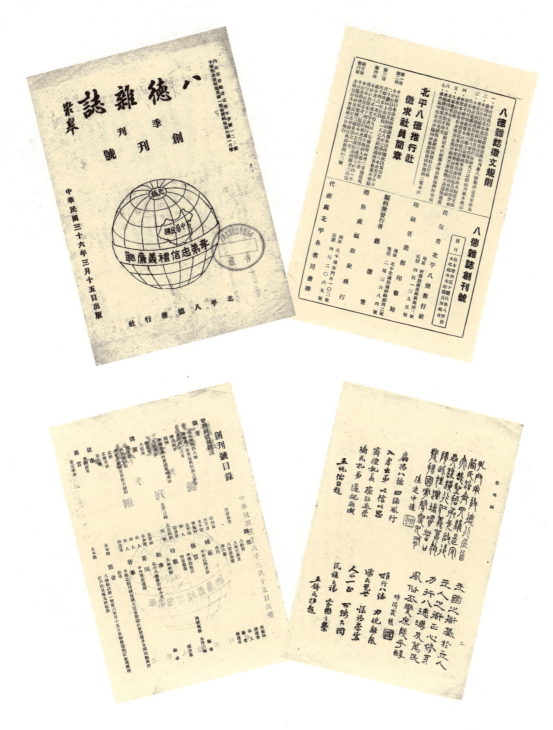

《八德杂志》

　　1947年3月15日在北平创刊，钱选青编辑，北平八德推行社出版，季刊。该刊以"推行孝悌忠信礼义廉耻"为宗旨，以"救国救民救世界"为目的。设有《论著》《讲演》《故事》《格言》《纪事》《要闻》等栏目。所刊文章文体不限，但内容皆与八德有关。封面"八德杂志"四字由清末进士、民国著名书法家潘龄皋题写。

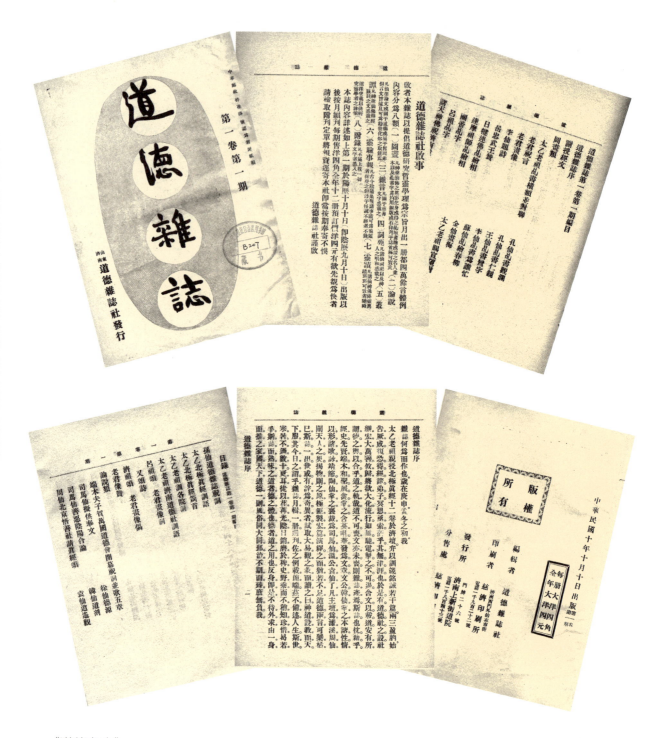

《道德杂志》

　　1921年10月10日创刊于济南，道德杂志社编辑，济南上新街道院发行，月刊。该刊以"提倡道德，研究哲灵学理"为宗旨。设有《图画》《论说》《杂言》《词苑》《丛谭》《灵验事报》《灵迹》《附录》等栏目。内容以讲述、阐明道教教义为主，但也掺杂佛教因果报应之说。载有《太乙北极真经训语》《太乙老祖训各院词》《如来佛六道真言》等文章。

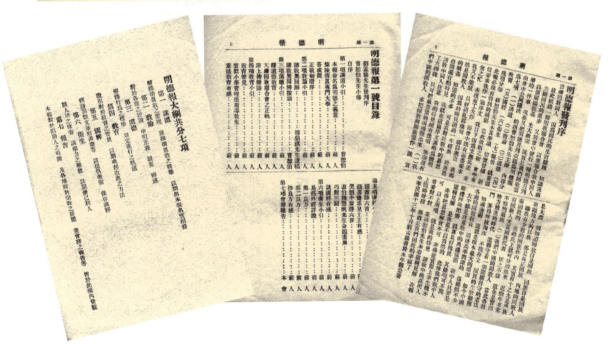

《明德报》

　　1924年11月创刊于天津，曹鸿年（字恕伯）主编，天津回教联合会出版，月刊。天津回教因"回民的生计艰难，知识薄弱"而组织成立"回教联合会"，原发行刊物《明德月刊》，后改为《明德报》。该刊旨在"阐扬回教教义，光大教宗"。辟有《讲道》《教论》《道德》《教育》《国粹》《卫生》《报告》等栏目。介绍清真专门大学、诸教异同、教育等方面的内容，兼有少量诗文。

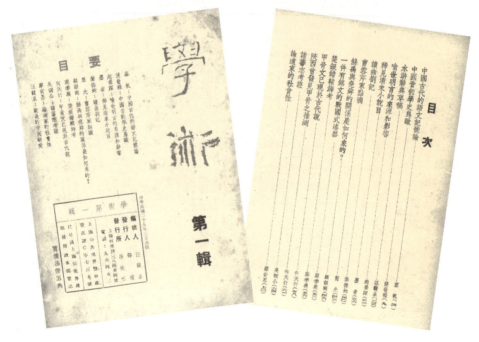

《学术》

　　1940年2月在上海创刊，中国现代文化名士汪馥泉编辑，学术社发行，邵礼为发行人，月刊。该刊主要发表古代文学、文字学、历史、考古学等方面的研究文章。主要撰稿人有汪馥泉、赵景深、叶德均、顾颉刚、何天行等。创刊号内刊有《中国古代的语文记号论》《喻世明言的来源和影响》《甲骨文已现于古代说》等文章。

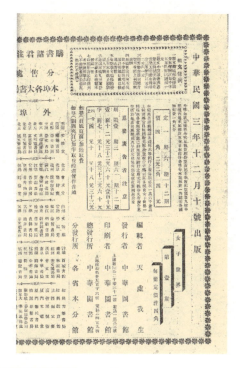

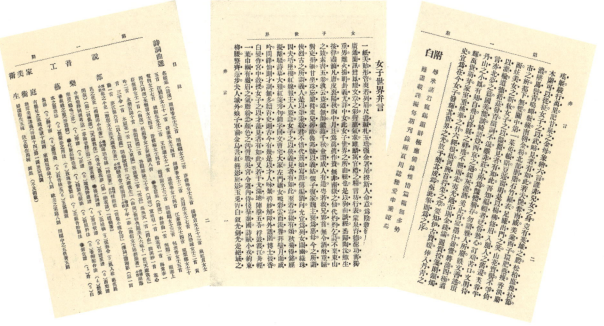

《女子世界》

　　1914年12月10日创刊于上海，天虚我生编辑，中华图书馆发行，月刊。专刊闺秀著作及关于女子之文字。辟有《图画》《文选》《译著》《丛谭》《笔记》《诗话》《诗词曲选》《说部》《音乐》《工艺》《家庭》《美术》《卫生》等栏目。创刊号内收有上海竞雄女学、北洋女子师范学校等女校学生照片。与《游戏杂志》《礼拜六》《香艳杂志》共为中华图书馆旗下的四大杂志。

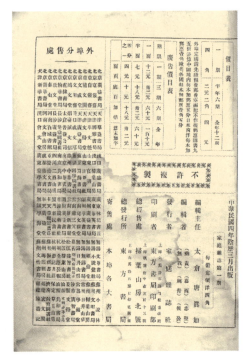

《家庭杂志》

　　1915年4月在上海创刊，唐真如编辑，家庭杂志社发行，月刊。该刊要旨有二：一曰养成治家之能力，一曰培植儿童之品性。内有图画、论说、史谈、纪事、谈薮、家庭游戏、家庭卫生、科学、家政、小说、文苑、家庭讲话、田园趣味、杂俎等版块。所载内容，举凡家风之整饬、家务之治理、家计之支配，莫不切合实用学理。

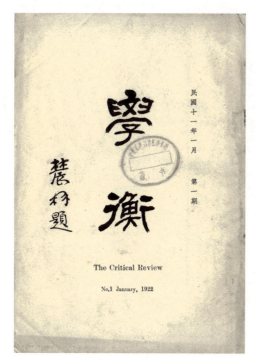

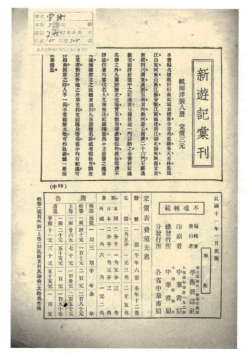

《学衡》

　　1922年1月在南京创刊，学衡杂志社编辑发行。初为月刊，后改为双月刊，后四期不定期发行，直至1933年7月终刊。该刊坚持用文言文行笔，"论究学术、阐求真理、昌明国粹、融化新知，以中正之眼光，行批评之职事，无偏无党，不激不随"；"通述中西先哲之精言以翼学，解析世宙名著之共性以邮思，籀绎之作必趋雅音以崇文，平心而言不事嫚骂以培俗"。设有《通论》《述学》《文苑》《杂缀》等栏目。

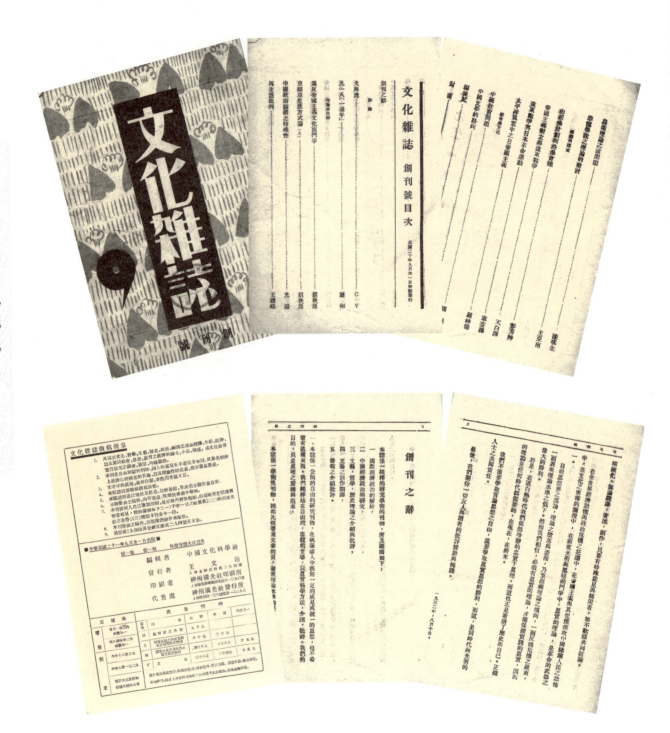

《文化杂志》

　　1931年9月31日（据版权页）在上海创刊，中国文化科学社编辑，王文治为发行人，月刊。该刊本着自由客观的立场，以科学的方法追求并昌明真理。内容涉及国际国内政治经济的解析、文艺、哲学、历史理论、政治、经济、教育、书报之介绍与批评、文艺创作或翻译、社会调查等。创刊号内刊有胡秋原先生的《为反帝国主义文化而斗争》、国强的《中国教育问题》、伍蠡甫的《中国文学的路向》等文章。

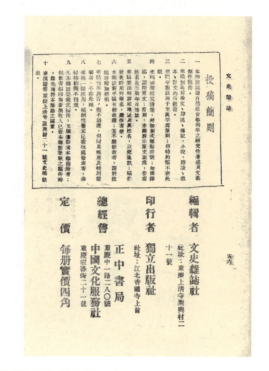

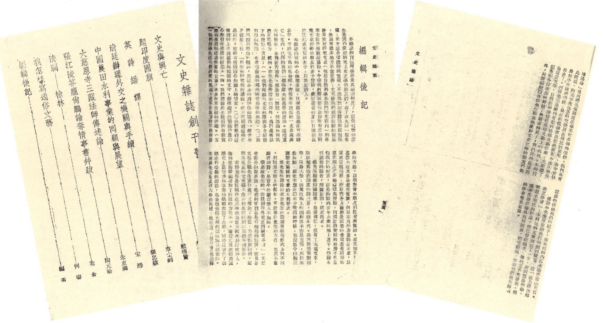

《文史杂志》

　　1941年1月创刊于重庆，文史杂志社编辑，独立出版社发行。该刊初为半月刊，后改为月刊、双月刊，几经变迁，终于1948年10月出至第6卷第3期停刊。该刊以介绍文史研究为己任，主张要用批评的方法与眼光对待文史研究，强调文学要有骨干有气节。所刊内容为自然社会等科学研究性著述以及文艺作品，体裁不限。首期刊有章士钊的《英诗翻译》、老舍的《清涧——榆林》、朱东润的《大慈恩寺三藏法师传述论》等文章。

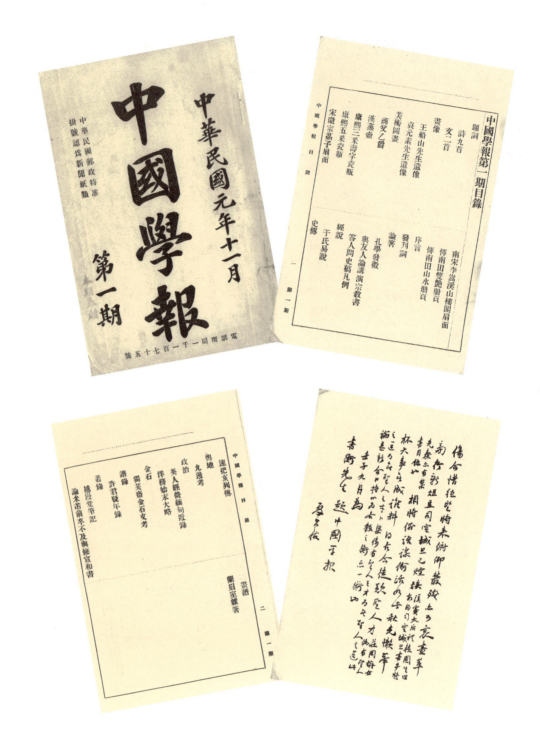

《中国学报》

　　1912年11月在北京创刊，1913年7月停刊，共出9期，1916年1月复刊，同年5月停刊。中国学报社编辑发行，月刊。该刊由湘中学者发起，以"保存国粹，沦发新知"为宗旨。其编排为先列论著，次按学科各门略为分类，末附丛录。创刊号内有易顺鼎、刘异、金葆桢等多人的题词，收录有李慈铭的《越缦堂笔记》等作品。

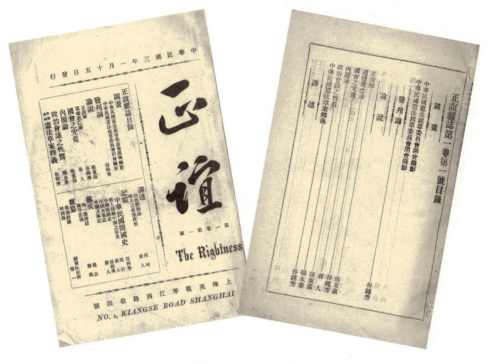

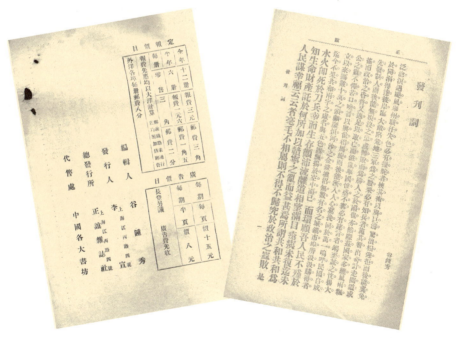

《正谊》

　　1914年1月15日在上海创刊，1915年6月停刊，共出9期。由曾任《中华新报》总编辑的谷钟秀所编，正谊杂志社发行，月刊。该刊以"促进政治之改良，培育社会之道德"为宗旨。辟有《图画》《论说》《译述》《记载》《艺文》《杂纂》等栏目。刊名由董仲舒之"正其谊不谋其利,明其道不计其功"提炼而来。创刊号内收有中华民国宪法起草委员会开会及闭会合影。

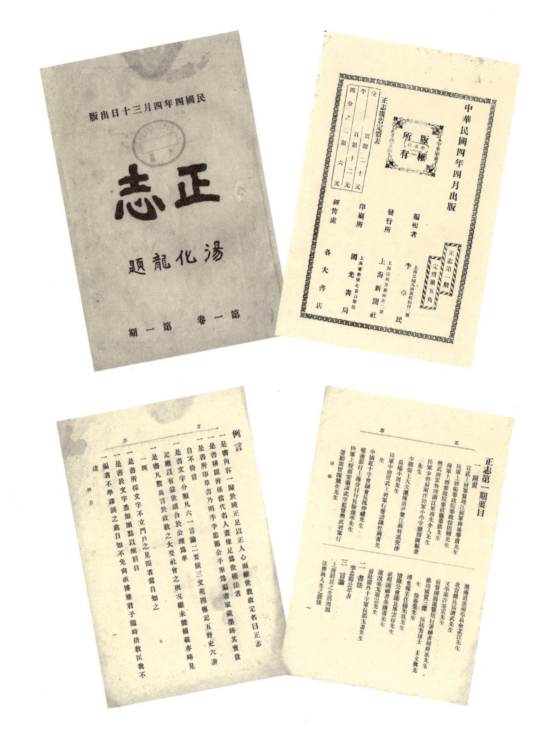

《正志》

　　1915年4月30日在上海创刊，李卓民编辑，上海新闻社发行，刊期不详。该刊以"有益世道，合乎公理"为准则，内容纯正，以求正人心维世教。主要栏目有《图画》《书法》《言论》《要牍》《文苑》《传记》《野史》《游记》等。刊载当时社会名人照片，编者李卓民家中珍藏书法作品——《李忠节公手笔》，法律、政治、经济、文化等方面的论文及要员呈文等内容。刊名由民国著名立宪派头面人物汤化龙题写。该刊执笔人有康有为、王文典等。

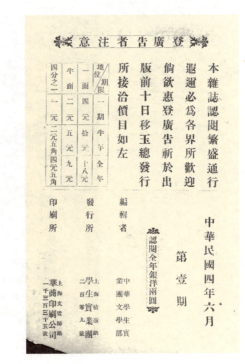

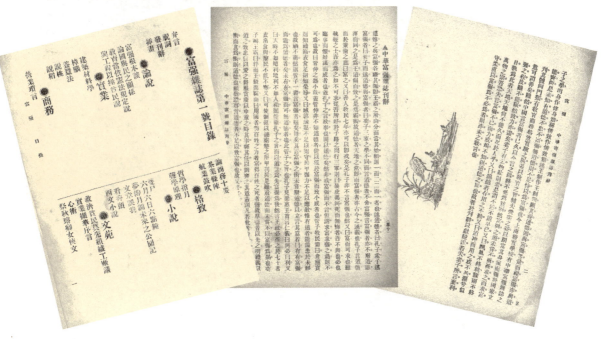

《富强》

　　1915年6月创刊于上海，中华学生实业团文学部编辑，学生实业团发行。该刊提倡以教育之智，辅商务之益，以期富其身家而强于国家。辟有《论说》《实业》《商务》《格致》《小说》《文苑》《笔记》《杂俎》《游戏文章》《时评》等栏目。主要论述富强之根本，介绍实业中的生产技术、方法以及从事商务经营之要则，兼及各种体裁之文艺作品。封面刊名由晚清民国时期著名国画家、书法家、篆刻家、"后海派"代表吴昌硕题写，内封也有其题字。

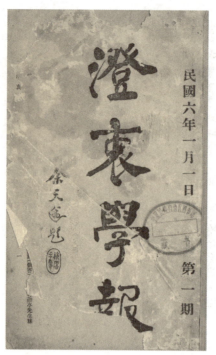

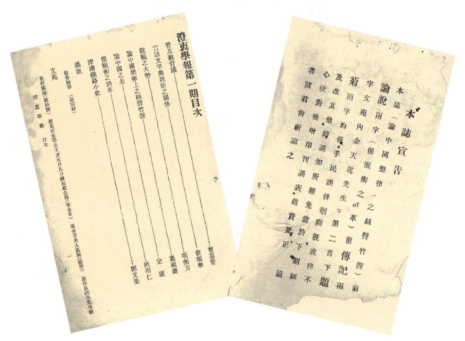

《澄衷学报》

　　1917年1月1日创刊于上海，澄衷学校校友会编辑发行，年刊。设有《通讯》《文苑》《小说》等栏目。刊载关于教育、语言文字、国际局势等方面的内容，兼及各种体裁之文学作品。附录有该校友会之收支、姓名录、职员表、会章，介绍了该校友会建设之流程、遵循之章程等内容。创刊号内刊有《普及教育议》《言语文字与政治之关系》等文章。

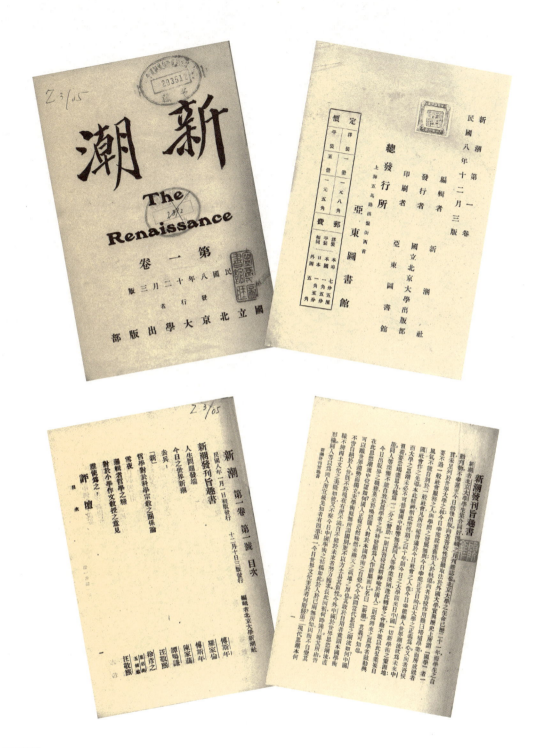

《新潮》

　　1919年1月1日创刊于北平，1922年3月1日出至第三卷第二期终刊，共出版12期。北京大学新潮社编辑，首卷由傅斯年主编，国立北京大学新潮社出版部出版。该刊办刊之社会责任有四：一是使中国文化融入世界文化潮流之中；二是促进社会进步，剔除宗法社会之弊端；三是培养民众爱好学术之心；四是为青年学子指明修学立身的方法与途径。设有《评坛》《出版界评》《故书新评》等栏目，涵盖哲学学术研究论文，中国新文学作品及出版界动态的介绍，以及关于旧书的新评论等内容。该刊大家云集，有傅斯年、罗家伦、汪敬熙等，附录载有蔡元培先生演讲稿《大战与哲学》。

《石室学报》

　　1921年11月10日在北京创刊，留京成都联合县立中学校同学会编辑部编辑，留京成都联合县立中学校同学会、四川成都联合县立中学校、日本东京成都联合县立中学校同学会联合出版，每年秋发行一册。该刊以启发民智，促进社会改革并提高民众文化水平使其适应外界的潮流为目的。主要发表校友的学术研究类文章，同时也刊载有关政治、教育、文学以及反映社会问题的文章。载文有《研究历史学之商榷》《社会学笔录》《原子论》等，另有学校调查录、各学校考试试题等。

《行健》

　　1924年12月在上海创刊，囿于时局不稳，仅出此一期。中国少年自强会编辑发行。"行健"之意一为倡导同志要有"一息尚存，此志不容稍懈"的毅力，二为"'大我'的'行'，同流水'不舍昼夜'"一直做下去。主张青少年要有健康的身体、专门的学问、时代的精神、终身的德操、政治的意识、社会问题的研究和互助的精神，为中国的强大而努力。刊物内容以介绍国家政治、时局、中国的社会问题等为主，另还刊有不少杂感及诗歌。创刊号内也介绍了中国少年自强会的创会旨趣、主张、会章、纪闻、会员录、职员录等。

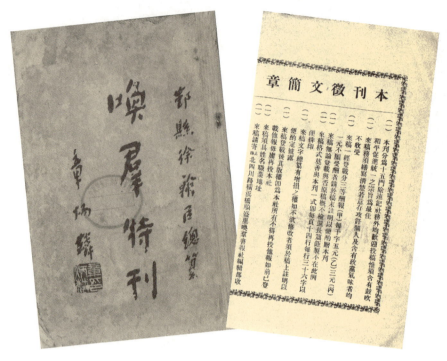

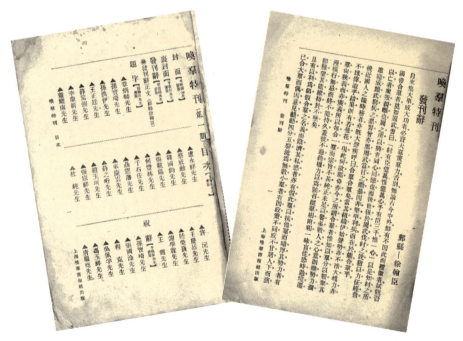

《唤群特刊》

　　1926年1月在上海创刊，1926年10月停刊，更名为《三五特刊》，刊期另起。徐翰臣主编，唤群书报社发行，双月刊。此刊为唤群书报社在《救国金针》等书报外所办的又一刊物，以倡导和平、促进统一为宗旨，意在儆官邪、化颓风、正舆论，号召大家群策群力，共为国家大计。辟有《社论》《名著》《内政》《经济》《交通》《道德》《外交》《法律》《卫生》《说海》《速记》《文苑》等栏目。该刊评论国家内政外交政策，介绍经济、教育、交通、实业等的发展状况，并载有部分诗文作品。刊名由章炳麟题写，刊内有于右任、章炳麟、李鼎新等二十多个名家题字及当时众多社会名流的祝词等。

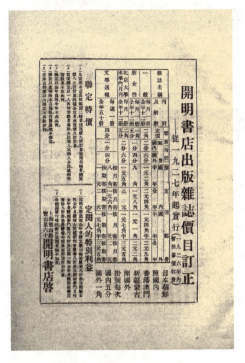

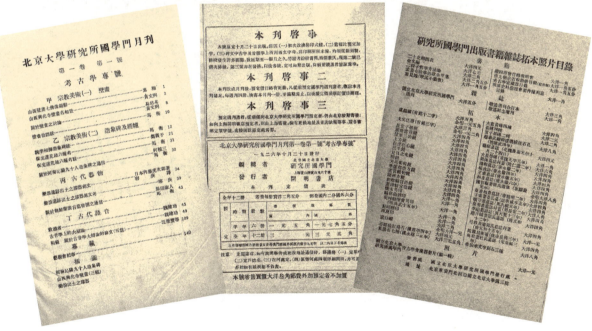

《北京大学研究所国学门月刊》

　　1926年10月20日在北京创刊，国立北京大学研究所国学门编辑，上海开明书店发行，月刊。该刊继承于《北京大学研究所国学门周刊》。创刊号为考古学专号，主要刊发了壁画、造像碑及经幢、古代器物、古代语音等方面的文章，插图为极珍贵之壁画、人物造像碑、漆器等。创刊号内有著名金石考古学家、书法篆刻家、时任北京大学研究所国学门考古研究室主任兼导师的马衡的多篇文章。

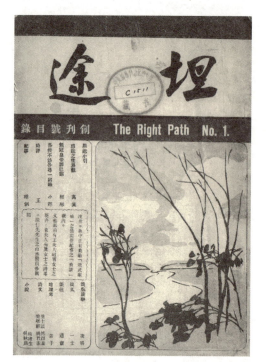

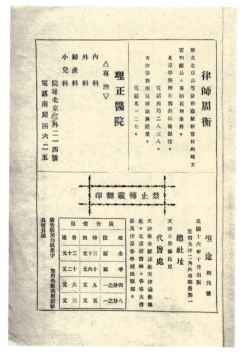

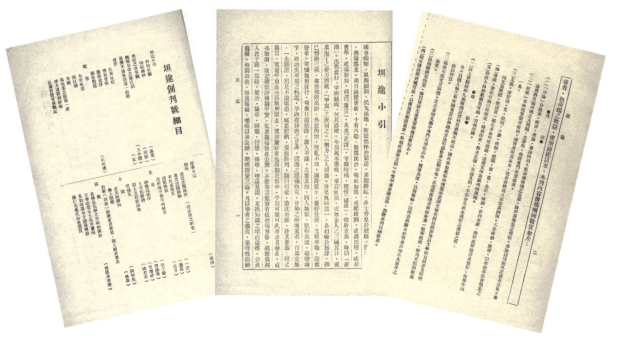

《坦途》

　　1927年10月在北京创刊，坦途社编辑发行，半月刊。该刊旨在互换知识，增益见闻，倡导中国人宜挟世界眼光以图存。栏目设有《时评》《纪事》《知林》《文苑》《小说》《插图》等。刊载国际国内政治、社会纪事、诗文、小说、历史考据等内容，有关国外政教、风俗、学理、艺术之调查报告，摄影、文学等也多有刊载，以期帮助国人养成世界之眼光。

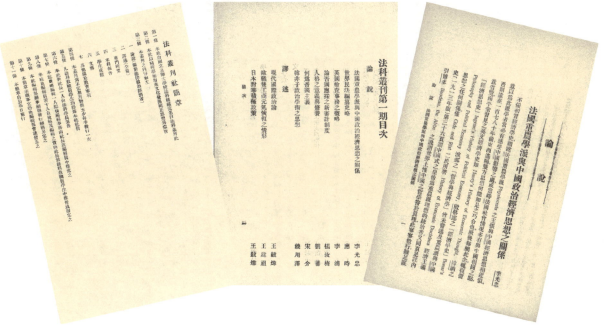

《法科丛刊》

　　1928年3月创刊于北京，总编王黻炜，国立京师大学校法科第一二三院发行。不定期刊行，但至少每季发行一次。该刊以精研学术、增进文化、发扬纯正思想为宗旨。设有《论说》《译述》《学生成绩》《命令章规》《文艺》等栏目。所刊内容主要涉及国外政治、法律、经济以及对华政策等方面，兼及少量研究中国古代政治思想的学术文章，另刊有多篇文艺作品。

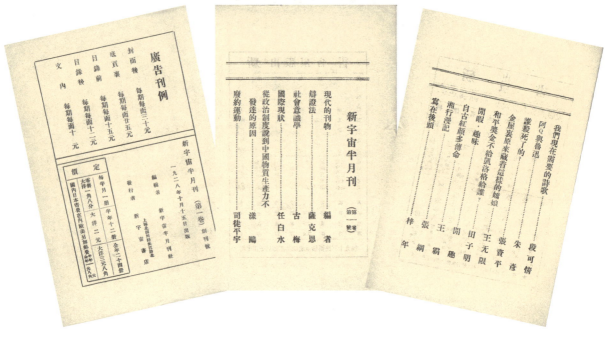

《新宇宙半月刊》

　　1928年10月15日在上海创刊，新宇宙半月刊社编辑发行，半月刊。该刊旨在分析社会组织、研究具体问题、发现差距、寻找捷径往前追赶，倡导以文艺改造社会、拯救中国。主要供稿人有萨克思、漾鸥、古梅、任白水、司徒平宇、段可情、朱彦、张资平、王无限等。主要文章有《辩证法》《社会意识学》《国际现状》等。

《金陵月刊》

　　1928年12月10日在南京创刊，因战事影响，时局不稳，办至1930年，总发2卷4期。金陵月刊编辑委员会编辑，主编郭思练、王冠宸，南京金陵大学学生会发行，月刊。该刊旨在发表学生所思所得，传布正确观念，发表校外优秀文章，以期提高本校学生之识见。主要刊登中外政治、经济、外交、思想、哲学、教育等内容，也有不少文学研究及文学作品。

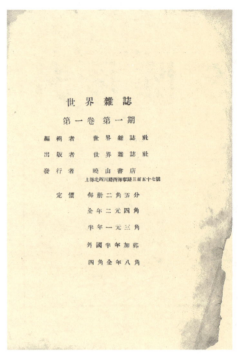

《世界杂志》

　　1929年1月1日创刊于上海，世界杂志社编辑出版，月刊。该刊旨在"介绍世界政治经济的状况，提高研究世界问题的兴趣"。主要研究苏俄及美、法、日等资本主义国家的政治、经济问题，报道各国政治经济动态和研究动态，分析国际关系。主要撰稿人有李一氓、潘梓年、朱镜我、石英等。

《生活第一卷汇刊》

　　1927年10月创刊于上海，生活周刊社编辑，中华职业教育社总发行。该刊源自《生活》周刊，自1925年10月11日至1926年10月17日共出52期。该刊为第一卷，由王志莘、徐伯昕两位先生主持编辑整理，最终汇编成册。馆藏为1929年6月4版。该刊以研究社会生活、解决生活问题为宗旨。故"本刊揭出社会上困苦和快乐的生活实况，并加以批评及建议"，"揭出各种职业之性质与青年择业安业乐业的准则"，追求生活之圆满。该刊刊载励志文学作品及古今成功人士经验之谈、中西发明实业家传记等内容。

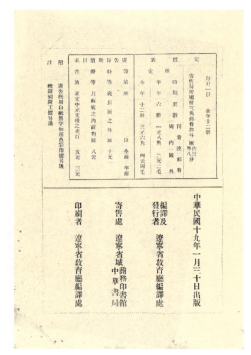

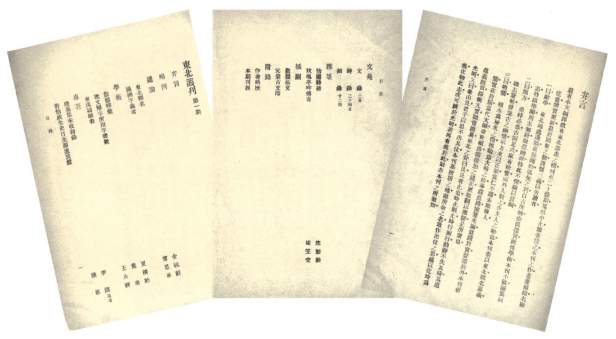

《东北丛镌》

　　1930年1月30日在沈阳创刊，辽宁省教育厅编译处编辑发行，月刊。该刊是续《东北杂志》未竟之绪，"以发扬东北文化振导学术之研究"为主旨。辟有《通论》《学术》《专著》《文苑》《金载》《纪事》《通讯》《杂俎》《书评》《插图》等栏目。主要撰稿人有金毓黻、宁恩承、董众等。创刊号内刊载有《东北释名》《说文解字所用字体说》，以及李锴的遗著《睫巢集未收诗录》等文章。

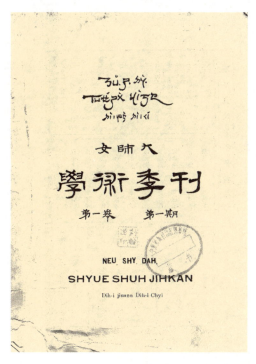

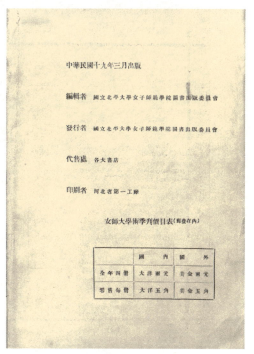

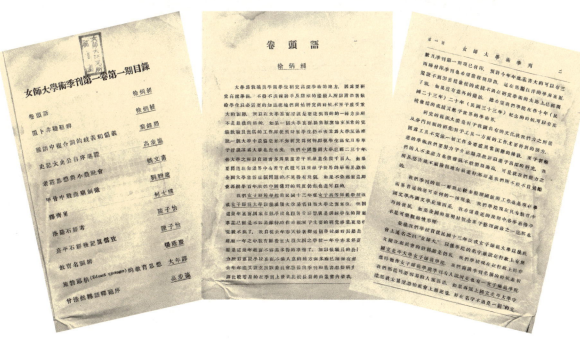

《女师大学术季刊》

　　1930年3月在北平创刊，国立北平大学女子师范学院图书出版委员会编辑发行，季刊。该刊是国立北平女子师范大学师生进行学术交流及研究的阵地，提倡学术，以提高本校师生的科研兴趣及能力为目标。主要收录文学、历史、考古、教育等方面的文章，以校内师生论文居多，兼有少量校外投稿。主要撰稿人有徐炳昶、高步瀛、陈子怡等。

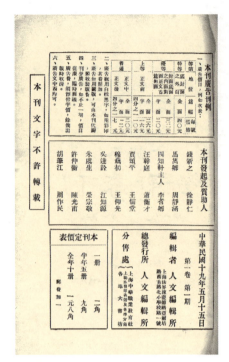

《人文》

　　1930年5月15日在上海创刊，人文编辑所编辑发行，每月1册，一月、七月休刊，每年10册。该刊倡导"多记述，少议论"，选文以社会史材为中心，尤侧重社会经济，同时注重史料搜集及图书、期刊目录索引。内容有近世大事述、世界大事述、大事月表或年表、古今人笔记、新出图书提要及汇表等。创刊号内刊有《六十年之上海》《民国十八年大事记》（1—4月）《最近杂志要目索引》《新出图书汇表》等内容。

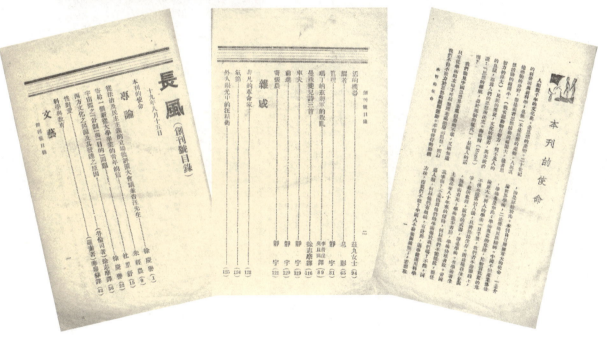

《长风》

　　1930年8月15日在南京创刊，长风社编辑，时事月报社发行，半月刊。该刊以"介绍世界学术，发扬民族精神"为宗旨，以期一面赈济当时中国学术的饥荒，一面唤起国人的民族意识。栏目设有《专论》《文艺》《杂感》。内容涉及政治、经济、军事、教育、中外文化、艺术、社会问题等。所收文章有个人创作也有译作，创刊号内收有《西方文化之起源及其发达之原因》、徐志摩译作等。

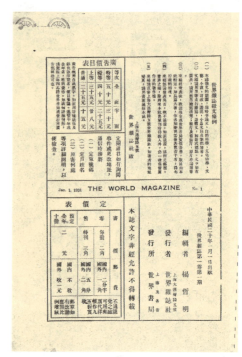

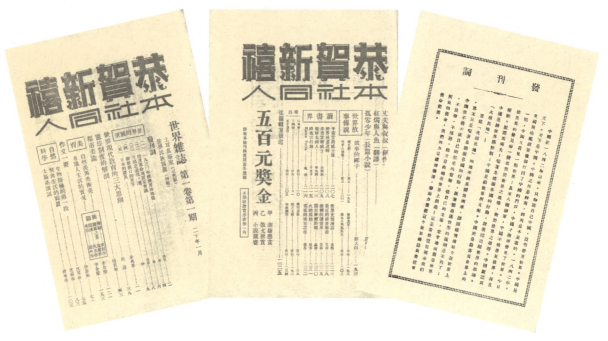

《世界杂志》

　　1931年1月1日在上海创刊，杨哲明编辑，世界杂志社发行，年出10册。主办者面对中国变成"次殖民地"的现实，以使中国堂堂正正，独立自主地屹立于世界为使命。该刊内容丰富，涵盖世界政治、经济、文学、艺术、科学诸问题的研究和评介。体裁多样，有时事论文、自然科学、文化科学、文艺、小说、诗歌、游记、小品文及笔记等。刊名由时任北京大学校长蒋梦麟题写。

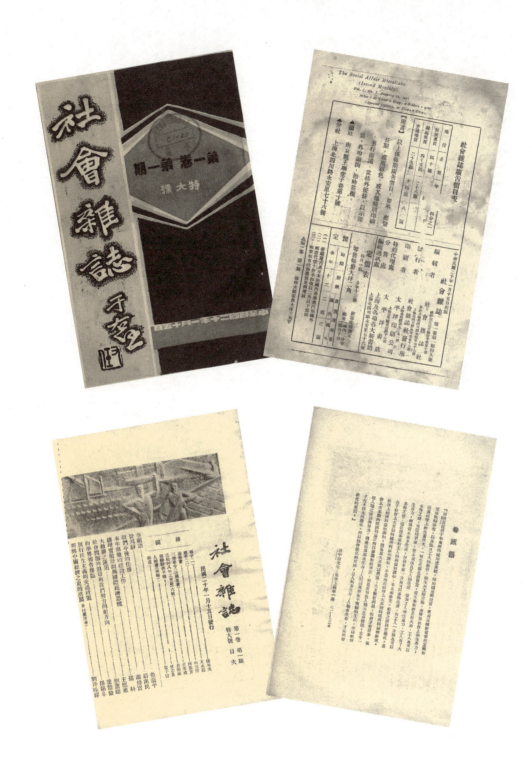

《社会杂志》

　　1931年1月15日在上海创刊，社会杂志社编辑，社会杂志社发行所发行，月刊。该刊本着三民主义建国的原则，来讨论社会实际问题，介绍现代思潮。设有《插图》《社会珍闻》《补白》等栏目，内容涵盖社会问题的方方面面，如交通、农业、工业、失业、人口统计、社会调查等。创刊号也为特大号，刊名为于右任所题。

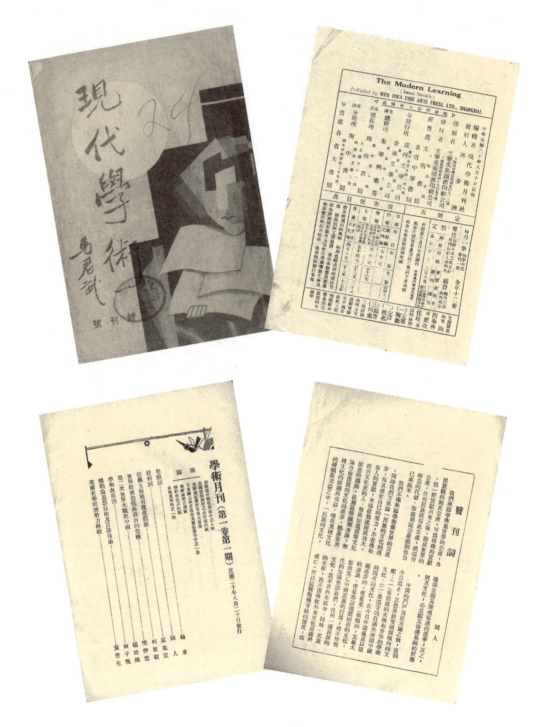

《现代学术》

　　1931年8月10日在上海创刊，发刊至1932年1月。现代学术月刊社编辑，文华美术图书印刷公司发行，月刊。该刊纯以研究学术为职志，以发抒言论、阐明真理为使命，倡导各学科均衡发展，避免学术偏科。探讨范围不拘泥于政治、经济、实业、教育、哲学及文艺等，其他如劳工生活等一切社会问题皆所涵盖。杜定友、马哲民等都曾为该刊撰文。刊名由清末民国著名学者、政治活动家、教育家马君武题写。

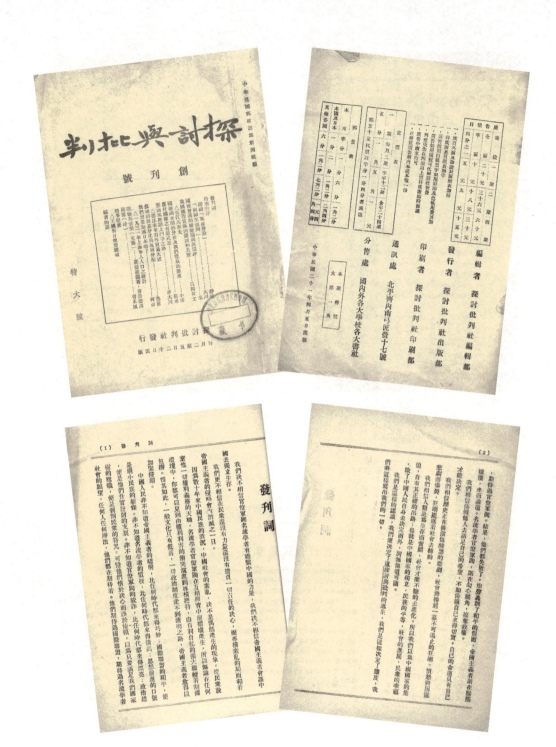

《探讨与批判》

　　1932年4月5日在北平创刊，探讨批判社编辑发行，半月刊。创刊号又为特大号，以探讨学术，批判现实为宗旨，倡导以忠实的态度服务社会，以革命的精神贡献民族。内容以探讨和批判国内外政治、经济、时事、社会问题等为主，如《国难会议的总检阅与其价评》《我国国际宣传的错误和失败》等，兼有少量文艺作品。

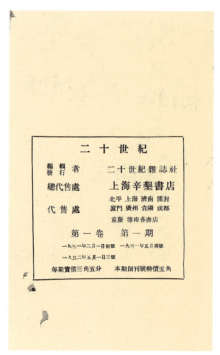

《二十世纪》

　　1931年2月1日创刊于上海，二十世纪杂志社编辑发行，刊期不定。馆藏为1932年5月1日第3版。该刊本着科学的立场，力求系统、正确、深刻地普及科学理论和文化。设有《艺术》《世纪之光》《书报评论》等栏目，所刊内容以自然科学、社会科学、哲学、文学、美学等为序，刊有《科学与真理》《论社会科学》《经济学底根本问题》等文章。

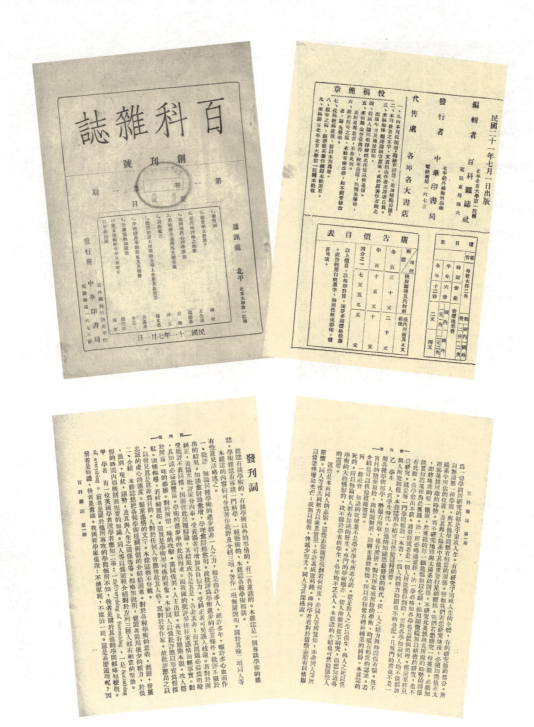

《百科杂志》

　　1932年7月1日在北平创刊，百科杂志社编辑，中华印书局发行，月刊。该刊倡导学术批评要以事实为根据，以发现真理是非为目的。期望把各种学术提纲挈领地介绍给读者，故对于各种学术的意义、起源、发展、派别、现状、趋势及其与人生之关系等都略加说明，以期节省读者的时间和精力。创刊号内撰稿人有杨堃、王金绂、郑振铎、稽文甫、杨震华等。

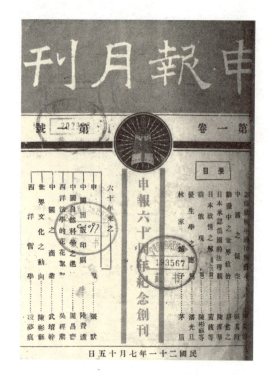

《申报月刊》

　　1932年7月15日在上海创刊,俞颂华、凌其翰、黄幼雄编辑,申报馆申报月刊社发行,月刊。1936年1月改出周刊,刊名为《申报每周增刊》,又名《申报周刊》,1938年至1942年停刊;1943年1月复刊后改回《申报月刊》,卷期另起,1945年6月停刊。该刊以介绍学术文艺、裨益文化、提倡生产、促进经济为使命,以增进最大多数劳苦民众的福利为目标。设有《外论摘要》《时事小言》《苏俄现况》《室内谭瀛》《小说》等栏目。此刊为纪念《申报》六十周年而办。创刊号内特设申报六十周年纪念专题栏目,回顾了六十年来之申报、中国日报事业、中国出版业与印刷业、中国商业之发展等,刊有林语堂之《中国文化之精神》、潘光旦之《优生学的应用》、茅盾之《林家铺子》、巴金之《沙丁》等名家之作。

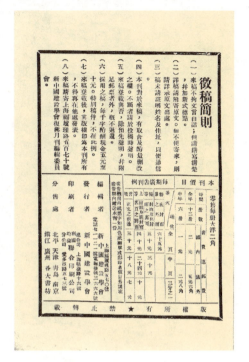

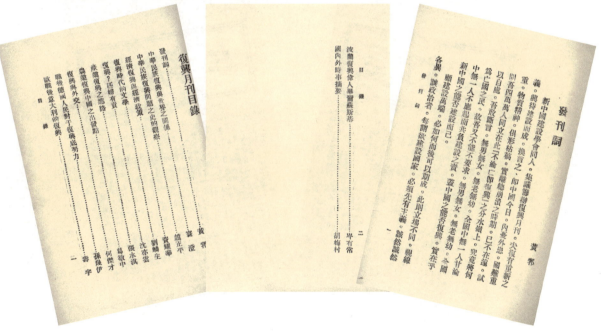

《复兴月刊》

　　1932年9月1日创刊于上海，1937年7月停刊。新中国建设学会编辑发行，月刊。该刊以"集全国有志之士，共图国家及社会建设"为宗旨，探讨民族复兴途径。内容涉及国内外时事摘要、现代名人介绍、民族复兴等方面，兼及少量文学作品介绍。撰稿人有黄郛、赵正平、资耀华、沈亦云等。

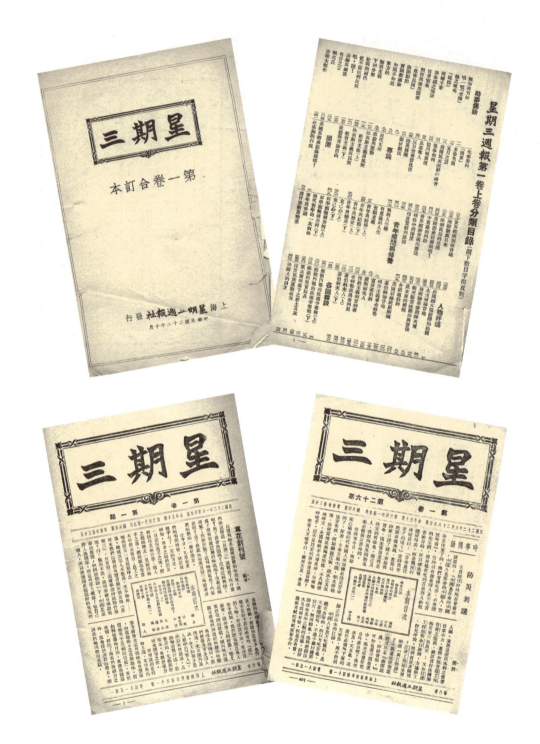

《星期三》

　　1933年1月4日创刊于上海，星期三周报社编辑发行，周刊。该刊以提倡新伦理、重人的修养为己任，刊载有趣味有价值的内容，希望成为大众的好朋友。辟有《时事偶语》《短篇小说》等栏目。介绍民众关注的国内外时事、青年生活、社会现实等内容，兼及少量人物评述、杂感随笔等。载有《我的人生观》《苏俄内部的政权争夺战》等文章。

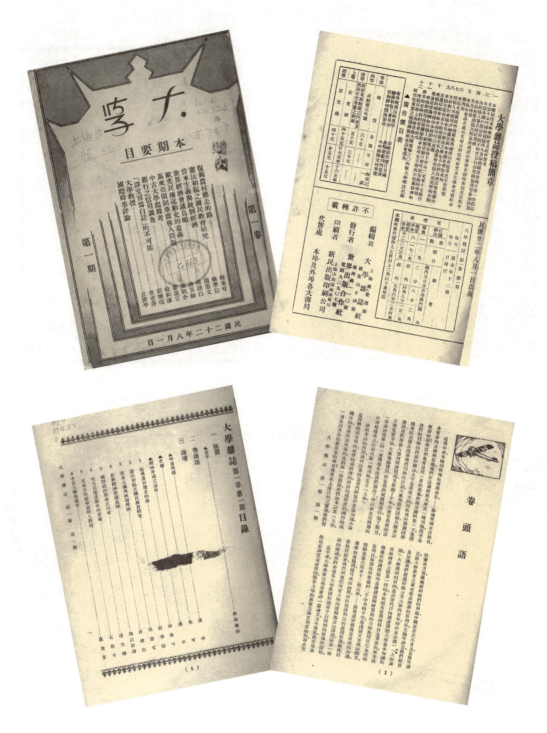

《大学杂志》

　　1933年8月1日在上海创刊，大学杂志社编辑，世界出版合作社发行，月刊。刊名"大学"，概"因其是包罗万象的学府"，亦是希望通过此刊能够使知识在读者中得到普及，同时使读者明了各地的政治社会情形。设有《论坛》《国际时事评论》《文艺》《大学讲坛》等栏目。所载内容驳杂，专门研究和普通知识并重，涉及国内外科学、文学、社会、经济、政治、教育等多个方面。

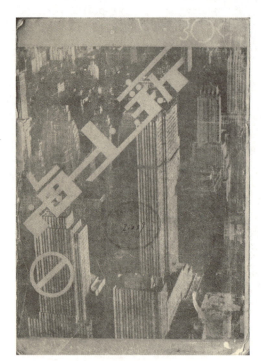

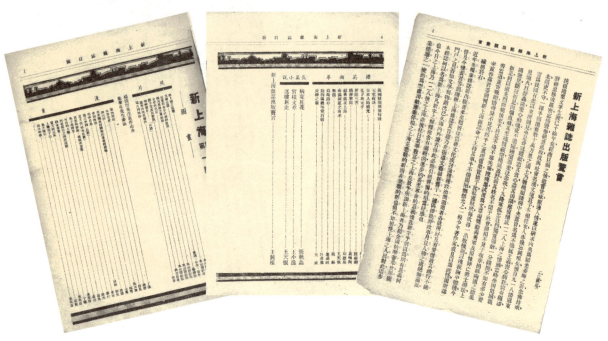

《新上海》

　　1933年9月10日在上海创刊，1935年9月停刊，共刊发10期。王天恨、邵飘飘主编，沪滨出版社出版。该刊振导文艺、提倡融新旧于一炉，偶涉批评政事、谈论人物。设有《照片》《漫画》《长篇小说》《补白》《上海快车》《电影》等栏目。刊载书画、风景、上海老照片、短文、国产电影发展等方面的内容，兼有部分文学作品。

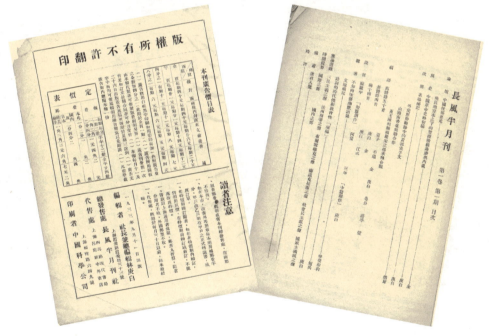

《长风》

  1933年9月11日在上海创刊，由南社著名诗人，有着"诗怪"之称的林庚白编辑，长风半月刊社发行，半月刊。编者主张以客观态度对事件做忠实的讨论。辟有《论坛》《党史》《政闻》《韵语》《说部》《杂著》《党论选录》《时闻提要》《插画》《时评》等栏目。内容涉及政治、文艺及社会问题等。林庚白既是编辑，也是主要撰稿者。

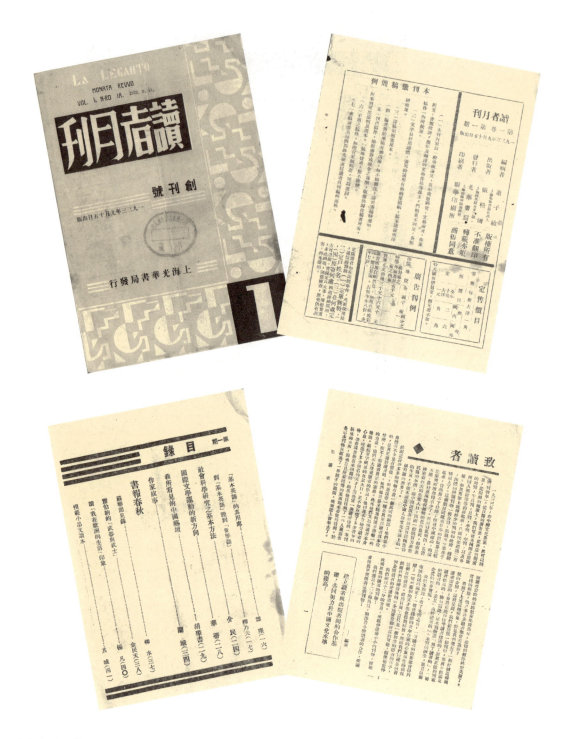

《读者月刊》

　　1933年9月15日在上海创刊，萧子敏编辑，张松涛出版，光华书局发行，月刊。该刊力图站在读者立场上，办一份真正属于读者的刊物，以求建立读者与出版者间的合作基础，共同努力于中国文化水准的提高。栏目有《散文随笔》《"基本英语"批判特辑》《书报春秋》等。内容关涉哲学、英语学习、社会科学、文艺作品、读书随感等。

《新生》

　　1934年2月10日创刊于上海，1935年6月停刊。著名爱国民主人士、实业家杜重远编辑，新生周刊社发行，周刊。该刊本着"无偏无党，站在一般民众立场"的态度，以"光明正大的，为求民族生存而奋斗"为宗旨，期望成为培养新知的园地。设有《老实话》《一言》《专论》《小言》《国际问题讲话》《社会问题讲话》《时事问题讲话》《经济问题讲话》《常识讲话》《杂文》等栏目。涵盖关于国内外时事、政治、经济及社会生活、做人常识等方面的内容，兼及少量文学作品。

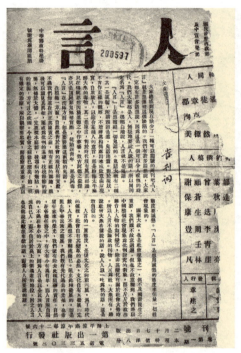

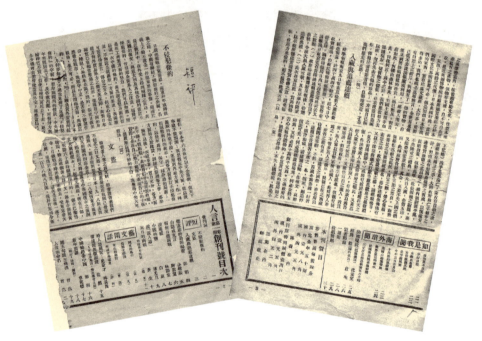

《人言周刊》

　　1934年2月在上海创刊，郭明、谢云翼编辑，第一出版社发行，周刊。该刊旨在介绍时代知识，发扬民族精神。倡导以诚恳的态度说人话，发人言，关注社会时事，促进文化前进，拒绝谎话鬼话，反对陈词滥调。所设栏目有《短评》《艺文闲话》《如是我闻》《海外琐闻》等。内容涉及社会生活、时事政治等方面，特约撰稿人有胡适、郁达夫、林语堂等。

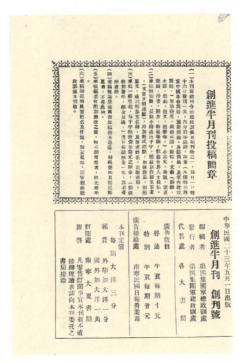

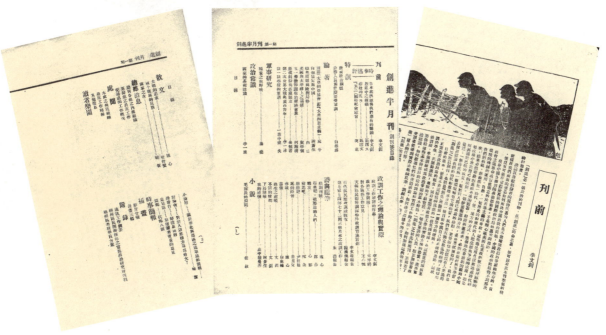

《创进》

　　1934年5月1日在南宁创刊，1936年停刊。第四集团军总政训处编辑发行，月刊。该刊以供给部队政治理论和实际工作方法，提高干部的政治认识，指导政治活动、健全政训工作为目的，倡导大家以独立创进的精神，探索适合中国实际情况的出路。涵盖时事、军事、政治常识、政训工作之理论与实际、总部消息及文学作品等内容。

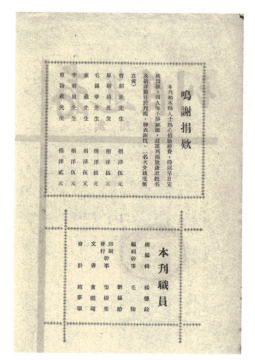

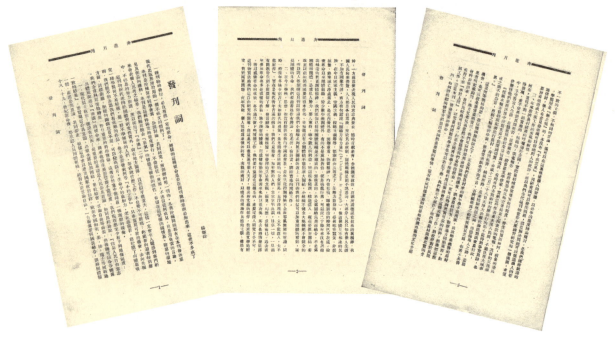

《奔进月刊》

　　1934年5月15日创刊于北平，1935年"一二·九"北平学生爱国运动爆发后停刊。山西汾城县留平同学会执行委员会编辑，山西汾城县留平同学会发行，月刊。该刊以提供公开讨论及研究的平台、倡导言论自由、反映农村状况、促进文化交流为宗旨。创刊者"希望在紧张的国情里，险恶的环境中，不停息地努力前进"，故以"奔进"为刊名。设有《论著》《文艺》《杂俎》《消息一束》等栏目。刊载国内外时事评论、地方改革、地方建设等内容，兼及小说、诗文、随笔等文艺作品。

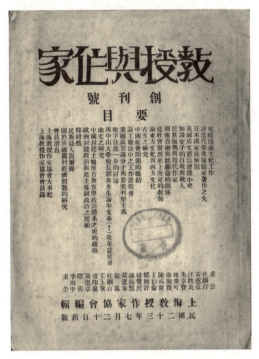
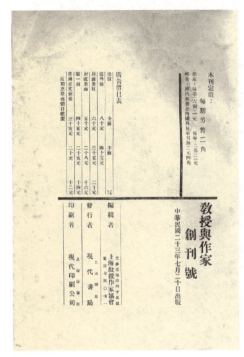

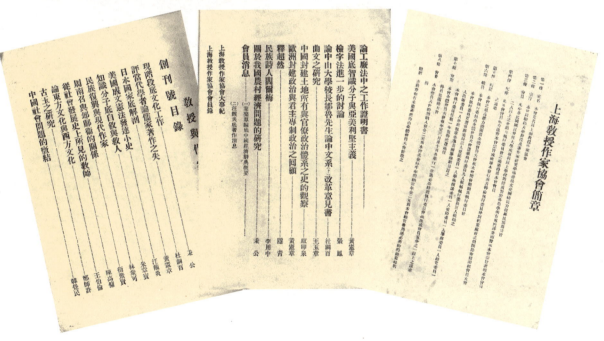

《教授与作家》

　　1934年7月20日创刊于上海，同年8月停刊，仅出2期。上海教授作家协会编辑，现代书局发行，月刊。该刊以研究学术、发扬文化、团结民力、复兴民族为宗旨，因撰稿人为各大学教授或作家，故名《教授与作家》。主要刊登文化、政治、经济、历史、哲学、法律、文字、文物、国内外社会问题等方面的文章。另辟有《会员消息》一栏，用以介绍会员著作、会员名录、协会大事记等。

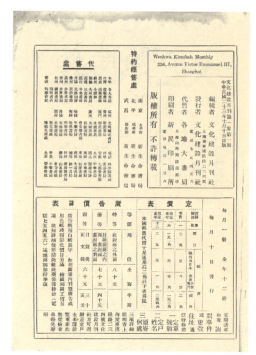

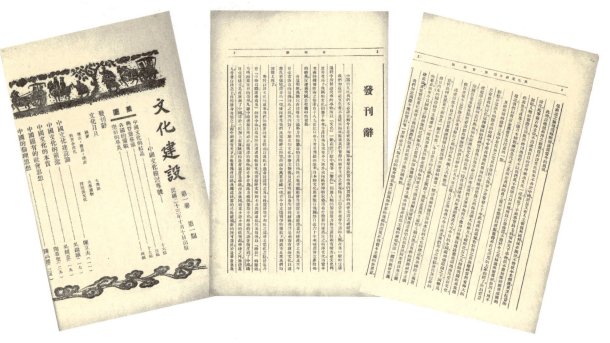

《文化建设》

　　1934年10月10日在上海创刊，文化建设月刊社编辑发行,月刊。创刊号为中国文化检讨专号。该刊以发扬民族精神、科学精神、统一精神、创造精神为主旨,旨趣在以科学的方法检讨过去，并以严正的态度正视目前，根据三民主义建设中国的新文化，从而实现中国的民族复兴。主要栏目包括《文化月旦》《中国问题研究》《集锦录》《内外大事记》等。收录万里长城、天坛、明陵牌楼、颐和园"驼背桥"、国子监、天文仪器以及反映当年旱灾实情的原始照片。撰稿人有陶希圣、戴季陶、何秉松、朱家骅、罗素、林语堂等。

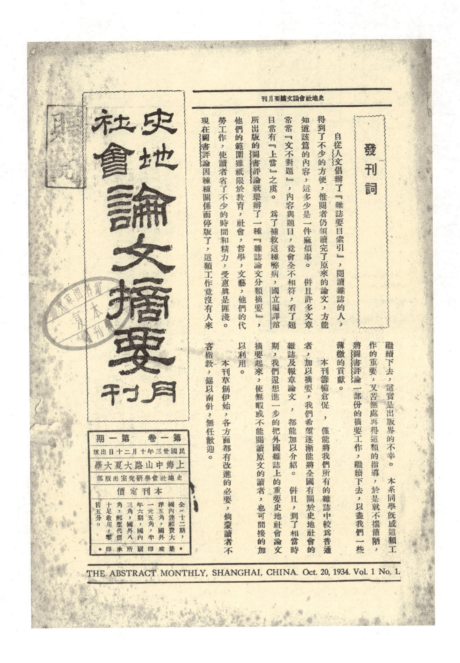

THE ABSTRACT MONTHLY, SHANGHAI, CHINA. Oct. 20, 1934. Vol. 1 No. 1.

《史地社会论文摘要月刊》

　　1934年10月20日在上海创刊，上海大夏大学史地社会学研究室编辑出版，月刊。该刊旨在将各种刊物中关于历史学、地理学、社会学之重要论文，择其要点摘录，便于学者参考，以节省读者时间和精力。摘要内容主要涵盖文章名称、作者、刊物名称、发行社、卷期、页码、字数等。

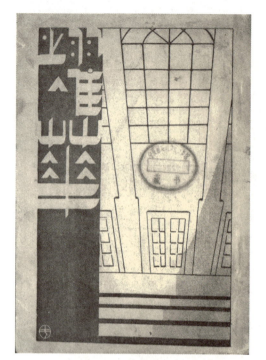
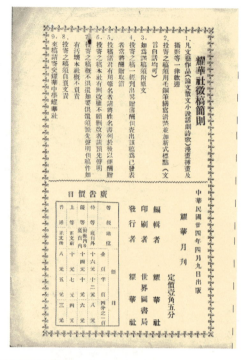
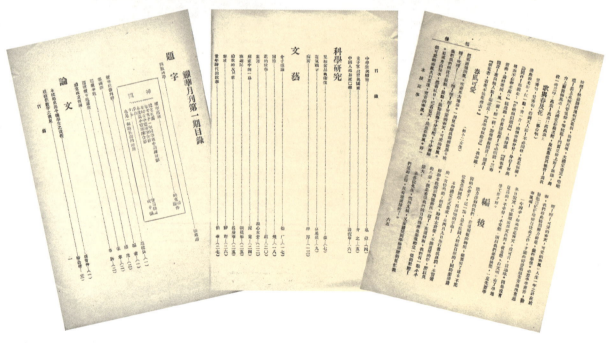

《耀华》

　　1935年4月9日在天津创刊，耀华社编辑出版，月刊。该刊作为天津耀华学校全体师生共同发表习作、交换思想的园地，主要刊载本校教职员、学生及历届校友的作品。栏目有《论文》《科学研究》《文艺》《专载》《话剧》《本校记事》等。内容包含师生学术论文、文艺作品、翻译作品，及与本校有关的新闻及美术摄影等。

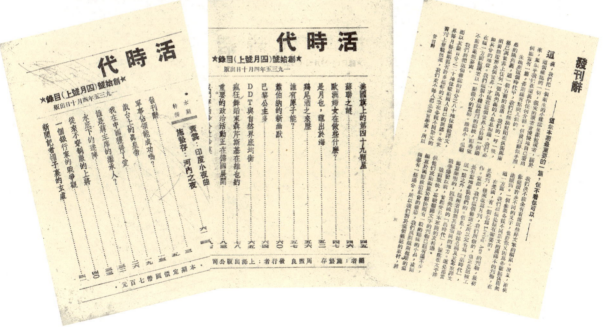

《活时代》

　　1935年4月10日在上海创刊，施蛰存、周煦良编辑，上海出版公司发行，半月刊。与《文艺复兴》《周报》并称为上海出版公司水准最高、读者最多的三大杂志。该刊搜罗世界上其他语种刊物之精华文章，直接译述刊登，为大众提供一个了解世界的平台。刊名取自当时美国 *Living Age* 刊物。该刊以介绍西洋社会文化生活思想为主，兼及少量国内作家作品。内容涉及思想、智识、科学、家庭、妇女、文学等。

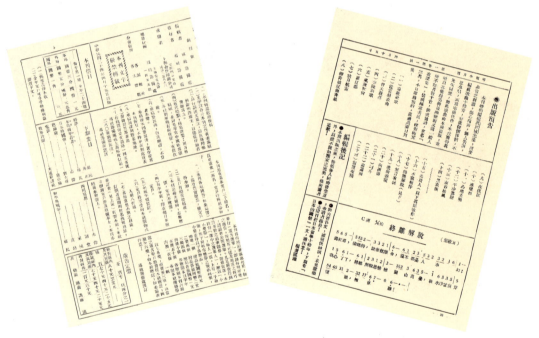

《导报》

　　1935年4月15日在上海创刊，1935年5月15日停刊，共发行2期。导社筹备处编辑发行，半月刊。创办者宣言该刊立场中正，选材丰富精美。内容分为三大版块，时评、论著及世外桃源，以积极向上、爱国团结为基调，其中世外桃源主要刊登文艺小文、奇闻奇事奇相等。创刊号内刊登有《导社社歌》。

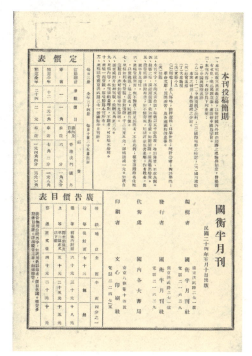

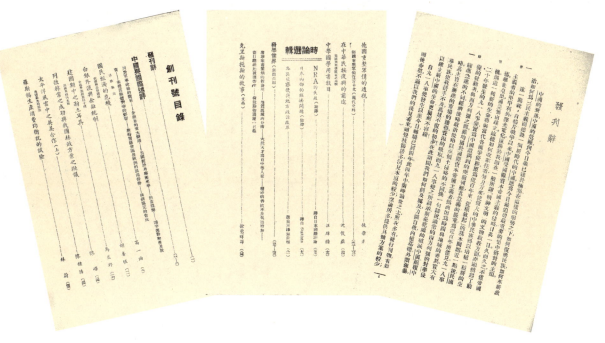

《国衡》

　　1935年5月10日在南京创刊，同年11月10日停刊，共发13期。国衡半月刊社编辑发行，半月刊。该刊站在三民主义立场上，以检讨国内外政治经济之理论与制度，发扬固有文化，唤起民族意识，建设新中国为宗旨。开设有《中国与国际述评》《时论选辑》《科学世界》等栏目。内容涉及国内外时势探讨，国内建设事业研究，学术思潮介绍等。高一涵、马星野、汪辟疆等为该刊特约撰述员。

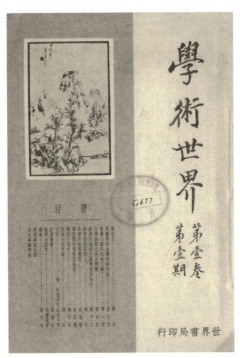

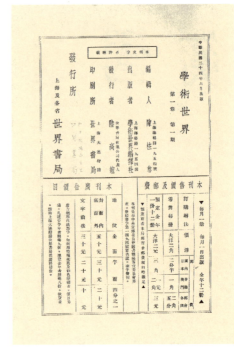

《学术世界》

　　1935年6月在上海创刊，1937年6月停刊。陈柱尊编辑，学术世界编译社出版，世界书局发行，月刊。该刊以"阐明学术，发扬文化"为宗旨。设有《通论》《述学》《文苑》《专载》《通讯》《谈丛》《世界学术消息》《世界学者介绍》等栏目。主要刊登政治、经济、哲学、文学、考古、财政等方面的研究文章。陈柱、唐文治、黄宾虹、章炳麟等名家都曾为该刊撰稿。

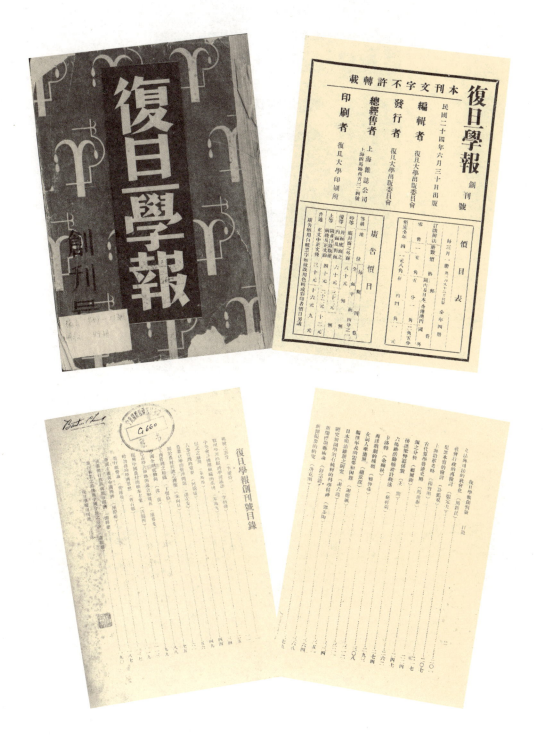

《复旦学报》

　　1935年6月30日在上海创刊，复旦大学出版委员会编辑发行，季刊。发行5期后于1937年6月停刊，1944年10月在重庆复刊，期数另起，1948年2月停刊，共发行4期。刊载文章涉及政治、经济、文学、历史、考古、戏剧、哲学、工商、金融等各领域。主要撰稿人有李权时、朱通九、潘文安、周新民、马地泰、谢六逸等。在封底印有"复旦/博学而笃志/切问而近思/乙巳八月创立"的圆形徽章。此处"乙巳"为1905年，即复旦大学前身复旦公学的创立之年。

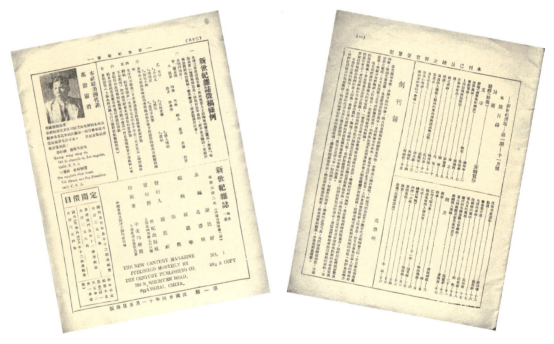

《新世纪》

　　1935年11月5日创刊于上海，1936年4月停刊。谢恩祈、冯启明主编，世纪出版社发行，月刊。该刊以"提倡文艺，供给社会人士陶养性情之读品，并求雅俗共赏"为宗旨。设有《文字》与《照片》两大栏目。其中文字类涉及小品文、民间文学、个人传记、诗歌、游记、短篇小说等内容，照片类细分为摄影、美术、风景、名胜、漫画等内容。

《知识》

　　1935年12月1日在上海创刊，江瀚秋编辑，知识社出版，半月刊。该刊内容丰富，大到国内外时事、政治、经济、名人日记等，小至普通人的平常生活都有涉及，读者面广。创刊号内刊发了《意阿问题与苏联》、罗曼·罗兰的《大战时代的日记》、高尔基的《寄语》、纪德与徐伦的《拥护文化》等文章。撰稿人有徐启先、绛波、史浩、徐伦等。

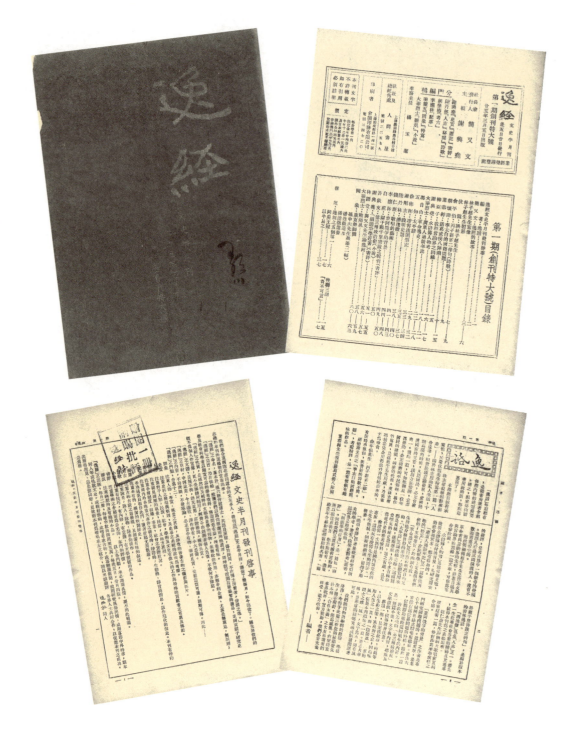

《逸经文史半月刊》

　　1936年3月5日在上海创刊，1937年8月终刊，共发行36期。简又文任社长兼发行人，谢兴尧任主编，半月刊。该刊以供给读者高尚雅洁、休闲益智的读品，为研究史学及社会科学提供翔实可靠的参考资料为宗旨，以达到开卷有益、掩卷有味的效果。内容涵盖史实、游记、书评、人物志、秘闻、诗歌、考古、纪事、图像、杂俎、小说、特写等十二大类。主要撰稿人有俞平伯、叶恭绰、柳亚子、林语堂等文化名流。

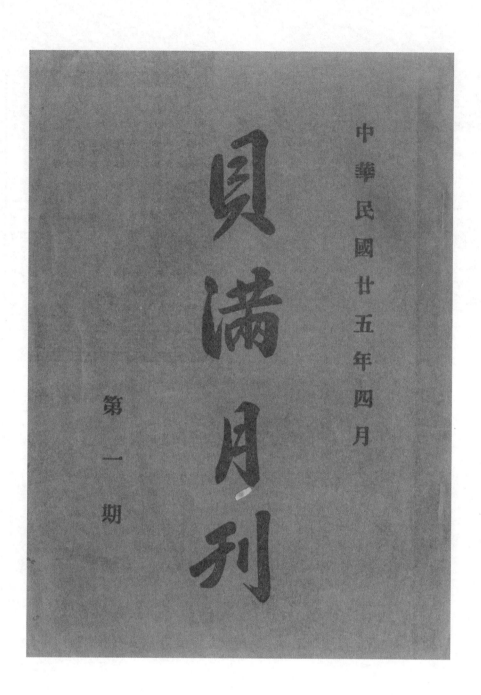

中華民國廿五年四月

貝滿月刊

第一期

《贝满月刊》

　　1936年4月在北京创刊,月刊。作为贝满女中学生刊物，该刊旨在为全校师生提供一个发表作品的园地，鼓励大家写作。内容包括随笔、散文、游记、书评、时事评论、社会纪实等，大多反映当时学校生活、城市风光、社会现状，抒发对社会现实不满以及爱国情怀的文章。第一期所载文章有《写在三一八的前夕》《女子现在之环境及将来之责任》《北平之庙会》《到校后寄友人书》《致友人书》等。

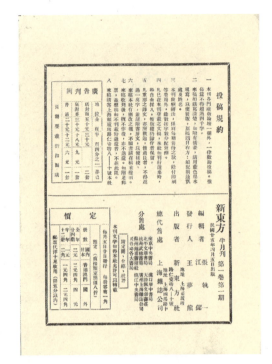

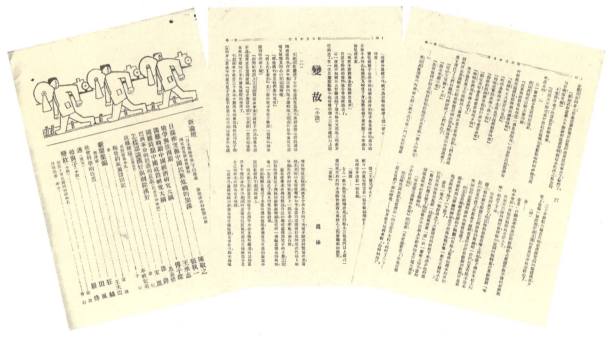

《新东方》

　　1936年4月5日创刊于上海，1936年6月停刊，1936年11月又以新第一卷复刊。张执一、江锶编辑，新东方社出版，半月刊。辟有《新论坛》《新闻集锦》等栏目，内容涵盖时政评论、经济研究、通讯及小说和速写。封面画为张谔的《军火商的两副面孔》，对当时社会时局极具讽刺意义。目录眉画为民国时期木刻家曹白所作木刻画《奔走》。

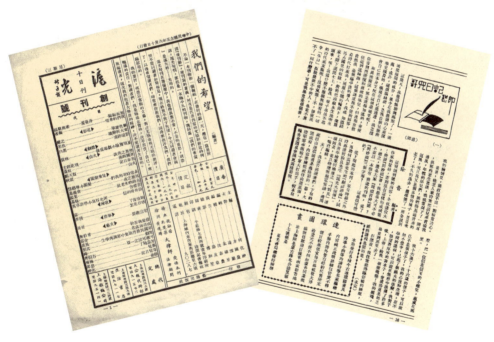

《沪光》

　　1936年6月10日在上海创刊，主编何化神，广告沈志农，摄影汤友章，图画傅和笙，艺路出版社发行，旬刊。该刊本着客观的立场，对文稿进行忠实的报道和批评，以求不负读者。主要栏目有《电影》《戏剧》《火山》《儿童乐园》《歌坛》《学府》《文艺》等。主要刊登歌坛新闻、电影评论、杂感，也有诸多当时明星的照片。

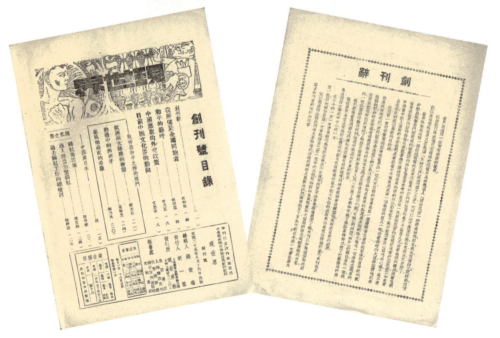

《现世界》

　　1936年8月16日在上海创刊，1937年3月停刊，共发行15期。钱俊瑞编辑，现世界社发行，半月刊。该刊旨在号召大众认清当前社会形势，并团结一致与恶势力进行抗争。所设栏目有《专题》《缉私之声》《知己知彼》《国防常识》《青年生活》《半月来的中国经济生活》《文艺》等。创刊号内刊载有马相伯、钱俊瑞、章乃器等人的文章。

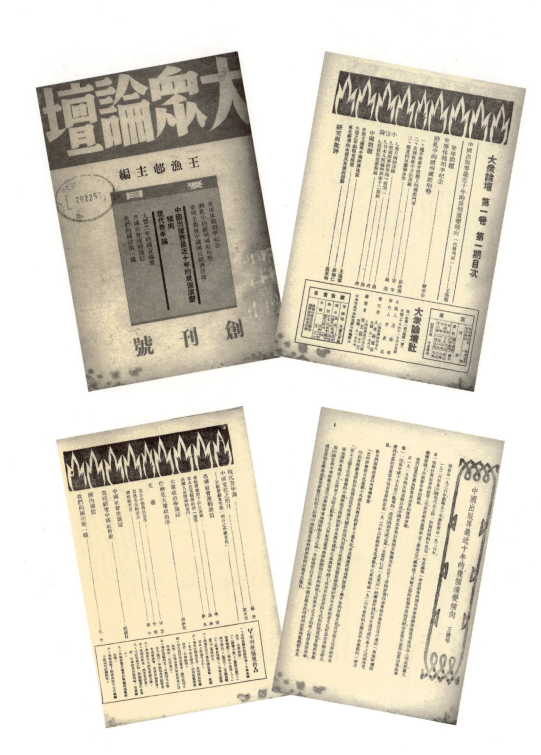

《大众论坛》

　　1936年11月10日在上海创刊，王渔邨主编，大众论坛社发行，半月刊。主要栏目有《世界问题》《中国问题》《小言论》《研究与批评》《文艺》《中国社会史讲话》等。内容主要是关于世界一般进步社会发展史的探究、国内外形势的分析、中国社会问题的讨论，同时力求呈现出版界的演变倾向。创刊号内收有纪念鲁迅的文章。

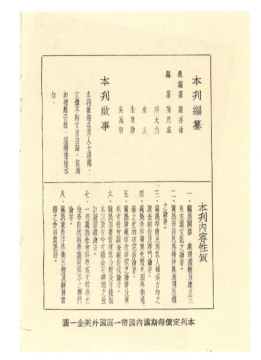
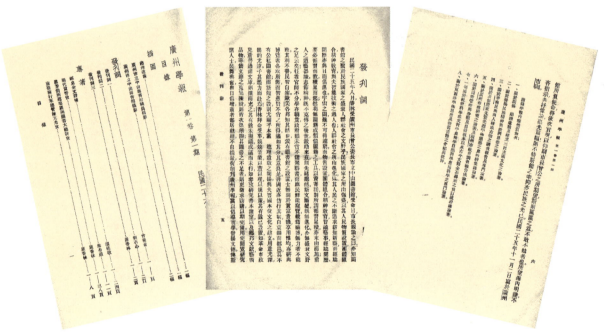

《广州学报》

    1937年1月1日在广州创刊，广州市立中山图书馆编辑发行，月刊。该刊以倡导实学、发扬文德为使命，以阐扬总理遗教，建立三民主义新文化为追求。虽为图书馆人主办，内容却不局限于图书馆学，诸如广州之地方先贤、民族文化、中外学术思想等皆有涉猎，每篇文章皆附英文摘要。另创刊号内还刊有当时广州市立中山图书馆全体馆员合影及馆舍照片。

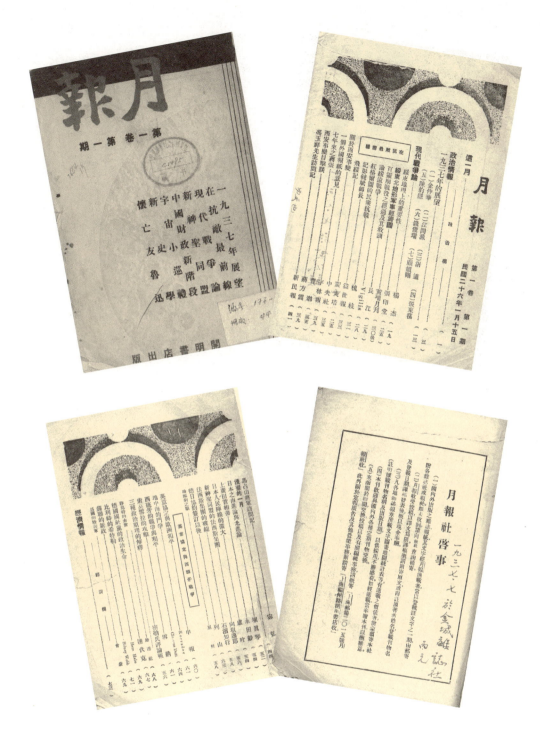

《月报》

1937年1月15日在上海创刊，同年7月15日停刊。胡愈之、叶圣陶、孙怀仁等编辑，开明书店出版，月刊。该刊旨在"把国内外的一切意见、主张、创作、感想、新闻、报道、图画、歌曲、地图、统计表等"，经过精心选裁，每月刊行。内容涉及政治情报、经济情报、社会情报、学术情报、文艺情报等。

《每月画报》

　　1937年1月15日在上海创刊，著名京剧表演艺术家李世芳编辑，合众出版社出版，殷惠民发行，月刊。该刊不仅收录有很多当时明星、名媛、闺秀照片，还有反映家庭生活及各地风俗的图画及摄影杰作。内容既有各阶层的生活状况及各地风俗志，也有滑稽、饶有趣味的漫画。创刊号刊载有《美总统的富丽人生》《怎样与各国人交际》《冬来了吗》等文章。

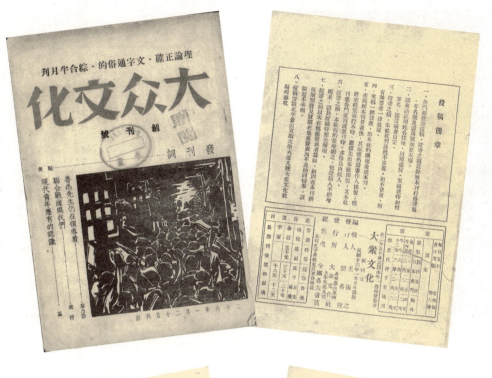

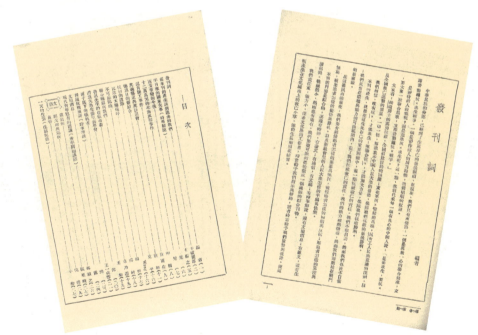

《大众文化》

　　1937年1月20日在北平创刊，王振之编辑，大众文化社发行，半月刊。该刊诞生于日本不断扩大侵华之际，因此以"在这生死存亡的重要关键中，尽一点抗敌救亡的责任"为目的。刊载的内容有时评、论文、文艺、时事解说、文坛消息、杂文，还有生活记录。撰稿人有王振之、苗雨生、章乃器、冯毅之等。

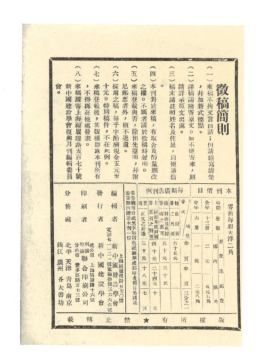

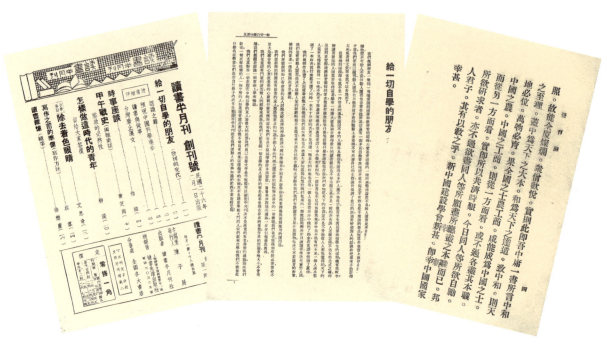

《读书半月刊》

　　1937年2月1日在上海创刊，著名中国文学史家、杂文家陈子展主编兼发行，读书半月刊社出版，半月刊。设有《读书短评》《哲学讲话》《介绍与批评》《读书问答》《生活特写》《读者习作》等栏目。该刊着重讲述读书的好处，介绍读书的方法，但又不仅限于读书，实则让人通过读书了解并关注社会现实。创刊号内刊登了《怎样做这时代的青年》《写作之前的准备》《关于读书的几个根本问题》等文章。

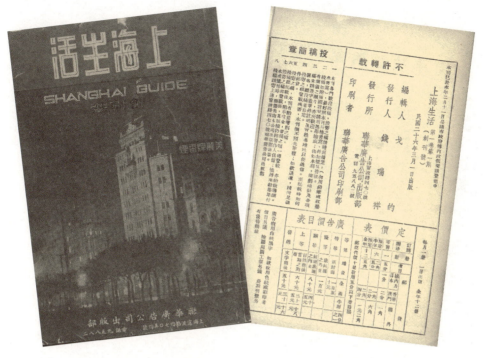

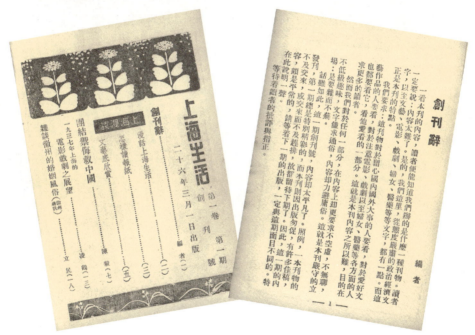

《上海生活》

　　1937年3月1日在上海创刊，经历停刊复刊，1941年12月终刊，共发行48期。戈的编辑，联华广告公司出版部发行，月刊。该刊以"内容上却更要求不空虚，不无聊，不低级趣味，文字尽求通俗、内容却力避庸俗"为立场。刊登关于政治、经济、文艺、电影、戏剧、妇女、医药等文章，力求满足不同读者的阅读需求。

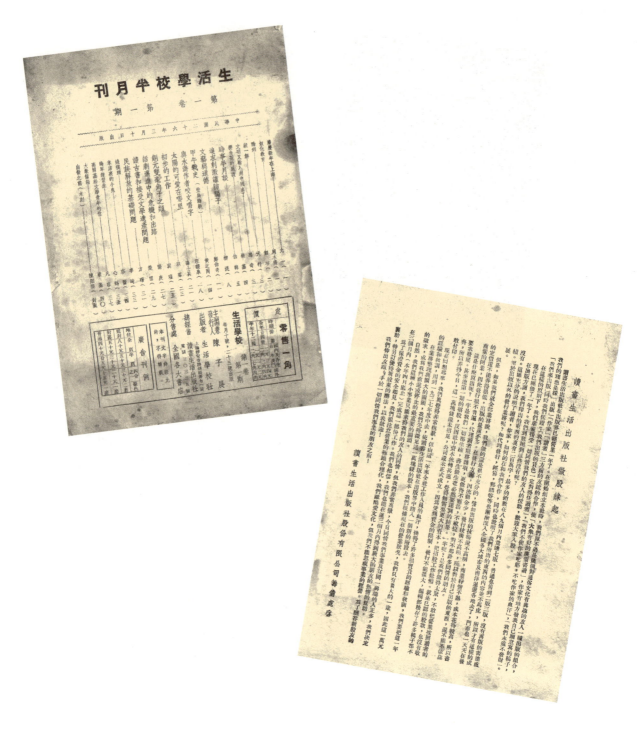

《生活学校半月刊》

　　1937年3月10日在上海创刊，出版7期后停刊。现当代著名文学史家、杂文家陈子展主编兼
发行，生活学校社出版，半月刊。该刊是陈子展主编发行的另一刊物——《读书生活》的延
续。设有《短论》《文艺讲话》《科学小品》《日常经济漫谈》等栏目。刊载文章关乎政治、
经济、历史、教育、社会、科学、文艺、语言文字等。

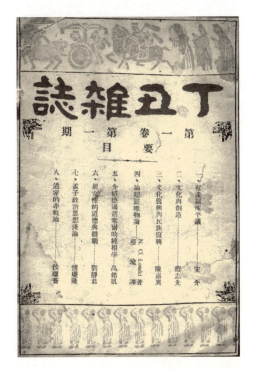

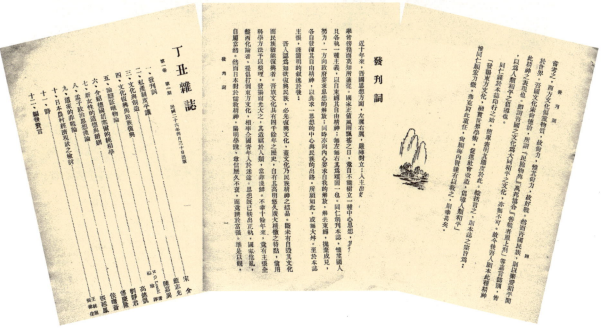

《丁丑杂志》

　　1937年4月30在北平创刊，宋介主编，丁丑学会发行，月刊。该刊以"发扬东方文化，融贯世界学术，促进社会改造，倡导人类和平"为宗旨。内容广泛，文化、思想、哲学、政治、经济皆有所涉，提倡以自由的精神和思想，检讨固有文化和思想上的问题，探寻民族的出路。创刊号内收录有《私产制度平议》《文化复兴与民族复兴》《新女性的道德与婚姻》等文章。

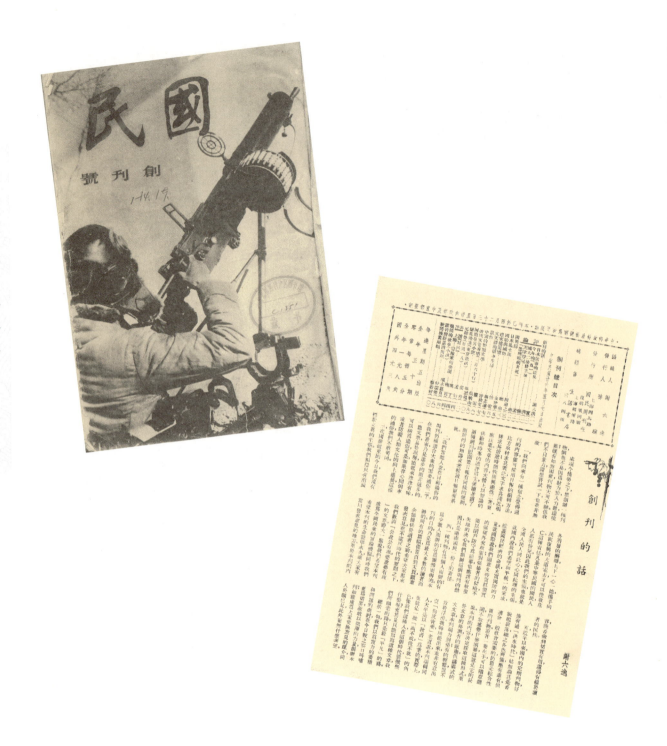

《国民》

　　1937年5月7日在上海创刊，1937年11月发行至第19期停刊。谢六逸编辑，国民周刊社发行，孙骥为发行人，周刊。该刊号召全国人民同心同德，共同挽救民族于危亡，携手走向民族复兴。创刊者大多是教员，希望以自己的力量为广大的读者提供一份时效性与趣味性兼具的刊物，开设《评论》《书评》两个栏目，内容上主要以知识的介绍及时事评述为主，也兼及少量文艺作品。创刊号刊载有胡愈之、金仲华、张志让等名人篇章。

《万有画报》

　　1937年5月15日在上海创刊，王哲编辑，万有画报社出版，张印若发行，月刊。该刊面向大众，内容包罗万象。世界新鲜人物特写、各地风土人情、现实生活揭示、两性问题探讨、抒情小品、风景照片、人物写真、素描、连环漫画等皆有收录。因创刊号出版时适逢英王加冕盛典，收录多为关于这一事件的资料及照片，是谓英王加冕典礼专号。

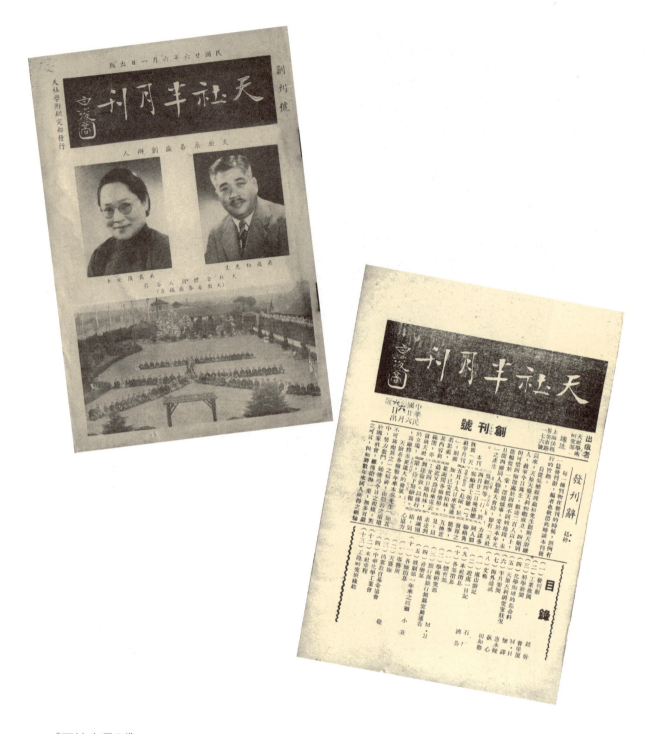

《天社半月刊》

1937年6月1日在上海创刊，天社学术研究部编辑出版，半月刊。天社是由上海天府味精厂、天原电化厂、天利氮气制品厂、天盛陶器厂四厂同志联合组建的团体，内设学术研究部、戏剧部、音乐部、体育部等，由学术研究部创办的《天社半月刊》是为了方便各厂同志联络感情、交换意见、砥砺德行，以求达到精诚团结，同心协力，为场务谋求更好发展。主要发表各厂消息、各部消息、半月要闻、化工及工业方面的文章，兼收部分文艺作品。

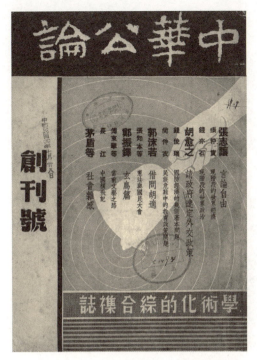

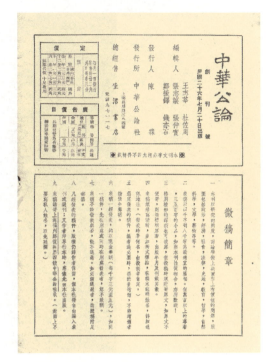

《中华公论》

　　1937年7月20日在上海创刊，王志莘、郑振铎等任编辑，中华公论社发行，月刊。该刊主张以研究的态度，讨论学术上与实际上有价值的问题，用学术之光分析现实、认识现实，崇尚理论与现实相结合。栏目有《短评》《变动中的世界》《宪法与国民大会》《当前文艺之路》《社会杂感》等。内容涉及政治、经济、社会、法律、史地、教育、哲学、自然、科学、文学、艺术等。郭沫若、茅盾、李健吾、胡愈之等名家等曾为该刊撰稿。

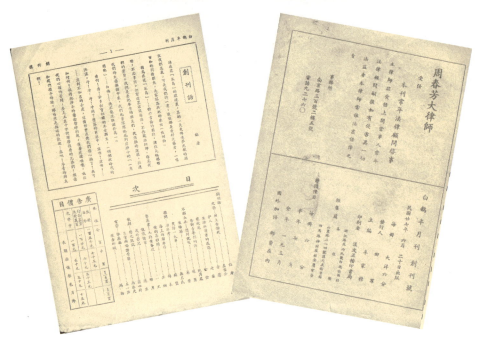

《白鹅半月刊》

　　1938年6月20日创刊于上海，辛家栋主编，田群发行，半月刊。该刊以"不作政治批评"为宗旨，旨在将青年从消极的情绪中解放出来，拉进文艺乐园中去。设有《文艺》《不顾血本》《杂闻》《鲁孟书》《歌剧》《电影》等栏目。主要刊载翻译作品、幽默小品、打油诗、杂作，以及各地风光、漫画等内容。

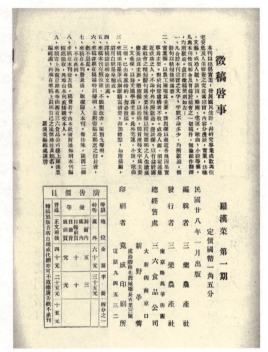

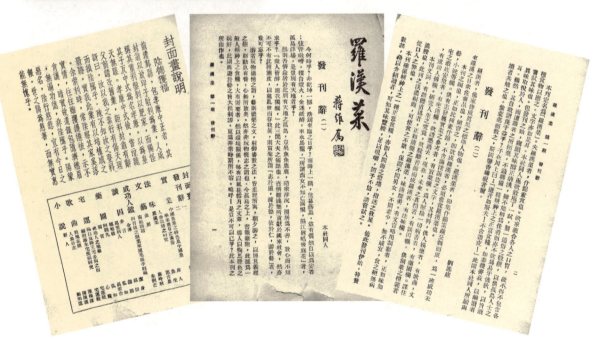

《罗汉菜》

　　1939年1月在上海创刊，1945年5月停刊，共出50期。三乐农产社编辑发行，初为不定期刊物，自第三期始改为月刊。该刊以提倡实业，发展国民生计，研究事业成败、住宅安危、人生修养之究竟为宗旨。开设栏目有《实业》《法味》《文艺》《成功人鉴》《谈因》《药圃》《宅运》《歌曲》《小说》《漫谈》等。文字通俗易懂，不含海淫海盗之文字，正如该刊名"罗汉菜"之义——什锦素食者也。

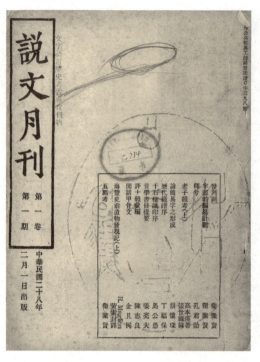

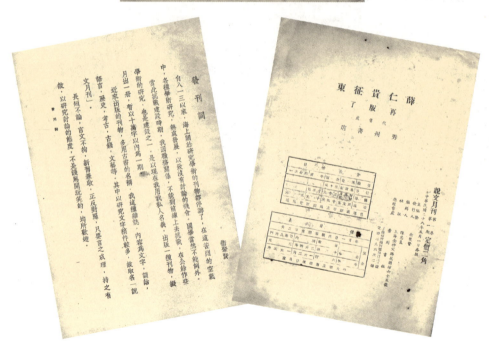

《说文月刊》

1939年2月1日在上海创刊，1939年5月1日再版，著名考古学家卫聚贤任主编兼发行人，月刊。该刊以研究学术、发扬文化，提倡纯正思想为宗旨。内容涉及文字、训诂、语言、历史、考古、古钱、文艺等方面，其中文字稿件居多，故取名《说文月刊》。撰稿者有卫聚贤、孔君诒、马公愚、高本汉、姜亮夫等。

《名著选译月刊》

　　1939年4月1日在上海创刊,刘龙光编辑,名著选译月刊社发行,月刊。该刊以介绍有价值的西洋文化和学术思想为目的,一方面希望读者能借鉴西洋文化之精华,另一方面也为攻读英文的人提供便利。办刊人立志将刊物办成"介绍西洋文化的急先锋"。刊物载文采取中英文对照版式,执笔者为有经验的翻译名家,译稿追求"信、达、雅"。内容涵盖时事评论、国际政治、医药知识、电影新闻、人物传记、小说等。

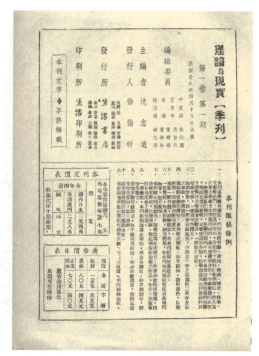

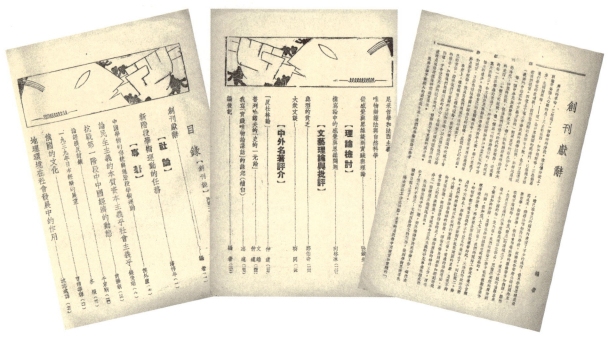

《理论与现实》

　　1939年4月15日在重庆创刊，著名经济学家沈志远主编，生活书店发行，徐伯昕任发行人。1941年1月第2卷第3期停刊，1946年5月在上海复刊，1947年3月再次停刊，原为季刊，复刊后以双月刊形式发行。该刊以三民主义为准绳，以倡导和开展适合时代要求的新的学术运动为使命，主张"理论的现实化"和"学术的中国化"。以研究介绍哲学、政治、经济、历史、科学、文艺等问题为主，另外当时重大学术文化问题的检讨、国内国际专题的研究、学术思想的批判、文艺理论的介绍等也有涉猎。

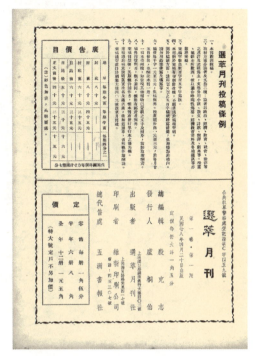

《选萃》

　　1939年4月20日在上海创刊，殷克志编辑，选萃月刊社出版，卢桐伯发行，月刊。创刊者以期通过此刊使大众了解社会现实，从而唤醒大众责任感。刊载有政治、经济、教育、社会、法律等方面的述评及记载，既有诸如小说、散文、诗歌、翻译、剧本等文艺作品，也有上海各学校之情况介绍，以便上海学生了解明晰。

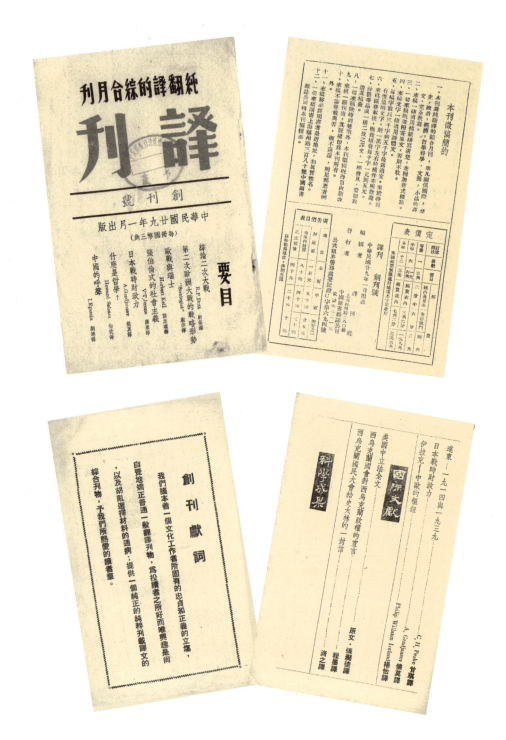

《译刊》

　　1940年1月在上海创刊，译刊社编辑，中国图书杂志公司发行，月刊。该刊为中国图书编辑馆出版的八大期刊之一。编者基于当时一些普通翻译刊物之弊病，本着忠贞正义的立场，试图为读者提供一个纯粹的刊载译文的综合性刊物。辟有《世界风云》《国际文献》《科学成果》《文与艺》四个栏目。关系国际、历史、政治、经济、哲学、科学、文艺、小品等内容皆有涉猎。载文多精选西方著名报刊编辑、记者、作家及社科学者等的代表性作品。

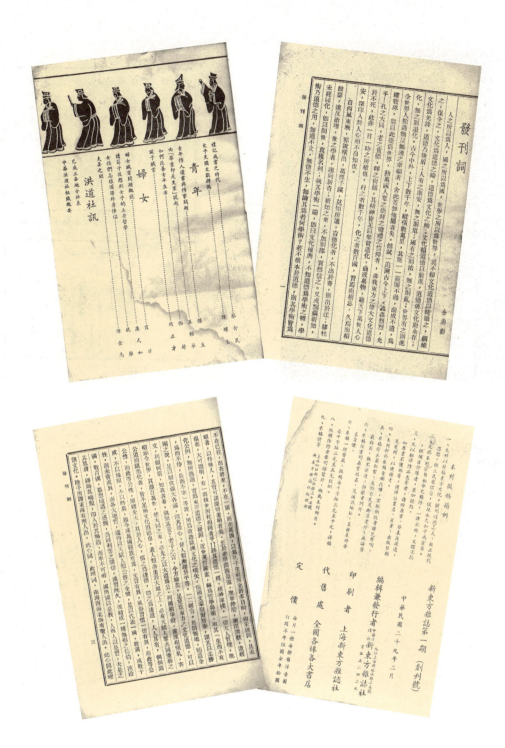

《新东方杂志》

1940年2月创刊于上海，中华洪道社新东方杂志社编辑发行，月刊。旨在倡导天下大同，"发扬东方先哲之精言，解析世宙名著之共性"。栏目主要有《瞭望台》《短评》《世界珍闻》《趣味科学》《漫话与漫画》《中枢柱石》等。载文涵盖政治、经济、文化等方面内容，兼有诗歌、散文、游记等文艺作品。首期载有齐白石先生《题石门画册》诗24首。

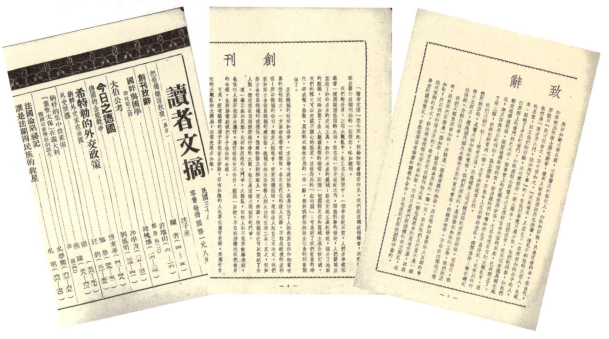

《读者文摘》

　　1941年9月10日创刊于上海，同年10月10日停刊，仅发2期。读者文摘社编辑，上海书报公司发行，丁君匋为发行人，月刊。该刊以普及新知识，传播新知识为责任，搜罗国内外各种新出版的重要书报，采录其精华，或直接译述或间接摘录，介绍给读者。许地山、周瘦鹃等都曾为该刊撰稿，扉页画为《把卷独乐凉秋夜》。

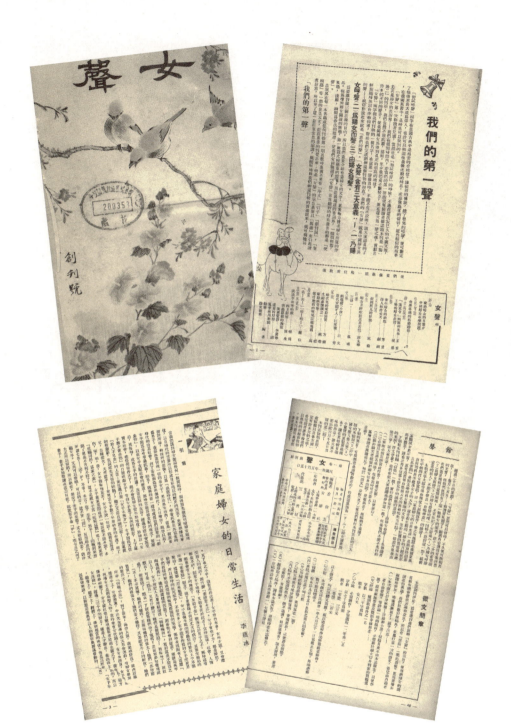

《女声》

　　1942年5月15日在上海创刊，左俊芝编辑，女声社发行，月刊。该刊力求为中国妇女发声，宗旨有三，一乃妇女呼声，二为妇女而声，三由妇女发声。主要栏目有《评论》《世界智识》《妇女与职业》《修养》《所见所闻》《卫生》《娱乐》《文艺》《家政》《漫画》《戏剧与电影》等。内容主要涉及有益妇女的文字，兼及妇女所写之作品。封面画由女画家龙城女所画，刊中漫画出自万籁鸣先生之手。

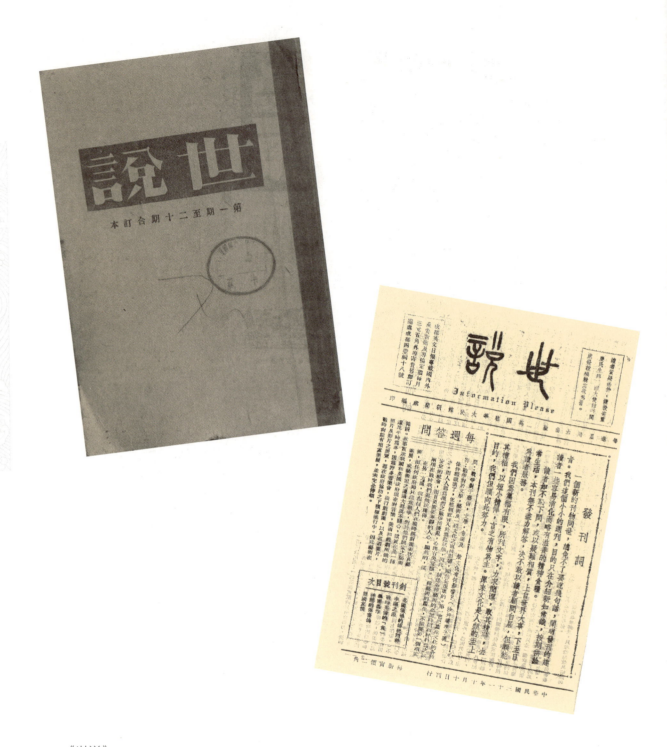

《世说》

　　1942年10月10日在重庆创刊，英国驻华大使馆新闻处编辑发行，周刊。该刊以介绍新知常识，给读者提供有滋养易消化的精神食粮为目的。内容以关乎时局及社会问题为主，载文关于英国方面的较多。另该刊设有读者信箱，专辟每周问答栏目，回答读者典型问题。创刊号刊载的文章有《英国领袖的传统精神》《集团轰炸》《盟国友情》等。

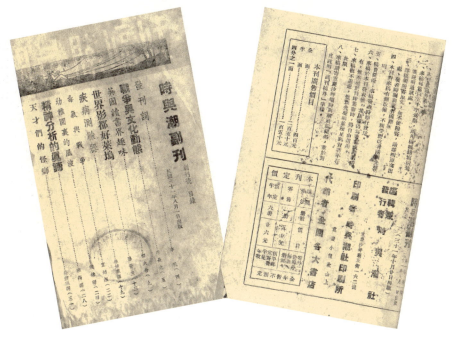

《时与潮副刊》

    1942年8月1日在重庆创刊，1945年8月至1946年停刊，自1947年起迁往上海复刊，后停刊于1948年12月。时与潮社编辑发行，月刊。馆藏为1942年10月20日再版版本。作为《时与潮》的副刊，主办者选文力求言之有物，充实新颖，要对读者有所帮助，风格崇尚通俗性与趣味性。除了国际问题外，人生、社会、科学、自然、教育、心理、艺术、文学、卫生、各地风光、风土人情等内容无所不包。

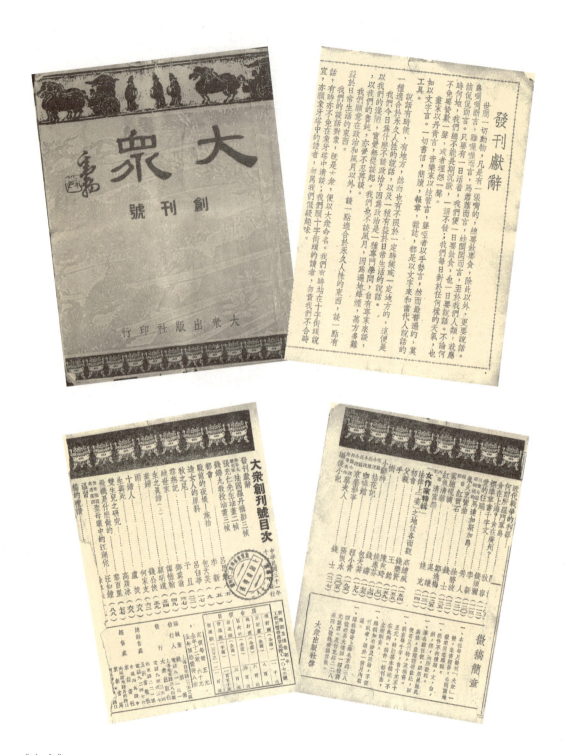

《大众》

　　1942年11月1日在上海创刊，钱须弥编辑，大众出版社发行，月刊。办刊对象为大众，不谈政治，不谈风月，主张谈适合于永久人性及益于日常生活的东西。涵盖长短篇小说、散文、戏剧、油画、书法、外译小说等内容。吕思勉、张恨水等都曾为其撰稿。创刊号内收有著名艺术家张充仁油画，题眉小插画为著名油画家、美术教育家钱铸九先生所作。

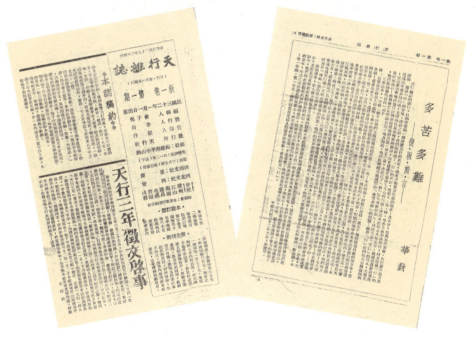

《天行杂志》

　　1940年3月29日在浙江金华创刊，后因战事影响停刊。1943年1月1日在福建南平复刊，俞子夷编辑，天行社发行，华封为发行人，月刊。馆藏为复刊号。该刊以"建树务实力行作风，善尽褒善贬恶职责"为目的，以阐扬总裁"行"的哲学，建设三民主义文化为主旨。政治、经济、教育、人文、史地、文艺等无所不载，关于战事的讨论尤多。撰稿人有茅盾、叶圣陶等。

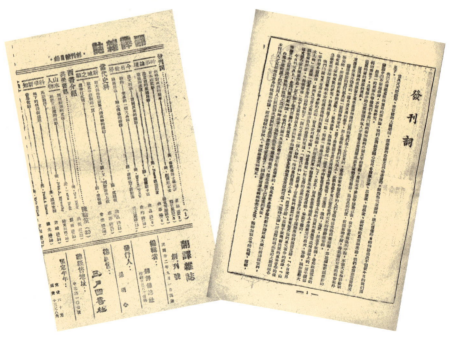

《翻译杂志》

　　1943年9月1日创刊于桂林，翻译杂志社编辑，孙明心发行，月刊。该刊以汇总世界新知识为己任，力图将世界新知识、时事新动向介绍给大众，成为大众精神的养料。辟有《时事论坛》《今日世界》《当代史料》《西书介绍》《山水人物》《科学新知》等栏目。翻译内容主要来自欧美国家和苏联，如欧美作家关于国际局势的见解、世界各国政治经济社会动态、外国作家对于人物或地方的印象、欧美科学家在科学方面的贡献、欧美新出版的重要著作等。

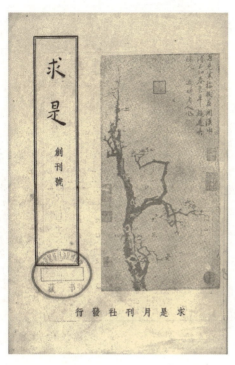

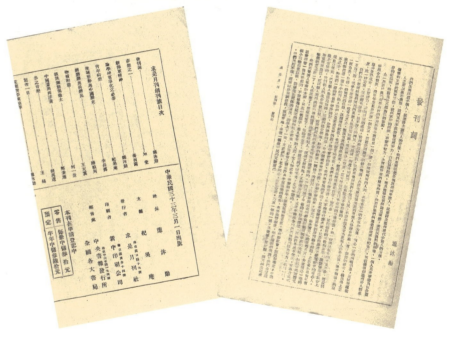

《求是》

　　1944年3月1日在南京创刊，纪果庵主编，求是月刊社发行，月刊。该刊主张国人应树立"天下兴亡，匹夫有责"的志向，以使思想、人格、体魄、知识健全发展。倡导全国有志之士尤其是青年要团结起来，同心同德，为国家发展、民族文化振兴共同努力。涵盖文学、艺术、历史、军事、教育、科学知识等方面的文章。

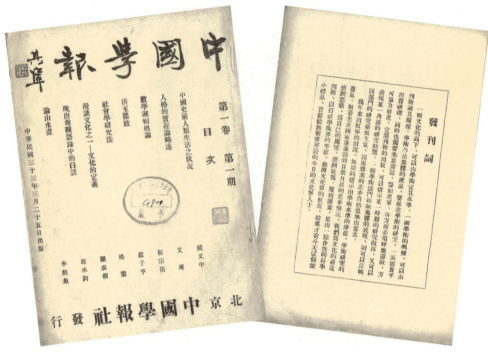

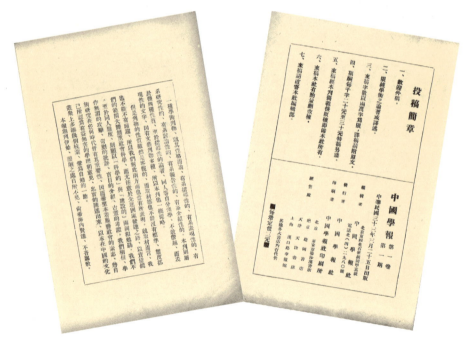

《中国学报》

　　1944年3月25日创刊于北京,中国学报社编辑发行,月刊。该刊以发表纯粹的学术论著或译述为方向,集研究性、讨论性、报告性、介绍性于一身。取材侧重社会科学而尤注意先进国家发达之路,以期用科学的建设态度将自己所认为有益无害的学理和意见忠实地陈述。刊载论文涉及人文社科类各个学科。创刊号内收有裴文中的《中国史前人类生活之状况》、文运的《人格的实在论略述》等文章。

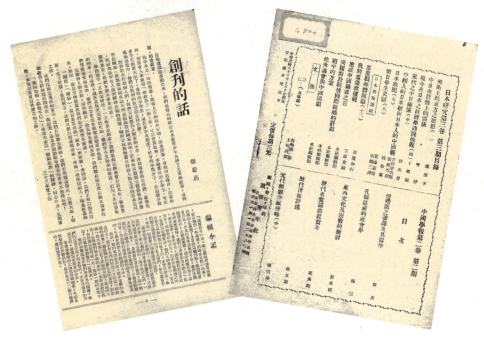

《读书青年》

  1944年10月10日在北京创刊，读书青年社编辑发行，半月刊。该刊旨在向广大青年提供精神食粮，同时为读者打开一条读书之路。内容有论文、书评、文评、讲座稿、名家名作介绍等，刊发大量文章介绍读书的重要性、方法及心得。创刊号中刊有朱肇洛的《谈读书》及田聪的《读万卷书行万里路》等文章。

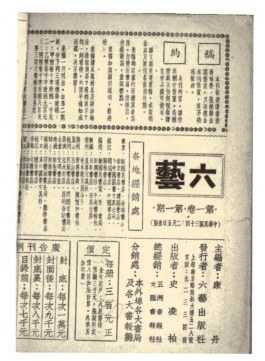

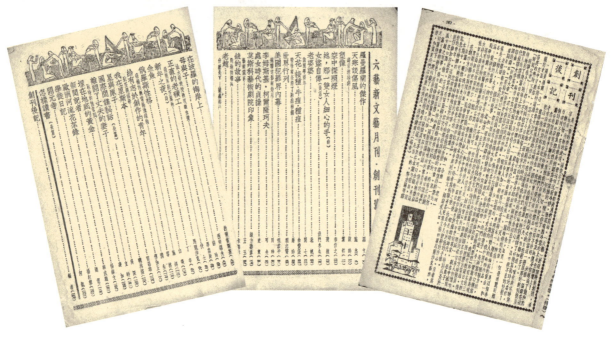

《六艺》

　　1945年2月5日在上海创刊，康丹主编，史凌柏出版，六艺出版社发行，月刊。刊物遵循创作与译作并重的原则。内容涉及政治、经济、科学技术、历史、文化、文学、军事、人物传记、探秘等。创刊号刊载有罗文的《罗曼·罗兰的杰作》、施杰的《天寒谈伤风——超音波治病》、容棋的《给有志于创作的青年》、何凯的长篇《怎样读书》等。

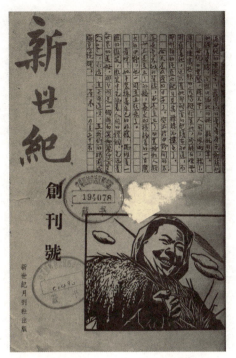

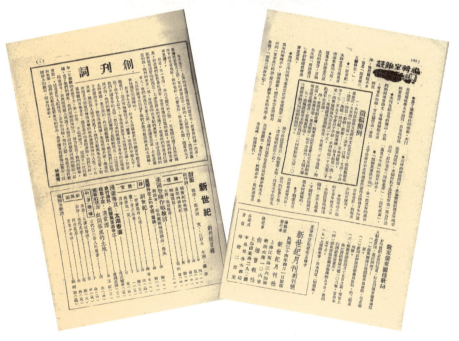

《新世纪》

　　1945年4月1日在上海创刊，同年7月终刊，共出4期。新世纪月刊社编辑发行，月刊。该刊希望青年一代在当时的社会背景下，为了祖国及将来，能默默不断地努力。所设栏目有《论坛》《诗》《散文》《科学趣味》《影与剧》。内容主要有文艺作品、影剧批评、漫画及世界知识等。刊名由现代著名书法家、篆刻家邹梦禅题写。该刊封面为中国画传统经典艺术家顾艺莘的木刻画，并配有丘石木诠释该木刻的美文。

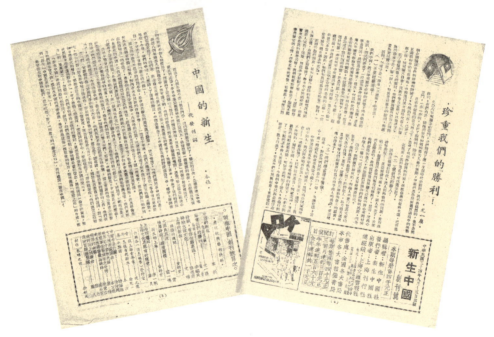

《新生中国》

　　1945年9月10日在上海创刊，1947年停刊，共发行24期。新生中国社编辑出版，月刊。该刊呼吁每位国民努力做好本职工作，为抗战胜利后的建设贡献力量。创刊号为庆祝抗战胜利特辑，设有《国际两周间》《出版界》《青年界》《创作》等栏目。内容涉及国际国内新闻、政治经济文化建设、青年思想及少量文学作品等。

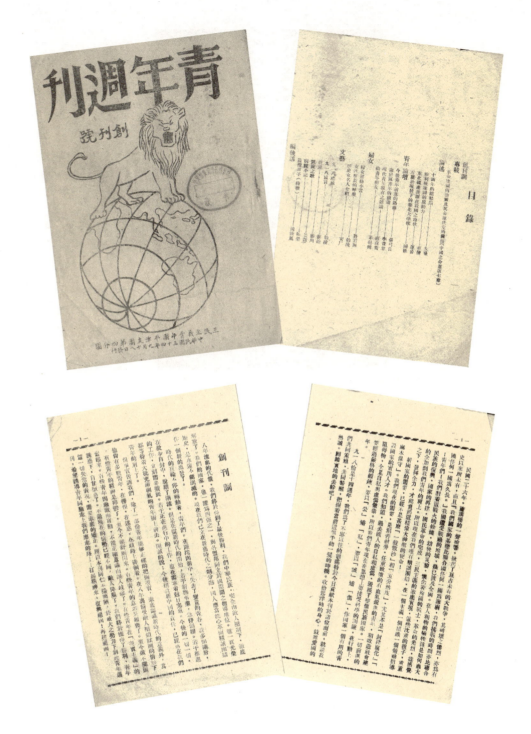

《青年周刊》

　　1945年9月18日在北平创刊，三民主义青年团平津支团第四分团编辑发行，周刊。创办者有感于抗战胜利后国内青年或彷徨迷惑或抑郁颓丧或自甘堕落等种种现状，号召青年朋友们当警醒，重新打起精神，复兴祖国，再建祖国。辟有《专载》《论述》《青年论坛》《妇女》《文艺》等栏目。内容涵盖政治、经济、社会、科学、民生、妇女生活、妇女运动、妇女教育、妇女参政等。

《新语》

　　1945年10月1日在上海创刊，周煦良、傅雷编辑，新语社发行，半月刊。设有《社评》《现代史料》《诗词》等栏目。内容以学术研究、国内外历史现状探讨、文艺评论为主，另有国外武器技术动态报道及国际新闻。创刊号刊载的主要文章有《所谓人道》《吾国过去教育之检讨》《欧洲往那里去？》，以及钱锺书的小说《灵感》等。

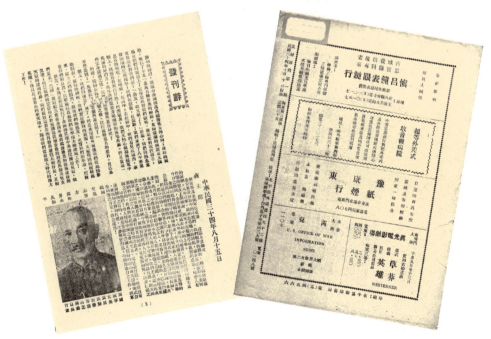

《凯声》

　　1945年10月10日在北平创刊，凯声周刊社编辑，北平协和印书局发行，周刊。因创刊于抗战胜利后，全国一片欢欣鼓舞，故取名凯声以作纪念。该刊以团结四万万中华儿女共同投身建国工作为宗旨。关注时事和社会问题、青年发展等，创刊号内刊发的《青年与团体生活》，详细阐述了青年之走向及参加团体生活之注意事项。

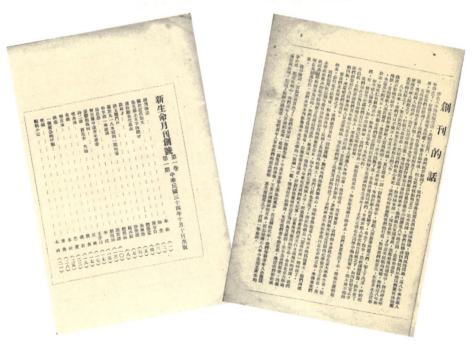

《新生命》

　　1945年10月10日创刊于北平，新生命月刊社发行，月刊。该刊由北京大学学生会组织创办，旨在唤醒青年一代团结进取，开拓创新，为国家文化建设贡献一份力量。刊载的文章全部由北京大学教授及学生所创作或翻译，内容偏重学术与文艺两方面。首期特邀陈介白、赵荫棠、朱肇洛、赵丰田等为撰稿人。封面采用著名国画家、版画家、篆刻家王青芳先生推荐的木刻画。

《新文化》

　　1945年10月20日创刊于上海，1947年4月14日停刊，共发行29期。新文化半月刊社编辑，谢吉然发行，半月刊。创刊号为了纪念鲁迅先生逝世九周年选在10月20日出版，封面为《永远给我们热和光的导师——鲁迅先生》，设有鲁迅先生纪念特辑专栏，刊载有周建人、周晔、景宋、文超等人纪念鲁迅先生的文章。同时辟有《文话》《来件》等栏目，刊有赵树理的《小二黑结婚》、吴玉章的《中国史话序言》等文章。

《知识》

　　1945年10月21日在上海创刊，徐百益、卞其巍编辑，人生出版社出版，周刊。该刊宣言"具备知识的人民是国家最大的资产"，故办此刊以期提高广大民众的知识素养。辟有《短评》《经济》《科学》《国际人物》《世界珍闻》《教育》《艺术》《社会现象》《文化报道》等栏目，介绍国内外动态新闻及政治、经济、教育方面的内容。

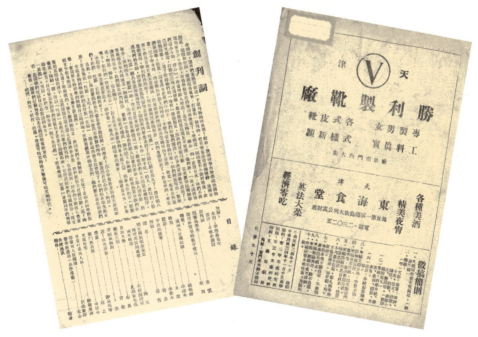

《吐露月刊》

　　1945年11月15日创刊于天津，1946年2月20日第三期出版后停刊，市三中文艺研究社编辑出版。该刊最初为《三中半月刊》的壁报，经过中共地下党员和文艺研究社的多番努力，后更名为《吐露月刊》面世发行，意在号召青年人吐露压抑的心声，吐露爱国的思想，封面木刻版画亦与该刊这一目的相呼应。内容有时事评论、译文，也有各种体裁的文学作品，同时刊登了反甄审、反内战的文章，号召学生积极投身社会斗争。

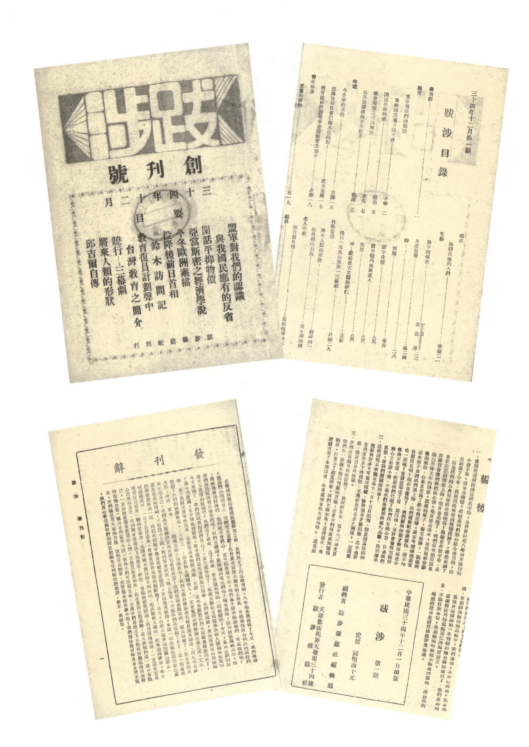

《跋涉》

　　1945年12月1日创刊于天津，跋涉杂志社编辑部编辑，跋涉杂志社发行，月刊。该刊前身为1937年油印小册子，宣传抗日爱国思想，半年后被镇压停刊。该刊旨在唤醒国人认清抗战虽已胜利，但工业、科学、政治、军事等各方面均比较落后，希望通过此刊为国人搭建共同研究共同发展的平台。设有《论文》《特载》《青年修养》《文艺》《科学常识》《名人介绍》等栏目。主要论述二战影响，介绍国内外政治经济局势、教育计划等，兼有少部分译文及诗文作品。

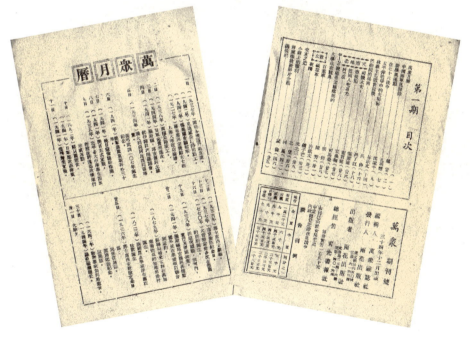

《万众》

　　1945年12月创刊于上海，万众杂志社编辑，雨花出版社出版，月刊。该刊内容涉及纪实文学、时事新闻、小散文、外译小说、影片介绍等，创刊号内大到《中国海军见闻录》《太平洋战争中的大秘密》等主题的专门介绍，小到《交友之道》《大学生在龙泉》等普通人的生活日常，皆有涉猎。首页的《万众月历》按天简明扼要记录当月国内外重大历史事件。

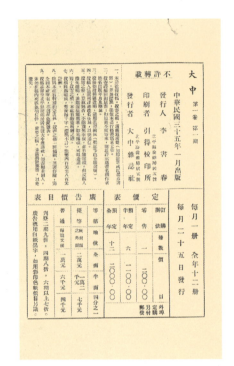

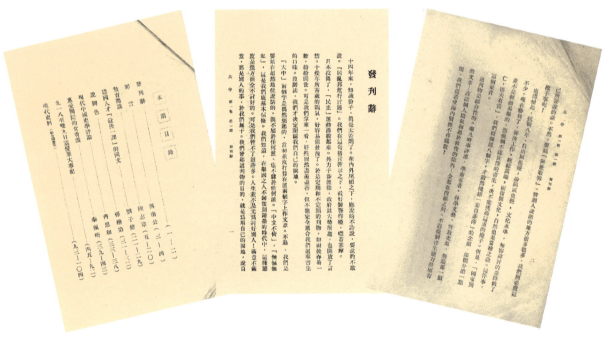

《大中》

1946年1月在北平创刊，同年8月停刊。由大中杂志社发行，李书春为发行人，月刊。刊名《大中》实为主办者"中立不倚""无偏无私"办刊信条之宣扬，期望在自己创办的园地说自己要说的话。时事评选、学术专著、科学文艺、哲教史地等全都在搜罗之列。主要撰稿人有弭南公、刘子健、孙楷第等。馆藏创刊号封面有"故宫博物院太庙图书分馆"藏书印。

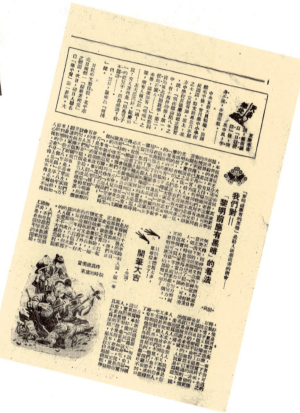

《一四七画报》

　　1946年1月11日在北平创刊，1948年8月17日停刊。吴宗祜编辑发行，三日刊，每月出版九次，逢1、4、7出版。虽称画报，内容却以文字居多，偶有插图、小漫画之类。主要栏目有《天南地北》《世界之窗》《书评》《专讯》等。内容包括发布评论国际国内时事新闻，介绍科学知识和生活常识，小说、杂论等文艺作品，追踪报道政界、文化界名人，解答各种生活问题等。创刊号内刊有《胜利后的心情》、金庸的《小职员诉苦》等文章。

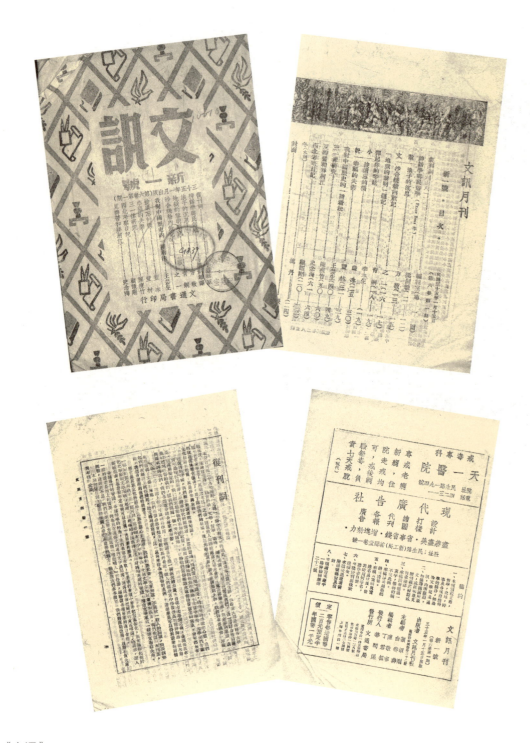

《文讯》

　　1946年1月15日在重庆复刊，顾颉刚和白寿彝主编，文讯月刊社出版，文通书局发行，月刊。馆藏为复刊号，该刊创刊于1940年12月，发刊5年后因时局不稳暂停。该刊倡导表述要通俗化，以便大众更好理解。内容涉及文艺、哲学、史地、时事、自然科学、社会科学等。撰稿者多为西南各大学教授，创刊号内收录顾颉刚的《西北考察日记》、王芸生的《我对中国历史的一种看法》、陈瘦竹的《三一律研究》等文章。

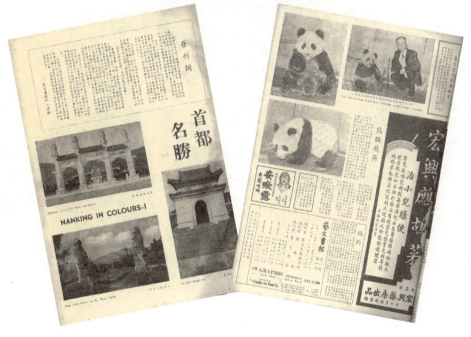

《艺文画报》

　　1946年7月创刊于上海，艺文书局编辑所编辑，艺文书局发行，林鹤钦为发行人，月刊。该刊以寄托读者精神，升华情感，安逸身心，生活止于至善至美为办刊目标。主要刊登国内外时事、军事、经济、生产、知识、科学、文学艺术等方面内容，各地风景名胜、风土人情等原始资料也借此刊得以保存。

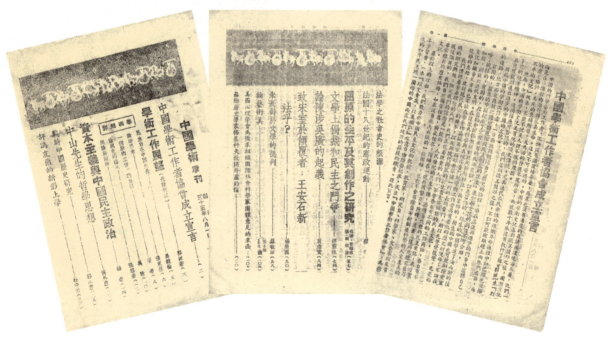

《中国学术》

　　1946年8月1日在重庆创刊，中国学术工作者协会编辑出版，季刊。该刊阐扬科学精神，主张一切学术工作者团结起来，用科学的武器，为中国的民主化以及中国人民的解放而奋斗，期望自身能为新生的和平民主统一团结的中国尽责。协会会员多为教授、教育家、研究员、科学家、文艺家以及青年学者等，提倡"以文会友，以友辅仁"。所载文章涉及政治、经济、历史、哲学、文学、心理学等方面。创刊号内有郭沫若所作的《学术工作展望》发刊词、翦伯赞的《论陈涉吴广的起义》一文等。

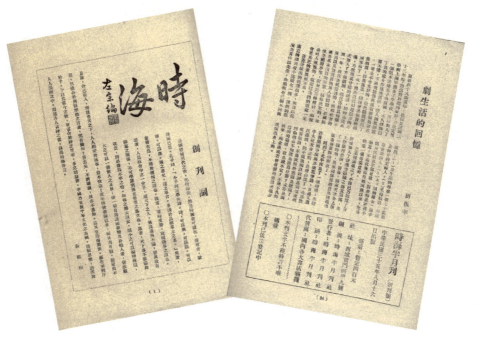

《时海半月刊》

　　1946年8月16日在北京创刊，时海半月刊社编辑发行，半月刊。凡政治经济、文学法律、电影戏剧、学府风光等方面内容皆所囊括。该刊体量不大但内容丰富，创刊号内既有《废币用据（超金本位）新经济计划的原理及办法之纲要》这样的长篇，也有诸如《世界最古的学校》这样的知识性小文。

《四海》

　　1946年10月25日在北平创刊，李树桐编辑发行。该刊为《世界与中国》副刊。刊物倡导"借海外生活情况，各种新知识，新思想，新趣味，来发展读者的思想"，以推动社会的进步发展。刊载的内容以翻译外国作品为主，涉及知识、修养、文艺、社会科学等方面。供稿人有朱光潜、徐祖正等。并设有英文版，提供英汉对译。

《评论报》

　　1946年11月9日在上海创刊，1947年5月停刊，共发21期。评论报社编辑发行，周刊。该刊关注社会时事，主张以客观的态度、犀利的语言评论时事政治、社会新闻、众生百相。内容涵盖时事、政治、经济、文化等各个方面。创刊号内刊登了著名文艺活动家、中国现代戏剧三大奠基人之一田汉的《新中国剧社的苦斗与西南剧运》、捷夫的《沈钧儒谈开电灯》、同衡的漫画《大权在握》等作品。

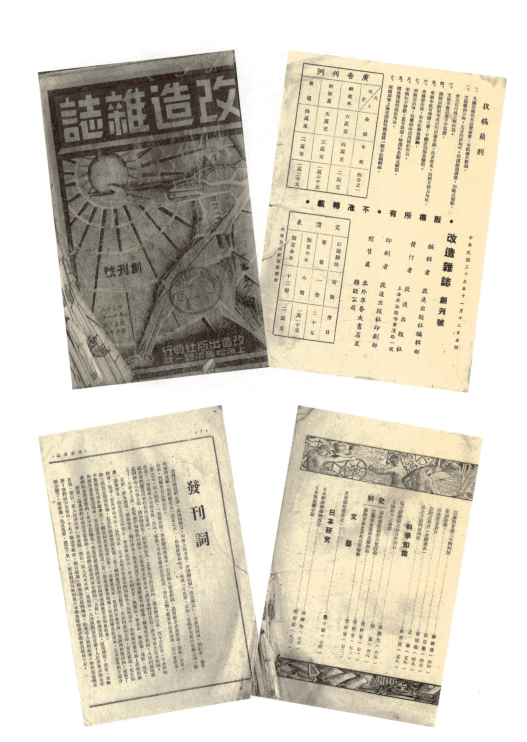

《改造杂志》

　　1946年11月12日在上海创刊，改造出版社编辑部编辑，改造出版社发行，月刊。创办者有感于抗战结束后国内存在的各种问题，以期通过此刊对广大国民人性之恢复和智慧之培养有所裨益。开设栏目有《论著》《科学知识》《史料》《文艺》《日本研究》《工商动态》《教育动态》《时论选辑》《外论拔萃》等。内容涉及对国内外时事政治、社会问题等的评论，另也不乏文艺小短文。

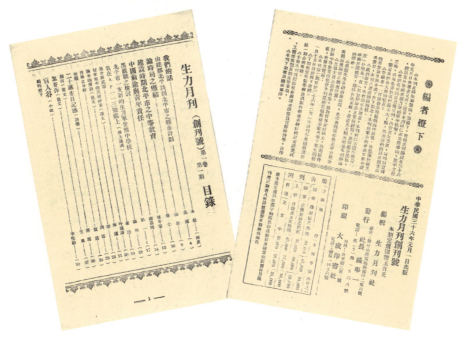

《生力》

　　1947年1月1日在北平复刊，生力月刊社编辑，钱举一发行，月刊。馆藏为复刊号，该刊创刊于1936年3月，出版至1937年12月停刊。刊物关注社会民生及中国文化未来之发展，持论公允，以"暴露社会黑幕、呼吁民间疾苦、保持民族正义、建设民主国家"为办刊方向。内容以报道时局状况为主，兼及诗歌、小说、译文等文学作品，刊名由晚晴民国著名书法家、碑帖学家张伯英题写。

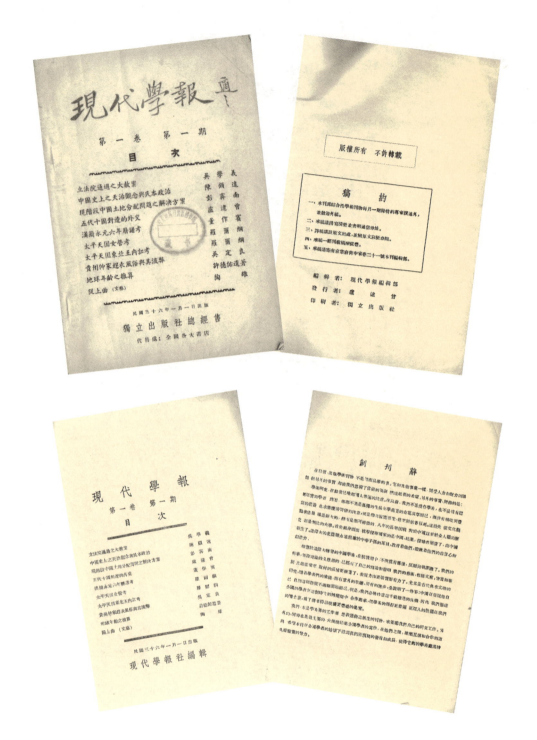

《现代学报》

　　1947年1月1日在南京创刊，现代学报编辑部编辑，卢逮曾发行，月刊。创办者倡导团结全国学者，结集其学术著作，建立互助互信的学术环境。内容上，政治、经济、外交、历史、考古、自然地理、社会学等皆有涉及。创刊号刊登有陈顾远的《中国史上之天治观念与民本政治》、董作宾的《汉简永元六年历谱考》、罗尔纲的《太平天国女营考》等。

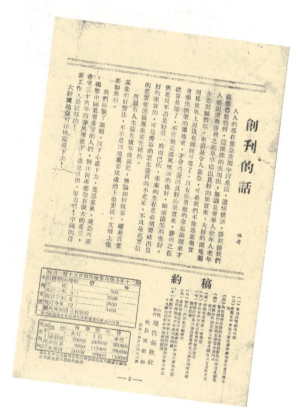

《现代春秋》

　　1947年1月10日在天津创刊，现代春秋社编辑发行，社长陈鹤龄，月刊。创办者有感于抗战胜利后国内各行各业一片萧条之景况，号召国人拿起手中的锄头，拔除思想上、政治上、文化上的一切杂草，开拓新园地。设有《论坛》《漫画之页》《文艺》等栏目。内容涉及思想、学术、理论、文艺、专著、小说、诗文、漫画、木刻等。

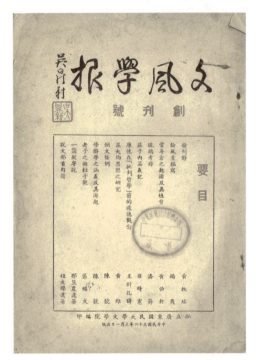
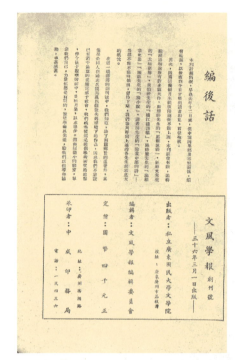

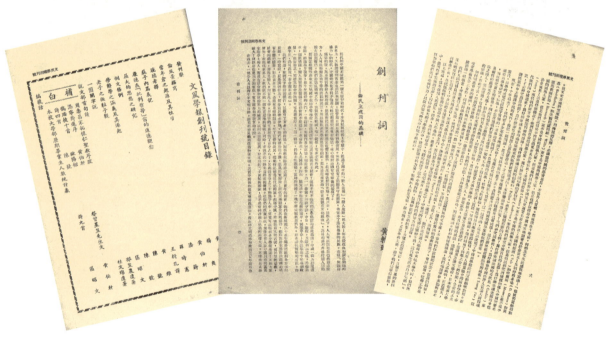

《文风学报》

　　1947年3月1日创刊于广州，文风学报编辑委员会编辑，私立广东国民大学文学院出版，不定期出版。作为专门登载学术论文的大学学报，主张通过"学术界分工合作，利用科学的利器从事于一点一滴的专门工作"，达到改进中国学术的目的，而大学正是完成这一使命的中心。内容多为文、史、哲、地等方面的研究论著，亦夹杂少许文艺方面的内容。

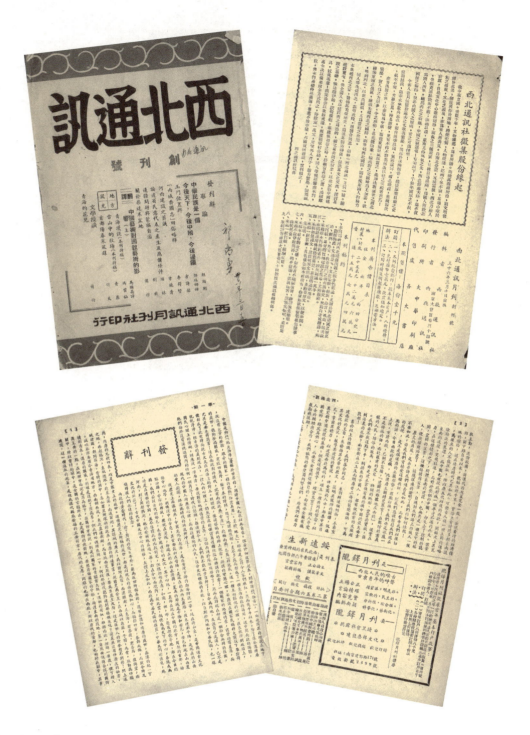

《西北通讯》

　　1947年3月10日在南京创刊，西北通讯社编辑发行，月刊。该刊旨在发扬西北光荣的历史，阐明国防关系，促进文化交流、报道建设实况，以期达到全国人民共同建设西北之目的。凡关于西北边疆之历史、动植物产、交通景况、文化宗教、种族、语言、风尚、政治、经济、外交、教育诸门之调查研究，无论自创或翻译，皆所收录。创刊号内刊载了顾颉刚的《中华民族是一个》及邓珠娜姆的《今后天下，今后中国，今后边疆》之专论，马继高翻译的《中国艺术对回教艺术的影响（上）》一文。

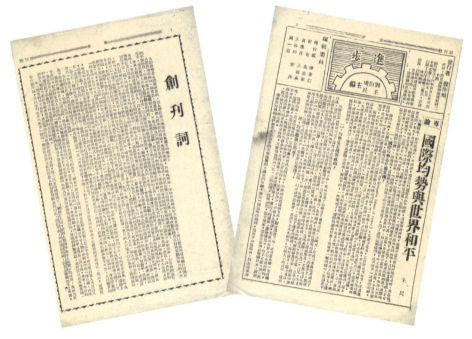

《进步》

　　1947年4月5日在南京创刊，刘伯玑、王民主编，进步出版社发行，殷作桢为发行人，周刊。该刊以宣扬三民主义，开拓文化乐园，以求文化上更大的自由与进步为旨趣。设有《专论》《国际智识》《通讯》《文艺》《木刻》等栏目。内容以国际国内时事政治为主，兼及少量文艺作品。撰稿人有王民、汉衡、刘伯玑、沙坪、魏麟等。

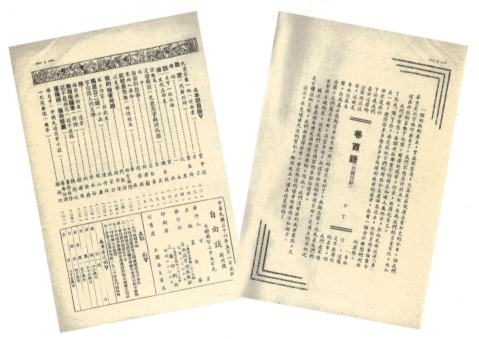

《自由谈》

　　1947年5月1日在上海创刊，吕白华主编，自由谈月刊出版社发行，方言为发行人，月刊。该刊没有派别界限，倡导有价值的自由言论。内容为关于时事政治、科普知识及文艺等方面的作品。封面有丰子恺先生专为《自由谈》创刊号而作的漫画《民众茶园一隅》。卷首语后有著名书画家、收藏家、政治活动家叶恭绰先生为该刊的题词——"囊括须弥芥子，笔飞风雨雷霆"。戴望舒、施蛰存曾为该刊撰稿。

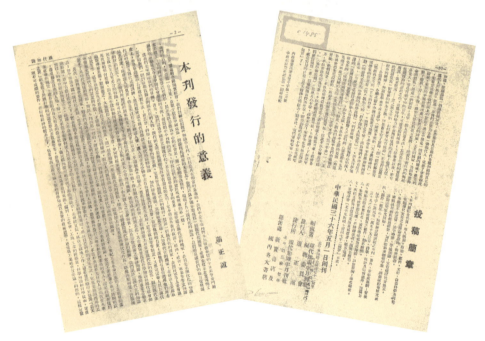

《现代知识》

　　1947年5月1日在北平创刊，发刊至1948年5月第3卷第1期，共发行3卷25期。现代知识半月刊社编辑委员会编辑，现代知识半月刊社发行，发行人萧正谊，半月刊。创办者旨在用现代化的知识武装大众，从而为促进中国成为一个现代化国家贡献一份力量。栏目有《专论》《译述》《文艺》《现代史料》《现代通讯》《现代时评》等。内容涵盖国际、政治、经济、文艺、自然科学及有关现代文化之各种论著译述。撰稿者多为北京大学、燕京大学、中央大学教授。

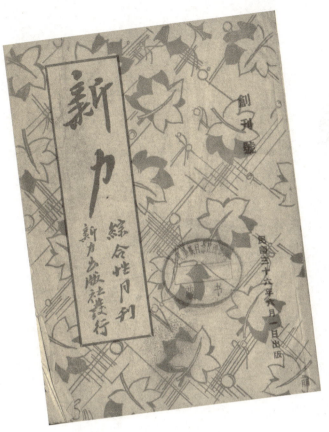

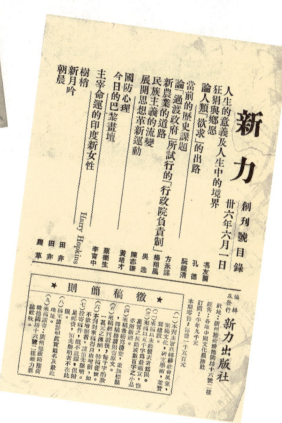

《新力》

　　1947年6月1日在广州创刊，仅发一期便停刊。由新力出版社编辑发行，月刊。该刊以转移社会风气、阐扬文化、研究学术、赞扬建设为宗旨。内容涉及哲学、历史、政治、农业、民族主义等问题，兼有少量诗歌、散文等文艺作品。创刊号首篇为冯友兰的《人生的意义及人生中的境界》一文。

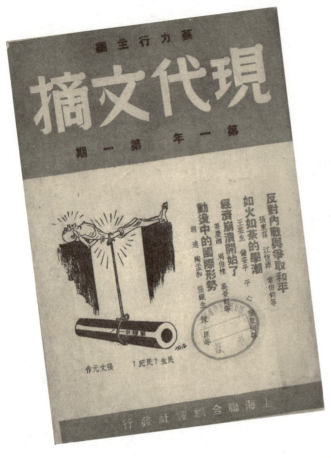

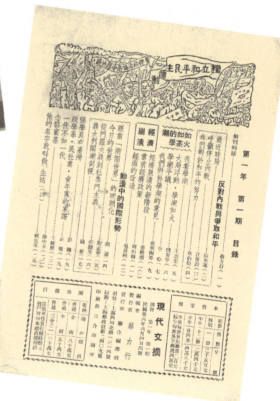

《现代文摘》

　　1947年6月4日在上海创刊，蔡力行编辑，联合编译社发行，周刊。该刊是由《现代经济文摘》扩大范围、缩短周期改版而成，创办者从节省读者的金钱和时间方面考虑，创办这样一个文摘性的刊物。主要选载全国各地报刊精彩文章和图画，将同一专题但见解不同的文章集合在一起，本着公正的立场不作任何评判，留给读者个人思考决断。创刊号内的专栏有《反对内战与争取和平》《如火如荼的学潮》《经济崩溃开始了》《动荡中的国际形势》等，另载有少量文艺作品。撰稿人有胡适、臧克家、叶圣陶、章伯钧、徐中玉等。创刊号封面为张文元所作讽刺时局的漫画——《民生？民死？》。

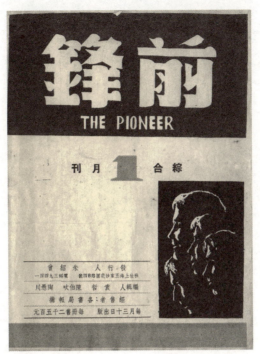

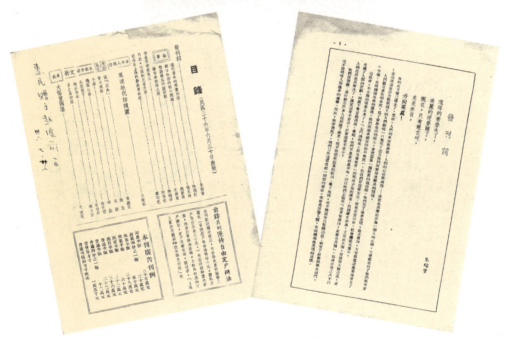

《前锋》

　　1947年6月30日在上海创刊，袁哲、陈伯吹、陶愚川编辑，朱绍曾发行，月刊。编者号召国民追求光明和真理，启发民众走向积极光明的途径。辟有《论著》《古今人物志》《学府风光》《各业素描》《文艺》《专载》等栏目。内容涉及青年成长、学府推介、读书指导、学术研究、教育评论、行业介绍、戏剧电影介绍、长篇专载等。

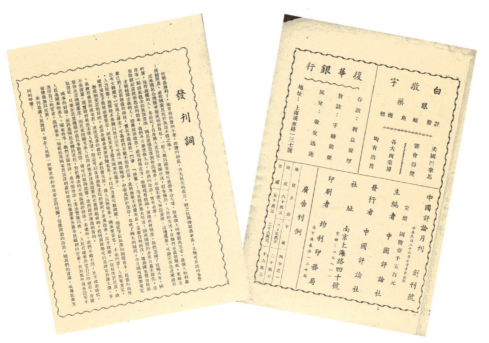

《中国评论》

　　1947年7月10日在南京创刊，中国评论社主编发行，月刊。该刊宣扬为人民说话，力图在和平安定的局面先促进政治改造，为人民发声。设有《社评》《专论》《杂谈》等栏目。内容涉及学术专著介绍、时事评论、文艺小品等。创刊号内所载文章多为大学教授或行业专家所作，如《当前经济政策之歧途》一文的作者、著名经济学家齐植璐曾为《新经济》月刊的主编。

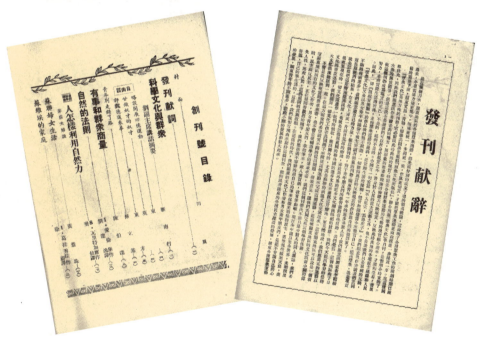

《群众文化》

　　1947年8月10日创刊于大连，群众文化编辑委员会编辑，群众文化出版社发行，半月刊。该刊力求真实地反映现实，以青年知识分子为主要读者对象，旨在推进关东青年进步、关东文化建设，甚至是关东民主建设及关东群众运动。所设栏目有《自由谈》《自然科学讲座》《创作》《通讯》《诗歌》等。内容涵盖时论杂文、通俗社会科学与自然科学、文艺创作与文艺批评、漫画及新书评介等。

《时事评论》

　　1948年7月7日在上海创刊，同年12月第24期停刊。潘世杰、卫一萍主编，六联印刷公司发行，李道南为发行人，周刊。创办者有感于抗战三年后社会动乱、民生疾苦之现实，力求站在文化的岗位，以笔杆为利器，本着客观中正的立场，检讨过去，针砭现实，以求开辟未来，走向自主、富强、独立、光明的康庄大道。内容涵盖时事政治、经济、文化、评论以及对社会现况的反映，内封有当时社会民众流离失所的照片。

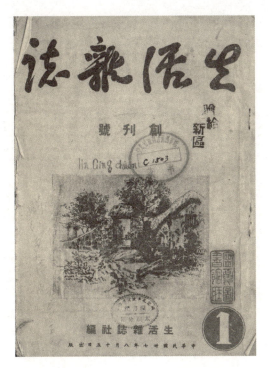

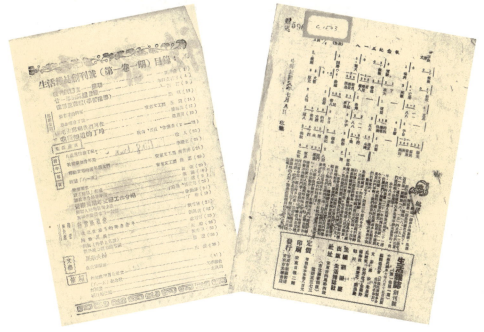

《生活杂志》

　　1948年8月15日在安东创刊，刘崇庆主编，生活杂志社发行，月刊。安东为辽宁丹东之旧称。设有《思想漫谈》《生活画页》《青年专页》《蒋管区介绍》《文艺》《信箱》等专栏。因创刊之际适逢"八一五"三周年纪念日，故刊载文章主题多与此有关，封底印有《八一五纪念歌》。创刊号内收录了丁玲的《写给生活杂志的一封信》。

《大流》

　　1948年10月15日在天津创刊，大流月刊编辑委员会编辑，大流月刊社出版，月刊。该刊是由学生组稿创办的，是用以发表他们对于学术自由研究所得"小识"或"日知"的平台，创刊者希望通过此刊能够对社会科学学术有所贡献。刊载内容涉及政治、经济、法律及其他专论、批评等，主要是有关社会科学方面的文章。

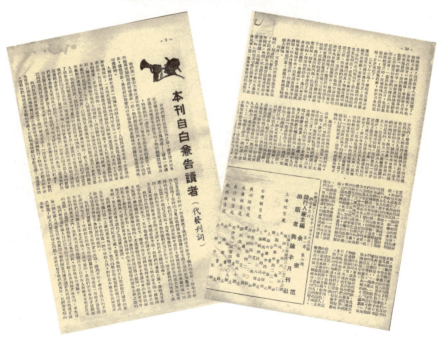

《舆论》

　　1940年10月在西安创刊，1941年停刊。1948年11月16日复刊于上海，主编余宗范，舆论半月刊社发行，半月刊。馆藏为复刊号。该刊反对宿命论，提倡建设社会主义，号召从政治和社会两方面实现和平建设，达到民族自救的目的。辟有《半月简评》《论坛》《通讯》《文艺》等栏目。内容涵盖国内外时事报道分析评价、现代思潮介绍与分析等内容，兼及少量文学作品。

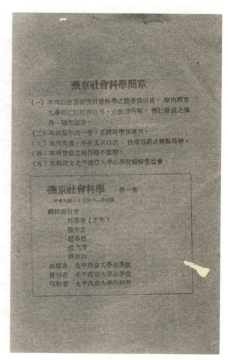

《燕京社会科学》

　　1948年11月创刊于北平，编委会主席林耀华，北平燕京大学法学院出版，每年出一卷。该刊为燕京大学社会学系主办刊物《社会学界》的延续，刊期另起，以发表研究社会科学论著为宗旨。凡属人文社会科学领域中的语言、历史、政治、法律、经济、社会及文化等内容论述皆在此列。特辟有《书评》专栏，介绍中外新出版的社会科学书籍。

《人民世纪》

　　1948年2月2日在南京创刊，停刊时间不详。1949年4月3日复刊于南京，另起刊号为新一卷新一期，馆藏为复刊号。本刊编委会主编，发行人魏麟，周刊。该刊主张现实的世纪是人民的世纪，《人民世纪》是社会人生真实的显现，以推动民主政治为目的。内容多以政论为主，兼及时事新闻与文学作品。复刊号载有《现实是人民世纪》《大学生向那里走》《何内阁面临三大考验》等文章。

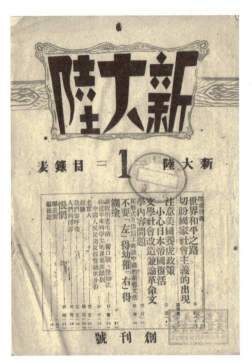

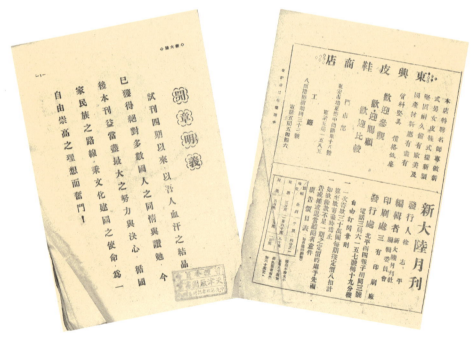

《新大陆》

在北平创刊，创刊日期不详，新大陆月刊社编辑委员会编辑，徐志平发行，月刊。该刊旨在"循国家民族之路线，秉文化建国之使命，为一自由崇高之理想而奋斗"，希望成为大众尽情表达内心情绪的平台，认为文字可以成为唤醒民众达到反抗目的的有力武器。设有《社评》《时论》《怒吼》《杂文》等栏目。内容有关于国内外时事的评论，也有译文、杂文等文学作品。

《社会统计月刊》

　　1938年11月创刊于北京，北京特别市社会局编纂委员会编辑出版，月刊。该刊立足北京，主要包括北京地区商店的物价，粮煤、面粉的存销和输出输入，货物的输出输入，金融、经济、工业、农业、商业、救济、公益的数量统计，职业介绍以及社会局工作概况。创刊号刊载有《本市各区商号迁移月报表》《本市零售物价及指数表》等文章。

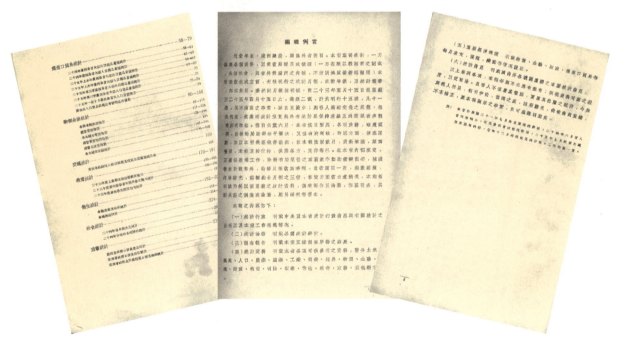

《广西统计季报》

　　1937年3月在桂林创刊，广西省政府总务处统计室编辑出版。该刊原以月报形式创刊，自1934年5月15日创刊至1936年4月15日停刊，共刊行15期。由于时局不稳、省府迁移以及部门改组，后改为季报形式出版。该刊以公布统计资料、传播统计学术为宗旨。设有《插图》《论著》《调查报告》《统计资料》等栏目。主要刊登调查报告所得统计资料，包括土地、气象、人口、农业、矿业、进出口贸易、物价、金融、交通、教育、卫生、社会、政务等方面。

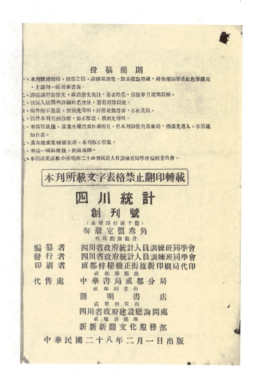

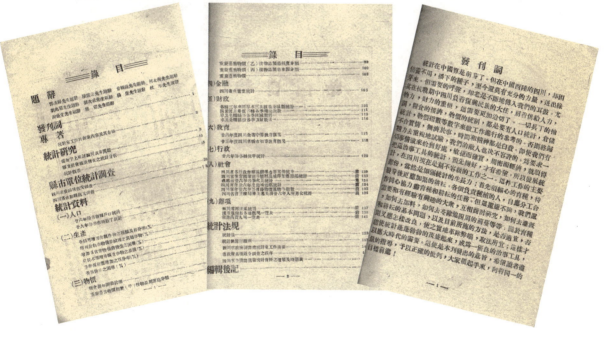

《四川统计》

　　1939年2月1日创刊于成都，四川省政府统计人员训练班同学会编辑发行，月刊。鉴于抗战期间一切兵丁的抽调、粮食的接济、物价的统制等都需要"敏捷而确实"的数据支撑，该刊应运而生。设有《专著》《统计研究》《县市单位统计调查》《统计资料》《统计法规》等栏目。主要登载统计学、经济学论著，介绍四川部分市县人口、物价、金融、财政、教育等概况，还有社会各领域详细统计资料。刊名由时任四川省主席的王缵绪题写。

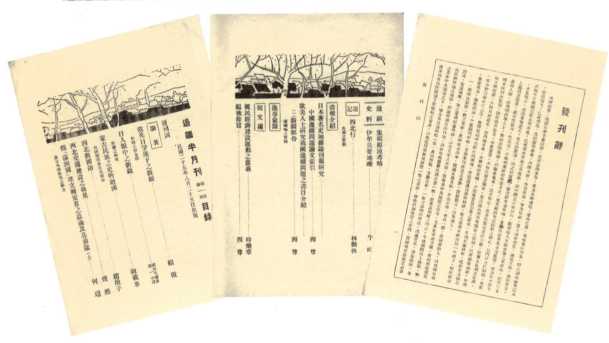

《边疆》

1936年8月25日创刊于南京，边疆半月刊编辑部编辑，边疆半月刊社发行，半月刊。该刊旨在阐明民族整一性之重要，唤起国人注意边疆之开发，记载边疆最近消息与实况，介绍国外人士研究我边疆问题之材料。开设《论著》《游记》《书报介绍》《边事汇录》等栏目。刊载关于边疆各地各项事务之研究、边疆各地实地调查资料以及国外研究我国边疆问题等内容。

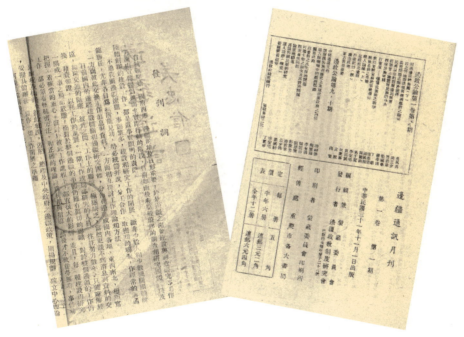

《边疆通讯》

　　1942年11月1日创刊于四川巴县，蒙藏委员会边疆政教制度研究会编辑发行，月刊。该刊以"沟通并联系边疆建设与边疆研究之工作"为宗旨，旨在为国内边疆建设机关和研究团体提供交换工作消息与资料，相互探讨工作理论和方法的平台。内容涵盖有关边疆政治、经济、文化建设与研究的资料及消息，也登载少量文学作品。

《社会建设》

　　1944年7月在重庆创刊，后一度停刊。1948年5月1日复刊于南京，孙本文主编，社会建设月刊社发行，月刊。馆藏为复刊号。该刊以"阐扬民主社会思想与政策……以促进社会建设"为宗旨。主要研究国内外社会改造及社会建设动态，探讨社会行政学理与制度，介绍社会工作方法，报道社政社工消息，分析一般社会理论。首期载有主编孙本文的《社会建设的基本知识》一文。

《新家庭》

　　1931年1月创刊于上海，1933年4月停刊，共出版1卷12号。周瘦鹃编辑，大东书局发行，不定期出版。该刊倡导男女平等，婚姻自主。涵盖关于家庭问题、新家庭要素、儿童教育、夫妻关系、家庭卫生等方面的内容，也有少量文艺作品。该刊主要撰稿人有程小青、周瘦鹃、陈小蝶、张恨水等，多数撰稿人为鸳鸯蝴蝶派中人。刊物中每篇文章页码独立编号。

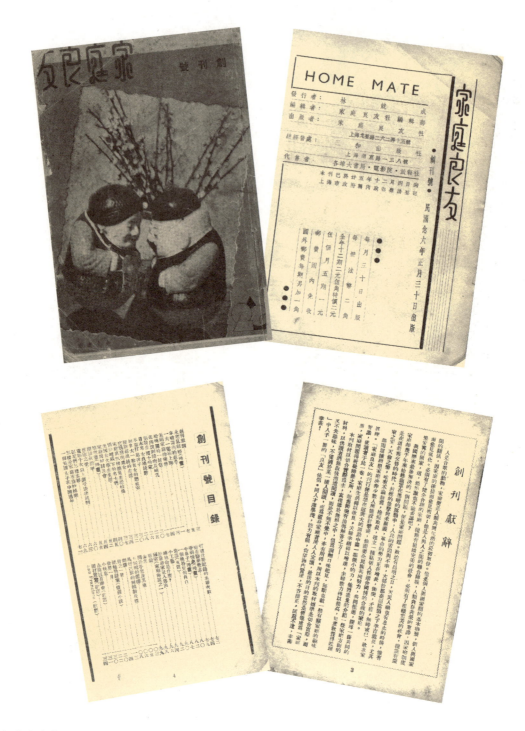

《家庭良友》

　　1937年1月30日创刊于上海，家庭良友社编辑部编辑，家庭良友社出版，林竞成发行，月刊。该刊旨在通过介绍家庭方面的知识，从而使"家庭生活得以改良，夫妇幸福得以增进，主妇能力得以提高，儿童教养得以近理想，家庭问题得析疑辩难之所，新旧冲突有消弭解答之方"。涵盖国内外关于家庭制度、夫妻关系、恋爱婚姻、子女教育、生活常识、家庭布置以及相关摄影、漫画、小说等方面内容，附有电影名歌介绍及简谱。

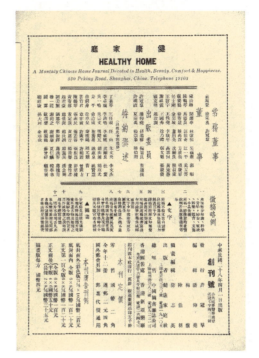

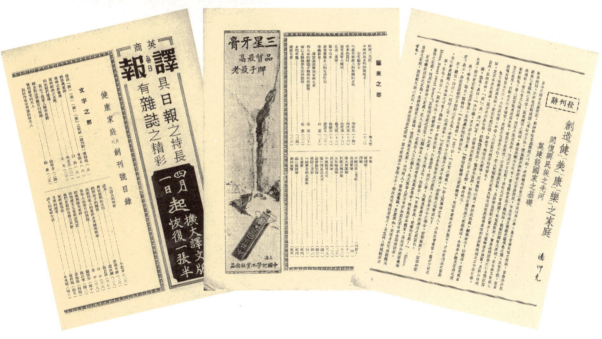

《健康家庭》

　　1939年4月1日创刊于上海，1944年9月出版至第5卷第6期停刊。潘仰尧、梅馥、陆伯羽编辑，健康家庭社出版，月刊。该刊以"创造健美康乐之家庭，开复兴民族之先河，奠建设国家之基础"为主旨，讨论关于家庭之一切问题，内容涉及家庭伦理、妇女、儿童、青年、生活常识等方面。刊内载有大量女性、各地名胜风景照片，并配以中英文字介绍，其中包括现代著名作家林曦（笔名何汉章）多篇作品。

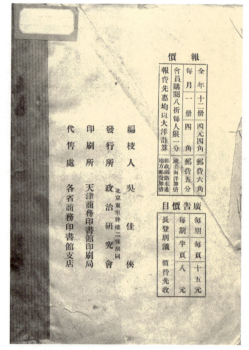

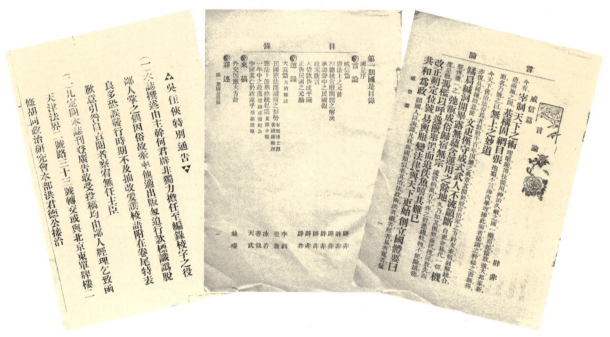

《国是》

　　1913年5月20日创刊于北京，吴佳侠编校，何震彝主编，政治研究会发行，月刊。该刊认同墨家思想，主张国家不可无法度。设有《言论》《选录》《来稿》《译述》《专件》《丛录》《文苑》《说部》《报告》等栏目。所刊文章多与宪法相关，如《宪法上之元首》《民国宪法开议前之形势》《中华民国宪法草案》等文章。主要撰稿人有辟非、李钊、亚翁、冰若、善哉、天武、有贺长雄、观生、鹤谷等。

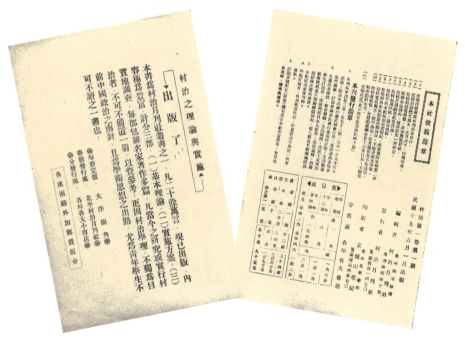

《村治》

　　1930年6月1日创刊于北平，梁漱溟主编，村治月刊社编辑发行，半月刊。该刊主要研讨中国乡村问题及农民问题，刊载国内外关于农民问题、乡村事业方面的论文或记述，以及中国农村教育、经济的调查研究报告，还有反映各地农民运动的创始及进行状况的通讯等。创刊号内刊有《主编本刊之自白》《中国合作运动的先决问题》等文章。

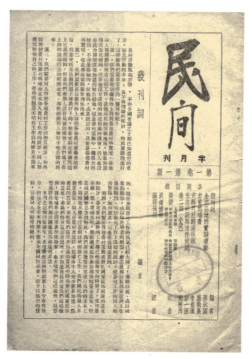

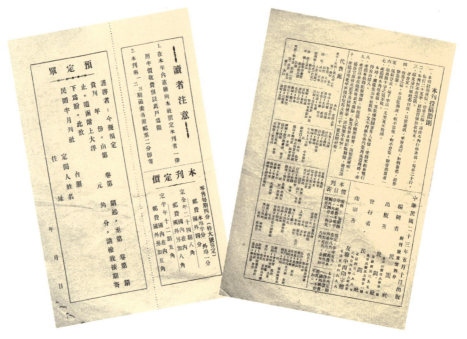

《民间》

　　1934年5月10日在北平创刊，民间社编辑出版，半月刊。该刊旨在反映各地农村实况，介绍农村运动者的经验，倡导农村工作者及对农村运动有兴趣的各方对农村运动进行批评、对国家民族前途发表意见。刊载有论著、小说、简评等，呈现了全国农村运动开展的情况。主要撰稿人有孙伏园、瞿菊农、李景汉、熊佛西等。

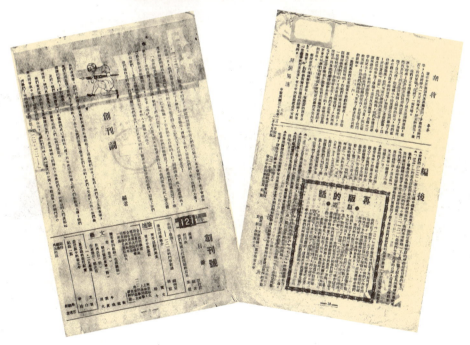

《一二一月刊》

　　1946年2月1日创刊于天津，一二一月刊编辑委员会编辑，省女中自治会出版股出版，学生会刊物，月刊。馆藏为同年2月7日再版刊物。该刊为纪念1945年12月1日"昆明惨案"，特取此刊名。主要刊载关于中国政治的论著、各地学生团体宣言、平津学生活动报道、妇女解放介绍，兼及少量散文、诗歌等文学作品。

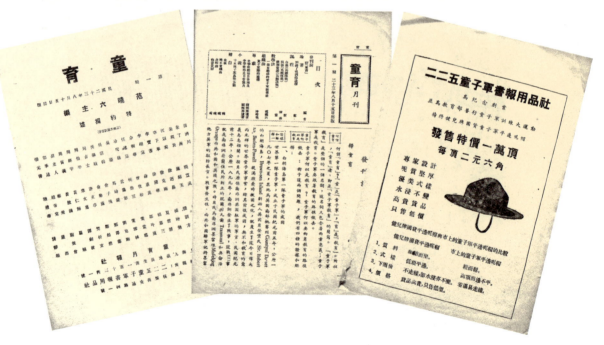

《童育》

　　1934年8月15日创刊于上海，范晓六主编，童育月报社发行，月刊。该刊以研究和发挥童子军教育为宗旨，以"辅导全国童子军，实现童子军复兴中华民族"为使命。设《论著》《课程》《教学法》《组织法》《专载》《小说》等栏目。主要研究以童子军为本位的教学法、组织法、课程和军事教育等问题。刊载有关童子军教育的论著和译作，介绍国内外童子军状况，兼有少量文艺作品。

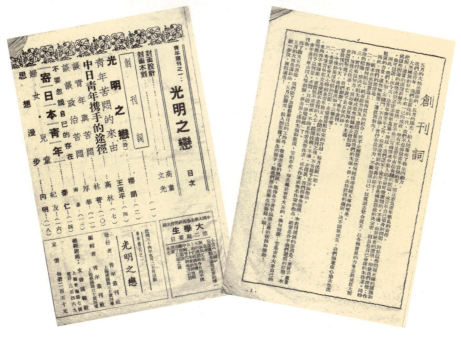

《青年丛刊》

　　1945年5月20日创刊于上海，青年丛刊社编辑发行，刊期不详。该刊面向青年，主要刊载有关青年思想、青年现况、青年运动以及青年社会职责等方面的文章，同时刊有诗歌、散文、小说、随笔等文学作品及木刻、素描等艺术作品。该刊每一期设一主题，首期为"光明之恋"。刊有《中日青年携手的途径》《谈青年与苦闷》《中国青年是一致的》等文章。

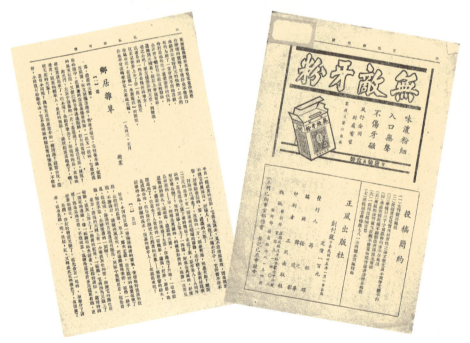

《正风》

　　1946年1月1日创刊于上海，徐之华、韩逸影编辑，蒋祖耀发行。该刊创刊于中国人民经历长久黑暗即将看到光明之际，意在唤起民众奋起救世、振奋民族精神。主要刊载富有现实性、社会性的文章，题材不限。刊登的主要文章有《学生要务外》《昆明学潮的感想》《环球旅行》《愚教徒》等。撰稿人有韩逸影、胡山源、碧遥、商隐、卓夫、汪玉岑等。

《五四月刊》

　　1946年2月1日创刊，主编及出版信息不详，月刊。为了纪念五四运动中为争取自由而流血的青年先驱及革命者而创办此刊，同时表达了其继承五四运动精神及遗志的信念。该刊主要介绍全国各地学生运动的事实，如刊载的《各地学运点滴》《上海学生的呼喊》《成都学生告全国同胞书》等文章。

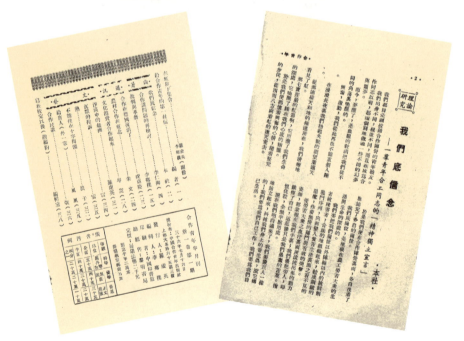

《合作青年》

　　1947年7月16日复刊于上海，李乡朴编辑，中国合作青年出版社出版，半月刊。馆藏为复刊号，初创刊于1937年1月，发行9期后停刊。该刊提倡合作青年运动，旨在"成为合作青年战友之共耕共享的屯垦公园"。设有《论著》《通讯》《文艺》等栏目，内容以反映当时全国农村合作运动的发展情况为主。撰稿人有李仁柳、李乡朴、祝亚庆、朱文、罗虔英等。

《时代青年》

　　1948年6月15日创刊于北平，时代青年月刊社编辑发行，月刊。该刊旨在号召青年一代团结起来，推翻剥削与压迫，为自由民主的美好生活而奋斗。创刊者声明不是少数人故弄玄虚的产物，而是所有普通大众表达心声的平台。设有《瞭望塔》《评论》《诗歌》《小说》《散文》等栏目。刊载国内外时事评论、青年发展研究，兼及多种体裁之文学作品。

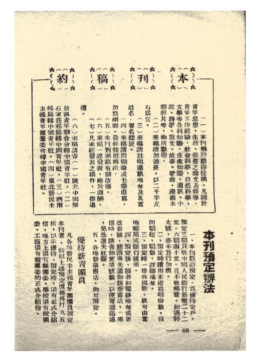

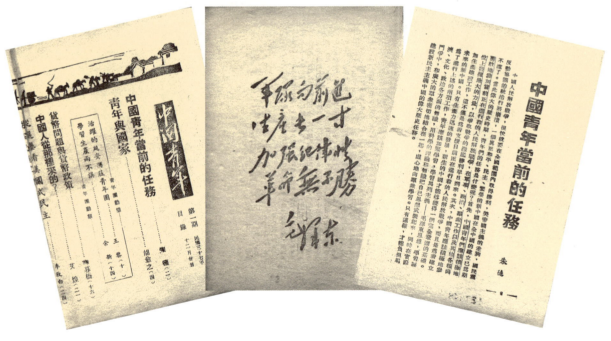

《中国青年》

　　1948年12月20日在河北平山县复刊，中国青年社编辑出版，半月刊。该刊最初于1923年10月20日在上海创刊，后因国民党政府迫害，于1927年10月停刊；1939年4月在延安复刊，至1941年3月因无力出版而停刊；1948年12月20日该刊在河北平山县第二次复刊。馆藏为河北平山县复刊本。该刊主要探讨青年教育、青年运动以及青年任务等问题，另有时政要闻、科学知识及文艺作品。朱德、胡愈之等人撰稿，并由毛泽东再次题写刊名并题字"军队向前进，生产长一寸，加强纪律性，革命无不胜"。

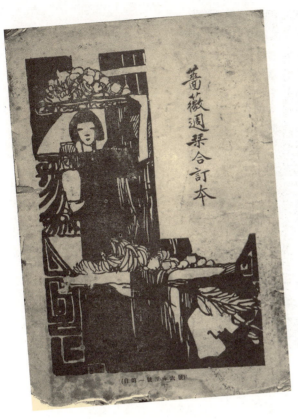

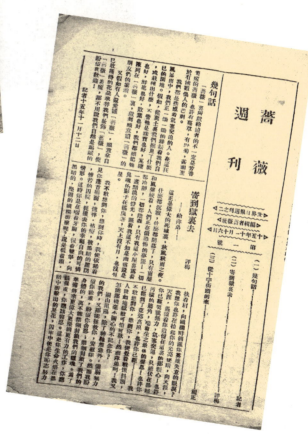

《蔷薇周刊》

　　1926年11月16日创刊于北京，蔷薇社编辑，北京世界日报社发行，周刊。作为北京《世界日报》所办的女性刊物，由"民国四大才女"之一的石评梅与其好友陆晶清合编。主要刊载有关世界各国妇女运动、世界著名女性、妇女解放及妇女题材的文学作品等，刊中《寄到狱里去》《浅浅的伤痕》以及《涛语》连载等均为石评梅以评梅、波微笔名所写。

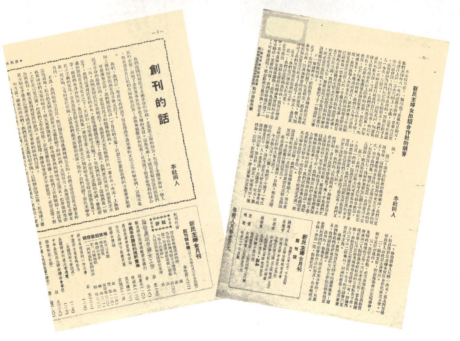

《新民主妇女》

　　1949年6月20日创刊于上海，新民主妇女编辑委员会编辑，新民主妇女出版合作社出版，月刊。该刊旨在"发扬新民主主义的文化，普及与提高妇女文化，肃清封建文化，与一切反动有毒的文化作战"。主要刊载各阶层妇女生活及工作情况、妇女的社会责任等，间有少量文艺作品。首期载有《论发展城市妇女工作》《中国革命胜利的国际意义》《在民主精神下教养儿童》等文章。

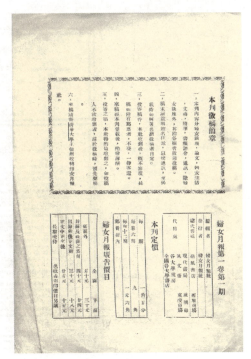

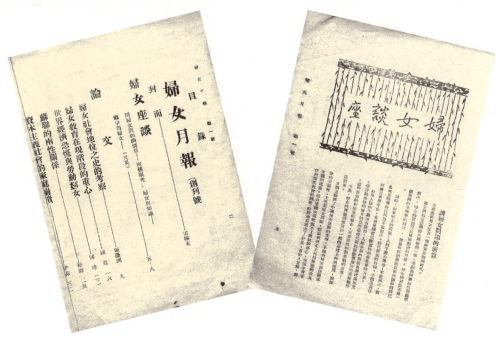

《妇女月报》

　　1934年8月5日创刊于北平，妇女月报社编辑发行，月刊。该刊以唤醒妇女觉醒，推进时代进步为宗旨。设有《妇女座谈》《论文》《现代知识讲话》《妇女生活》《文艺》《随笔》《书报评介》等栏目。刊载一切有关妇女问题的文章，诸如妇女健康知识、妇女教育、妇女婚恋、妇女生活等。

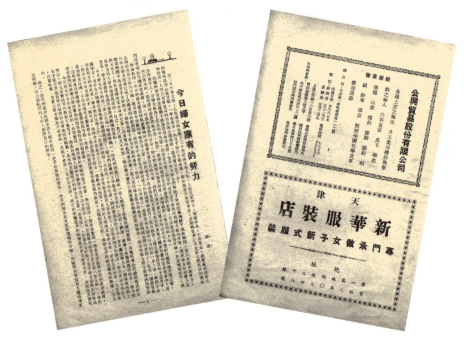

《今日妇女》

　　1946年12月5日创刊于天津，王者香、柴寿厂编辑，人民世纪杂志社出版，月刊。该刊旨在呼吁妇女同志走进社会，参加社会工作和政治运动，了解中国的社会局势，通过自身艰苦努力，贡献于社会和国家。该刊题材不限，主要刊载妇女职业、婚姻、家庭、知识等一切与妇女相关的有趣味之作品，并介绍国内外妇女生活。

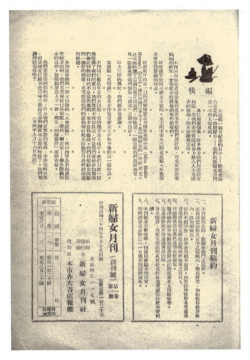

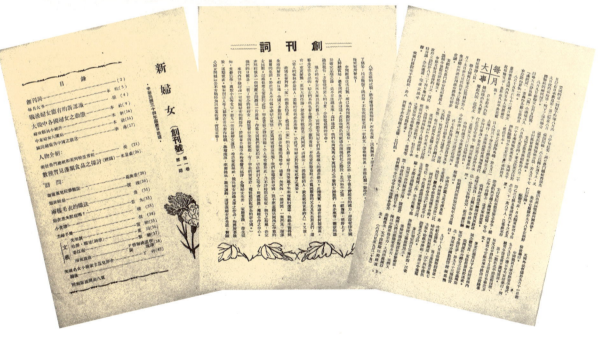

《新妇女》

　　1945年10月10日在北平创刊，1946年4月停刊，共4期。新妇女月刊社编辑发行，月刊。该刊以"反映各阶层妇女生活，讨论各种妇女问题"为宗旨。内容包括中外时事述评、各国妇女生活、家庭常识、卫生须知、文艺创作、幽默小品等。创刊号内刊有《战后妇女应有的新认识》《美国名女小说家卡兹儿评介》等文章，还刊有当时华北地区著名女作家雷妍的文艺稿《光明泪》。

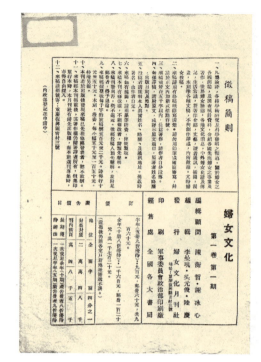
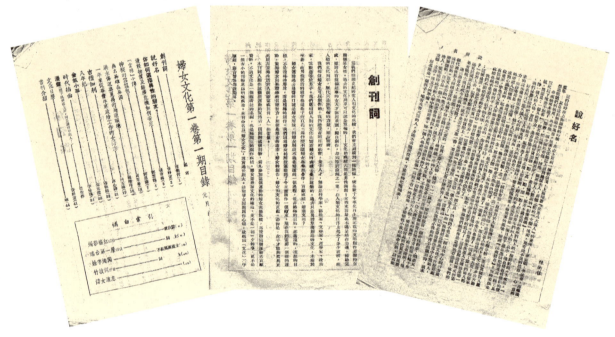

《妇女文化》

　　1946年1月在重庆创刊，陈衡哲、谢冰心任编辑顾问，李曼瑰、吴元俊等编辑，妇女文化月刊社发行，月刊。该刊旨在"纠正社会对妇女的传统观念、提高妇女文艺水准、开辟妇女言论之园地"。设有《著作介绍》《文化日历》《妇女消息》等栏目。内容涉及各类评论、学术研究、科学发明、各国先进妇女之事业及著作、世界妇女动态、各地文化消息、生活常识及漫画、插画等。

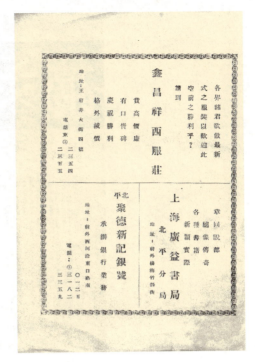

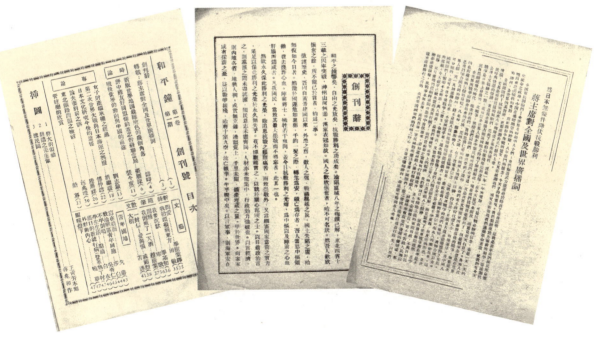

《和平钟》

　　1945年9月15日在北平创刊，和平钟杂志社编辑发行，月刊。设有《时论》《专论》《文艺》《青年园地》等栏目。主要发表研究国内外政治、经济形势的时事论著，探讨战后世界动向与中国的前途问题，并刊有诗歌、散文、各地新闻以及关于青年生活的描写等。首期载有《蒋主席对全国及世界广播词》一文，另刊有蒋兆和先生创作的《流民图》等。

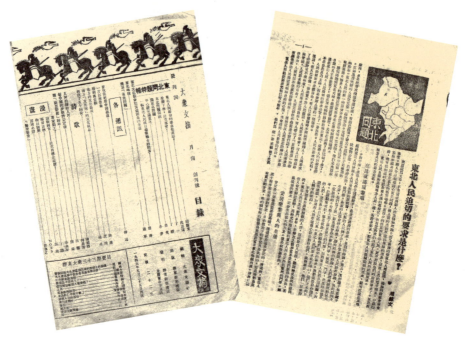

《大众文摘》

　　1946年5月25日在胶东创刊，1946年9月停刊，大众文摘社编辑，胶东新华书店出版发行，月刊。该刊以"吸收介绍与传播各进步刊物的各种形式的文字"为宗旨，倡导民主、和平，反对国民党不抵抗政策。设有《东北问题特辑》《各通讯》《诗歌》《漫画》等栏目。着重分析国内局势，呼吁人民独立自由、国家解放，载有《东北问题剖视》《从收复区看中国前途》《人民的归给人民》等文章。

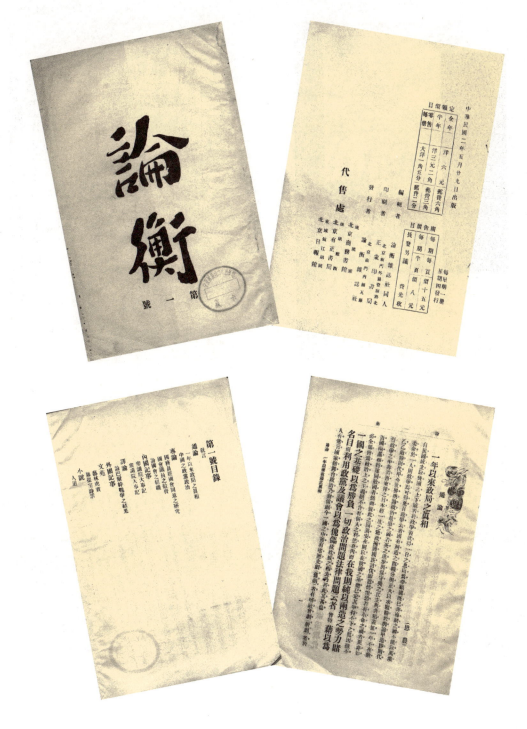

《论衡》

　　1913年5月29日创刊于北京，论衡杂志社编辑并发行，周刊。该刊设有《通论》《专论》《内国记事》《译论》《外国记事》《文苑》等栏目。主要探讨民国成立一年来之政局形势和政治事件及国外政治局势，兼有少量文学作品。创刊号内刊载的重要文章有《一年以来政局之真相》《国务员经国会同意之研究》《参议院大事记》《论巴尔干战争之结果》等。

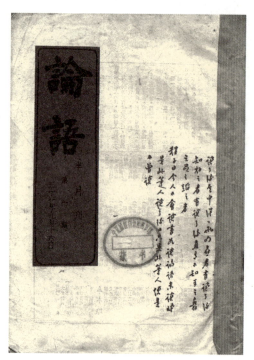

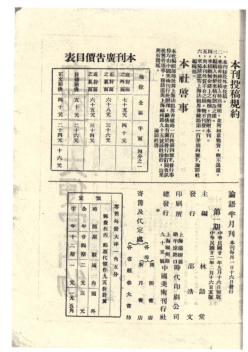

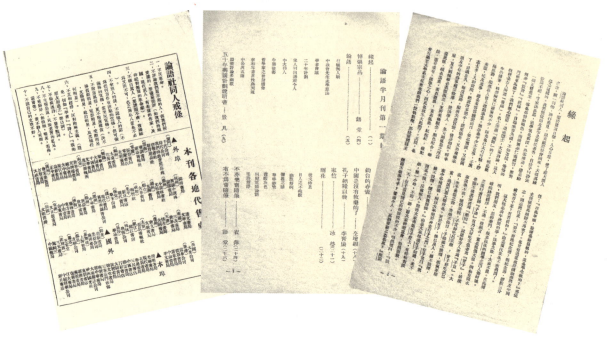

《论语》

　　1932年9月16日创刊于上海，林语堂主编，中国美术刊行社发行。1937年8月因抗战爆发休刊，1946年12月复刊，1949年5月上海解放停刊，半月刊。馆藏创刊号为1933年2月16日第5版。设有《论语》《雨花》《子不语》《幽默文选》《书报介绍》等栏目。该刊以刊登小品文为主，是"论语派"的主要刊物之一。内容涉及时事评论、杂文、文学理论、中西方古代幽默作品等，另外也选登一些报纸的幽默消息和读者来信等。林语堂、周作人、郁达夫、老舍等都曾为该刊撰稿。

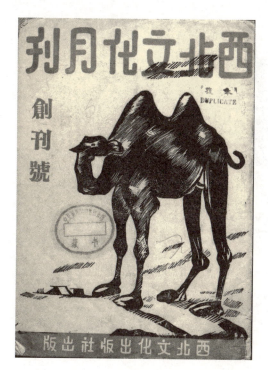

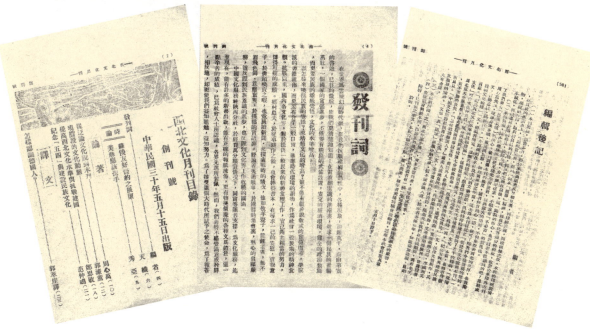

《西北文化月刊》

　　1941年5月15日创刊于西安，1943年第2卷第9期后停刊。西北文化出版社编辑，中国文化服务社陕西分社发行，半月刊。该刊旨在"由复兴西北而复兴民族，由建设大西北而建设新中国"。设《时论》《论著》《译文》《专论》《文艺》《随笔》等栏目。主要介绍西北文化发展情况及国内文化发展动态，同时刊载译文。封面由西北文化出版社总务处主任王璞设计，"象征着西北的沉厚，也鼓励了我们要有'任重致远'的决心"。

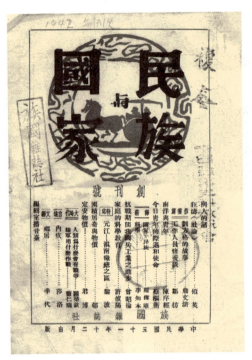

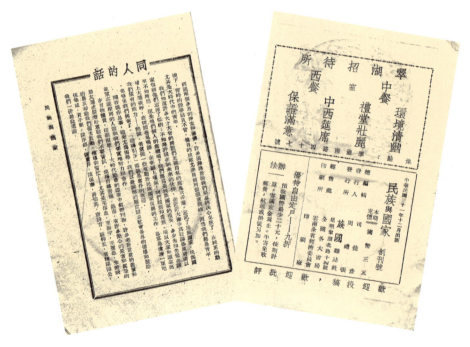

《民族与国家》

　　1942年12月创刊于昆明，司徒彦编辑，族国杂志社发行，月刊，仅发行了一期。刊物以唤醒青年的民族与国家意识，号召民众抗战为宗旨。设有《社论》《修养篇》《特写》《释义》《大时代》《自述》《文艺》等栏目。主要探究民族与国家命运问题，对国内外政治经济、国家力量对比等情况予以讨论，刊登了大量时事评述及抗战救国文章。创刊号内刊有《今日青年的际遇和使命》《元江——滇南瘴疟之区》《人类为什么会有战争》等文章。

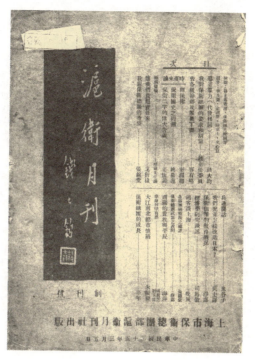

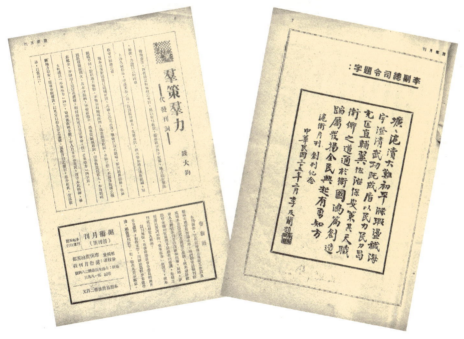

《沪卫月刊》

　　1946年3月5日创刊于上海，上海市保卫总团部沪卫月刊社编辑发行，月刊。该刊旨在"宣传地方保卫工作以及提高本团官兵知识水平"，号召群策群力，期望刊物能成为上海市民众武力发展之象征。内容涉及国内政局、保卫团教育训练情况、上海各区保卫团介绍等。创刊号内保存了保卫团大检阅、上海市保卫委员会委员们的照片。

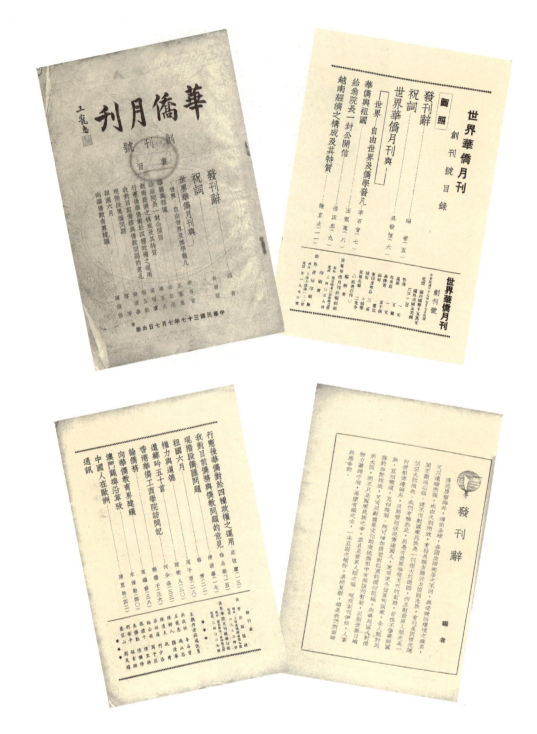

《世界华侨月刊》

  1948年7月7日创刊于上海，世界华侨月刊社编辑部编辑，世界出版协社发行，月刊。该刊旨在"将国内情形传达海外，及将侨胞状况传达国人"，"增加侨胞对祖国的深切认识，与唤起国人对侨务的加紧推进"。刊载有关侨胞权益，与华侨生存状况相关的政治、教育、经济等领域的事件及评论。主要撰稿人有著名政治家、教育家，1962年被联合国教科文组织授予"世界百年文化学术伟人"荣誉称号的吴敬恒，中国教育家、故宫博物院创建人之一的李石曾等。

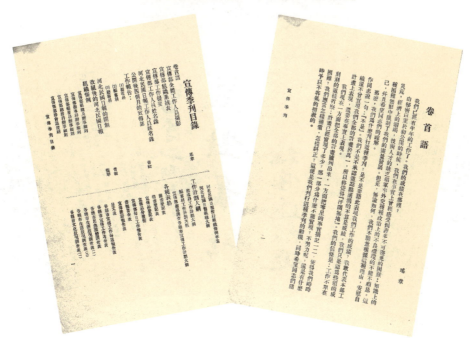

《宣传季刊》

　　创刊于保定，创刊日期不详，中国国民党河北省党务指导委员会宣传部编印，季刊。该刊作为河北省党务工作的宣传平台，设有《宣传部组织系统表》《宣传部工作提要》《组织条例》《工作计划大纲》《各种表格》《宣传文字摘要》等栏目。内容涉及河北省党务工作的各个方面，如罗列工作计划，摘记工作事实，记录河北省党务的工作点滴，提出今后工作的重点等。

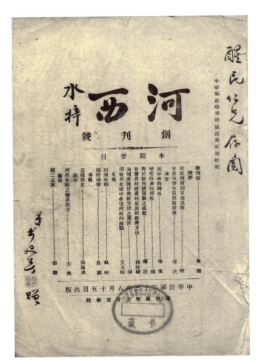

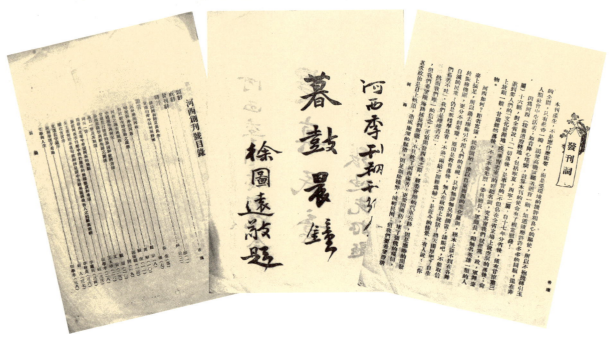

《河西》

　　1934年8月15日创刊于兰州，河西学会编辑部编辑，河西学会出版股发行，季刊。该刊旨在"研究学术，促进桑梓文化，协助地方自治"。刊载关于时事评述、学术专著、河西社会现象、河西地理历史考证、河西各地通讯等方面的文章，真实地呈现了河西社会面貌、民生状况、农村经济发展等内容。刊名为甘肃著名教育家水梓题写，刊内还有朱绍良、朱镜宙、邓春膏、徐图远等名人题字。

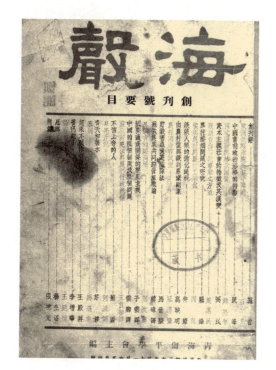

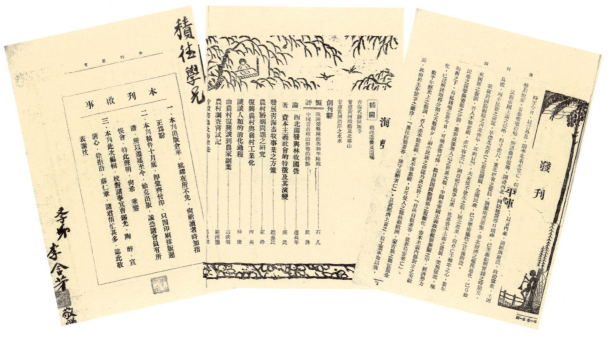

《海声》

　　1936年11月15日创刊于北平，青海留平学会编辑发行，地方政治及经济刊物，刊期不详。设有《短评》《论著》《译述》《文艺》等栏目。刊载国内外政治形势、军事经济评论、民族问题研究以及西北地区资源开发、农村经济发展状况等内容。创刊号内载有《西北开发与林牧国营》《由农村复兴谈到农家副业》《外蒙古的经济情况》《发展青海畜牧实业之方策》等文章。

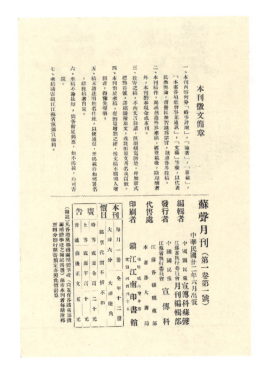

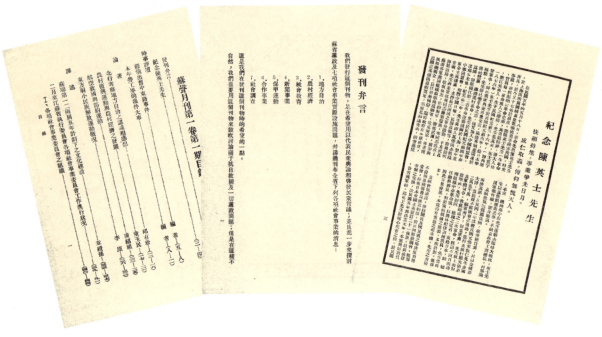

《苏声月刊》

　　1933年6月在镇江创刊，中国国民党宣传科苏声江苏省执行委员会月刊编辑部编辑，中国国民党江苏省执行委员会宣传科发行，月刊。该刊以"代表民众舆论和启发民众智识；并且进一步来探讨苏省党政及七项社会事业实际设施问题"为宗旨。设有《时事评论》《论著》《译述专载》《苏省各项社会事业通讯》《文艺》等栏目。主要刊登关于抗日救国、弘扬民族精神的文章，以及江苏省各项社会事业现状的评论、报告、调查统计、新闻、通讯等内容。

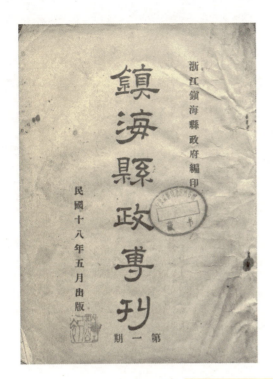

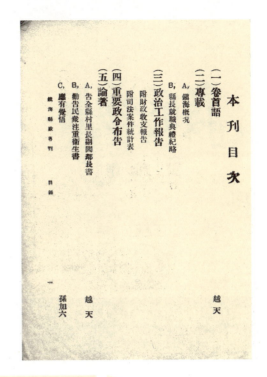

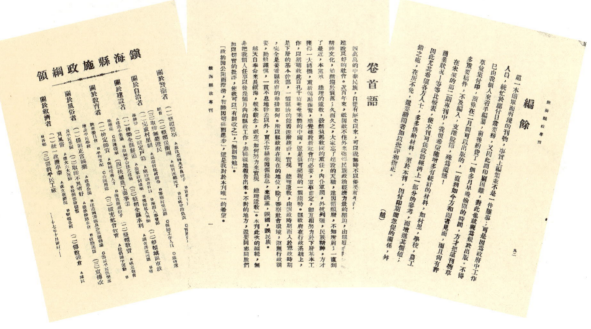

《镇海县政专刊》

　　1929年5月创刊于浙江镇海，浙江镇海县政府编印，刊期不详。"政治因公开而澄清，智识因切磋而进步"为该刊唯一希望。设有《专载》《政治工作报告》《重要政令布告》《论著》《会议录》《附录》等栏目。刊载镇海县概况、财政、司法案件、民生、教育、镇海县政府行政组织情况及经费支出等方面的内容。

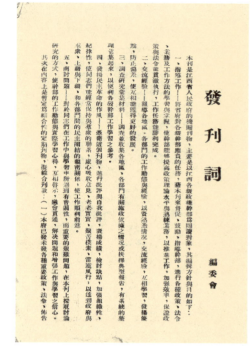

《江西政报》

　　1949年8月20日创刊于南昌，江西省人民政府秘书处编辑出版，每月一期。该刊旨在督促、鼓励、指导干部对于政策法令及工作方法的学习，提高干部的理论水平、工作效率。刊载内容有江西省人民政府已发未发各种重要政策、法令、布告、指示、条例等文件，还有转载上级机关与领导人或其他地区机关及个人有关政策、思想教育、工作指导等的决定、指示、讲演稿、报告、论著或其他重要论文等。

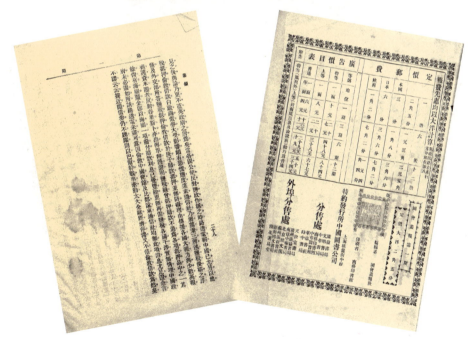

《国会丛报》

　　1913年6月创刊于上海，国会丛报社编辑，中国图书公司发行，月刊。该刊以国会为前提，"既备详于内政，尤注意于外交，特列外交一门以睹列强对我之态度，借验国会建议之影响"。设有《专论》《法令》《专件》《外交》《丛录》等栏目。主要刊发中华民国时期有关国会、政党、法令、宪法、参议院、外交、各国总统政见等内容。

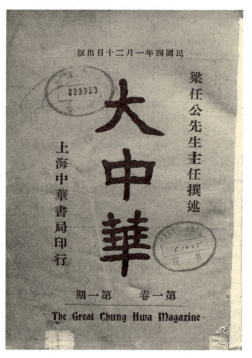

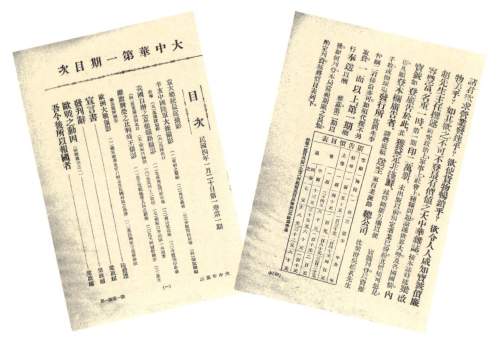

《大中华》

　　1915年1月20日在上海创刊，1916年12月停刊，共出2卷，每卷各12期，共24期。大中华杂志社编辑发行，梁启超任主编，月刊。该刊以增长国人知识、增进国民人格、研究事理真相为目的。内容涉及各国形势及最新学术成果介绍、个人修养方法及道德学说论述、国家政策及社会事业方针分析等。首期刊有梁启超的《个人主义与国家主义》《今日与百年前之今日》《西疆建置沿革考序》等文章。

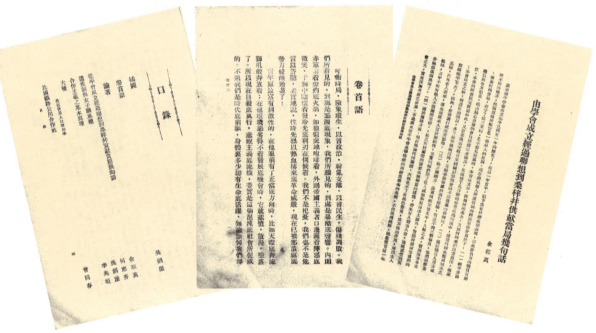

《广东留平学会年刊》

　　1930年在北平创刊，广东留平学会编辑出版，年刊。该刊以联络感情、砥砺学行、促进广东省公益事业为宗旨。设有《论著》《文艺》《附录》等栏目。内容广泛，政治、经济、农业、文化等各方面均有涉猎。内封页有孙中山先生遗像与遗嘱，刊内有方宗鳌的题词"百粤之光"、广东留平学会第一届执监委员及游艺会筹备委员合影，后附广东留平学会简章。

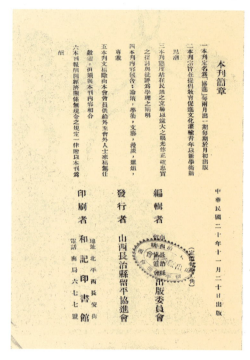

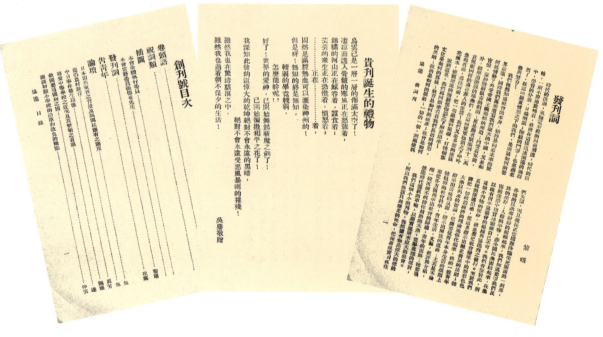

《协进》

　　1931年11月20日创刊于北平，山西长治县留平协进会出版委员会编辑，山西长治县留平协进会发行，双月刊。该刊以"提倡教育促进文化，灌输青年以新学术新思潮"为宗旨，以期唤醒普通大众，指引一般青年，推进时代进步。设有《论坛》《学术》《漫谈》《杂俎》《专载》《附录》等栏目。内容体裁不限，以通俗为原则，系统陈述社会变革中的形形色色，将政治经济理论通俗化，从社会科学、青年生活、批评与介绍等各方面揭示社会趋势。

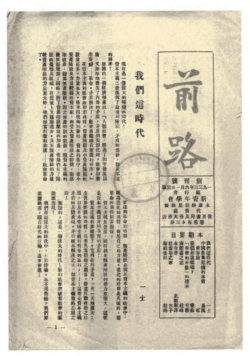

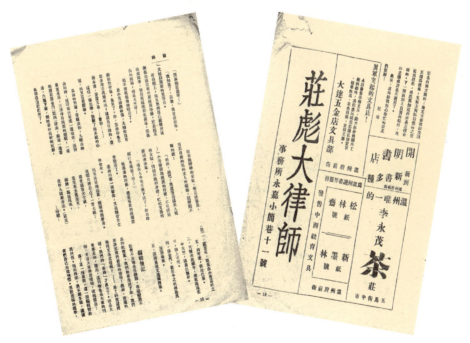

《前路》

　　1933年6月1日创刊于温州，新青年学会编辑发行，刊期不详。该刊旨在呼吁大众在当时变动不息的社会里共同探索前进的道路。首期的编辑在选稿时，论文方面以意识正确为标准，文艺方面以艺术价值为标准。内容涵盖政治、经济、文化等社会的各个方面，创刊号内刊载的文章有《我们这时代》《中国农业危机的本质》《提倡新道德吗？》等。

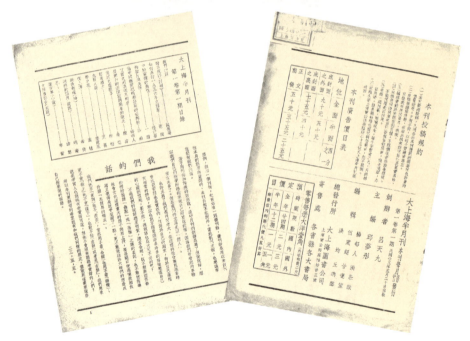

《大上海半月刊》

　　1934年5月20日创刊于上海，邱梦彤主编，吕天九创办，大上海图书公司发行，半月刊。该刊倡导老实人讲老实话。刊登内容文体不限，主要以时事政治评述为主，如《中欧霸权的角逐》《美国之盗匪多》等，兼及少量诗歌、小说等文艺作品。该刊特约撰稿人有程雨苍、沙雁、叶灵凤等。

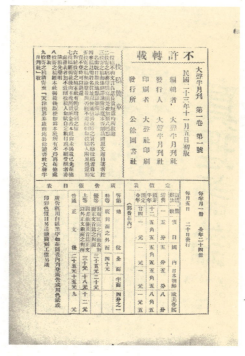

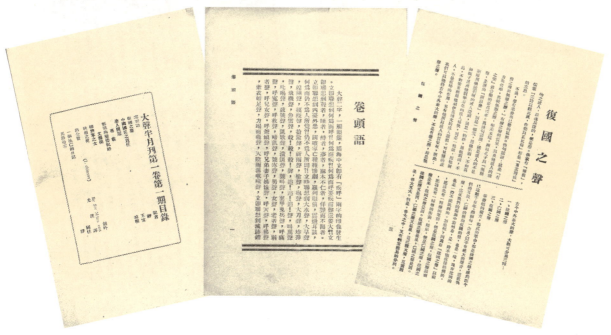

《大声半月刊》

　　1934年11月5日在天津创刊，大声半月刊社编辑发行，半月刊。该刊感慨于彼时中国之境况，力图大声疾呼，为社会鸣不平，发救国图强之音，以引起国人的觉醒。内容以政论性文章为主，如《复国之声》《中国国民之责任》《圣人问题》等，《专载》中有《邓铁梅歼倭记略》一文，此外还专门辟有《文艺栏》，发表国内外一些文艺作品。

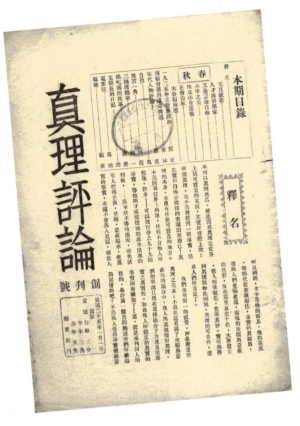

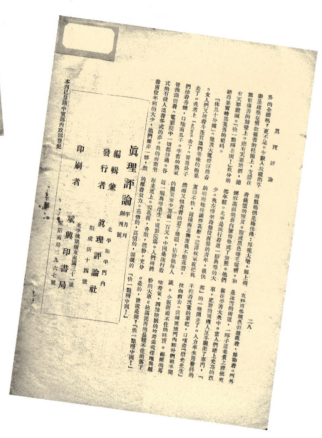

《真理评论》

1936年1月1日创刊于北平，1936年11月停刊。真理评论社编辑发行，半月刊。编者认为真理是世界上最宝贵的东西，遂以此命名。该刊力求坦白、正确、直率地为读者呈现事实的真实性，并为认定的真实的事实而奋斗。刊载内容包括论文、时事政治及国际关系述评、文艺作品等。创刊号内刊有《一九三五年之世界政治》《又是言论自由》《宋代人物评论》等文章。

《永生》

　　1936年3月7日创刊于上海，金仲华编辑，永生周刊社发行，周刊。该刊号召"个人的永生，民族的永生"，以激发中国民众团结起来反抗压迫。内容以时事政治的分析与评论、国内外社会民生和时局发展的通迅为主，兼及部分小说、随笔等文艺作品。主要撰稿人有金仲华、王纪元、孙怀仁等。首期刊载有《如何获取时代的知识》《英日在华南的争斗》《尼赫鲁给他女儿的信》等文章。

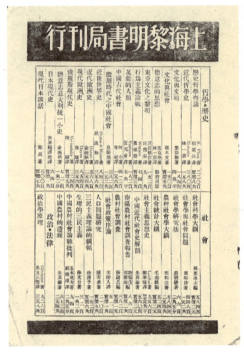

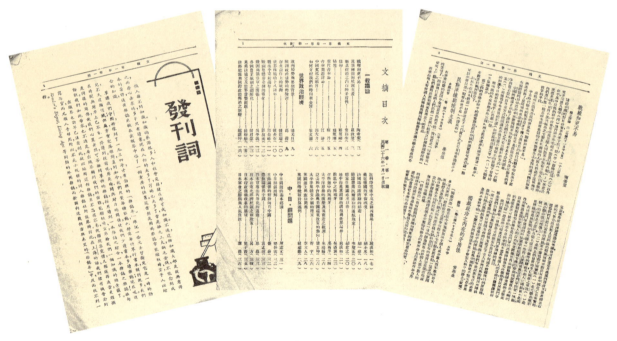

《文摘》

　　1937年1月1日创刊于上海，孙寒冰创办，复旦大学文摘社编辑，黎明书局发行，初为月刊，1937年至1945年曾改名为《文摘战时旬刊》。该刊以为人们提供知识为目的。设有《一般议论》《世界政治经济》《中·日·苏问题》《中国的过去与现在》《一般学术》及其他等栏目。内容涉及时事政治、外交、历史、文化、科学、艺术等。主要撰稿人有鲁迅、郭沫若、顾颉刚、翁文灏等。

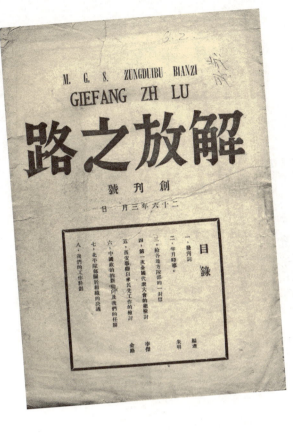

《解放之路》

　　1937年3月创刊，系中华民族解放先锋队北平总队部编辑刊物，刊期不详。该刊旨在反映全体队员抗日救亡之精神，宣传抗日救亡之主张，推进抗日救亡运动的不断发展。刊载有《半月时事》《第一次全国代表大会的总检讨》《西安事变以来民先工作的检讨》等文章，介绍了当时的社会局势及中华民族解放先锋队抗日救亡运动的开展情况。

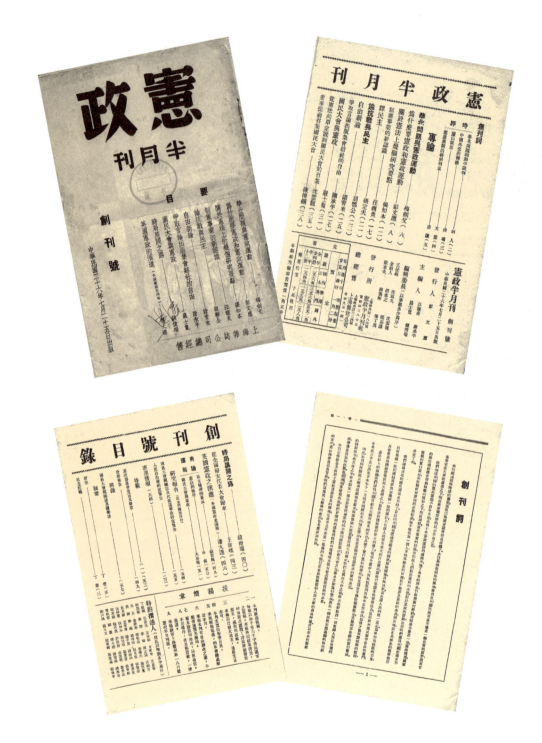

《宪政半月刊》

　　1937年7月25日创刊于上海，汪馥炎、谢承平等主编，宪政半月刊社发行，半月刊。该刊旨在"顺着这个历史要求，推进宪政的进展，发扬民主的精神"。栏目设有《时评》《专论》《舆论选辑》及《特载》等。所刊内容有各国宪政史介绍、民主问题讲座以及有关宪政问题的选辑等。首期刊有张知本的《关于宪法上的几个研究要点》、胡鄂公的《论民主与抗张》等文章。

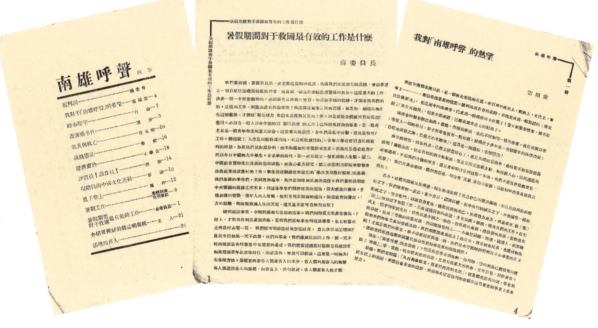

《南雄呼声》

　　1937年8月1日在广州复刊，广州市南雄学会编辑委员会编辑并发行，旬刊。馆藏为复刊号，该刊前身为《浈凌潮》，由于引起当地官僚豪绅的不满而被迫停刊，1935年《浈凌潮》恢复出版，由季刊改为月刊。1937年改名为《南雄呼声》，后又改名为《抗日文选》。该刊以向社会大众灌输文化和"在政府领导下，反映现实，唤起民众，组织民众"为使命。刊载国际国内时事政治及国内抗战期间的社会局势等方面的内容。

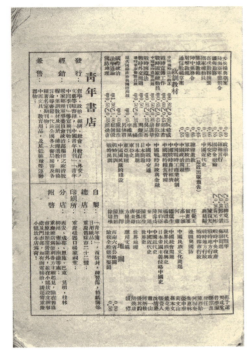

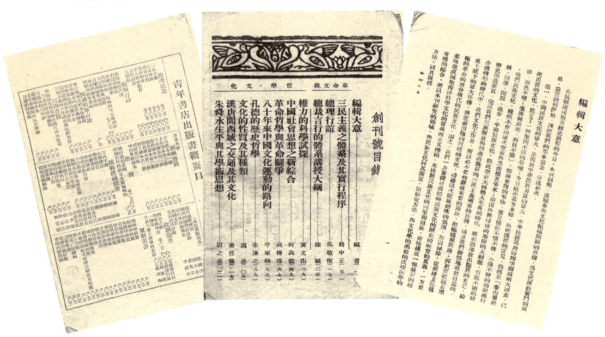

《青年中国季刊》

　　1939年9月30日在重庆创刊，青年中国季刊社编辑出版，季刊。该刊大力倡导三民主义文化，力图将三民主义文化发展成为民族文化的基础。设有《革命文征》《哲学》《文化》《政治》《社会》《经济》《国际》《教育》《民族》《新书评价》等栏目。内容除了对民生哲学、理则学、三民主义的社会科学作综合分析及研究外，还关注心理建设、伦理建设、社会建设、政治建设及经济建设。

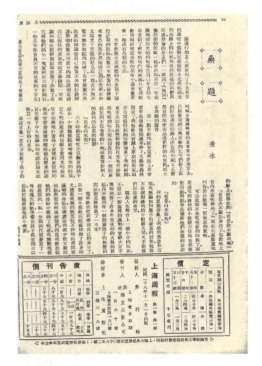

《上海周报》

　　1939年11月1日创刊于上海，1941年12月6日停刊，前后持续了2年1个月，共出102期。英国人弗利特编辑，英商独立出版公司发行，为上海"孤岛"时期中国共产党创办的抗日周刊。刊物名义上由弗利特主办，实际负责人为张宗麟。主张"尊重中国主权和领土完整，以及维护英国在华的合法利益"，号召一致抗日。栏目设有《社论》《一周简评》《国际时事论著》《国内问题论著》《文艺小品》等。刊载内容有抗战形势及任务分析，英、美、苏、日等国的对华政策论述等政论性文章，也有小说、杂文、随笔、报告文学等文艺作品。

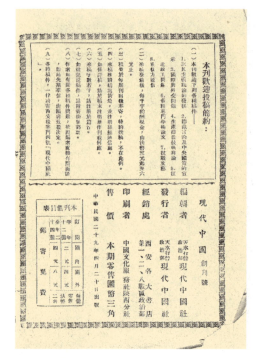

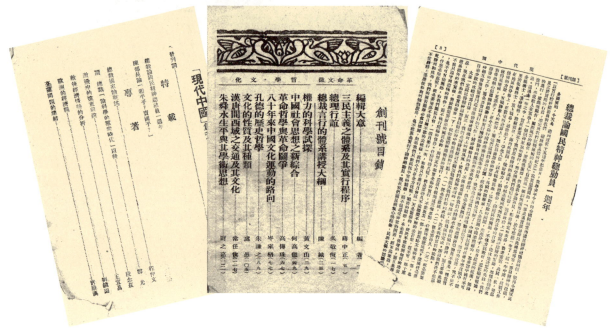

《现代中国》

1940年4月20日创刊于西安，天水行营政治部现代中国社编辑发行，半月刊。该刊以"唤起江北的政工同志，及全国各界同胞，共同努力追求完成中国的现代化，扩大统一，坚持独立，驱逐倭寇侵略者，消灭汉奸卖国贼"为宗旨。设有《特载》《专著》《文艺》等栏目。刊载关于三民主义理论、国际与外交问题、生产建设技术理论、江北建工问题、专门学术论文、抗战文艺及前后方通信等内容。创刊号刊载有谢冰莹的《叶县之夜》一文。

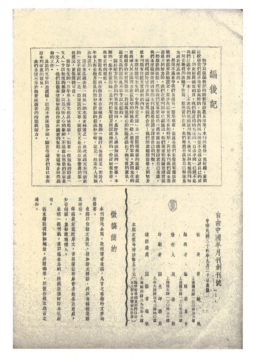

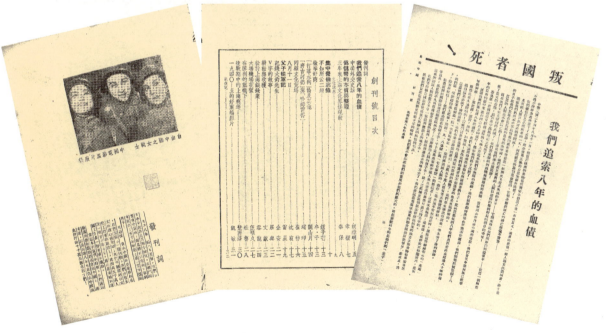

《自由中国》

　　1945年9月20日创刊于上海，自由中国编辑委员会编辑，自由中国出版社出版，周浩然发行，半月刊。该刊为纪念抗日战争胜利而出版，以散文、随笔、研究论文等形式讨论抗战时期的政治、经济、外交、文化、影视娱乐等。创刊号内载文有《集中营备忘录》《中美外交史话》《一九四〇—五的好莱坞影片》等。主要撰稿人有胡维明、章榴、秦保等。

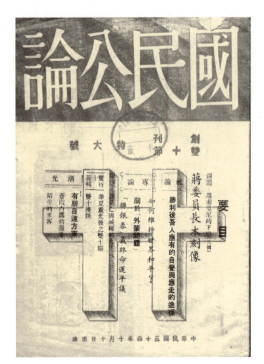
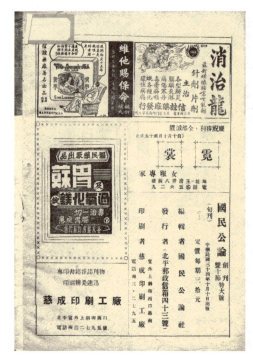

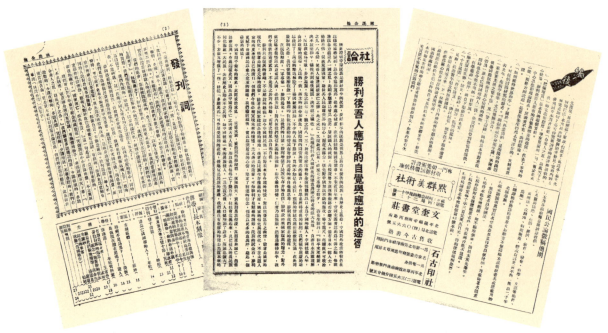

《国民公论》

　　1945年10月10日创刊于北平，国民公论社编辑发行，旬刊。该刊本着"不立党派，不求利权，愿意联合国内有智识、有热情的分子，来探讨国事天下事"的立场，确立"合众人之私，以成天下之公"的办刊态度，坚持"质量并重""把握现实"的编辑方针。设有《社论》《专论》《双十节特辑》《短评》《随笔》《科学》《潮光》等栏目，反映当时国际、政治、经济、教育、社会、科学、文艺等概况，文章体裁未有限制。

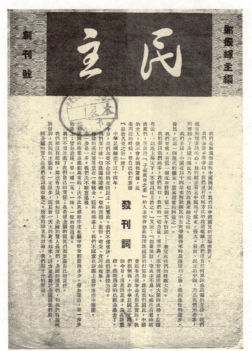

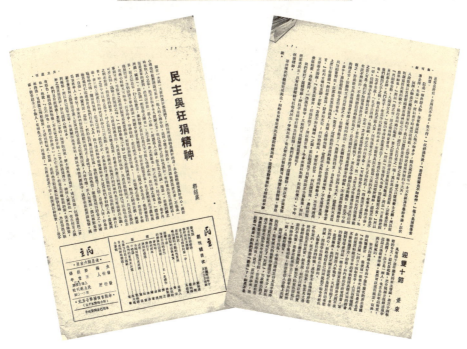

《民主》

　　1945年10月13日创刊于上海，1946年因国民党迫害而停刊。郑振铎主编，民主周刊社发行，周刊。编者宣称是无党无派的中国国民，要以国民的立场来发言，倡导民主，揭露国民党政府假和平打内战的阴谋。辟有《随笔》《通讯》《现代史料》等栏目，创刊号内刊载了《走上民主政治的第一步》《纳粹罪犯访问记》《大后方的民主运动》等文章。主要撰稿人有郭绍虞、郑振铎、周建人、马叙伦等。

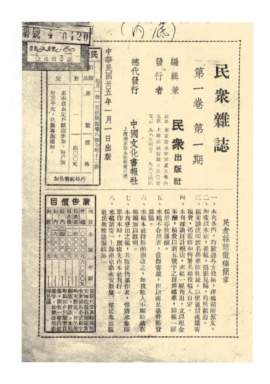

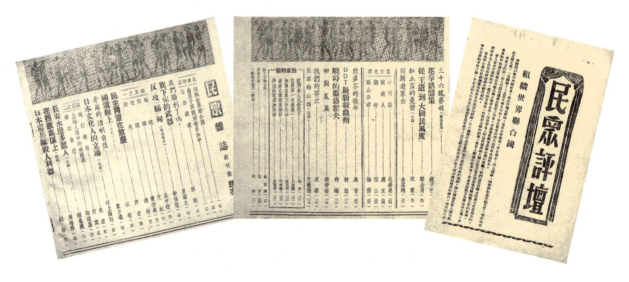

《民众杂志》

　　1946年1月1日创刊于上海，民众出版社编辑发行，月刊。该刊以关注民众生活、反映民众呼声为宗旨。设有《民众评谈》《散文之页》《民众的话》等栏目。主要反映抗战胜利后社会各界对形势的态度和心声，批判日本帝国主义。发表文章形式多样，有评论、散文、摄影、漫画等。主要撰稿人有郭刚、夏顺之、吴中行等。

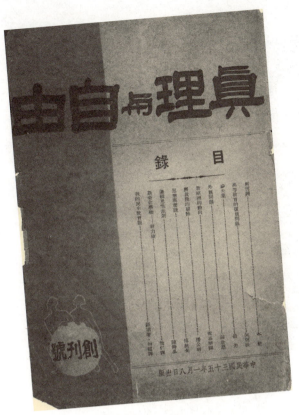

《真理与自由》

　　1946年1月8日创刊于上海，陈乃昌主编，真理与自由周刊社发行，周刊。该刊以为人民、为自由、为真理服务为宗旨。内容涵盖政治、经济、哲学、社会、教育、历史、文艺等方面，但以谈论政治与经济为主。主要发表二战后国内外政治、经济、教育、军事、民族等问题及各国时局方面的论述。首期刊有罗素著、师超翻译的文章《我的民主教育观》。

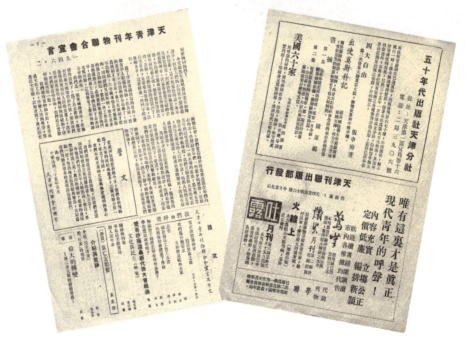

《现实生活》

　　1946年2月25日创刊于天津，现实生活社编印，刊联（天津青年刊物联合会）出版部发行，刊期不详。该刊以"通过文化工作，启发人民的觉悟，推进民主运动，以期达到真正民主的新社会"为创刊目的和方针。设有《我们的呼声》《文化与民主》《介绍与批评》《连载》等栏目，刊载青年争取言论出版自由的呼声，民主政治，争取民主社会的呼声等方面的文章。

《民言》

　　1946年6月25日创刊于上海，民言编辑委员会编辑，民言出版社出版，半月刊。该刊以呼吁人民言论自由为原则。辟有《大事小记》《半月间》《时局观》《马路文学》《新镜花缘》《译意风》等栏目。主要刊载民主、政治方面的时评、新闻纪实等政论性文章，兼有部分文学作品。茅盾、郭沫若、陶行知、柳亚子等都曾为刊物的特约撰稿人。首期刊有郭沫若的《反内战》，另有《自由在哪里》《替老百姓想想》《杜鲁门的生活合作风》《尊师实录》等文章。封面有田汉先生题词。

《时文特辑》

　　1946年8月31日在河北邯郸创刊，时文特辑社编辑，邯郸艺术供应社发行，刊期不详。刊载的内容有叶圣陶、傅彬然、郑振铎等撰写的《我们抗议》及马叙伦、林汉达、许广平等撰写的《我们需要永久和平》等反对内战的时政文章。其中林行撰写的《五万市民的怒吼》记录了1946年全面内战爆发后上海五万群众游行请愿反对内战的实况；怀南撰写的《对于和平的挑战》，详细记录了"下关惨案"的经过。

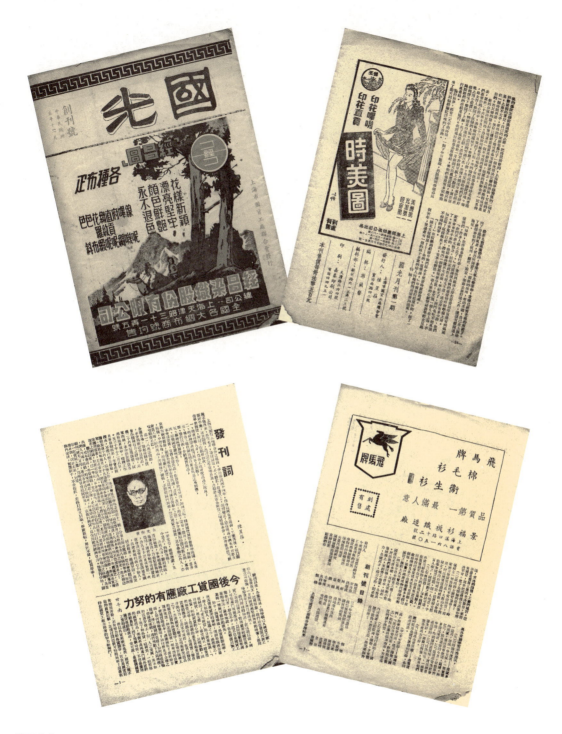

《国光》

　　1946年12月创刊于上海，郭兰馨编辑，上海市国货工厂联合会发行，月刊。该刊系上海市国货工厂联合会会刊，刊物主旨为"一在发展工业，为辅助目前建国要图；一在推行国货，为保障国民经济原力"。辟有《商业常识》《漫谈》《长篇连载》等栏目。主要刊载有关国货生产、展览以及国货如何促进生产等方面的论述，亦登载少量文艺作品。

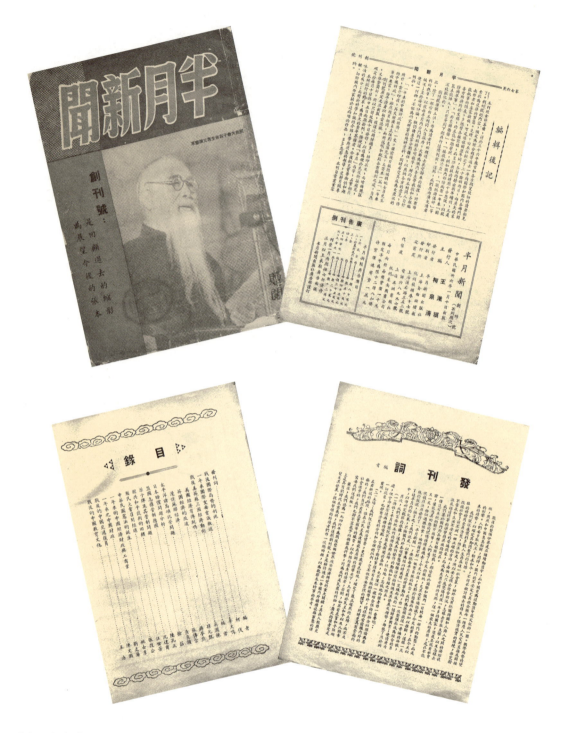

《半月新闻》

　　1947年1月10日在杭州创刊，柯泉清主编，半月新闻出版社发行，半月刊。该刊"以事为经以时为纬"，"把每半月里的时事动向，作一次整理而成为综合的系统的叙述"。主要刊载大量时事评论、时事新闻动态类文章。创刊号封面为"国民大会于右任主席三读宪草"照片，内刊有查良镛的《日本赔偿问题分析》等文章。

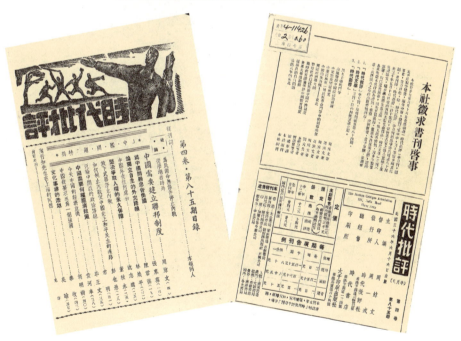

《时代批评》

　　1947年6月16日复刊于香港，周鲸文主编，时代批评社发行，半月刊。馆藏为复刊号，最初于1938年6月16日在香港创刊。该刊旨在"唤起人们的觉醒和智慧""求真知识、真学问"。探讨内忧外患背景下中国政治、外交问题，也涉及经济、文化等方面。主要撰稿人有周鲸文、林焕平、沈志远等。刊载有周鲸文的《中国需要建立联邦制度》、林焕平的《中国外交往何处去》、吴晗的《陶行知先生在上海的回忆》等文章。

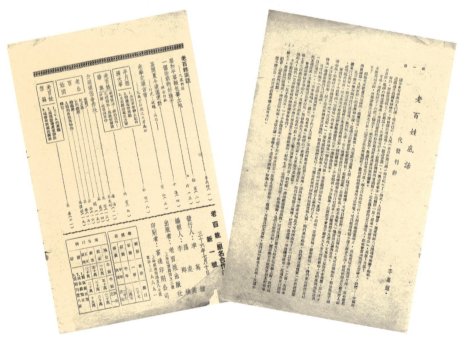

《老百姓》

　　1947年7月10日在上海改版发行，期数另起，罗虔英、李乡朴编辑，老百姓出版社出版，李万钟发行，初为半月刊，后改为周刊。馆藏为改版后新一号，其前身为《合作周刊》，初创刊于1946年。该刊以反映老百姓的呼声和诉求，办老百姓自己的刊物为宗旨，倡导以民为本。设有《半月经济大事》《老百姓辞典》《老百姓公园》《老百姓信箱》等栏目。刊载内容涉及社会生活、政治、经济等多方面。

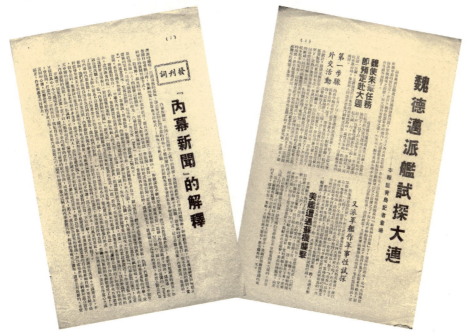

《内幕新闻》

　　1947年9月25日创刊于南京，孙先松主编，民主日报社发行，为《民主日报》副刊，旬刊。囿于当时新闻环境的不理想，该刊试图以副刊的形式，发表那些有价值但迫于政治压力而不能报道的纯粹的内幕新闻，强调报道的真实性。内容主要涉及国内外政治及军事，关注政治人物及事件报道。创刊号内载文有《苏军在韩北演习》《开放对日贸易的内幕》《张治中往何处去》等。

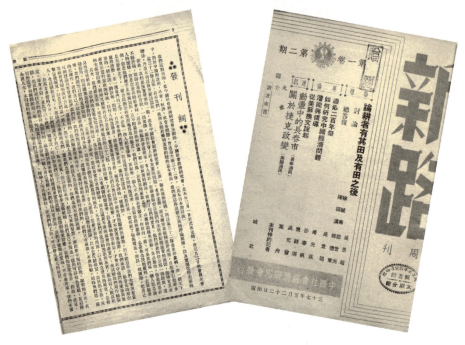

《新路周刊》

　　1948年5月15日创刊于北平，1948年12月停刊。中国社会经济研究会编辑发行，周刊。该刊倡导"以大家的智慧，来探索中国的前途"，旨在探讨"国家社会的种种事实与问题"，希望"提高讨论的水准，以理论应付理论，以事实反驳事实，以科学方法，攻击盲从偏见"。设有《论坛》《专论》《通讯》《文艺》《书评》等栏目。刊载有关中国政治、经济、外交、社会各问题的时评，兼有文艺作品。主要撰稿人有冯至、吴景超、王铁崖、萧乾、刘大中等。

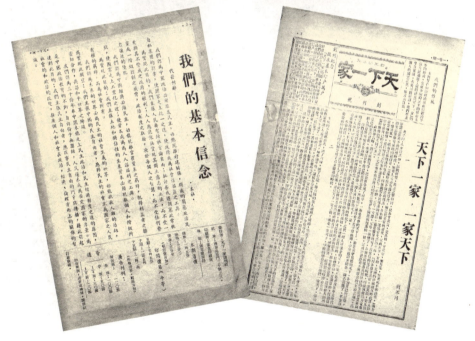

《天下一家》

　　1948年9月18日在南京创刊，刘不同主编，天下一家周刊社发行，周刊。该刊旨在"和谐政治自由与经济平等的理论，促使中国向民主的社会主义大道迈进，从而促成'天下一家'的早日实现"。辟有《通讯》《专论》《时论》《名著选译》《炉边天下》等栏目。内容以评论性文章为主，涉及国内外政治时局、外交战术、军事、经济各方面的报道、研究专论等。

《启示》

　　1949年1月1日在上海复刊，启示月刊社编辑发行，月刊。馆藏为复刊号，也为革新号，期数另起。该刊最初于1946年8月1日在上海创刊，出版12期后于1948年8月1日停刊。又出版5期后于1949年3月停刊，共发行17期。内容涵盖国内外局势，评论当时政治、经济、外交政策等。主要撰稿人有樊弘、林沧白、孟宪章、流金、郭梅荪、伍丹戈、曹渝等。

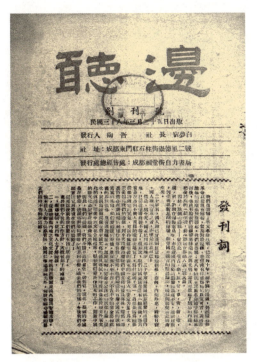

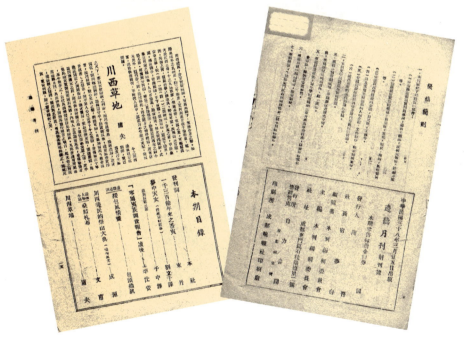

《边听》

　　1949年3月25日创刊于成都，边听月刊编辑委员会编辑，自力书局发行，发行人陶吾，月刊。该刊旨在促进边疆与内地文化交流，增进民族联系，提高边民智识水平。刊载有关边疆现实问题的专论、通讯、翻译、研究报告，报道边疆社会实情、边疆政治经济的内幕新闻，介绍现代知识、民间艺术、文艺创作、木刻漫画等。

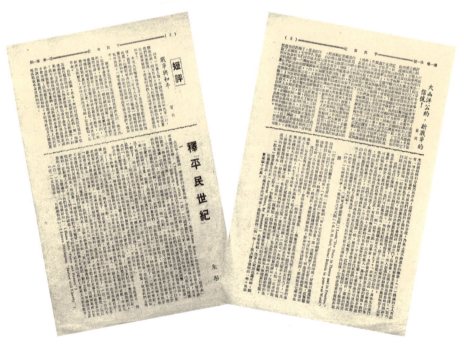

《平民世纪》

　　1949年4月11日在上海创刊，平民世纪出版社编辑发行，刊期不定。辟有《短评》《大局分析》《学生走廊》等栏目。主要刊载有关中华人民共和国成立前夕国共两党和平谈判报道、国内外政治局势重大转变述评、国内外外交政策分析等内容，兼有学校通讯。创刊号内载有《战争与和平》《和·战·乱·三部曲》《记四·一南京学生血案》等文章。主要撰稿人有苗壮、朱彤、许汝社等。

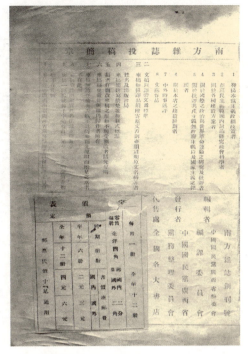

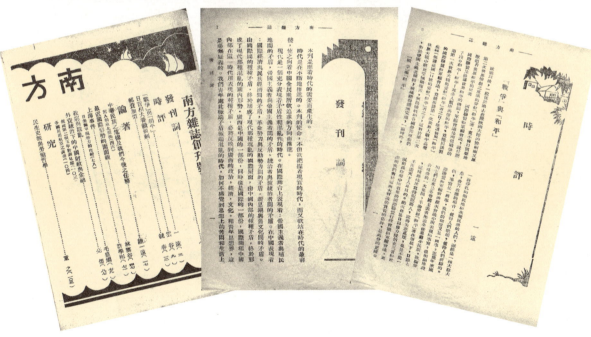

《南方杂志》

　　1932年6月1日创刊于南宁，中国国民党广西省整委会编译委员会编辑，中国国民党广西省党务整理委员会发行，月刊。该刊的使命是"把握着现实的时代……站在时代的最前线，使之向着中国全民众所欲追求的方向而推进"，旨在努力成为当代研究理论与实际问题的青年读物。设有《时评》《论著》《研究》《译丛》《调查》《转载》《大事记》等栏目。介绍了当时国际国内政治形势、经济、民生、土地、国际国内大事记等方面的内容。

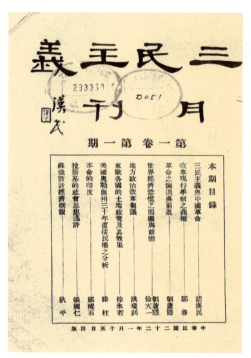

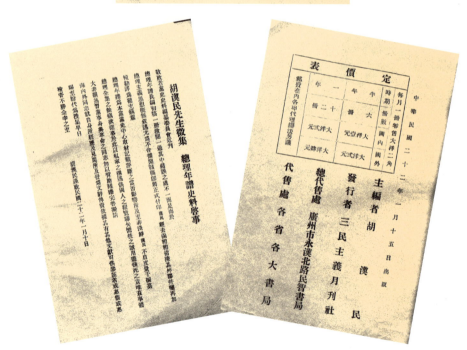

《三民主义月刊》

　　1933年1月15日在广州创刊，胡汉民主编，三民主义月刊社发行，月刊。创刊者有感于当时社会各阶层对三民主义的误解，故办此刊物以澄清，提出三民主义是一切工作的核心，倡导以三民主义为根据批判中外时事，论衡学术。主要内容关涉革命形势分析、时事评论、政治、经济、社会学、军事、教育等。

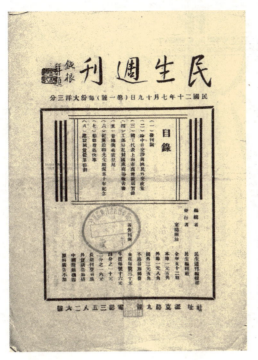

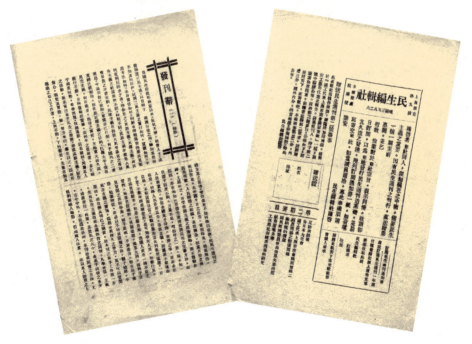

《民生周刊》

　　1931年7月19日创刊于上海，民生周刊编辑部编辑，民生编辑社发行，周刊。该刊注重民生问题，旨在宣传民生主义具体方案，为民生主义造成全国热烈之同情，并为民生主义定了四个目标：反对制造阶级战争、赞成节制资本办法、鼓吹全国民众生产、抵抗国际经济侵略。主要刊载国内外军事、经济、工业、商业及社会生活相关研究的论述。

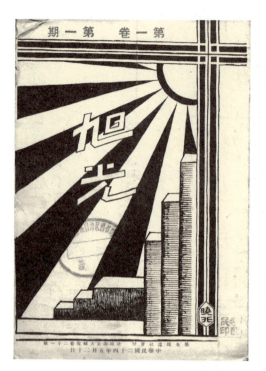

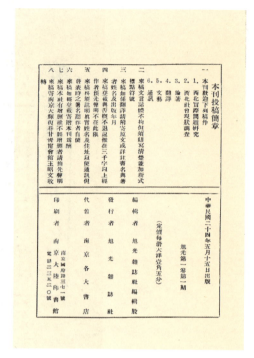

《旭光》

　　1935年5月15日创刊于南京，旭光杂志社编辑股编辑，旭光杂志社发行，是由甘肃陇东十数县旅京同乡创办，多为政军警等校学生，不定期刊行。该刊旨在唤醒国人团结一致复兴民族，协助政府开发西北，以救未亡之同胞，使西北不致成为东北第二。设有《通讯》《论著》《翻译》《文艺》等栏目。刊载关于西北实际问题研究、西北社会现状调查、论著、翻译、文艺、通讯等方面的内容，内容体裁不限。刊内有朱绍良、焦易堂、杨渠统、李世军等人题字。

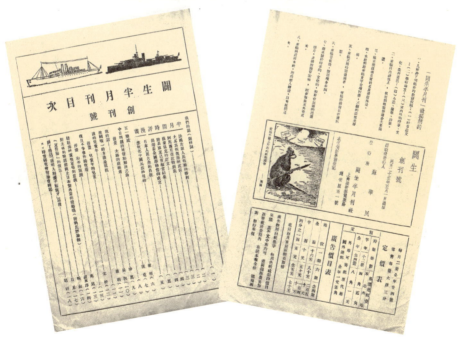

《辟生》

　　1936年5月1日创刊于上海，苏华民编辑，辟生半月刊社发行，半月刊。刊物目的有四：一是"要把大多数青年的意见提供在全国大众之前"，二是"创设一个青年自己的刊物"，三是"连接青年运动"，四是"征集各方救国情报"。语言以白话为主，内容涉及国内外时事、社会生活、文化、小说、随笔、诗歌、漫画等。创刊号内载文有唐克的《中日问题的展望和解决之路》、维明的《五一随感》等。

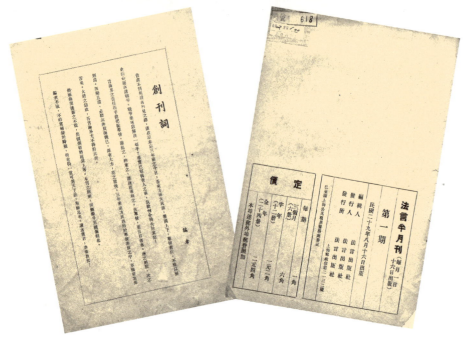

《法言》

　　1940年8月16日创刊于上海，法言出版社编辑发行，半月刊。刊载有《宪政实施应有之认识》《实施宪政之管见》《制宪沿革之检讨》等文章，阐述对实施宪政的认识和研究。另外，载有《战时德国石油之需要》《挪威沦陷记》《撤废领事裁判权之回顾》等文章。撰稿人有夏天、方中、震龙、舍我、鸿施、榴生、褐夫等。

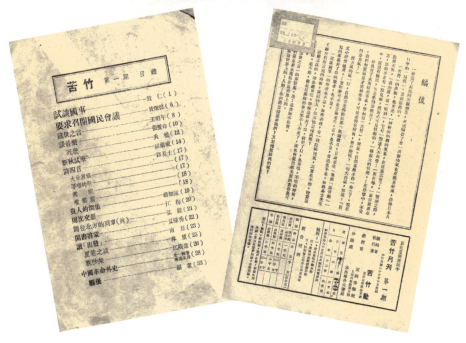

《苦竹》

　　1944年10月创刊于南京，苦竹社编辑发行，共出版3期，月刊。该刊主要讨论时事政论、国内外形势，也刊载诗歌、书评等文学作品。主要撰稿人有敦仁、张爱玲等。第一期刊有张爱玲的《谈音乐》、炎樱的《死歌》等文章。封面为炎樱所画，封面文字"夏日之夜，有如苦竹；竹细节密，顷刻之间，随即天明"为日本俳句，出自日本西行法师之手，周作人译。

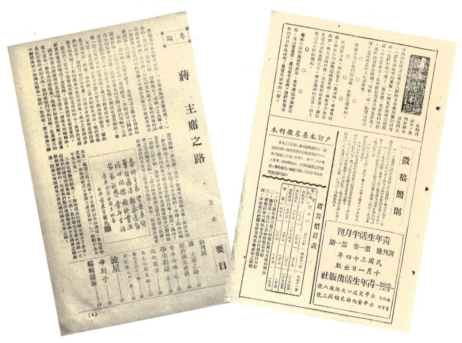

《青年生活》

　　1945年10月1日创刊于北平，青年生活出版社编辑发行，半月刊。该刊旨在唤醒青年一代贡献自己的力量与热忱投身报国，奖励自学，提倡自学，鼓励设定具体的工作目标并为之努力。设有《专论》《特载》《女性话题》《生活通讯》等栏目。刊载国际时事论文，科学学理的研究，社会、教育等方面的文章，以及青年的生活纪实、短评、随笔等。刊登郭沫若先生的《如何研究诗歌与文艺》一文。

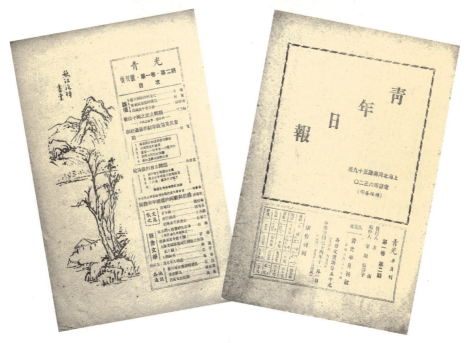

《青光》

　　1945年11月1日在上海复刊，常勋、张简予编辑，青光半月刊社出版，方洁发行，半月刊。馆藏为复刊号，创刊于1945年10月。该刊设有《论坛》《散文之苑》《报告文学》《各地通讯》等栏目，以讨论战后国内外政治为主，兼有文学、通讯作品。创刊号内载文有中国近代历史学家及国学大师吕思勉的《战后中国的民食问题》、童书业的《评中国民主同盟临时全国代表大会宣言》等。

《周报》

　　1945年11月15日创刊于上海，唐弢、柯灵编辑，周报社发行，周刊，馆藏为三版。该刊主张"加强团结，实行民主"，也呼吁广大同胞以此为使命，倡导文化工作者必须率先自肃，努力耕耘，完成文化传播工作。该刊以讨论战后国家政治、经济、教育、科技等方面的问题为主，兼有少量文学作品及漫画、木刻等。主要撰稿人有平心、周予同、郑振铎、顾均正等。刊内有左拉漫画四幅，珂田木刻一则，封面有丰子恺漫画《炮弹作花瓶　人生无战事》。

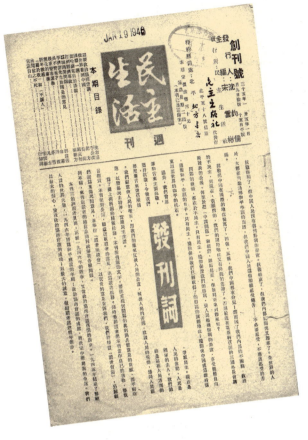

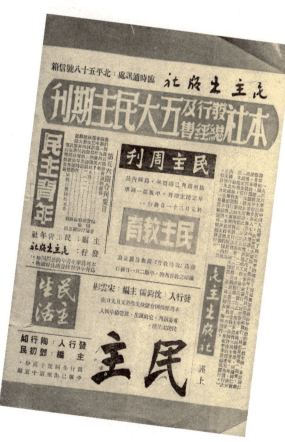

《民主生活》

　　1946年1月9日创刊于重庆，著名文史学者、杂文家宋云彬主编，民主生活社发行，沈钧儒为发行人，周刊。该刊提倡"用……笔来反映人民的公意，喊出人民的苦痛"，"注重现实问题的批判与具体意见的贡献，而不尚空言指责"。刊载关于国内外时事政治、经济、社会问题等的评论。沈志远、马寅初、郭沫若、茅盾等都曾为该刊撰稿。

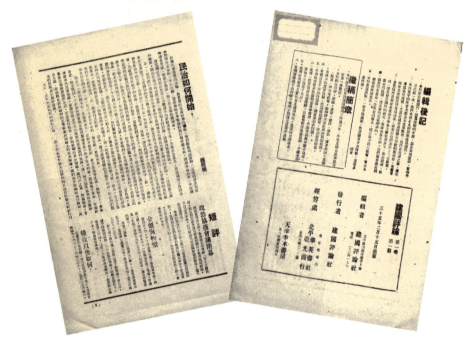

《建国评论》

　　1946年2月15日创刊于北平，建国评论社编辑发行，原定为周刊，后改为月刊发行。该刊以"主持正论促进建国工作"为宗旨，旨在对"建国的实际问题，用超党派、纯学术的立场，分别提出商讨"。内容涉及政论性文章，并有国内外时事短评、大事记、经济措施等。主要撰稿人皆为各大学教授，如赵然明、齐思和、郑林庄、袁贤能等。

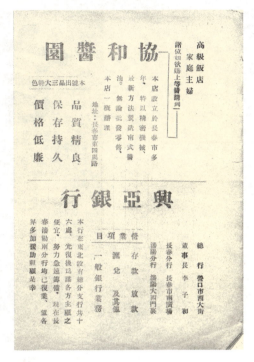

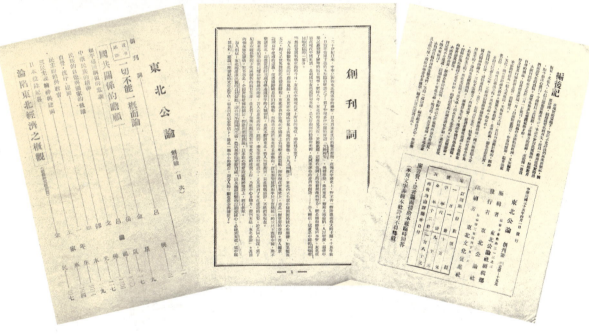

《东北公论》

　　1946年4月1日创刊于长春，东北公论社编辑部编辑，东北公论社发行，月刊。该刊为纪念报国牺牲的抗日英雄，同时为了参与到东北文化的建设中而创办。旨在"痛定思痛，实事求是，企图发扬建国的纲旨，启迪民众的舆论，以求在心理建设或精神建设上，稍有贡献"。设有《近事述评》《女性两题》《诗作》等栏目。内容多为关于政治、经济、文化、教育等方面的论文。主要撰稿人有吕兴、金星、岳岚、吕继祖等。

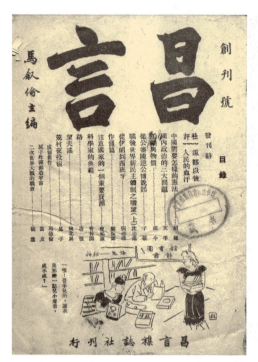

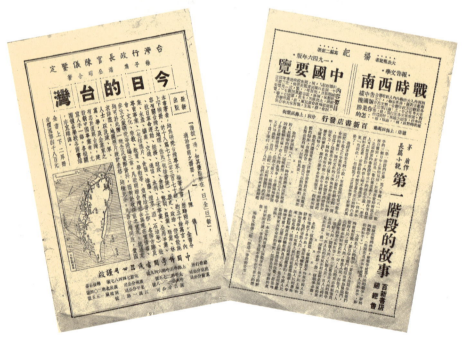

《昌言》

1946年5月4日创刊于上海，同年6月1日终刊，共出2期。现代学者、书法家，中国民主促进会（民进）的主要缔造人和首位中央主席马叙伦编辑，昌言杂志社出版，曹惠群发行，月刊。"直言不讳，昌言无忌"为刊名本意，旨在替民众说他们想说的话。刊物选在"五四"发刊，有纪念五四运动，弘扬五四精神之意。内容以时事述评为主。创刊号内刊载有马叙伦的《还都以后》《人民的血汗》、胡绳的《中国需要怎样的宪法》、郑振铎的《作俑篇》等文章。

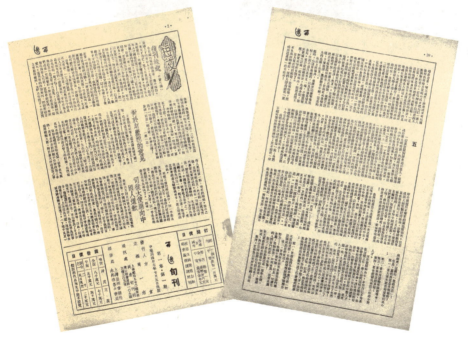

《再造》

　　1948年7月5日复刊于上海，周一志主编，方言发行，旬刊。馆藏为复刊号，该刊最初于1928年3月12日创刊，1929年停刊。该刊本着三民主义大原则的立场，一面发挥理论，一面检讨时事，提出主张。鼓吹"再造国民党"，实现"全民革命"。主要探讨国内抗日战争后的政治、经济、立法等问题，兼及少量文学作品。主要撰稿人有马寅初、刘不同、周一志等。

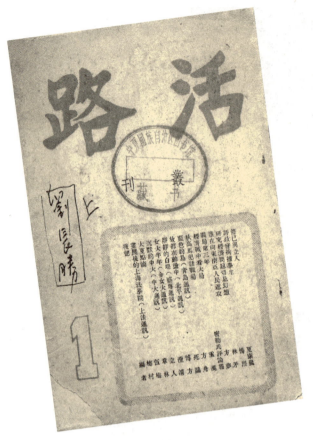

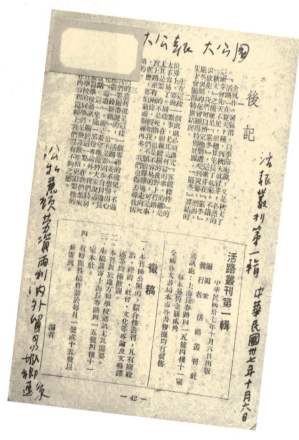

《活路》

　　1948年10月6日创刊于上海，活路丛刊社编辑发行，刊期不详。该刊立足现实，旨在替大众说话。汇集了关于政治、经济、社会、文化方面的专论、译文、通讯等方面内容，考虑到在校学生的喜好，通讯类文章居多。创刊号内刊载有《修己与立人》《评政府拘捕学生》《战局第三年》《沉默的中大》等文章。撰稿人有夏康农、杨烈、林矛、方梦、重禹等。

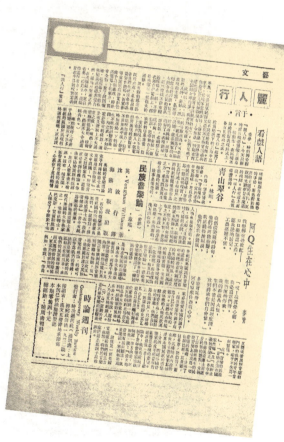

《时论周刊》

　　1949年2月13日创刊于上海，1949年3月出版第4期后停刊，时论周刊社编辑发行，周刊。
该刊英文名称为*Contemporary Weekly Review*。所设栏目有《时事》《专题》《翻译》《通讯》
《艺文》等。主要刊载国民党统治最后时期各地的政治、经济、军事及国内外形势分析等。主
要撰稿人有周吉甫、石丘、徐伦等。另创刊号内还收录了曾景初的木刻作品。

《时局观察》

　　1949年2月20日创刊于上海，上海沪光周报社编辑，国强出版社总发行，周刊。主要刊载内幕新闻，时事政治，也有关于当时两党领导人的一些内幕消息。同时，特辟有《大家有话说》专栏，呼吁大家有话尽情地说。创刊号内刊载有《密云不雨的币制再改革》《论毛泽东路线》《蒋总统与戴季陶之间》《释放张学良的焦点》等文章。

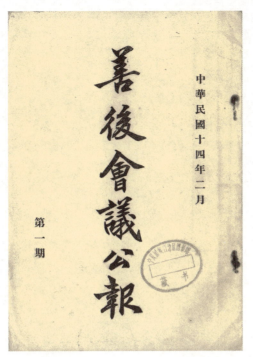

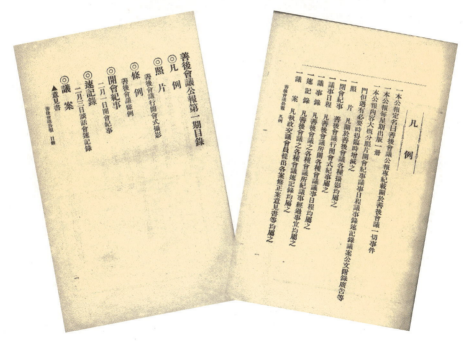

《善后会议公报》

1925年2月在北京创刊，1925年5月停刊，共发行9期。北京善后会议委员会编辑发行，周刊，后改为半月刊。善后会议是段祺瑞在1925年2月1日以临时执政名义召开的,是旨在延续北洋军阀统治寿命的会议。辟有《照片》《条例》《开会纪事》《速记录》《议案》《公文》《函》《广告》等栏目。内容均与善后会议有关，借该刊记载关于善后会议的一切事件。

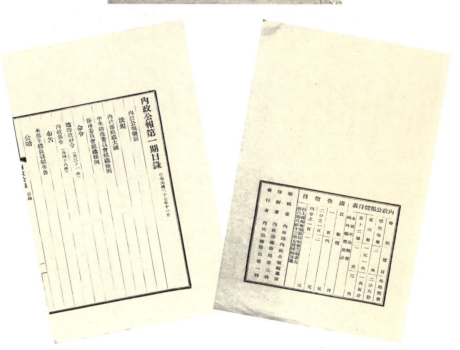

《内政公报》

　　1938年11月在南京创刊，由内政部内政公报编纂室编辑，内政部总务局第一科发行，月刊。设有《法规》《命令》《布告》《公牍》《专件》等栏目。主要刊载内政部的政令、公函、法规以及内政部工作情况记录等。创刊号内封有王揖唐的题字，还刊有王揖唐任内务总长的就职布告、训话、演讲词、复函等。

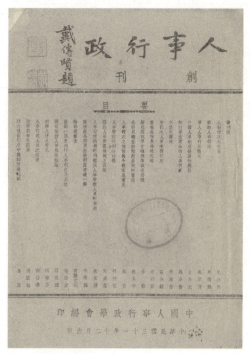

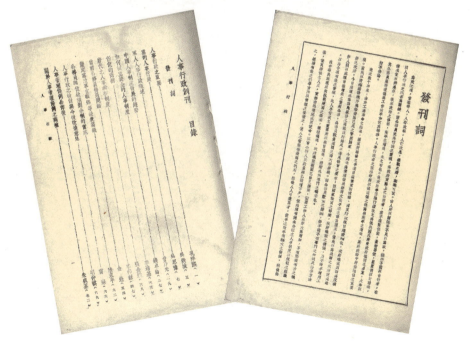

《人事行政》

　　1942年12月创刊于重庆，1943年10月终刊，共出2期。中国人事行政学会编辑发行，年刊。该刊"以冀对人事行政之理论与实际作广泛而深切之研究与推进"为使命，主要探讨当代中国公务员、军人、银行等领域人事管理制度、条例及人事考核、人员修养、人事改革等问题。主要撰稿人有孔祥熙、吴铁城、甘乃光等。刊名由中国近代思想家、理论家戴传贤题写，并钤有其两方印"季陶""戴传贤"。

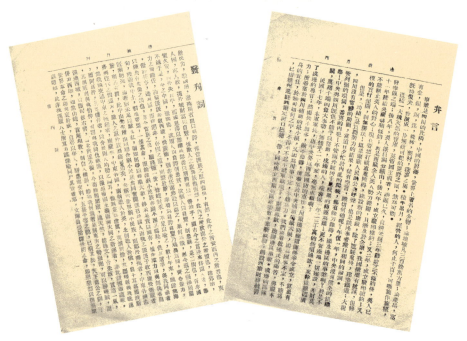

《边政》

　　1929年9月创刊于西昌，刊行9期后停刊。川康边防总指挥部编辑发行，月刊。该刊旨在报告边地史实，汇集康藏过去和现在各方面的概况，引起社会对康藏的关注。设有《例载》《专载》《图表》等栏目。内容涵盖本军文告令摘录、边务各项章则计划、川藏史实、西昌县相关图表等，翔实地记录了当时西南地区的边政及社会各方面的发展概况。

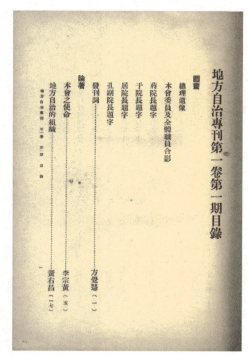

《地方自治专刊》

　　1937年6月1日创刊于重庆，发行不久后停刊，1945年5月在重庆复刊，卷期另起。南京中央党部内中央地方自治计划委员会编辑发行，季刊。该刊旨在宣扬地方自治之理论与实际。设有《论著》《法规》《调查》《各地消息》《会务》《文艺》等栏目。内容涵盖各领域地方自治机构的介绍，与地方自治相关的会议规程、条例及组织细则，地方自治调查报告等。主要撰稿人有方觉慧、李宗黄、黄右昌等。刊内有蒋中正、居正、于右任、孔祥熙等人题字。

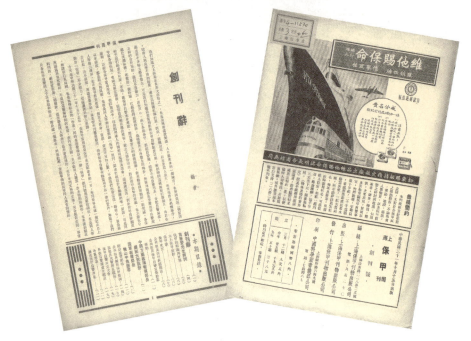

《保甲周刊》

　　1942年10月15日创刊于上海，上海保甲刊物出版公司编辑发行，周刊。该刊希望突破保甲区各联保间缺乏联络、保甲当局对设施法令的传达困难、保甲自警制度的改革等难关。内容涵盖各保甲区的消息动态、简讯、保甲条例、保甲自警制度等。创刊号内刊载有《保甲的理论与实施》《保甲歌》《最近保甲自警消息》等文章。

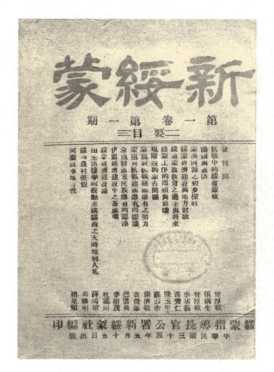

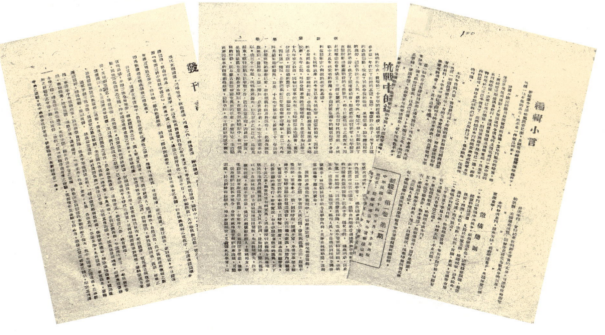

《新绥蒙》

　　1945年5月15日创刊于归绥，绥蒙指导长官公署新绥蒙社编辑发行，月刊。其前身为1941年由绥境盟旗自治指导长官公署绥蒙服务团创办的《绥蒙月刊》，1945年改名为《新绥蒙》。以"宣扬中央政令，融合蒙汉文化，研究绥蒙问题，报道绥蒙动态"为宗旨，汇集与边情相关的政治、保安、经济、文化、宗教、民族、言语、史地、交通等方面的论述。该刊部分文章为蒙文所写。

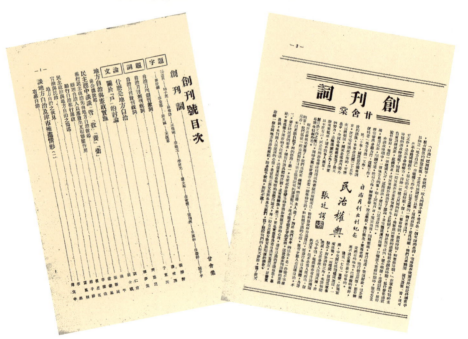

《自治月刊》

　　1946年10月31日创刊于天津，自治月刊社编辑发行，月刊。该刊肩负"要使社会改变等待官治和依赖官治的心理，造成自治的意识形态；要反映民意的要求，提供自治具体的计划，或实施办法；要忠实报道津市自治实施状况"的使命。设有《论文》《文艺》《漫画》《特写》《专载》等栏目。内容涵盖自治言论、自治法令、自治动态、自治漫画、文艺等。文章内穿插有张廷谔、时子周、林伟俦等人的题字。

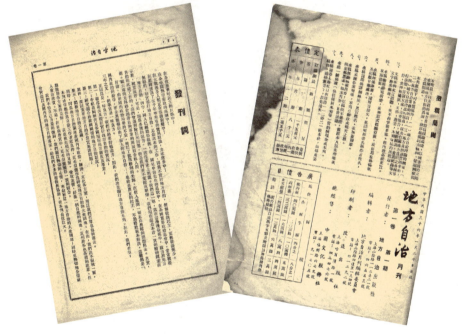

《地方自治》

    1947年1月20日创刊于上海，地方自治月刊编辑委员会编辑，地方自治出版社发行，月刊。该刊以"报道过去及现在实行地方自治的实况，介绍我国历代及各国现行地方制度及事业，研究适合于我国国情的地方自治制度，探讨重要地方自治事业实施诸问题，阐发地方自治之真义"为目的。主要撰稿人有朱家骅、陈伯骥、吴开先等。刊内有蒋中正、孙科等人题词，丰子恺、张文元等人插画，弓玄、子琦的木刻。

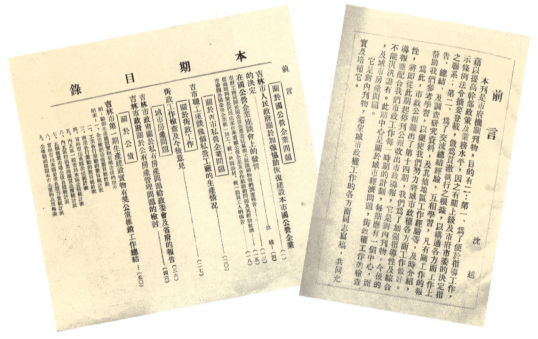

《市政导报》

　　1949年6月18日创刊于吉林，吉林市人民政府编辑出版，刊期不详。该刊属于内部刊物，旨在指导工作，提高干部政策及业务水平，同时交流总结经验，达到互相学习的目的。每期配合市政这一时期的工作计划，围绕一个中心编辑出版。第一期主要是关于城市经济问题、街政工作的检查及城市房产问题，附载有多项统计表。

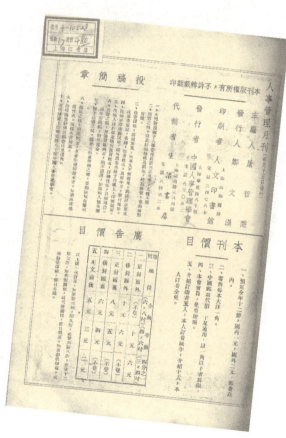

《人事管理》

　　1935年9月15日创刊于上海，屠哲隐、顾炳元主编，中国人事管理学会发行，月刊。该刊为人事管理专门期刊，以研究人事管理为宗旨，倡导以科学方法、民治主义与法制精神管理人员。刊载内容均与人事管理相关，文章形式有短评、通论、专著、调查与统计、研究通问、新著介绍及杂录等。

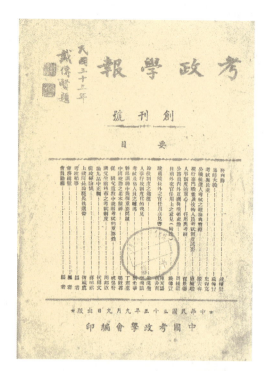

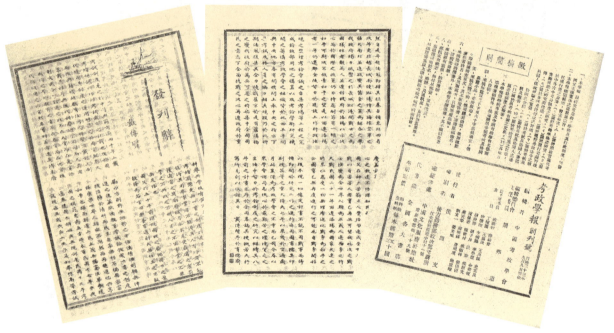

《考政学报》

　　1944年9月9日创刊于重庆，1945年5月停刊，共2期。中国考政学会编辑并发行，年刊。该刊以"研究考选铨之学术及其行政制度，承国父五权宪法之遗教"为宗旨。设有《论著》《研究》《诗录》《法规选载》《考政纪事》《会务辑览》《会员动态》等栏目。创刊号刊载关于宪政实施与考试权行使的论著，关于历代考铨制度和现行考铨制度的研究、评述等。

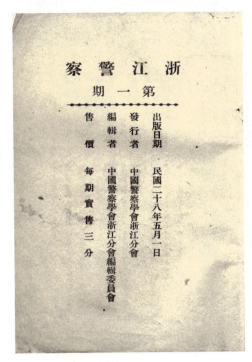

《浙江警察》

　　1939年5月1日创刊于杭州，中国警察学会浙江分会编辑委员会编辑，中国警察学会浙江分会发行，月刊。该刊旨在"引起社会人士对抗战建国中警察的注意与重视，并且要号召全体的警务人员为抗战建国尽到最大努力""以奋斗牺牲的事实来锻炼自己，健全自己"。设有《论著》《访问》《转载》《法令摘要》等栏目，刊载有关警察学术的阐述、实际中警察问题的讨论以及警察抗战的记载等。

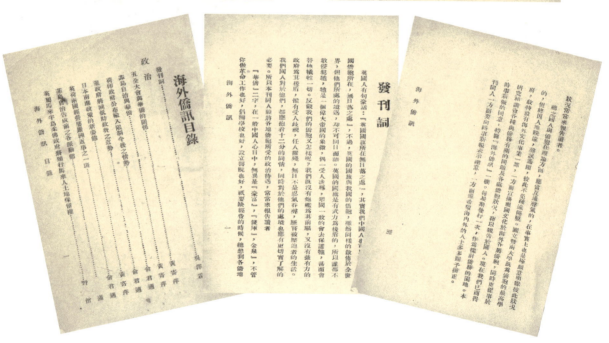

《海外侨讯汇刊》

　　1936年4月创刊于上海，吴泽霖编辑，国立暨南大学海外文化事业部发行，刊期不详。该刊以介绍海外各地侨务及侨胞现实境况，加强海外侨胞与国人之沟通了解为己任。设《政治》《教育》《经济》《物产》《侨况》《风俗》等栏目。内容涉及海外华侨遭遇及境况、海外物产及风土人情。刊名由现代著名历史学家及教育家何炳松题写。

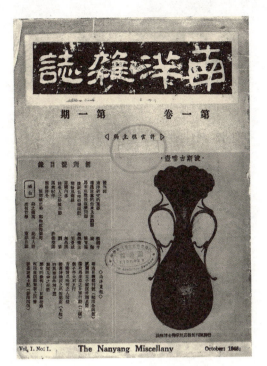

《南洋杂志》

　　1946年10月15日创刊于新加坡，许云樵主编，南洋杂志社发行，初为月刊，1948年后改为
双月刊。该刊旨在"提倡南洋学术研究，发扬华侨精神，建设本位文化"。刊物以学术性兼具
通俗性为前提，刊发有关南洋或华侨问题的专著或资料，介绍南洋社会及历史知识的学术作品
或富有地方色彩的文艺作品等。首期刊载《昭南时代恐怖景象的惨痛回忆——检证！》的日军
大屠杀照片十余帧。

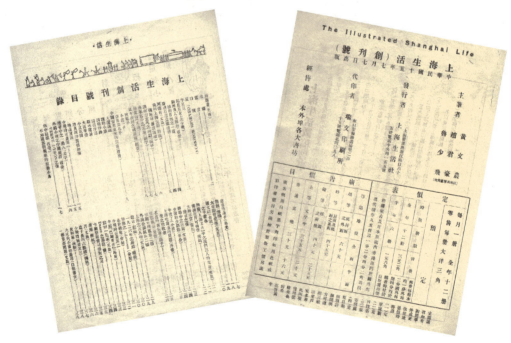

《上海生活》

　　1926年7月7日于上海创刊，黄文农、赵君豪、鲁少飞主笔，上海生活社发行，月刊。该刊以"须有人生兴趣而又为人所需要"为办刊宗旨，提倡"以艺术化解决衣食住问题，用新思想建筑真美善环境"。文章体裁不限，内容不限于衣食住问题，而且涉及生活、思想、心灵等方方面面。首期刊有田汉先生的《我的上海生活》一文。

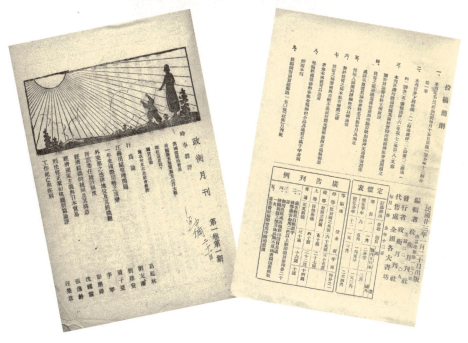

《政衡》

1934年1月20日创刊于南京，政衡月刊社编辑发行，月刊。该刊立足于对实际问题的讨论，侧重于现实批判，兼顾理论的论述文章。栏目设有《时事杂评》《论著》《译述》《书报述评》《文艺》等。所刊内容主要为政治、经济、社会等方面调查讨论等。创刊号内载文有《伪国改号的背景》《征收遗产税》《一年来国际局势之演变》等。

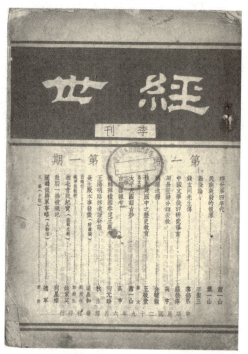

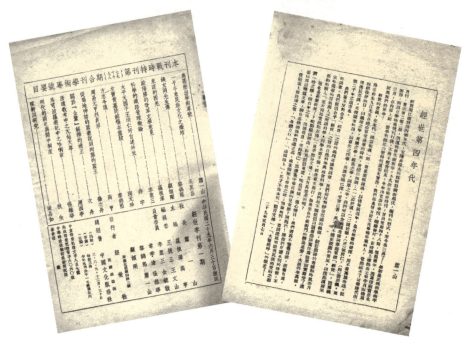

《经世季刊》

　　1940年6月30日在重庆复刊，罗根泽、高亨主编，经世社发行，萧一山为经世社社长，季刊。该刊前身为《经世半月刊》，因沪战爆发改为战时特刊，出至第48期后改为学术季刊。刊物以刊登符合"经世致用"宗旨之文稿为初衷，内容涉及国内外政治、经济、教育、文化等，兼及时事评述、史料研究、社会漫谈等。

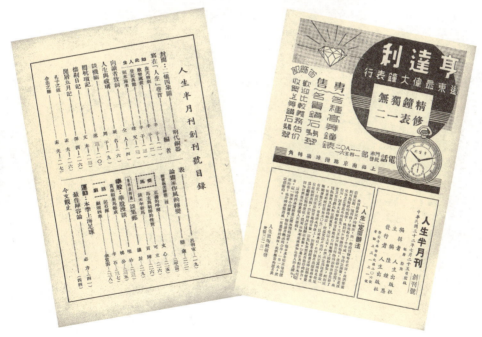

《人生》

　　1943年7月25日创刊于上海，陆钟恩主编，人生出版社发行，半月刊。该刊以"设法摆脱物质生活之妄念，努力精神生活之提倡，广结文缘，还我本性"为宗旨。栏目设有《如此人生》《赛马》《华股》《话剧》《运动》等。内容关乎社会、人生方方面面，主要刊载各类生活随感，探讨人生观、价值观以及有关社会、民众生活风貌各方面的轶闻、记录等。

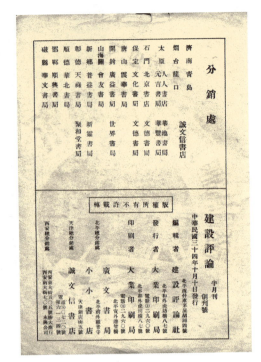

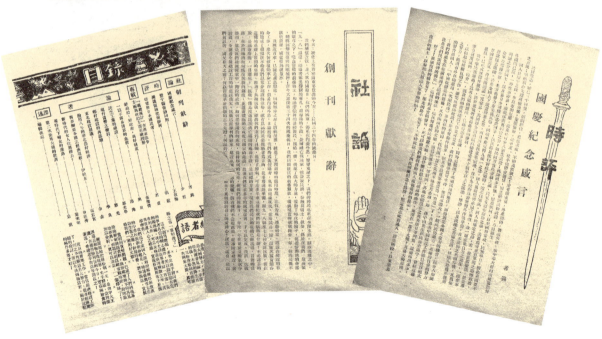

《建设评论》

　　1945年10月10日创刊于北平，建设评论社编辑，大业印刷局发行，半月刊。该刊旨在一方面将政府现实的施策，客观批评地传达给国民，形成对政府决策有效的建议；另一方面提供客观可靠的资料，为政府未来的施策提供依据。设有《社论》《时评》《专载》《论著》《译述》等栏目，该刊汇集有关国家建设大计，探索政治、经济、文教各方面学理，以及时局评论等文章。

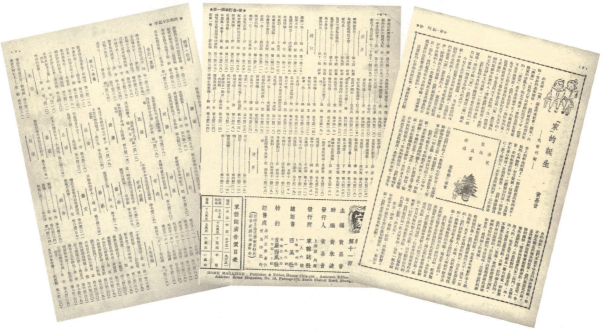

《家》

　　1946年1月创刊于上海，黄嘉音主编，家杂志社发行，月刊。该刊以促进家庭幸福、健全妇女生活为己任，力主改良家庭环境与促进社会教育。所刊内容主要是家庭、妇女及儿童问题等，具体涉猎有家教、家政、妇女职业、保健卫生、恋爱婚姻、儿童教育、儿童心理、育婴，以及服装设计、家庭布置等。第一集封面刊有我国电影、戏剧表演艺术家白杨女士的照片。

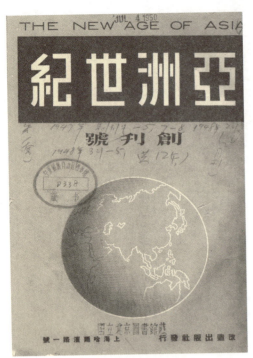

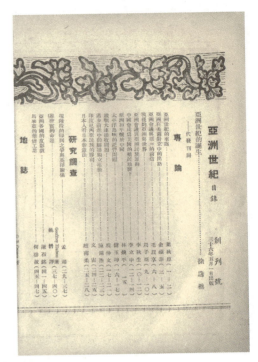

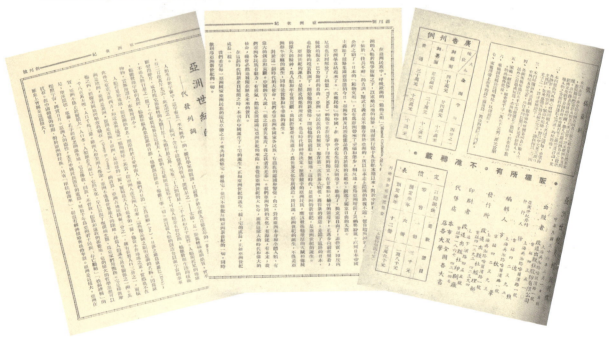

《亚洲世纪》

　　1947年5月1日创刊于上海，方秋苇编辑，改造出版社股份有限公司出版，月刊。该刊主要述评亚洲社会、亚洲局势各项问题。设有《专论》《研究调查》《人物》《地志》《资料》《亚洲文摘》《文艺之页》等栏目。刊载内容涉及亚洲国家国际关系、国家前途，亚洲各国民族运动、政治经济情势，以及亚洲各国史地人物、社会文化的介绍等。

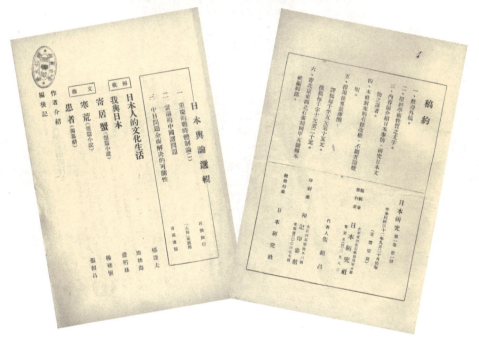

《日本研究》

　　1943年9月20日创刊于北平，日本研究社编辑发行，月刊。该刊创刊之初衷是希冀中日文化人联合起来，唤醒中日民众以促成两国向好之意愿。设有《日本舆论选辑》《转载》《文艺》等栏目。刊载内容以介绍日本的诸方面及研究日本文物之译著为主。首期转载了郁达夫的小品文《日本人的文化生活》。

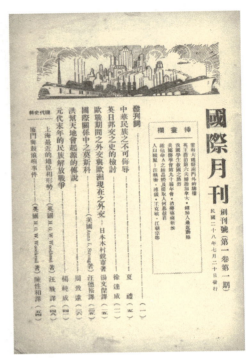

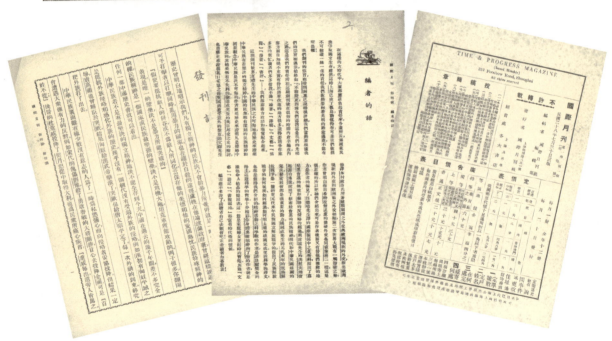

《国际月刊》

  1939年7月20日创刊于上海，国际月刊社编辑发行，月刊，馆藏为1939年7月30日3版。该刊立足于彼时中国之境况，旨在团结一致，发扬民族精神，介绍世界新知识。设有《现代史料》《文艺》《书报园地》《本月动态》《漫画》等栏目。内容涉及国内外形势的分析，世界各国先进知识的介绍等，也兼及一些文艺作品，另外还收录了反映当时国内外风土、重大事件的文章及人物照片。

《国际知识》

　　1945年6月1日在上海创刊，国际知识社编辑，上海出版社出版，康丹发行，半月刊。作为一份"中国人自办，站在中国人的立场，中国人的本位，说中国最大多数民众所希望说的话"的刊物，以"用纯正思想肃清颓败的思想"为己任。设有《时论中心》《国际半月》《国家介绍》《显微镜》《小知识》《国际知识》《长篇连载》《战地素描》等栏目，主要发表有关国际政局、国际知识方面的著述。

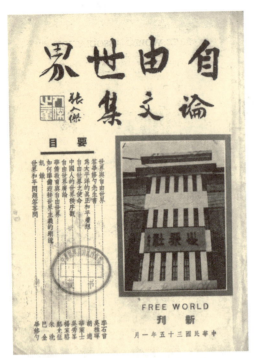

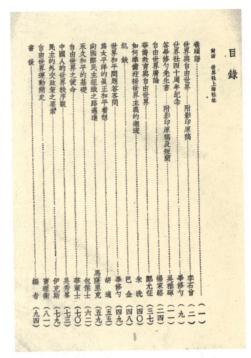

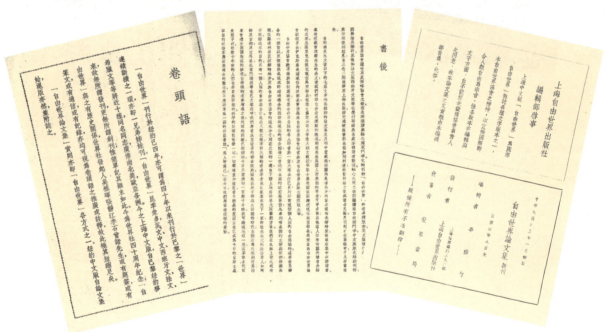

《自由世界论文集》

　　1946年1月创刊于上海，毕修勺编辑，上海自由世界出版社发行，刊期不详。该刊最早在纽约刊行，上海中文版为该刊在欧美、亚洲刊行的各文字版本之一。刊物以宣扬国际联合人类自由为宗旨，倡导"为人即为己"思想。首期发表有胡适先生的《为太平洋的真正和平着想》、巴金先生的《饥饿》以及美国前副总统华莱士的《自由世界之使命》等文章。

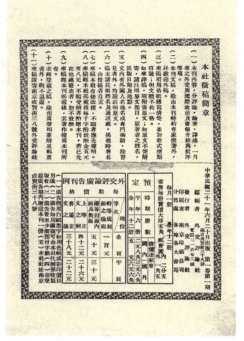

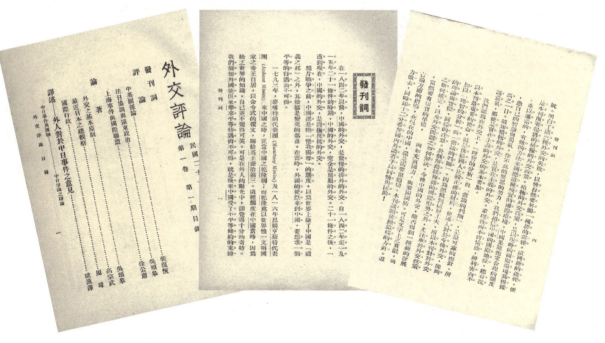

《外交评论》

　　1932年6月20日在南京创刊，外交评论社编辑发行，月刊。办刊者期望借助语言的力量使国人对我国外交能够有"理性的分析"与"常识的判断"。设有《评论》《论著》《译述》《一月来之外交与国际政治》《书报介绍与批评》等栏目。刊物特约撰述人有吴昆吾、高宗武、周鲠生等，首期刊有高宗武的《最近日本之总观察》一文。

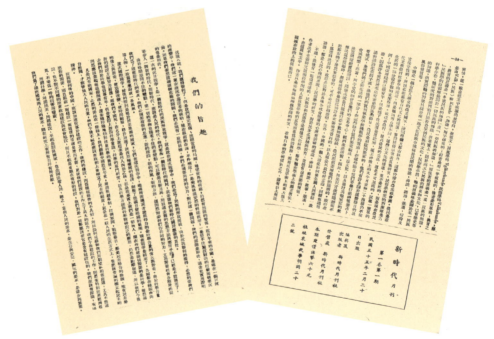

《新时代》

1946年2月20日在北平创刊，新时代月刊社编辑出版，月刊。创刊者直面彼时之中国现状，希望在注重经济建设的同时，也在研究政治建设、社会建设上有所贡献。刊载内容涉及政治、经济、社会与文化各个方面。首期刊发有《战后中国之重要问题》《民族学与民俗学之政治价值》《首次联合国大会之经过（上）》等文章。

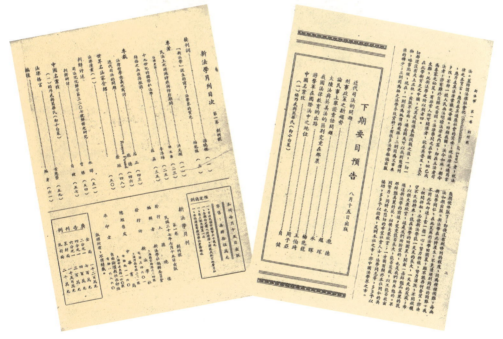

《新法学》

　　1948年7月15日在上海创刊，新法学社编辑委员会编辑，新法学社发行，月刊。该刊旨在革新、改造旧的法学，使法律适应新的时代，使法律学术研究有所进益。辟有《专著》《专载》《判解评述》《世界名法家介绍》《中国名案考》《法律格言》《法律漫画》等栏目。内容涉有国内外法律问题研究、当时主流法律观点述评、我国著名案例剖析以及世界著名法家介绍等。撰稿人有著名法学家孙晓楼、杨兆龙等。

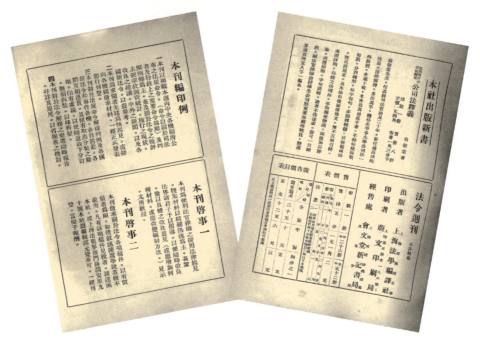

《法令周刊》

　　1930年7月2日创刊于上海，郭卫主编，上海法学编译社出版，周刊。由于抗战爆发，刊物于1937年11月第384期停刊，1945年10月10日复刊，发行4期复刊号，从1946年1月继续战前刊号发行，至上海解放前夕的1948年12月停刊，共发行540期。馆藏有1930年7月2日创刊号及1945年10月10日复刊号。该刊肩负沟通法学、宣扬法令之使命。辟有《法规》《命令》《法律解释》《法令杂谈》等栏目。所刊内容有政府颁布的法令、法规、命令，宣传现行法令，普及民众日用法律常识，还有最高法院判决案例等。

《震旦法律经济杂志》

　　1944年创刊于上海，震旦法律经济杂志社编辑，震旦大学法学院发行，月刊。刊物"所研究的是法律和经济，因此，所刊载的文章，全属这两方面的论文，而尤注意于比较法学及比较经济学"，另辟有《法令》《每月笔谈》等栏目。创刊号内刊载有《中国旧律内之国际私法》《公司董事是否"挂名差使"》《"上海钱庄业业规"我见》等文章。

《军事知识》

　　1937年11月1日创刊于上海，1938年1月停刊，共出4期。军事知识社编辑发行，发行人为余汉生，上海良友图书公司总经售，半月刊。该刊着重分析美、英、法、德、苏、日等军事强国的军事实力，并刊有大量世界新式武器的照片。另外，该刊对中国共产党主要人物、八路军与游击战、日本全面侵华的内容也有特别关注。

《军工》

　　1949年4月15日在沈阳创刊，人民解放军东北军区军工部（军工）编辑委员会编辑出版，刊期不详。发刊词由时任军工部部长何长工撰写。作为专供军工系统干部阅读的内部刊物，该刊以指导工作、交流经验、讨论问题、开展批评与自我批评，提高工作效率为宗旨。所刊文章体裁不限，论文、通讯、文艺等皆有收录。内容涉及军队各项工作介绍、经验总结及交流、技术研究、工作意见等。

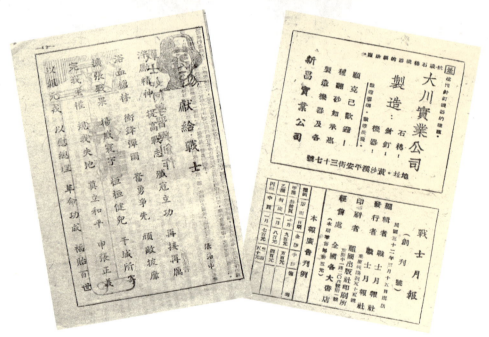

《战士月报》

　　1943年3月15日创刊于重庆，战士月报社编辑发行，月刊。该刊以反映军队生活为主，宣称为战士的集体创作、战士的精神食粮。设有《特载》《论著》《报道》《战士诗园》《战士信箱》五个栏目。内容包括军中文化运动、反帝反侵略论文、苏鲁战区的抗战经验、抗战中的优秀妇女及优秀战士事迹、战士的诗歌创作和战士心里话等。

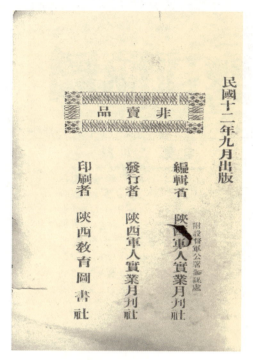

《陕西军人实业月刊》

　　1923年9月创刊于西安，陕西军人实业月刊社编辑发行，月刊。该刊以顺应当时实业救国潮流，寻求富国强兵道路为目的。设有《军学》《杂俎》《工艺》《林业》《常识》等栏目。主要论述军人与农业、林业、工艺等实业之关系，兼有一些科学及生活常识介绍、杂文随笔等。封面版刻绘画由著名画家王道远（友石）绘制。

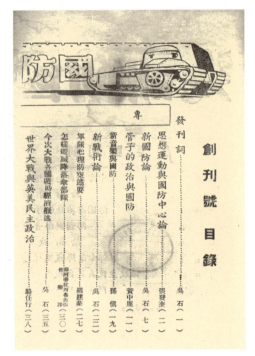

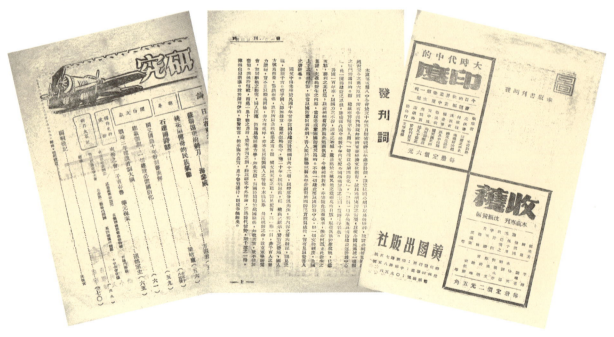

《国防研究》

　　1942年12月15日创刊于广西柳州，吴石主编，第四战区司令长官司令部军学研究会出版。该刊提倡一切学术要以国防建设运动为中心。设有《专论》《杂著》《国防文献》《国防史料丛钞》《两月大事记》等栏目。该刊以阐释国防建设理论与实践为主，内容涉及三民主义与古今中外国防与国防建设的思想、理论、计划与新战术等。主要撰稿人有吴石、张发奎、孙慎、罗建业、李次民等。

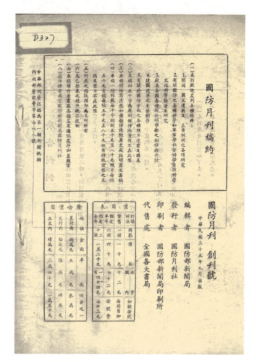

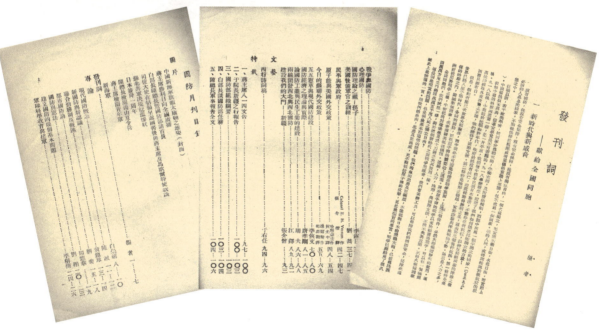

《国防月刊》

　　1946年9月创刊于南京，1948年12月停刊。国防部新闻局编辑，国防月刊社发行，月刊。该刊意在集思广益，对国防进行研究与探讨。设有《图片》《专论》《文艺》《特载》等栏目。刊有研究国防之各种科学、欧美各国新发明及新理论之翻译与介绍，建国建军之文艺创作，有关国防方面之各种照片、漫画与图表，国民政府军政要员言论等。创刊号内刊有于右任的《西行诗词稿》一文。

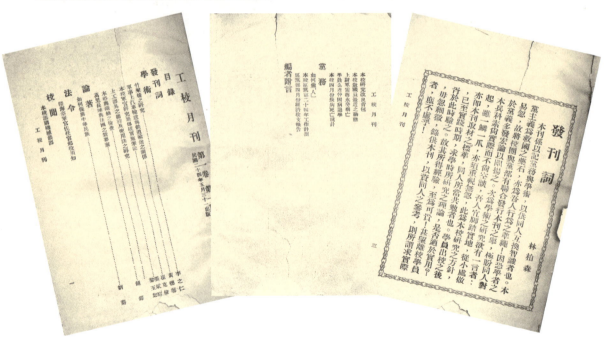

《工校月刊》

　　1935年5月31日创刊，陆军工兵学校将校团直属陆军工兵学校区党部编辑，陆军工兵学校出版，月刊。该刊旨在集思广益，交换研究心得。设有《学术》《论著》《法令》《校闻》《党务》等栏目，以阐述党义和政策政纲为主，兼及学术研究。内容注重实际不空谈，多涉及该校党务工作及兵科工作。刊名由民国工兵之父林柏森题。

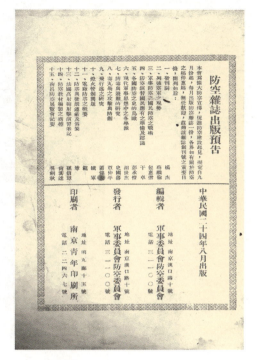

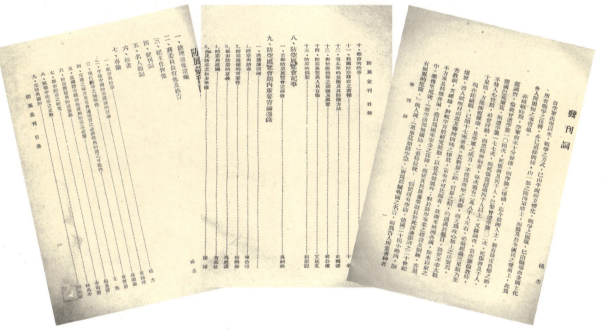

《防展汇刊》

　　1935年8月在南京创刊，军事委员会防空委员会编辑发行，刊期不详。该刊以指导防控工作、宣传防空知识、提高防空意识、推动防空事业为宗旨。设有《专论》《防空展览会记事》《防空展览会期内重要言论选录》《宣传文件》等栏目。主要介绍中国防空建设基本情况、都市防空实际问题、欧战防空经验等。内有孙中山总理的遗像遗嘱，林森、于右任等名人题词以及防空展览会会场的原始照片。

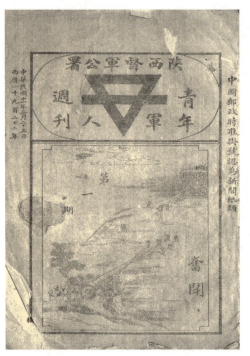

《青年军人周刊》

　　1922年3月25日在西安创刊，军事周刊编辑处编辑，周刊。该刊为《军事月刊》与《青年
军人》合璧改组而成。设有《法令公牍》《新军人》《军事学说》《军事浅说》《青年杂组》
《丛谈》《小说》《文艺》等栏目，汇集军事知识、青年军人的观念及责任、国际国内要闻等
内容。撰稿人有傅德贵、唐之道、鹿钟麟、孙麟、林立、路孝愉等。

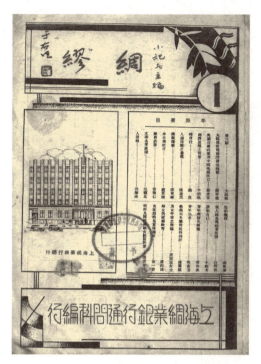

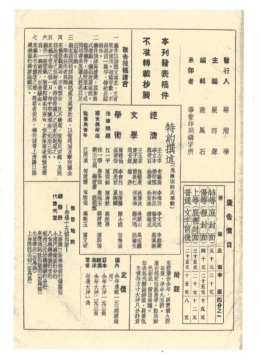

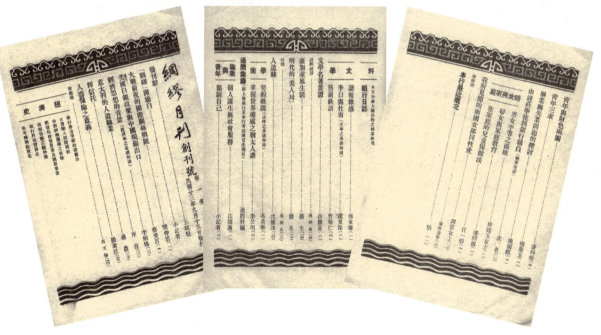

《绸缪》

　　1934年9月15日创刊于上海，严谔声主编，上海绸业银行通问科发行，月刊。"绸缪"意在未雨绸缪，为民族生存竞争作准备，为个人立身行事打基础。设有《经济史料》《文学》《学术》《职业与青年》《妇女与家庭》等栏目。主要介绍上海绸业银行近况，并涵盖金融、经济、文学、职业、养身、旅游、道德等方面内容。刊名由于右任题写。马寅初、张素民、张光地、章乃器、陈子展、赵景深等都曾为该刊撰稿。

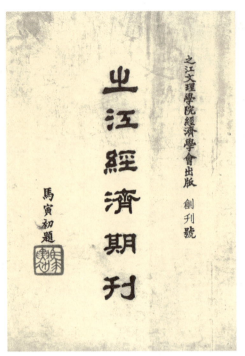

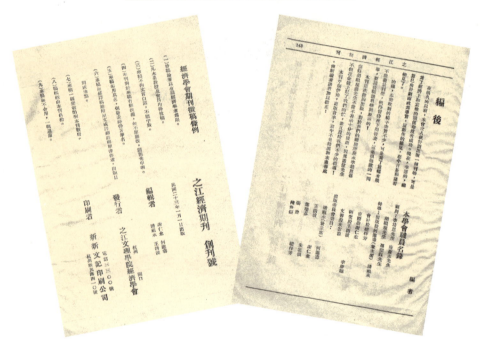

《之江经济期刊》

　　1934年1月1日创刊于杭州，潘祖永、谢仁愈、何进寿等编辑，之江文理学院经济学会发行，不定期发行。该刊主要刊登经济领域的各类文章，关于农村救济、船业、信用调查、经济思想、财政、会计、古代经济制度、失业、矿工生活等，也有关于资本主义经济的分析。刊名为马寅初题写。创刊号内刊有《失业问题之研究》《县财政监督之方法》《浙江田赋改良之途径》等文章。

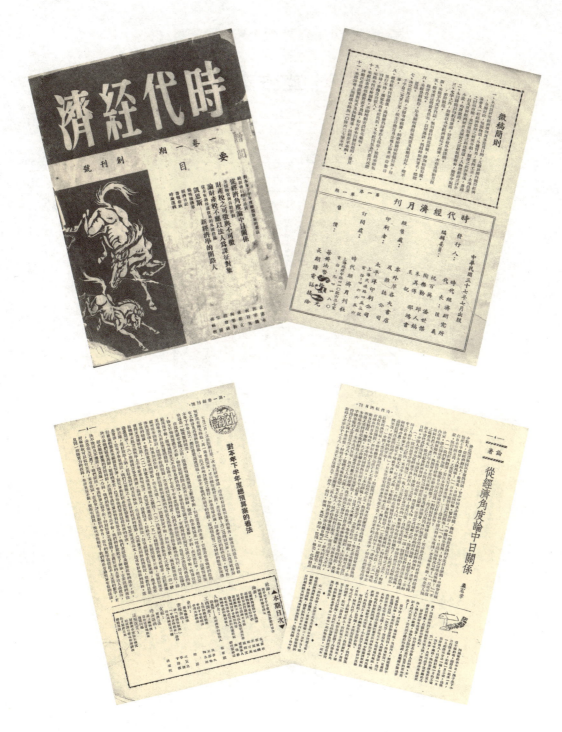

《时代经济》

　　1948年7月在上海创刊，同年9月停刊，仅出3期。时代经济研究所发行，祝百英、潘世杰、陶乐勤等编辑，月刊。该刊以研究经济学理与事实为目的。设有《社论》《论著》《人物评介》《工商调查》《史料》《书报春秋》《文艺》《时论选辑》《法规选要》等栏目。主要刊登国际国内经济、金融财政、币制物价、外汇贸易、轻重工业、土地农业等方面的内容，兼有反映经济历史及现实的诗歌、报告、小说、随笔等。

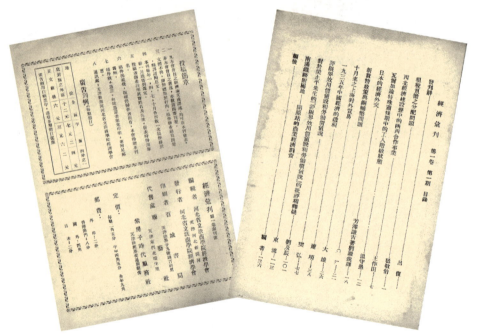

《经济汇刊》

　　1936年1月15日创刊于天津，河北省立法商学院经济学会主编发行，季刊。该刊主要刊载与国际国内经济局势、问题及政策相关的论文及译述。每篇文章之后选取这一时期经济动态进行登载，如《上海外国银行与中国十大主要银行纸币发行额比较表》《公务员建设捐税率》《日本对华北农村更生之援助计划》等，亦推介与经济相关的其他刊物，如《实业统计》《工商半月刊》等。刊名为中华人民共和国成立后日本哲学研究的先驱和奠基人之一刘及辰题写。

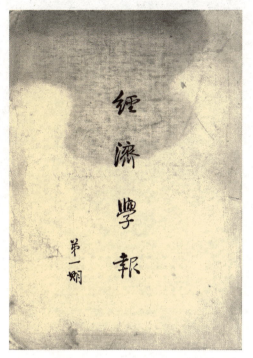

《经济学报》

　　1940年5月创刊于北京，1941年5月停刊，仅出2期。张延祝主编，燕京大学经济学会出版，年刊。设有《论著》《译述》《研究报告》《书报评介》《专载》等栏目。该刊以发表较新的经济学研究论著为主，包括中国近代经济史研究、世界近代经济研究、货币问题研究等。主要撰稿人有陈金淼、齐思和、郑林庄、袁贤能、关淑庄、秦佩珩等。

《新闻月报》

　　1945年5月1日在上海创刊，新闻月报社编辑发行，同年8月1日停刊，仅出4期，月刊。创刊者"拟就国内外经济之大部门，作理论上之检讨，及实际上之研究，而尤注重于国内农工商金融各方面之建设方案之推介"。内容涉及一切有关经济方面的理论探讨、学说批判、事实研究、问题分析、历史掌故等。撰稿人有加田哲二、李思浩、薛敏、刘怀谷、张宗祥、木村增太郎、吴中行等。

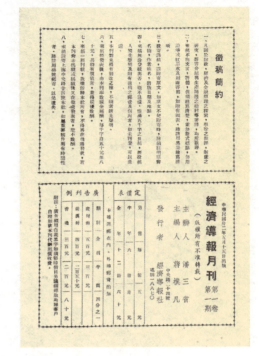

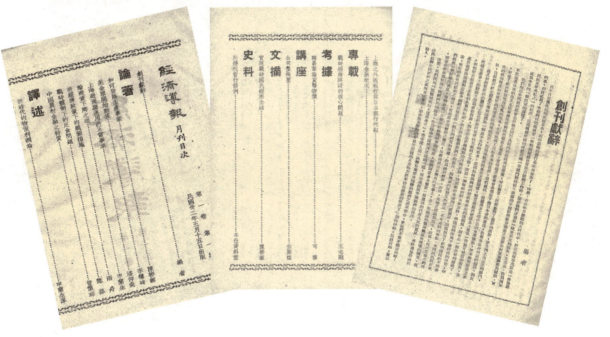

《经济导报》

　　1943年5月15日在上海创刊，同年9月停刊。蒋朴凡主编，经济导报社发行，月刊。设有《论著》《译述》《专载》《考据》《讲座》《文摘》《史料》等栏目。该刊对当时中国经济状况进行概括性研究和报道，刊载内容全部以金融经济为主，涉及财政、经济制度、金融原理、新书介绍、生产问题检讨等，并附有中外经济消息汇报以及大事日志。

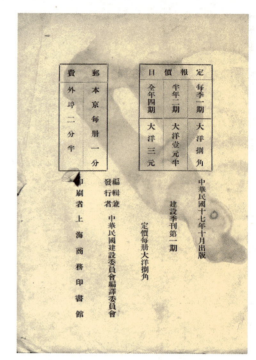

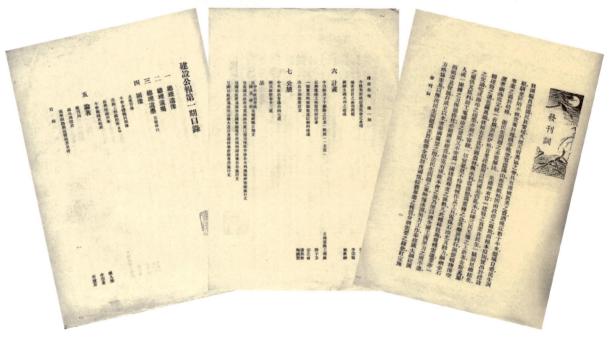

《建设》

　　1928年10月创刊于南京，中华民国建设委员会编译委员会编辑发行，季刊。该刊以"促进训政时期建设事业发展"为宗旨。创刊者提出"欲裕衣足食，则辟农林，兴水利，倡渔垦""欲乐居利行，则整顿陆海空之交通，完成港埠之建筑""凡此种种设施规模宏达""必赖国家经营，始克有成"。刊载的文章主要有建设专著、计划、调查统计等，如《裁兵与建设》《兴办全国水利之建议》等，刊名由时任中华民国建设委员会主席的张人杰题写。

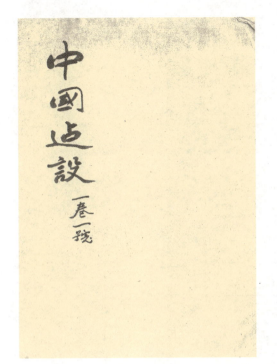

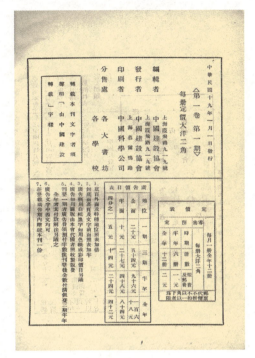

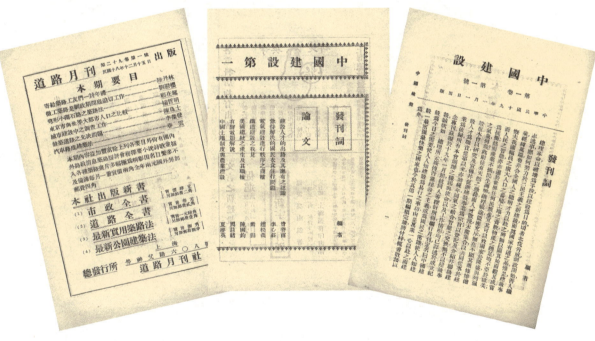

《中国建设》

　　1930年1月1日在上海创刊，中国建设协会编辑发行，月刊。该刊作为中国建设协会用以探讨交流的会刊，以研究、宣传、促进建设事业为宗旨，以登记及介绍并联络建设人才为职责,力求万众一心，共建富强美好国家。所设栏目有《论文》《杂俎》《建设新闻》《会务》等。除了刊登各领域建设的专业论文外，亦刊登各省市的建设工作概况，各地建设政策、新闻消息等。

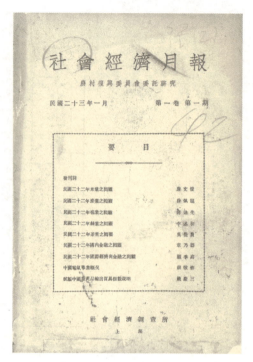

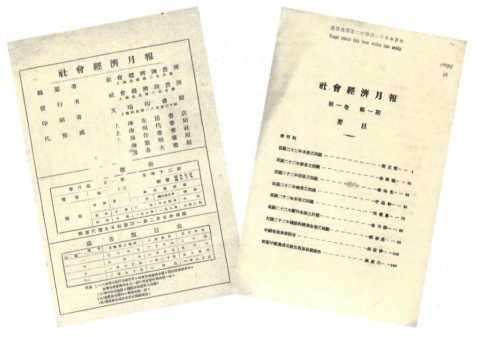

《社会经济月报》

　　1934年1月创刊于上海，社会经济调查所编辑发行，月刊。该刊以调查主要农产品国内外市场之现实、观察国内外经济金融之一般状况、谋求农村之复兴为目标。内容以农村经济发展研究为主，金融发展研究为辅。创刊号内刊载的民国二十二年（1933）米业、麦业、棉业、丝业的回顾文章，详细统计分析了其发展状况。

《经济丛报》

　　1939年6月7日创刊于上海，1941年11月停刊。上海经济丛报社编辑出版，初为周刊，自第 2卷第26期起改为月刊。设有《国际经济消息》《各国证券市场》《上海重要商品市场》等栏 目。该刊主要刊载有关经济理论、国际国内经济动态、世界经济现象的文章。内容涵盖国内外 金融业动态，各国利率、储蓄、币制、证券、财政收支状况，产业、通商贸易、物价、人文、 战时经济等。

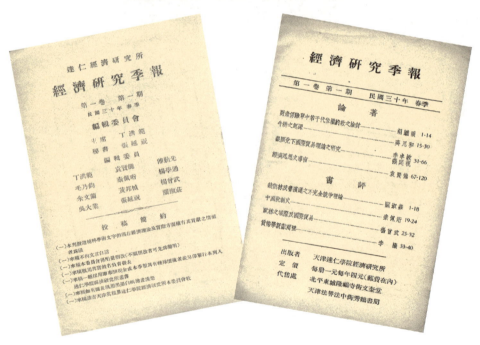

《经济研究季报》

　　1941年3月创刊于天津，丁洪范等编辑，天津达仁学院经济研究所出版，季刊。著名经济学家袁贤能在达仁学院经济研究所创办该刊，用以纪念和缅怀古典派经济学家亚当·斯密。该刊设有《论著》《书评》等栏目。刊载在经济理论及实际方面有贡献价值的学术文字。主要研究西方经济理论在中国的应用，传播国外最新的经济理论研究成果及学术动态。创刊号刊载有胡继瑗、齐思和、袁贤能、秦佩珩等著名学者的文章。

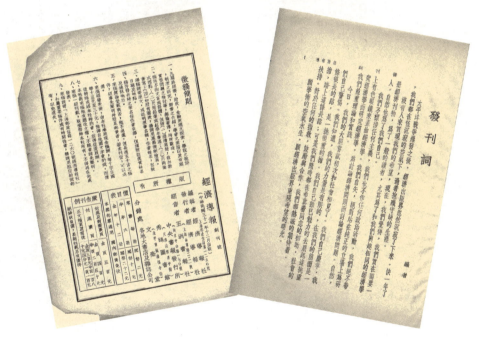

《经济导报》

　　1942年12月创刊于上海，1943年9月停刊。经济导报社编辑出版，月刊。该刊以"站在绝对纯正的立场上""研究经济学""讨论经济问题""并重理论和实践"为目标。内容有经济、财政、金融方面的论著和译述，并有国内纸币流通、上海金融及证券市场、物价、国外金融、国外主要商品市场等的统计资料。

《工商半月刊》

　　1945年12月1日创刊于天津，中国文化服务社天津分社编辑部编辑，中国文化服务社天津分社业务部发行，半月刊。该刊主张通过记述天津市工商业发展的程度及现实状况，从而为其将来发展提供依据。设《经济问题检讨》《工商实况》《专载》《法令与规章》等栏目。主要叙述工商理论与实际发展情况，检讨工商业兴替而引起的各种经济问题，介绍各国工商业，公布各地统计资料等。

《经济科学》

　　1929年创刊于成都，国立成都大学经济学会编辑发行，季刊。该刊以"研究经济学问"为目的，持客观态度、用科学方法，研究经济学理，分析经济现象，介绍一切经济学说。刊载有论著、批评、译述、调查等。创刊号内的《马克思主义概论》《唯物史观研究》《劳动者的财富》等文章介绍了社会主义经济学说。

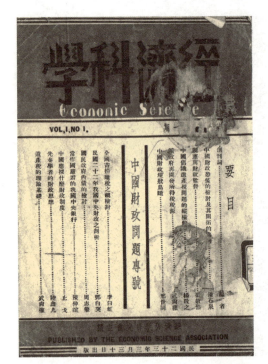

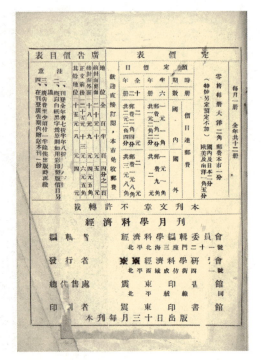

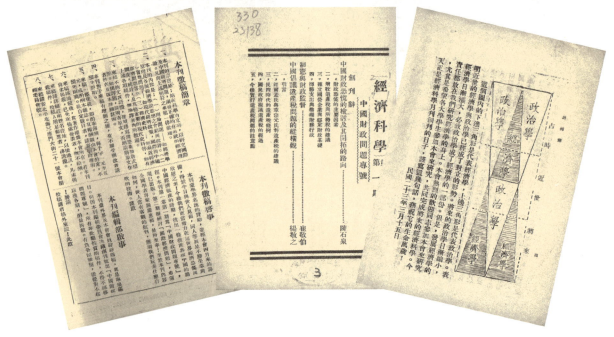

《经济科学》

　　1934年3月30日创刊于北平，经济科学编辑委员会编辑，经济科学研究会发行，月刊。第一期为"中国财政问题专号"。该刊以"站在科学的立场，以研究国际及中国经济问题，阐发正确的有系统的经济理论"为宗旨。主要介绍经济学理论与思想，探讨现代经济政策、国际与中国经济问题，登载最近经济调查、统计及其他重要的现代史料，全面系统地阐述了当时中国财政的现状、问题及对策。

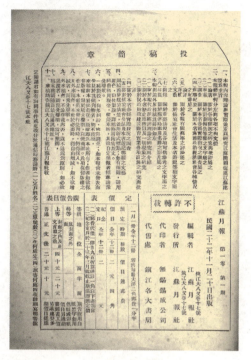

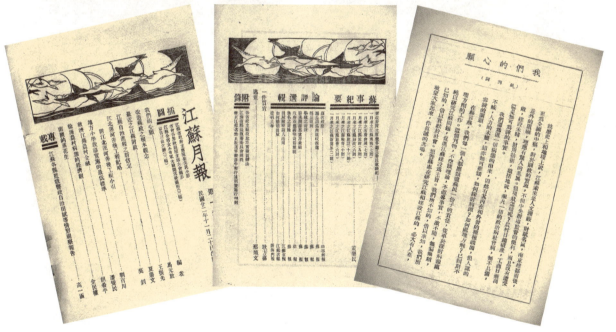

《江苏月报》

　　1933年11月20日创刊于镇江，江苏月报社编辑发行，月刊。创刊者宣称"不空谈理论，不忽略事实，不激不随，无偏无颇"，以"研究江苏问题，促进江苏建设"为主旨。刊登的文章大多与江苏地方建设有关，如江苏民政、财政、建设、教育事业，江苏各县实际状况调查等，也包括现代政治经济理论等。

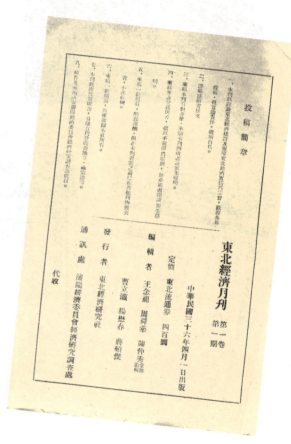

《东北经济》

　　1947年4月1日创刊于沈阳，王念祖、周舜莘、陈仲秀、曹立瀛、杨懋春、蒋硕杰编辑，东北经济研究社发行，月刊。该刊以"讨论东北经济建设及报道东北经济实情"为宗旨。设有《论著》《资料》《法规》《统计》等栏目。主要介绍二战后东北地区币制、货运、农业、水利情况，登载物价、法规、金融、贸易等资料，全面反映了当时东北经济建设各方面的发展状况。

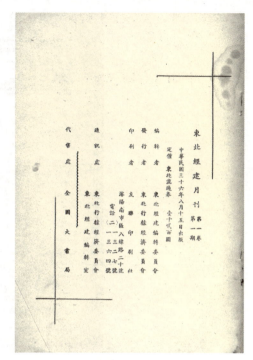

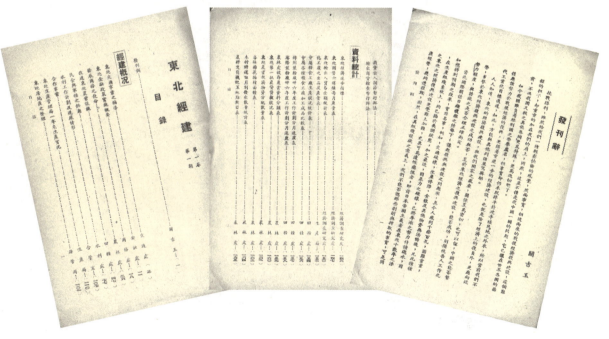

《东北经建》

　　1947年8月15日创刊于沈阳，东北经建编辑委员会编辑，东北行辕经济委员会发行，月刊。该刊旨在将东北经济动态公诸全国，希望关心东北形势的人士对此有深切的了解，同时为经济研究者提供参考。设《经建概况》《法令规程》《资料统计》等栏目。详加报告有关东北交通、物价、贸易、工农商业及各种社会经济的统计资料，亦刊载东北行辕的各种法令、规程。

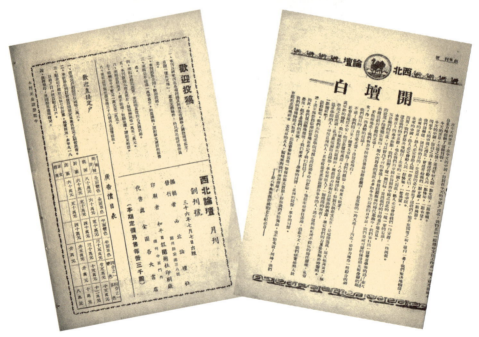

《西北论坛》

　　1947年7月7日创刊于兰州，西北论坛社编辑发行，月刊。该刊以"尊重学术，绝对客观，综合研究，严正批评"为宗旨。刊载研究西北政治、经济、文化、教育、建设、军事、地理等方面的文章，兼有反映西北地区风貌的诗歌、散文等。创刊号内刊有《西北栽绒地毯工业展望》《由地理和地缘方面论兰州市将来的发展》《甘肃财政自力更生之路》等文章。

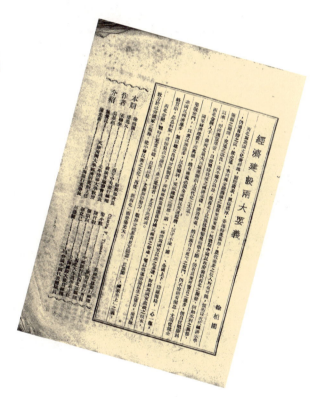

《西北经济》

　　1948年3月15日创刊于西安，陕西省银行经济研究室主编，编辑人陈澄，发行人薛嘉万，月刊。该刊以引起世人对西北深切之注意，周详之筹划，努力建设，加紧研究为目的。设有《经济动态》《工商》《人物》《文与艺》《海内外》《行庄介绍》等栏目。主要研究西北诸省的经济建设，探讨经济理论及银行业务，介绍西北著名工矿企业与工商业名人，也刊载西北各省经济资源和经济建设的统计资料等。

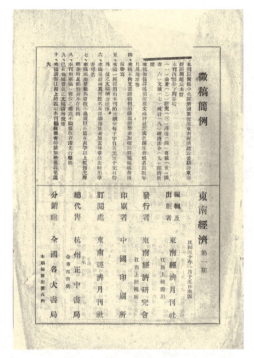

《东南经济》

　　1941年1月15日创刊于江西上饶，东南经济月刊社编辑出版，东南经济研究会发行，月刊。顾祝同题写刊名。该刊旨在阐明中央国策，研讨战时经济问题，加强地方经济联系，检讨各类经建方案，打好战后经济建设基础。设有《论著》《研究》《译述》《专载》《调查》《文摘》《统计》《经济法令》《经济新闻》等栏目。主要研讨东南经济建设及经济问题。主要撰稿人有赵棣华、顾祝同、朱华、金士宣、关吉玉等。

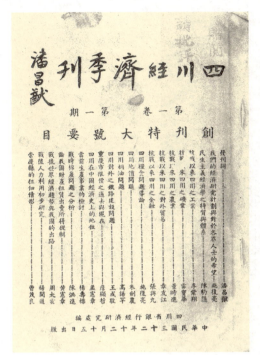

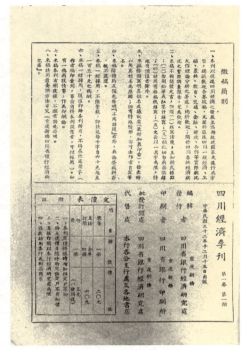

《四川经济季刊》

　　1943年12月15日创刊于重庆，四川省银行经济研究处编辑发行，季刊，其前身为《四川经济月刊》。该刊旨在"促进四川经济之发展并协助抗建国策之进行"。设有《抗战以来之四川经济》《四川经济专论》《一般经济论著》《战后经济问题》《四川经济调查》《经济消息纪要》等栏目。主要刊载有关四川经济、工矿、农业、贸易、交通、水利、金融、财政、合作等方面文章。

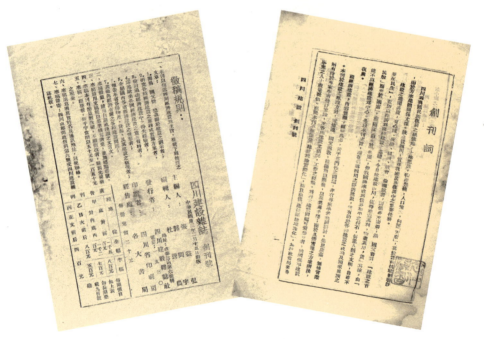

《四川建设》

　　1944年2月15日创刊于成都，张益弘主编，四川建设杂志社发行，不定期刊行。该刊以
"倡导四川之经济建设，使有助于各种建设之成功及国家民族之复兴"为主旨。设《特载》
《建设论著》《省外建设》《调查报告》《建设资料》等栏目。刊载经济建设原理及实际，本
省经济建设得失，省外经济建设情况，本省各县物产、资源及工程建设调查报告等内容。

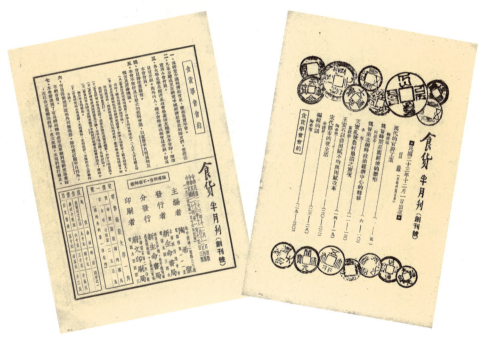

《食货》

　　1934年12月1日创刊于上海，1937年7月停刊。陶希圣主编，新生命书局发行，半月刊。
1934年12月12日再版，1935年1月14日3版，馆藏为3版。该刊为研究中国经济社会史的学术性
刊物，旨在"集合正在研究中国经济社会史尤其是正在搜集史料的人，把他们的心得、见解、
方法，以及随手所得的问题、材料，披露出来。大家可以互相指点，切实讨论，并且可以进一
步分工进行"。刊内还刊载有《食货学会会约》一文。

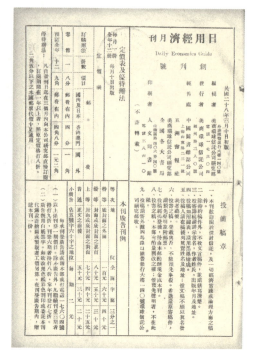

《日用经济月刊》

　　1939年3月10日在上海创刊，美商环球信托公司研究部编辑，美商环球信托公司发行，月刊。该刊以研究经济，传播经济知识及事务为目标。关注当前经济事项及经济生活，力求与民众生活息息相关。内容丰富，经济理论、日用经济数据调查、统计拔萃、经济漫画、金融统计、广告、小工业、信托业等皆有关涉。

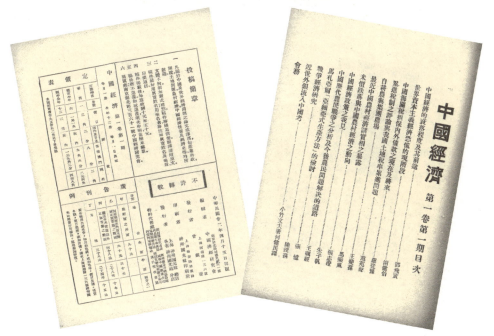

《中国经济》

　　1933年4月15日在南京创刊，中国经济研究会编辑，神州国光社发行，发行者曾献声，月刊。该刊所载多为中国及世界经济问题之论文或译述，内容涉及财政、关税、土地问题、中国经济性质及经济史、农村经济等多个方面。首期刊载的文章有《中国经济的衰落程度及其前途》《中国历代农民战争之分析及今后农民问题解决的道路》《战争经济研究》《近世外银流入中国考》等。

《山东工商月报》

　　1936年10月10日创刊于济南，李寿庭任总主编，山东工商月报社出版，月刊。创刊者提倡积极整顿并发展工商实业，挽回利权。设《评论》《撰述》《工业》《农业》《经济》《国事新闻》《文艺》《小说》等栏目。主要刊载关于工商实业之改革方针的专家评论、撰述，介绍工农业发展状况，另有少部分文学艺术作品。该刊的创办得到当时军政党农工商实业各界的大力支持，内有各界人士的祝贺题词。

《中建月刊》

　　1945年10月10日创刊于北平，中建月刊社编辑发行，月刊。该刊以"秉承政府建国方针，指导建设理论，介绍农工各业及建设学理和学术，传达国内建设通讯"为宗旨。内容分为社论和国内外大事记两部分。刊载有关国内农工商各业、政治、思想、文化等方面的学术论著，报道国内外新闻通讯，主张宣传政府的建设方针，使国人集中精神与力量朝着统一的建设方向努力。

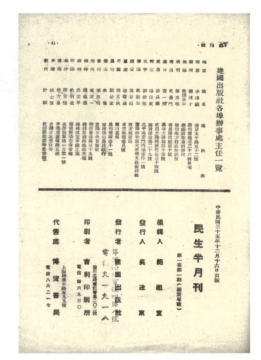
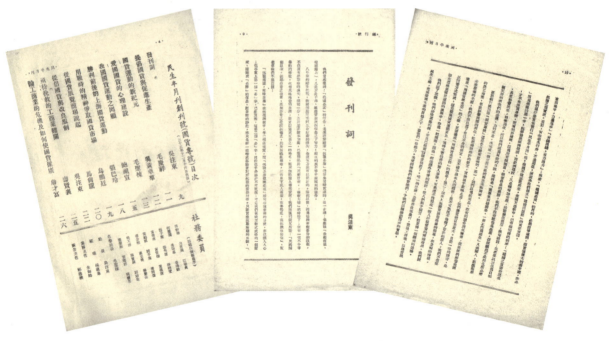

《民生半月刊》

　　1946年12月16日创刊于上海，鲍祖宣编辑，建国出版社发行，半月刊。创刊号为国货专号，旨在让国人"养成'用国货最光荣'的心理""'用国货是责任'的观念"，"使人们对于国货，能更得一个深刻的认识"。该刊多刊载有关经济民生的文章，涉及农村、生产、工商业等多个方面。毛庆祥在《提倡国货与促进生产》一文中，提出了"以提倡国货作为促进生产，建设现代工业的一种手段，是挽救国计民生的一个基本方策，也是建设现代国家的一个重要步骤"的观点。刊内还刊登有马占山将军肖像。

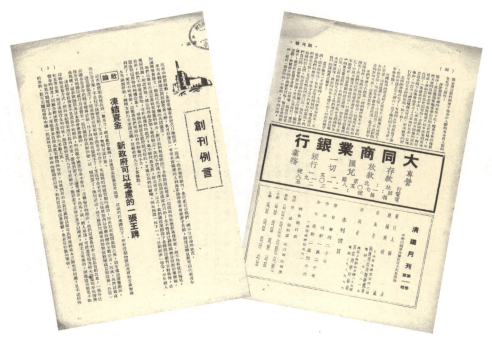

《清议》

　　1947年5月15日创刊于上海，1948年11月停刊。胡铁任总编辑，战后建设问题研究会出版，月刊。该刊本着追求科学观念与伦理观念的真理，让"一群有正当职业的人利用业余时间来发表若干见解，期望这种见解可以代表青年知识阶层对建立一个现代化中国的共同态度"。设有《社论》《专论》《介绍》《文苑》等栏目。主要发表战后经济建设政策，介绍国际经济情况，并登载少量文艺作品及书评等。

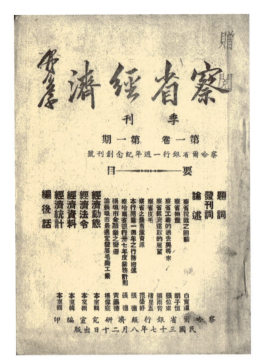
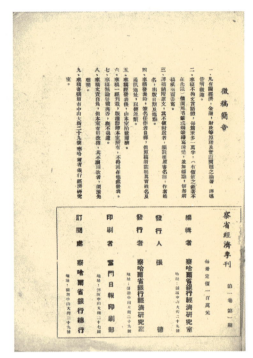

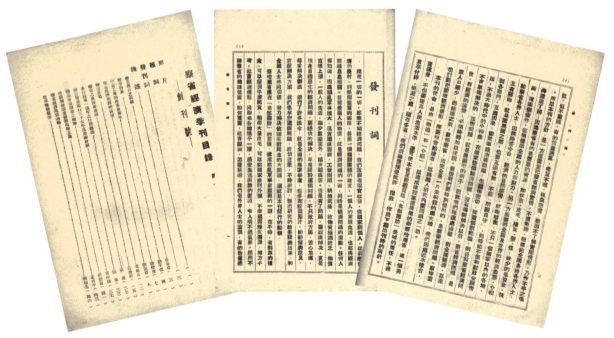

《察省经济》

　　1948年8月20日创刊于张垣市，察哈尔省银行经济研究室编辑发行，发行人张德，季刊。第一期为察哈尔省银行一周年纪念创刊号。该刊旨在"研究国内外经济动态及察省经济动向"。辟有《论述》《经济动态》《经济法令》《经济资料》《经济统计》等栏目。刊载经济、金融、财政等论著，介绍察哈尔省金融、工业、税政、资源等问题，还刊有经济动态消息和实业统计数据。

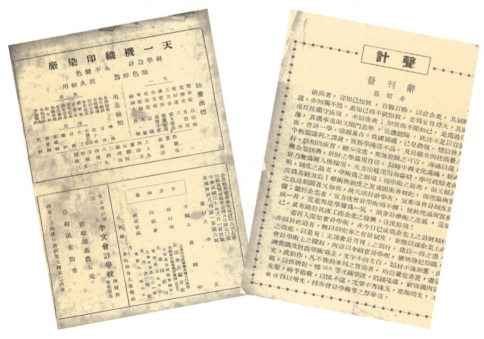

《正谊会计月刊》

　　1940年10月1日在上海创刊，正谊会计编译社编辑发行，主编庄颐年，月刊。该刊试图使会计理论与实务打成一片，从业与从学联为一气，从而促进会计学术的发展。开设《论述》《专载》《常识》《资料》《声计》等栏目。其内容以介绍会计学原理，阐明簿记知识、经济常识及财政学术为主。创刊号内刊登我国现代著名会计学家及教育家潘序伦先生的《我国会计学术与会计职业之回顾与前瞻》一文。

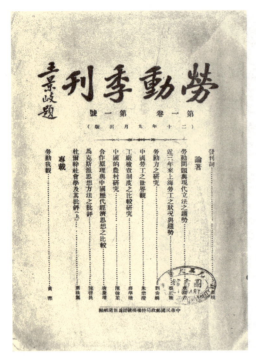

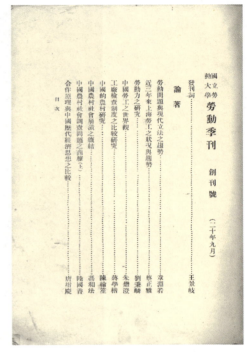

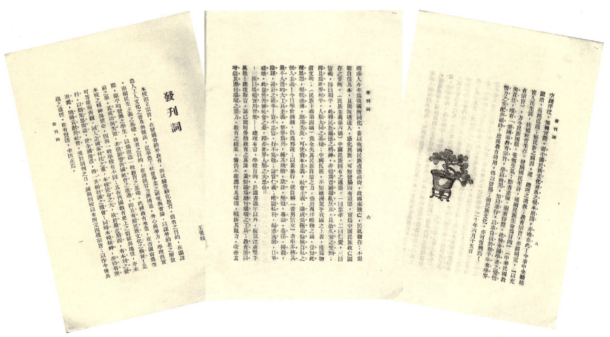

《劳动季刊》

　　1931年9月在上海创刊，同年12月停刊。国立劳动大学编辑委员会编辑，国立劳动大学出版社发行，季刊。该刊旨在发展劳动界教育与试验劳动化教育。栏目有《专论》与《专载》。内容涉及对工厂与农村劳动各个方面的调查研究、社会主义理论、现代宪法与民生主义、马克思思想方法及社会学的批评等。主要撰稿人有章渊若、蔡正雅、蒋学楷、黄郛等。

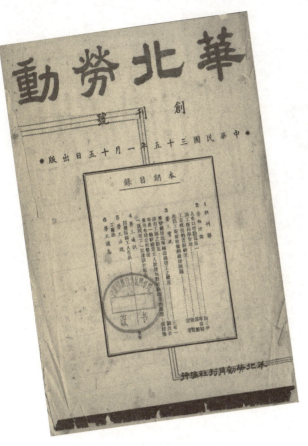

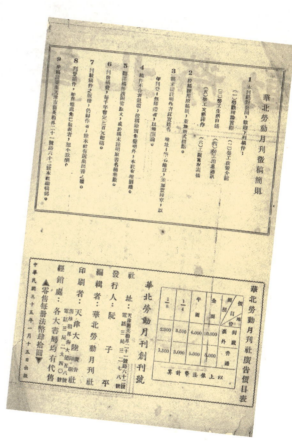

《华北劳动》

　　1946年1月15日创刊于天津，华北劳动月刊社编辑发行，发行者阮子平，月刊。创刊者希望该刊是"倡导'劳动理论'的播音器"，是"研讨'劳动问题'的课堂"。设《劳动理论》《劳工实况》《劳工通讯》《劳工法规》《劳工消息》等栏目。主要刊载与劳工有关的理论、政策、法规等，还刊有工厂实况、劳动文艺作品等内容。

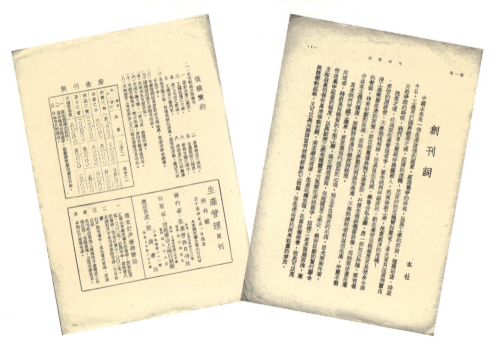

《生产管理》

　　1946年7月1日创刊于上海，生产管理月刊社编辑发行，月刊。该刊旨在唤醒国人抢救工业，挽救经济。提倡工业生产要科学管理、健全政策、有计划地开展。该刊不仅刊载关于劳动政策、科学管理、工矿设备等方面的研究与探讨内容，同时也刊载关于生产情形、劳工生活、劳动文艺、工业家奋斗、技术员工的经验等方面的文章。

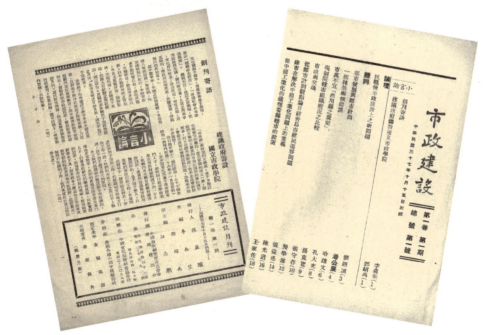

《市政建设》

　　1948年10月15日创刊于青岛，李森堡主编，中国市政研究会青岛分会市政建设社出版，月刊。栏目有《小言论》《论坛》《题词》《青岛风景》《通讯学术》《漫画之页》《资料》《会务》等。所刊文章以市政建设为主，包括城市建设、土地政策、各地城市建设存在的问题、国内外市政建设进展等情况，另外该刊提出了希望政府筹设国立市政学院的建议。

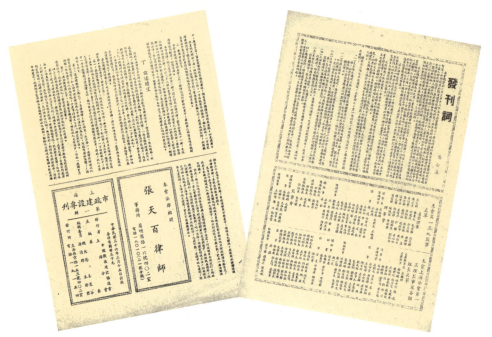

《上海市政建设专刊》

　　1947年3月15日创刊于上海，姜豪主编，中国战后建设协进会上海分会发行，刊期不详。创刊者秉持"市政建设，事关全市市民的福利，尤为首要"之观念创立该刊。内容以报道上海抗战胜利一年施政概况为主，详尽地介绍了一年来上海市各部门的运行情况和各种事业的进展情况。主要撰稿人有吴国桢、钱大钧、潘公展、赵祖康、赵曾珏等。

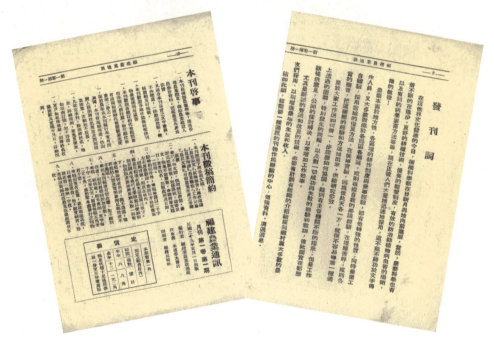

《福建农业通讯》

　　1940年5月1日创刊于福州，福建省农业改进处编辑发行，月刊。该刊旨在传播农业学术、沟通农业消息、促进农业生产。内容涵盖福建地区农业发展的方方面面，包括农林、园艺、渔牧、兽医、病虫害、土壤肥料、农作物种植、产量统计、农业经济及农村生活等。创刊号内载文有《福建省农业建设之回顾与展望》《福建省地方自治农林五年计划的轮廓》《福建省各县中心农场组织规程》等。

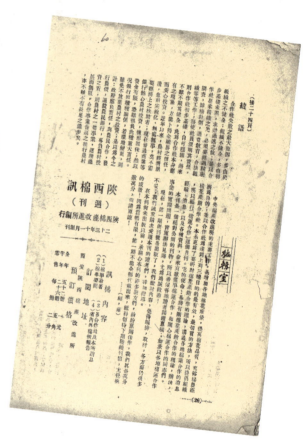

《棉运合作》

　　1936年1月1日在西安创刊，同年12月停刊，共发行12期。中央棉产改进所棉业经济系编辑发行，月刊。该刊以研讨棉花产销合作理论，沟通各地棉业合作的消息为宗旨，以期为从事和关心棉运合作的同志提供有关棉花产销合作的理论、办法、经验、消息等。主要栏目有《论著》《专载》《通讯》《问题讨论》《消息种种》等。刊登内容有对棉花产销合作的见解和理论探讨，各地棉产工作计划、概况、通讯等。

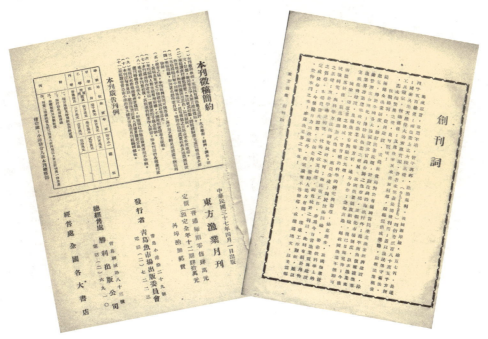

《东方渔业》

　　1948年4月1日创刊于青岛，官商合办青岛鱼市场股份有限公司编辑，青岛鱼市场出版委员会发行，月刊。该刊倡导以科学调查统计为基础，促进渔业复兴与建设。设有《著述》《转载》《编译》《法规》《统计》等栏目。该刊除报道渔业新闻及国内各地渔业、渔会活动消息外，还刊载了青岛鱼市场筹备、建设过程等情况，及法规章程、价值统计等翔实资料。

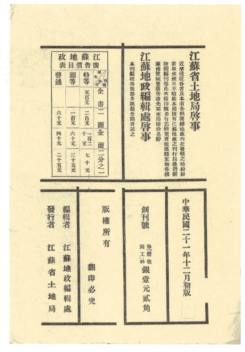

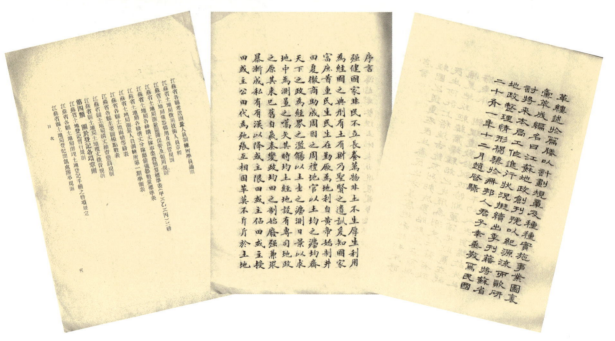

《江苏地政》

　　1932年12月在南京创刊，江苏地政编辑处编辑，江苏省土地局发行，月刊。设《法规》
《计划》《业务报告》《公牍》《附录》等栏目。刊载江苏土地局沿革情况，并收录该局的各
项法规、计划、业务报告、公牍等。附载江苏省土地整理之要义、江苏省各县土地面积统计
表、长度面积换算表等各类表格。刊内有宋子文等人题字及土地测量仪器照片。

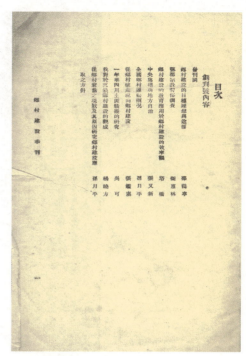

《乡村建设季刊》

　　1935年7月20日创刊于重庆巴县，四川乡村建设学院编辑，四川乡村建设学院研究实验部发行，季刊。该刊以"积极训练乡村建设人才，以徐徐从事于建立乡村之新秩序，培养乡民之新道德，灌输农事之新智识，传播农业之新技术，更进而完成'以乡农新兴实力复兴中华民族'之使命"为宗旨。主要刊载有关乡村建设与发展、村镇规划及建设、研究热点与理论探讨的文章。刊名由时任四川省民政部部长甘绩镛题写。

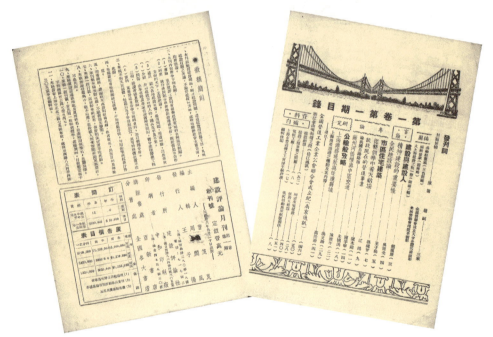

《建设评论》

  1947年9月20日创刊于上海，1948年7月停刊。曹茂良主编，周阆风编辑，建设评论社发行，月刊。该刊以"阐发建设理论、研讨建设问题、沟通建设消息"为宗旨，以"保持国家正气、扶植社会清议"为目的。刊载营建技术、科技、政治、经济、文艺等著述。多篇文章配有照片和表格，直观地反映当时工程建设场景。

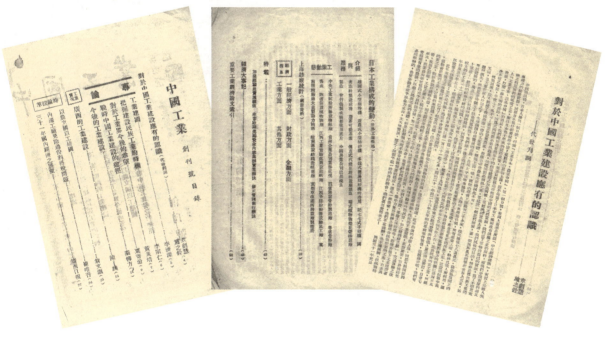

《中国工业》

　　1942年1月25日创刊于桂林，中国工业月刊社编辑出版，社长章剑慧、施之铨，月刊。该刊以"报道中国工业建设实况，研讨中国工业建设问题，并为广大工业界服务"为宗旨。设有《专论》《工业实况》《时论拔萃》《工业动态》《经济消息》等栏目。内容突出民族工业发展情况，包括工业实况、工建动态、工厂调查、人才技术等。创刊号中有李济深、李宗仁、黄炎培等的特约文章。刊名由近现代著名政治家、教育家、篆书名家吴敬恒题写。

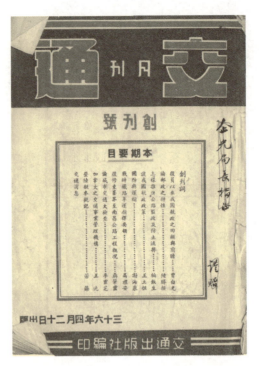

《交通月刊》

　　1947年4月15日在南京创刊，交通出版社主编发行，月刊。该刊"纯为交通学术研究性质，仅以实际交通从业人员，就其所学及服务心得发抒意见，借此互相观摩激励"。主要刊载有关交通论著、译述，交通状况、政策研究，交通消息等方面的文章。创刊号刊有《论邮政之特性》《怎样推进公路监政及防止流弊》《战时铁路军运指挥要领》等文章。

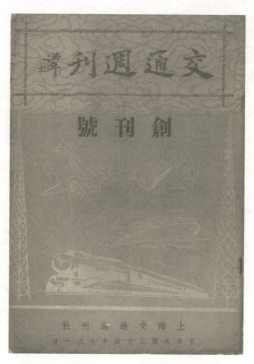

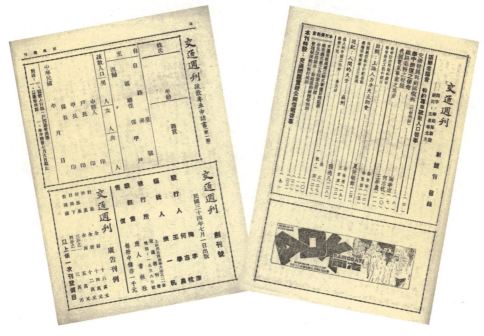

《交通周刊》

　　1945年7月1日创刊于上海，张一帆编辑，交通周刊社发行，周刊。该刊主张经济发展、文化普及、政治设施与军事防卫均先赖于交通发达，故提倡研究交通，发展交通，开拓交通。刊载有关交通及电话电报方面的论著及战时都市疏散、防空与给水等文章，并有访问记录、游记，每期还载铁路时刻表、电车价目表等。

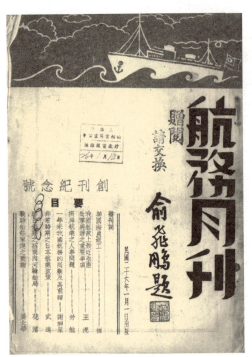
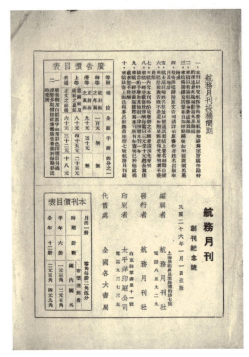

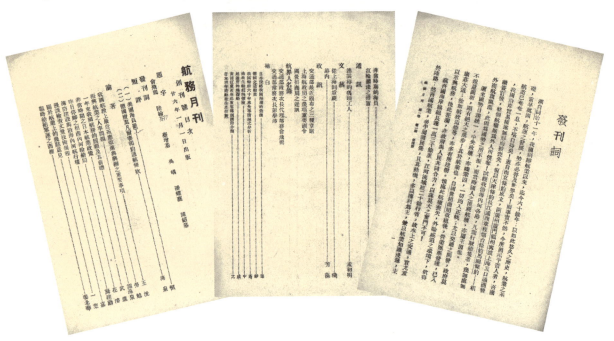

《航务月刊》

　　1937年1月1日创刊于上海，航务月刊社编辑发行，月刊。该刊以"研究航务学术，普及航务知识"为宗旨。设有《短评》《论著》《通讯》《文艺》《政讯》《航界人名录》等栏目。主要评述航运现状，研究航政航务，解读航业政策，介绍航界大事、名人专家等。俞飞鹏题写刊名，内还有陆翰芹等名人题字。

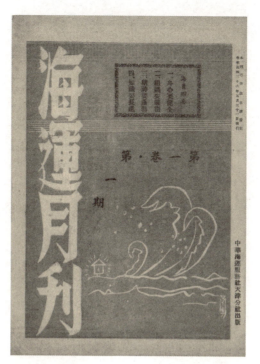

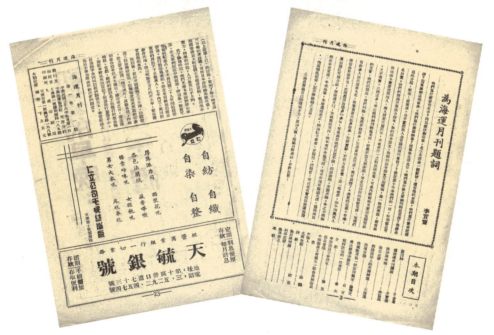

《海运月刊》

　　1947年5月31日在天津创刊，中华海运服务社天津分社编辑发行，月刊。该刊以"促进国人对海洋深切认识，增进海员知能和发挥服务精神"为宗旨。设《海员必读》《专论》《特载》《通讯》等栏目。所载内容多为海洋、海运相关知识，并载有《海员必读》《海运常识》《中华海员工会沿革》等文章，以及游记、诗歌等。杨啸天的《我国应成为一个海洋国家》一文，从我国海洋发展史、优良条件及成为海洋国家的理由等方面系统论述了我国成为海洋国家的必要性。

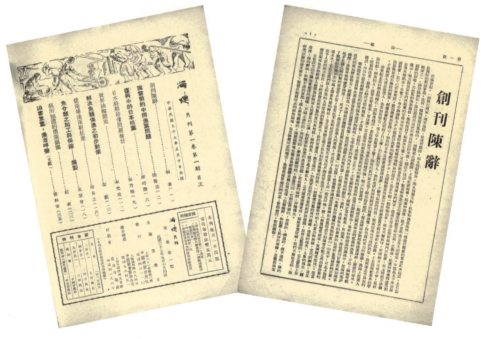

《海建》

　　1948年5月10日创刊于上海，陆养浩主编，中国建设出版社发行，月刊。该刊关注于中国海事建设，维护海权、航权和渔权，促进航业和渔业复兴。主要刊载中国渔业实况、渔民技术教育论著，介绍国内外海事建设动态、计划及各种新技术应用。创刊号内刊有《迫害重重·渔者呼声》《禁止日本侵渔之有效办法》《国外航运及其展望》等文章。

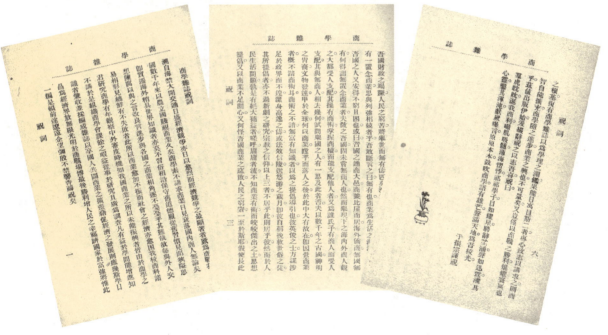

《商学杂志》

　　1916年1月10日在天津创刊，天津直隶法政专门学校商科编辑发行，全年发行10期。该刊以"输入商人知识，唤起国民企业观念，激励政府重商思想"为宗旨。设《专论》《杂论》《技术》《纪事》《译件》等栏目。刊物主要刊载商业文论或建议、商业研究论说、商业算术推演等方面的内容，另外也刊载欧美名著、纪事、轶闻、诗歌等。

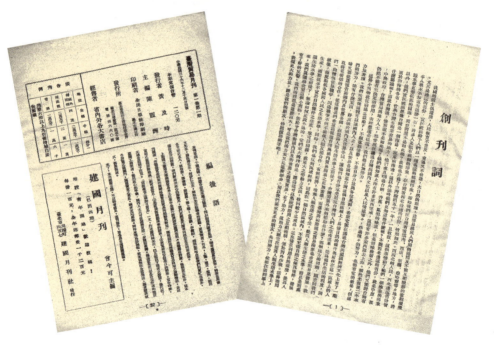

《台湾贸易》

　　1947年12月15日创刊于台北，台北市进出口商业同业公会发行，陈霞洲主编，月刊。该刊以"能在沟通台湾与祖国经济文化上有一点力量表现"为目的，倡导互通有无、合作共赢。设置《专论》《特写》《特约通讯》《资料》等栏目。主要介绍台湾贸易情况，探讨台湾商贸的性质及发展前景。

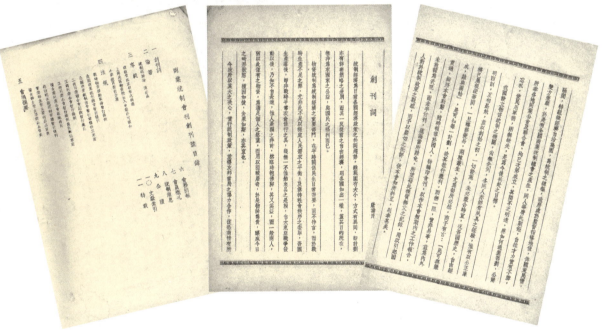

《商业统制会刊》

　　1943年7月15日创刊于上海，1944年7月停刊。全国商业统制总会秘书室编辑，全国商业统制总会发行，双月刊。唐寿民撰写发刊词。设有《论著》《专载》《法规》《会议摘要》《会务简报》《会员概况》《公牍》《文献索引》等栏目。刊载有统制经济原理，统战会成立以来之经过，各地区各行业同业公会联合会章程，会议摘要、会务简报、编制消息、公牍、法规等。

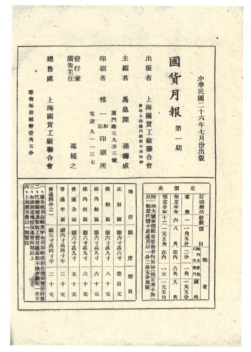
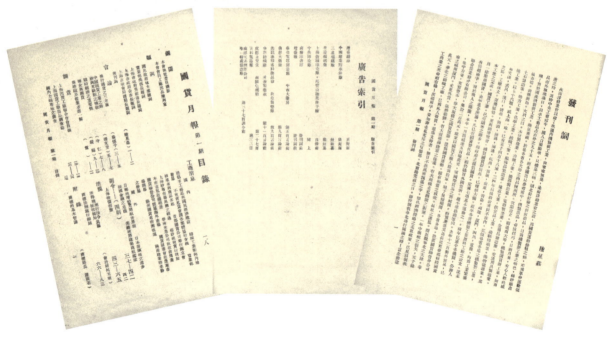

《国货月报》

　　1937年7月创刊于上海，马息深、孙筹成主编，上海国货工厂联合会出版，月刊。林森题写刊名。该刊旨在提倡手工艺品、纺织工业渐向内地发展，不买卖私货，振兴中国的民族工商业，唤起国人使用国货并为之广为宣传、推广。设有《言论》《调查》《工商消息》《训令》《法规》《附录》等栏目。主要论述国货运动，报道国内外工商消息，介绍证券、税收、商标等基础知识。

《烟酒月刊》

　　1928年11月创刊于山东，编辑者及出版者不详，月刊。设有《命令》《计划》《统计》《公牍》《讲坛法规》等栏目。该刊旨在使国人认识到烟酒的危害，公开烟酒的财政税收。主要刊登国民政府、山东省政府、山东省财政厅的训令、指令，山东烟酒事务局呈文、咨文、票照种类及用法，选录关于烟酒方面之论说，整顿改良烟酒的建议和条陈等。

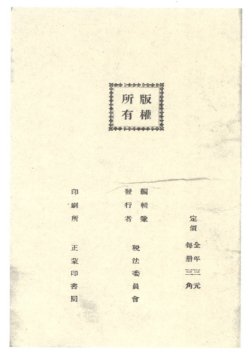

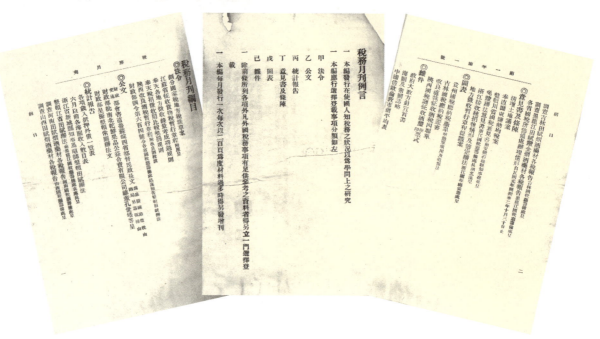

《税务月刊》

　　1914年1月1日在北京创刊，税法委员会编辑发行，月刊，1916年8月停刊，后被《财政月刊》继承。该刊以使国人了解国家各类税务状况及学问研究为目标。设有《法令》《公文》《统计报告》《意见书及条陈》《图表》《杂件》等栏目。主要刊载民国政府的税收法令、公文及各地税务文件，涉及田赋、烟酒、食品、渔业、盐税、商税、关税、公债、牙税、华工、赈灾、货币、捐税等方面。

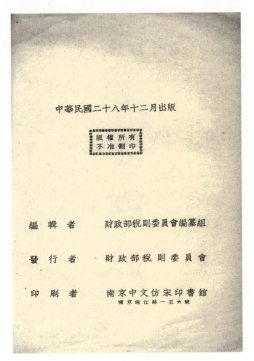

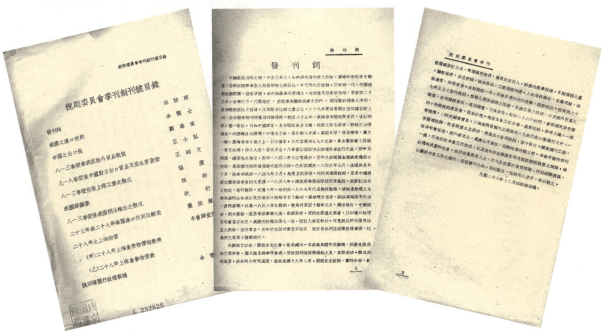

《税则委员会季刊》

　　1939年12月创刊于南京，财政部税则委员会编纂组编辑，财政部税则委员会发行，季刊。该刊旨在介绍该会工作概况、财政经济各项有关关税政策的问题，使产业界人士就当前重要问题抒其经验。刊载中国关税史，进出口关税税则，国内工商业状况，八·一三、九·一八事变后对外贸易情况，上海工业、物价、商品出口行情等，并配有多种图表。

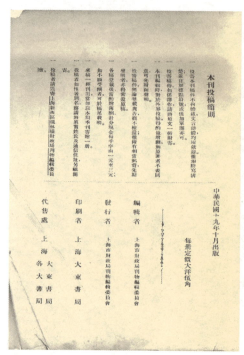

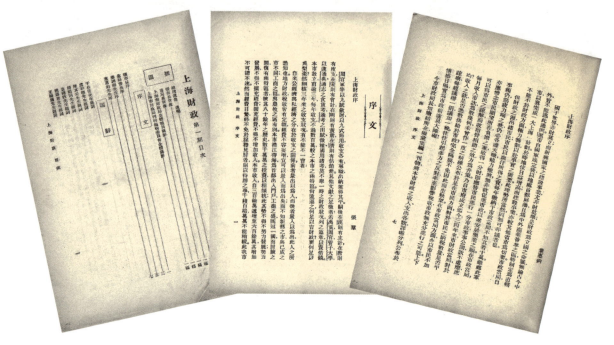

《上海财政》

　　1930年10月创刊于上海，上海市财政局刊物编辑委员会编辑发行，季刊。该刊倡导财政公开，以揭示上海市财政局状况，使一般市民知悉各项收支情况为目标。设《法规》《命令》《公牍》《收支状况》《各项统计》《各项计划》《特载》等众多栏目。内容有财政方面各项政策法规、收支预算、关税债券等，也有对财政问题的探讨、财政发展趋势的预测等。

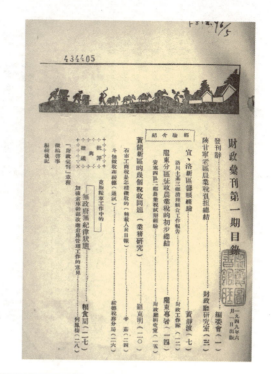

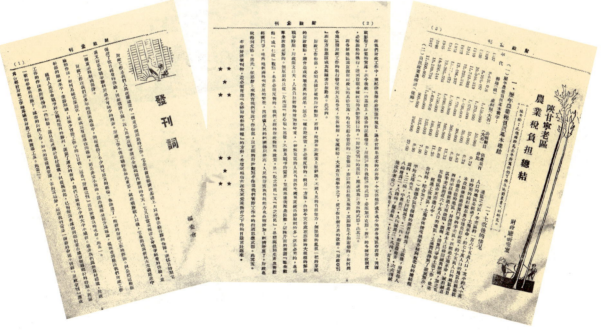

《财政汇刊》

　　1949年6月1日创刊于延安，陕甘宁边区政府财政厅财政汇刊编辑委员会编辑并发行，季刊。该刊旨在提高"财政工作干部的理论水平，业务知识，以减少实际工作中的盲目性"。设有《经验介绍》《批评与建议》等栏目。介绍财政工作经验，研究财政理论政策，报道财政各部门的工作、生产情况及人民负担等内容。

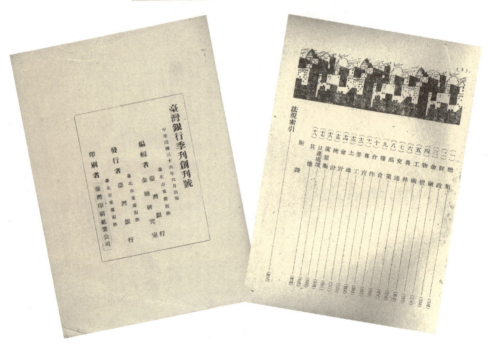

《台湾银行季刊》

　　1947年6月由台湾银行创刊于台北，台湾银行金融研究室编辑，季刊。该刊致力于对台湾经济及金融的全方位介绍，旨在指导发展实践。设有《论著》《资料》《统计》《法规》等栏目。内容涵盖台湾的各项经济政策及法规，各行业统计数据，经济资料，台湾地区工业，农业发展及经济建设问题讨论等。

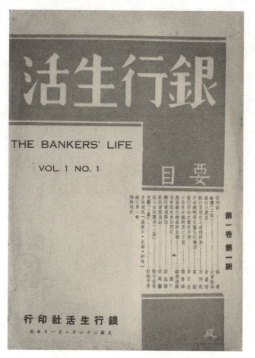

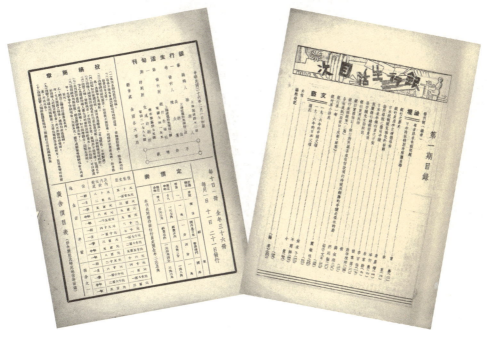

《银行生活》

　　1937年2月1日创刊于上海，1937年4月停刊。孙洁人编辑，银行生活社发行，旬刊。该刊以"增进学识、交换意见、沟通声气、联络感情，推动银行业乃至社会发展"为目的。探讨银行经济理论、银行实务、研究银行经营状况、国内外经济形势，并刊有银行生活随笔、各地通讯等内容。撰稿人有育干、唐庆增、潘仰尧、朱家骏、封禾子等。

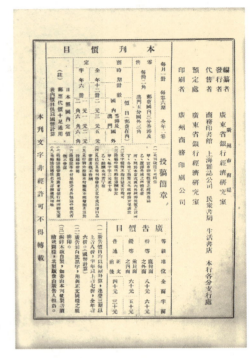

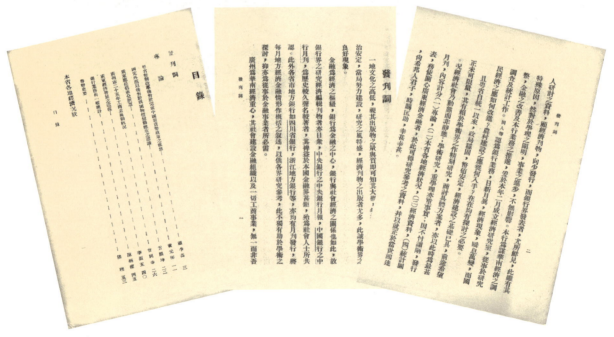

《广东省银行月刊》

　　1937年7月15日创刊于广州，广东省银行经济研究室编辑发行，月刊。抗战爆发后即停刊，又于1946年3月复刊。该刊以调整华南经济，改善金融及推进本行业务为目的。设有《专论》《本省各地经济状况》《经济资料》《统计图表》等栏目。刊载经济专论、外国经济名著，讨论本省及国内外经济问题，介绍各地工商业及经济调查等情况。

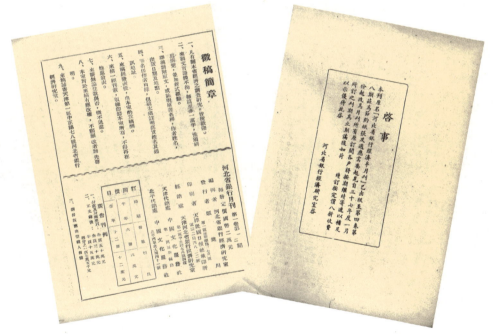

《河北省银行月刊》

　　1948年2月29日创刊于天津，河北省银行经济研究室编辑发行，月刊。该刊由《河北省银行经济半月刊》改刊而来，设有《论著》《经济调查》《经济法规》《统计资料》等栏目。主要论述河北省物价、外汇、工业、财政等情况，介绍经济法规，天津、北平物品价格、物价指数、生活指数等，还刊有河北省银行的大量章程条例和制度规范。

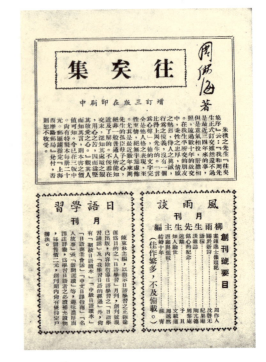

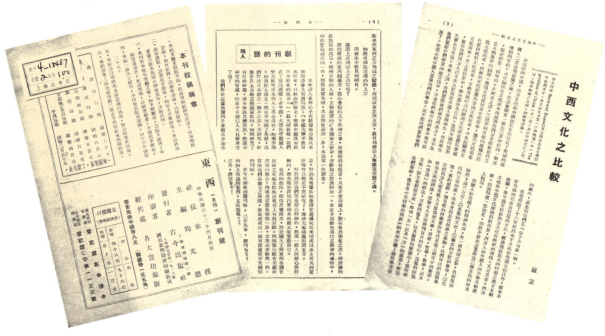

《东西》

　　1943年4月创刊于上海，主编陶亢德，古今出版社发行，社长朱朴，月刊。创刊者办此刊以期"对于国人了解东西各国各民族之史地文化生活风习上有所贡献"。鼓励、倡导学者努力研究、教授日本历史。载文以评论东西文化，介绍世界知识为主。主要撰稿人有夏目漱石、小泉八云、新渡户造稻等。创刊号内刊有《中西文化之比较》《东西论》《日本之再认识》等文章。

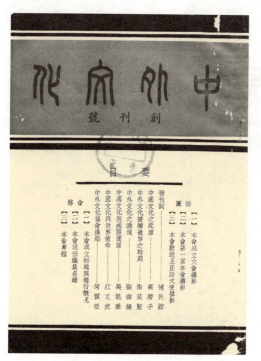

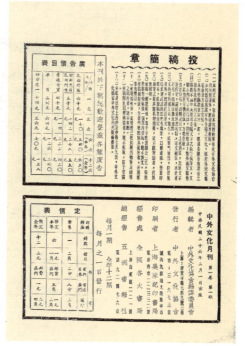

《中外文化》

　　1937年2月1日创刊于上海，中外文化协会编译委员会编辑，中外文化协会发行，月刊。该刊认为中外文化各有利弊，反对盲目崇洋及排外倾向，主张"文化交流、互相合作、共存共荣"。刊载《中国文化论著》《国际关系评述》《中外历史渊源研究》等学术文章。创刊号内刊有中外文化协会成立大会等照片及协会章程。

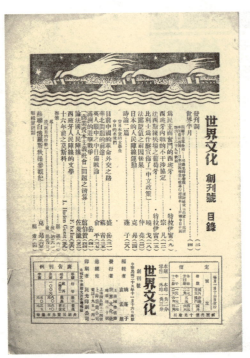

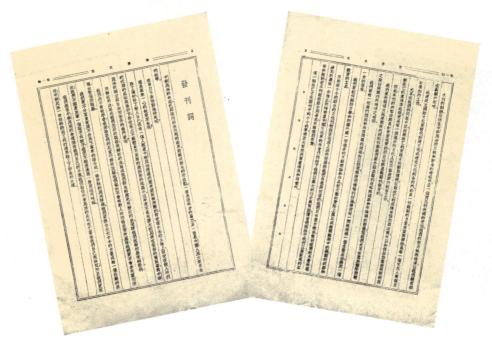

《世界文化》

　　1936年11月16日创刊于上海，姚蓬子、袁孟超编辑，世界文化社发行，半月刊。该刊冀望"在中华民族的自救和新生的过程中，尽一个国民的救国的责任"，主张建立国防文化，动员一切力量，开展救国运动。内容针对现实，注重探讨国际问题，述评国内外时事，侧重介绍欧美、日本及苏联的有关情况，也有文学译著，还介绍世界文化名人。

《边疆研究季刊》

　　1940年9月18日创刊于重庆，卞宗孟主编，中国边疆文化促进会印行，季刊。该刊发行旨在对"边疆文化之研究有所协助"。主要栏目有《边贤遗著》《研究通讯》《工作报告》《藏书举要》等。内容主要介绍我国边疆文化、边疆发展情况及各少数民族发展历史等。主要文章有卞宗孟的《二千年前东北之开拓者》、金毓黻的《历史上之东北疆域》、康驹译的《中缅的历史关系》等。

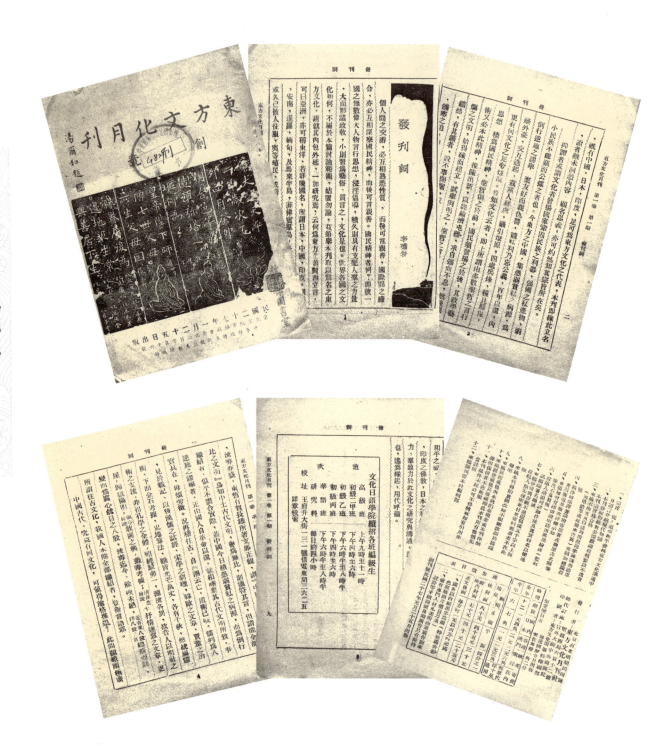

《东方文化月刊》

　　1938年1月25日创刊于北京，东方文化月刊社编辑发行，月刊。该刊以"促进东亚和平，发扬东方文化，沟通中日语言，介绍现代知识"为宗旨。设有《东方论坛》《宗教—哲学撰述》《专门研究》《日本文艺》《文化情报》等栏目。该刊以研究中、日、印三国文化为主，倡导文化交流沟通，主张发挥孔学真谛，接受近代科学思想，阐扬佛法。内容多介绍儒家学说，佛教思想，日本文艺、语言、学术等。

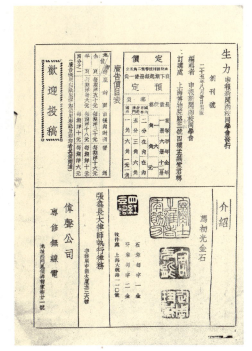

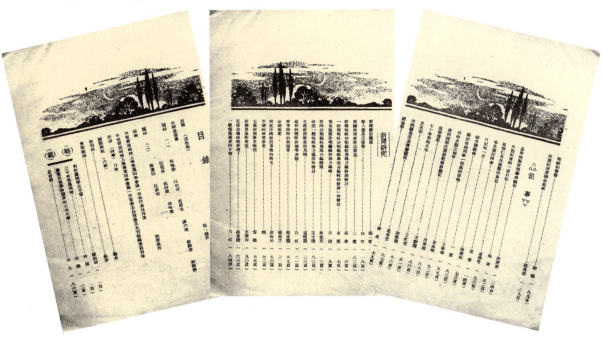

《生力》

　　1936年8月30日创刊于上海，1937年4月停刊。申报新闻函校同学会编辑发行，月刊。该刊以"用铁的精神注入笔尖，唤醒同胞的打盹，鼓励同胞的勇气"为宗旨。设有《论文》《特写》《新闻研究》《记事》《诗文》《小说》等栏目。刊载新闻学理论，新闻记事，各地新闻事业概况及农村、社会、经济、风俗等特写。封面画由摄影家穆一龙创作，还刊印了史量才先生的遗像及生平事略。

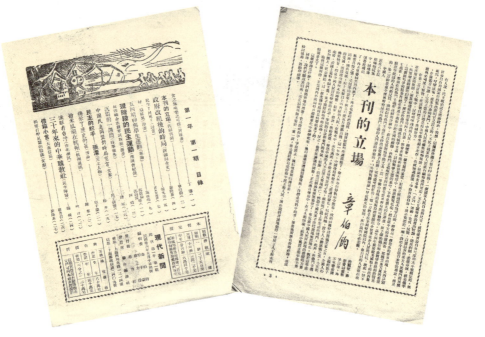

《现代新闻》

　　1947年5月10日创刊于上海，1947年6月25日停刊，共出版1卷7期。该刊由章伯钧等编辑，联合编译社发行，周刊。该刊编者声称以"鼓吹和平，争取民主，团结群众和明辨是非"为任务，以"自由平等与独立生存"为目标，声称"这个刊物不属于一党一派，而是属于所有爱好和平民主的人民"。主要内容为介绍各民主党派及其领导人的活动情况，针对国内外时局的分析评论等。撰稿人有章伯钧、施复亮、马叙伦等。

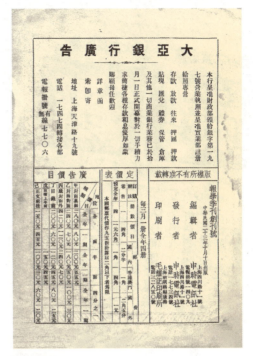

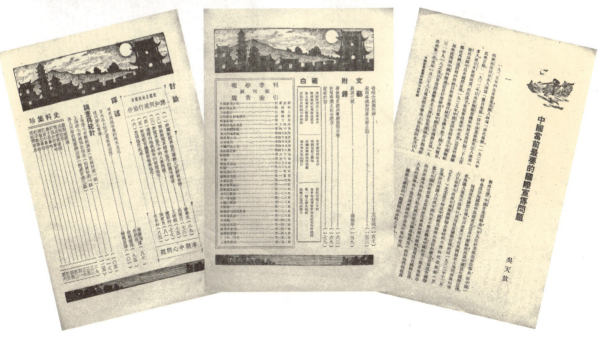

《报学季刊》

　　1934年10月10日在上海创刊，1935年8月15日出至第一卷第4期后停刊。申时电讯社编辑发行，季刊。该社于1924年由《申报》总经理张竹平创办，是当时最大的私人通讯社。该刊以期为"从事新闻职业以及对于新闻事物、新闻学术有兴趣的人，提供发表研究成绩和讨论实际问题"的场所。以研讨报学报业问题，介绍世界新闻学、国际新闻事业、新闻界掌故逸事，刊登新闻文学和照片等内容为主。

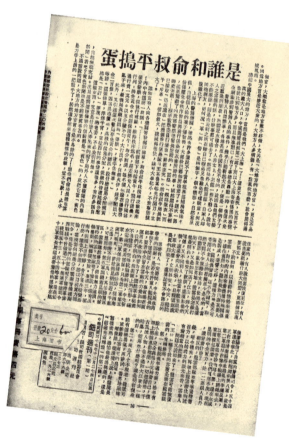

《钮司》

　　1948年12月24日创刊于上海，1949年5月停刊。钮司社编辑委员会编辑，影艺出版公司发行，周刊。该刊又名《新闻周刊》，以"集内幕之大成，为忠实之报道"为宗旨。报道和揭露当时国内外诸多政治事件、时政内幕。主要撰稿人有石龙、王中、司马高、江明等。创刊号内刊有《孙夫人的动态》《和谈会不会实现》《林彪向傅作义假道》《"争取""和平"的孙内阁》等文章。

《号外》

　　1949年创刊，出版者、出版地不详，仅见一期。设有《特讯》《共区奇迹》《北平商情》《时人趣味》《号外广播》《解放区大观园》等栏目。该刊主要刊登国共高层人物与各界名人的新闻报道，揭露当时政界、商界、报界、文化界等各领域奇闻内幕，也有对解放区社团活动、物价物资、工人工资等的介绍。主要撰稿人有孙伯华、陈家湾、许立等。

《合众新闻》

　　1949年2月21日创刊于上海，合众新闻编辑部编辑，周刊。该刊宣称用客观立场报道消息，以深入手法采访新闻。以国共和谈、分析时局的发展态势为主要内容，并报道国共两党政界、军界高层人物及其他各界知名人士的新闻逸事。刊载文章有《假使和谈不成》《暴露金钞黑市大本营》《和平代表失和之前因后果》《南京广州对台好戏》《陈诚练兵与"光头主义"》等。

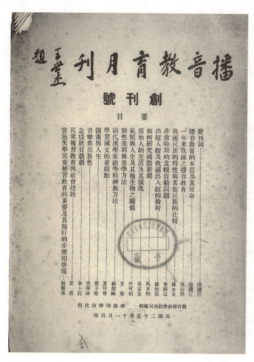

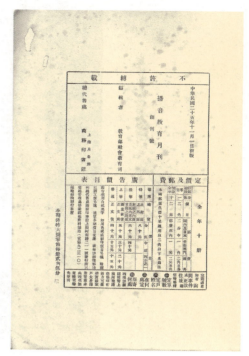

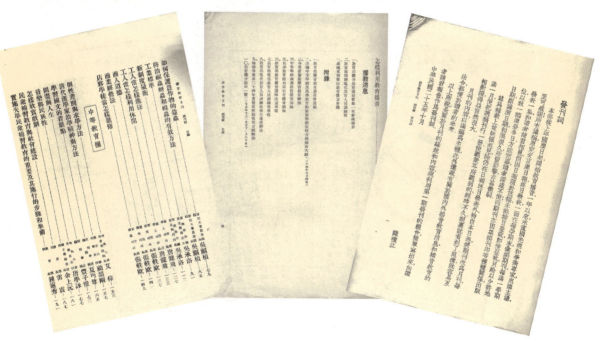

《播音教育月刊》

　　1936年11月1日创刊于上海，1937年10月停刊。教育部社会教育司编辑，出版者不详，月刊。该刊以传播播音教育为使命。辟有《民众教育栏》《中等教育栏》《播教消息栏》等栏目。以发表广播讲稿为主，内容涉及地理、历史、农业、生物、文学、艺术、社会、经济、民族、教育、国际时事等各方面。首期刊有顾颉刚的《清代汉学家治学精神与方法》、夏丏尊的《学习国文的着眼点》及丰子恺的《图画与人生》等论述文章。

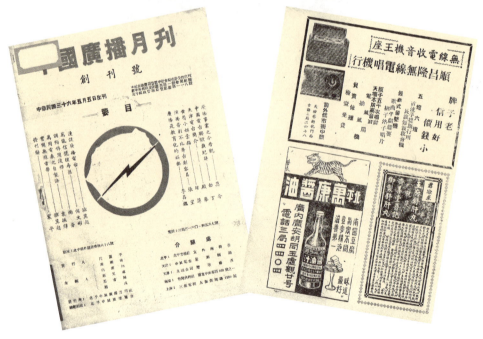

《中国广播月刊》

　　1947年5月5日创刊于北平，班显祖等主编，北平中国广播月刊社发行，月刊。该刊旨在"普及电化知识，提倡无线电教育事业，使其发扬光大"。设《电学常识》《广播节目》《电台素描》《麦克风前》《人物素描》等栏目。内容涉及讲座、实验、专论、节目预定表、实用无线电学等。每页下均印有广告。刊名由著名教育家何思源题写。

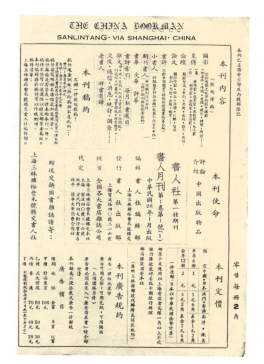

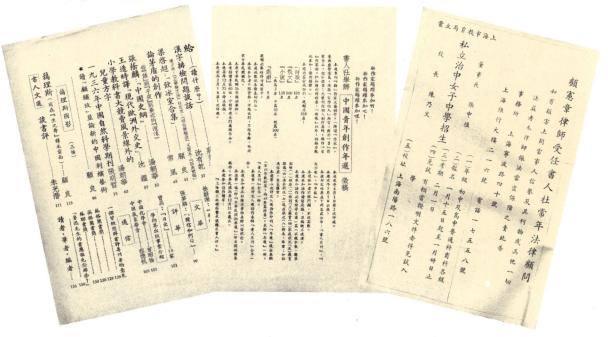

《书人》

　　1937年1月创刊于上海，书人社编辑部编辑，书人社出版部发行，月刊。该刊旨在评论介绍中国出版物。设有《图影》《像传》《论坛》《论文》《散文》《书评》《小书人》《期刊书人》，及《杂文》《书人文选》《读者·笔者·编者》等栏目。所载内容多围绕书评而展开，包括图书、期刊、报纸、论文、杂文、索引等。

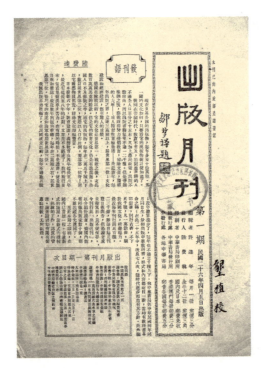

《出版月刊》

　　1937年4月5日创刊于上海，许达年编辑，中华书局发行所发行，发行人陆费执，月刊。该刊旨在"培养读书兴趣、介绍本局各种出版图书、解答各地读者对于本局出版物之一切垂询，使出版者与读书界得以沟通意见"。设有《漫谈》《专著》《书评》《时事汇编》《大众讲座》等栏目。内容以介绍中华书局的机构组织及业务工作，报道该局出版动态、出版计划及新书推介为主，兼有国内外政治军事消息。

《中山文化教育馆季刊》

　　1934年8月创刊于上海，中山文化教育馆编辑，中山文化教育馆出版物发行处发行，季刊。该刊旨在为有志于阐明中山先生的主义和树立中国新的文化基础的人们提供发表意见的园地。主要研究三民主义理论及政治学、社会学、哲学，发表有关历史、政治、经济、社会思潮等学术论著，报道世界及中国政治、经济动态。蔡元培、沈志远、胡愈之、马寅初、吕思勉等都曾为该刊撰稿。

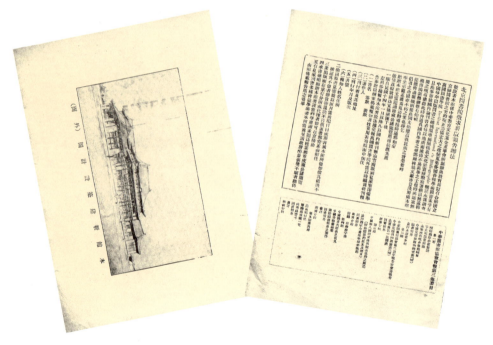

《北京图书馆月刊》

　　1928年5月创刊于北平，北京图书馆编辑出版，月刊，后由《北平北海图书馆月刊》继承。设有《专著》《书评》《入藏中文书书目》等栏目。创刊号内刊有李慈铭遗著、王重民辑《汉书札记》及北京图书馆入藏中文书书目、入藏西文书书目、该馆略史及新建筑设计图等，还刊有北京图书馆出版书籍目录及该刊下期要目。

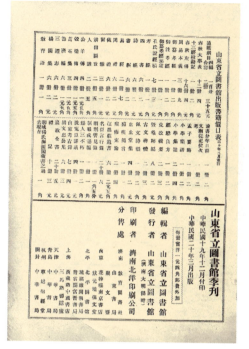

《山东省立图书馆季刊》

　　1931年3月创刊于济南，山东省立图书馆编辑发行，季刊。该刊旨在研究"现代中国图书馆学"借鉴欧美之方式，探寻中外适宜的发展之路，并深入发掘中华五千年来之图书宝库，将"发掘之所得，公诸世界"，共同探讨。栏目设有《图像》《论著》《校勘》《记载》等。主要刊载图书馆学、文献学、图书馆事务、金石、考古等方面的论文与资料。创刊号内收入原馆长王献唐的著述尤多，如《如何能使中外图书排在一起》《海源阁藏书之损失与善后处置》等。刊名由中国近代思想家、理论家和政治人物戴传贤题写。

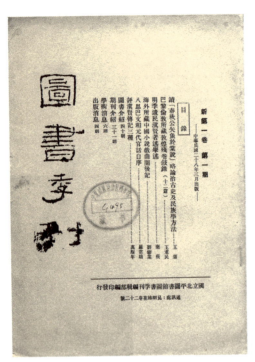
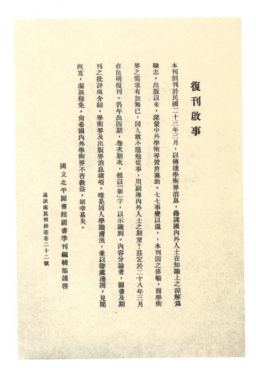

《图书季刊》

　　1934年3月于北京创刊，1937年7月7日停刊。1939年3月在昆明复刊，国立北平图书馆图书季刊编辑部编辑发行，季刊，馆藏为复刊号。该刊"以传达学术界消息，借谋国内外人士在知识上之谅解为职志"。栏目包含《论著》《书评》《图书介绍》《期刊介绍》《学术消息》《出版消息》等。内容涉及图书馆学、文献学等。主要撰稿人有王庸、王重民、罗常培、万斯年等。

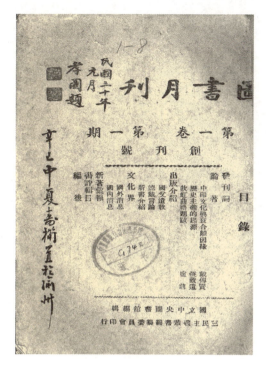

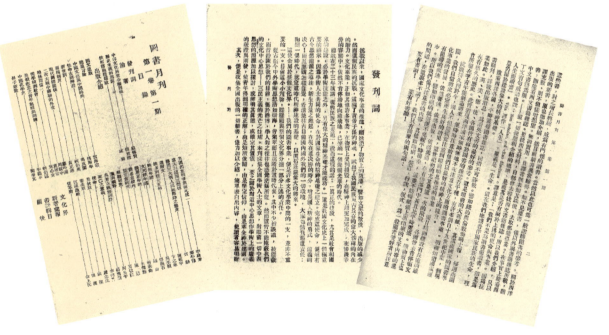

《图书月刊》

　　1941年1月31日创刊于四川，国立中央图书馆编辑，三民主义丛书编纂委员会发行，月刊。该刊以采集全国学术文章，探讨中西思想渊源，使青年知所依归，坚定信仰，全神于建国为己任。内容包括探讨学术理论，介绍最新出版书籍，报道国内外文化界消息，还刊有新著汇报、书评辑目等内容。主要撰稿人有傅斯年、冯友兰、祝伯英、卞之琳等。戴季陶即戴传贤题写刊名。

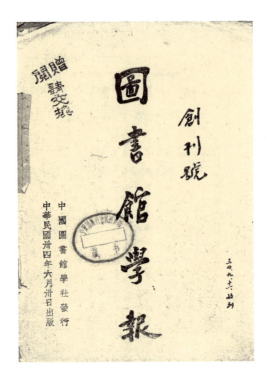
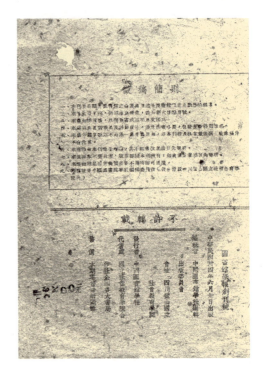

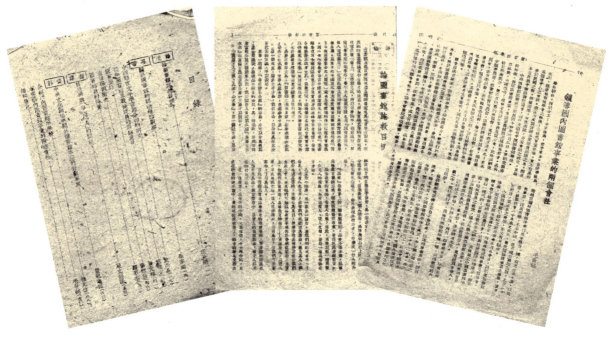

《图书馆学报》

　　1945年6月30日于重庆创刊，中国图书馆学社编辑出版委员会编辑，中国图书馆学社发行，月刊。该刊旨在创造一个图书馆学术研究发展的园地，促进战后我国图书馆的恢复及图书馆学术专业的发展。栏目设有《论坛》《专著》《翻译》《资料》等。徐家麟、皮高品、严文郁等近现代图书馆学家撰文，对国内外图书馆事业发展给予了阐述分析。

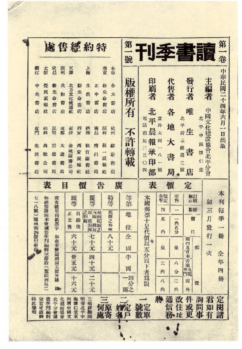

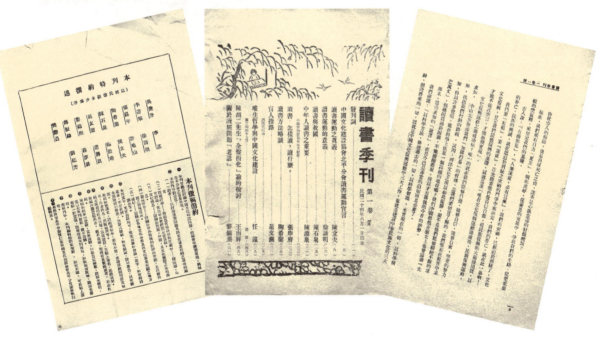

《读书季刊》

　　1935年6月1日创刊于北平，1936年3月停刊。中国文化建设协会北平分会主编，唯生书店发行，季刊。该刊旨在"讨论中国文化建设问题，指导青年读书事项，与报告本分会之事业状况"。该刊载有讨论读书问题、文化事业，报道文化消息，评介中外书报等文章。蔡元培、马寅初、张申府、陈立夫、陶希圣、范文澜等曾为该刊撰稿。

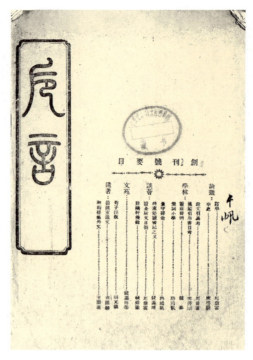

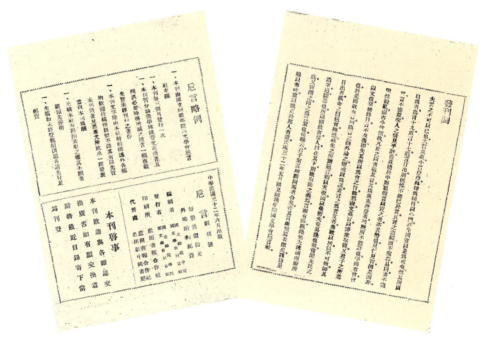

《卮言》

　　1943年6月创刊于湖南蓝田，国立师范学院国文学会卮言社编辑发行，季刊。设《论丛》《学林》《谈荟》《文苑》《遗著》五个栏目。所刊多为文献学方面专业学术著作。主要撰稿人有马宗霍、席启骃、钟泰、钱基博等。创刊号内刊有钱基博的《后东塾读书记之又》、章炳麟的《菿汉室遗文》等文章。该刊装帧采用线装形式，所刊文章以竖行繁体字行之。

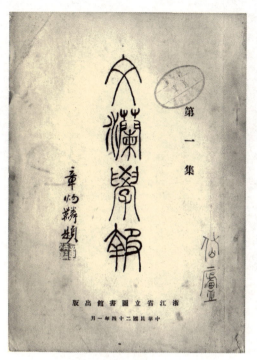
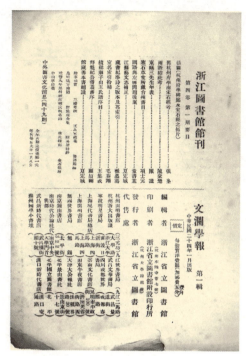

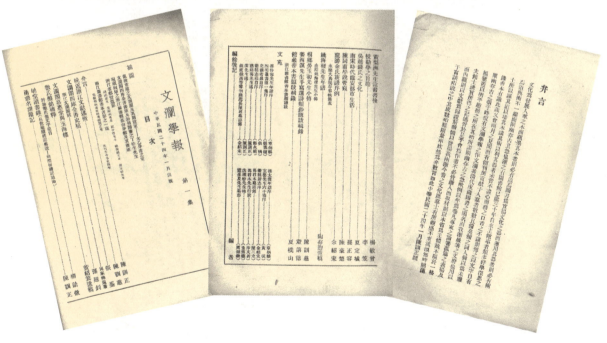

《文澜学报》

　　1935年1月创刊于杭州，浙江省立图书馆编辑发行，季刊。该刊以"研究中国学术，阐扬浙江文献"为宗旨。设有《通论》《专著》《译述》《书林》《馆藏善本书录》《特载及文苑》等栏目。主要刊载有关考订、校勘、序跋、目录等文献学专著，介绍本省图书馆及图书文献概况，选录省内外学者词文词作及遗著。另刊有浙江省立图书馆善本书影、乡贤遗像、浙江省古迹文献照片等大量图片。刊名由章炳麟题写，钤有其印章。

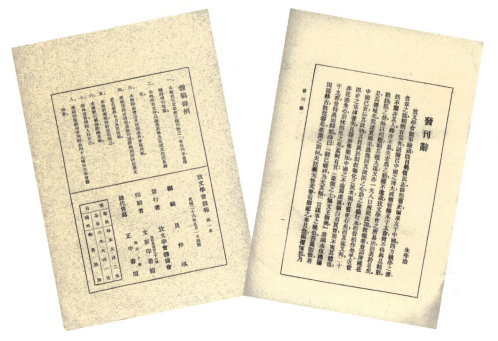

《考文学会杂报》

　　1937年5月1日创刊于苏州吴县，全面抗战爆发后停刊，仅出两期。贝仲琪编辑，考文学会筹备会发行，双月刊。除单辟《史学界消息》一栏外，再无栏目设置。该刊以研究史学、记述文化消息为主，兼有文物展览概况、学术会议动态及有关史料记事等。主要撰稿人有朱学浩、潘承弼、徐复等。创刊号内载有潘承弼的《方志珍本所见录》、贝琪的《〈通鉴〉胡刻本考略》、徐复的《黄季刚先生论史札记》等重要文章。

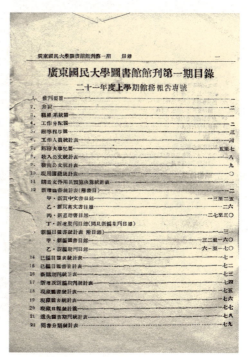

《广东国民大学图书馆馆刊》

　　1933年5月1日在广州创刊，停刊于1934年6月。广东国民大学图书馆编辑发行，半年刊。
该刊旨在将广东国民大学图书馆藏书做有系统的分期刊出，以利该校生员及社会人士研究与参
考，与国内外学术界互通声气，共同合作，从而促进学术上之进步。载文涵盖馆藏目录、馆藏
统计表及图书馆专业文章，还有吴鼎新校长题词"读书最乐"，张香谱教务长题词"读书救
国"，另刊有该馆阅览室、花园、期刊书库的照片。

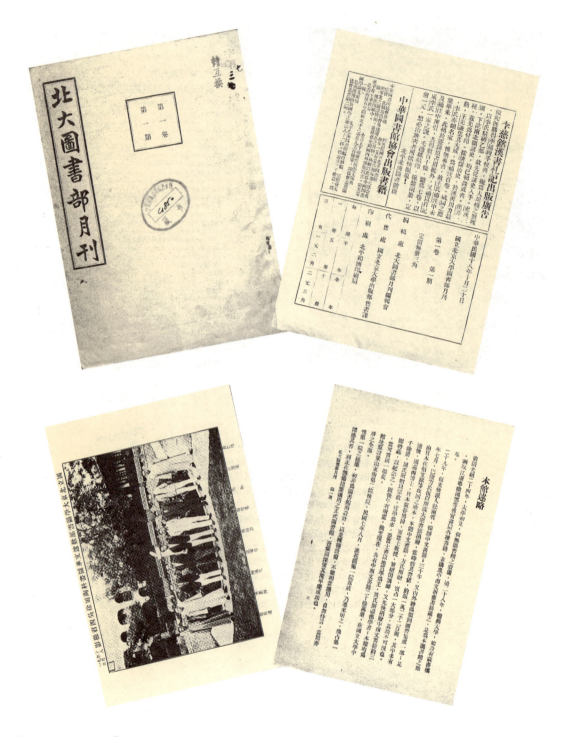

《北大图书部月刊》

1929年10月20日创刊于北京。北大图书部月刊编辑会编辑，国立北京大学出版部发行，月刊。该刊以"介绍图书馆学识，传播北大图书部进行之状况"为宗旨。主要设有《插图》《论著》《译述》《专载》《书跋》《书目介绍》等栏目。载文涵盖该馆述略、学术研究、书目提要编纂等方面的论文及研究成果，还载有《图书馆同人一览表》，以及部分图书馆阅览室的照片等史料。

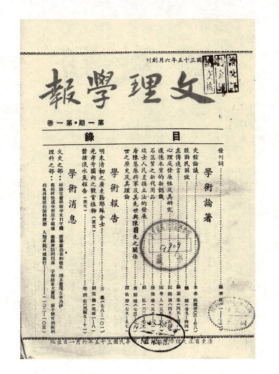

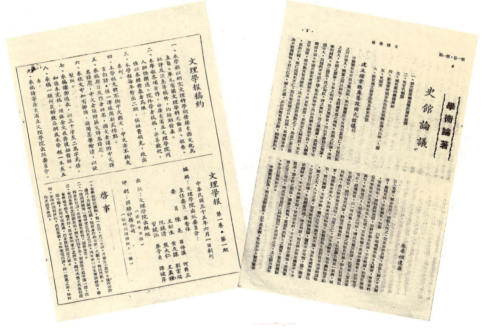

《文理学报》

　　1946年6月1日创刊于广州，广东省立文理学院出版委员会编辑，广东省立文理学院出版组出版，初定为半年刊，后刊期不定。该刊以"研究文理科学术，发扬东西方文化"为宗旨。史学大家罗香林时任广东省文理学院校长，撰写了发刊词。作为广东省立文理学院学报，其刊载了大量文理学术论著、报告、批评及学术消息等。创刊号内的重要文章有朱希祖遗著《史馆论议》，著名国学家、汉学家饶宗颐的《殷困民国考》等。

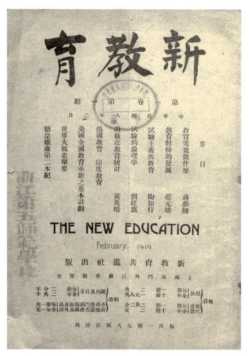

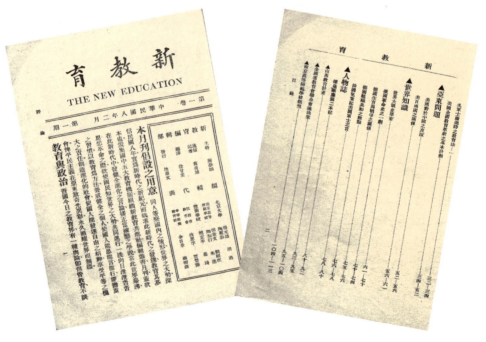

《新教育》

　　1919年2月创刊于上海，新教育编辑部编辑，蒋梦麟主编，徐甘棠编译，蔡元培、胡适、陶行知等编辑，新教育共进社出版，月刊。该刊以"养成健全之个人"，"创造进化的社会"为宗旨。设有《评论》《专论》《世界教育》《亚东问题》《世界知识》等栏目。刊载内容以中外教育论著为主。重要文章有蔡元培的《教育对待的发展》、蒋梦麟的《教育究竟做什么》、陶行知的《试验主义与教育》等。

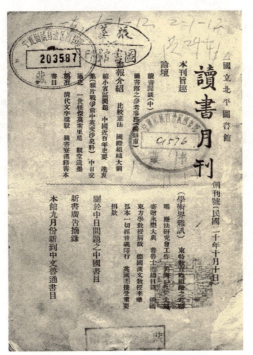

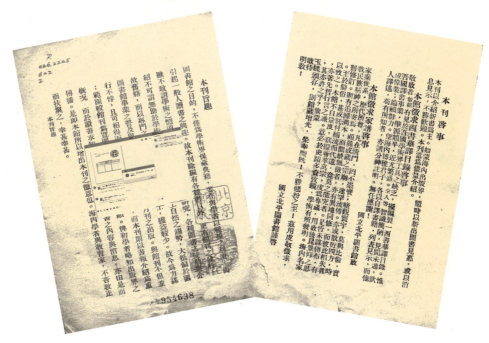

《国立北平图书馆读书月刊》

　　1931年10月10日于北平创刊，停刊时间及原因不详。国立北平图书馆读书月刊社编辑，国立北平图书馆及各大书房发行，月刊。该刊旨在沟通出版界与读书界，介绍优良的书报，成为青年朋友的好伴侣。主要栏目有《论坛》《书报介绍》《 学术界杂讯》《关于中日问题之中国书目》《新书广告摘录》等。载文以探讨读书方法，发表文学作品、译著，评论最新书刊，介绍国内外著名作家，报道出版界、国内外文坛消息，刊登读者书信及每月新书目录等为主。

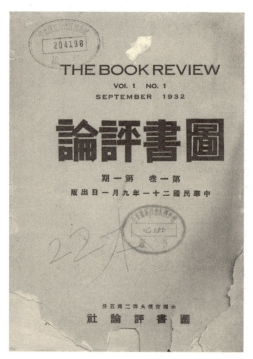

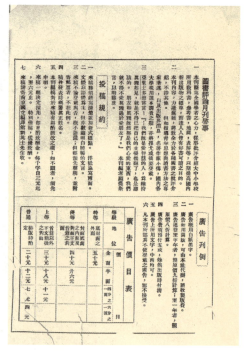

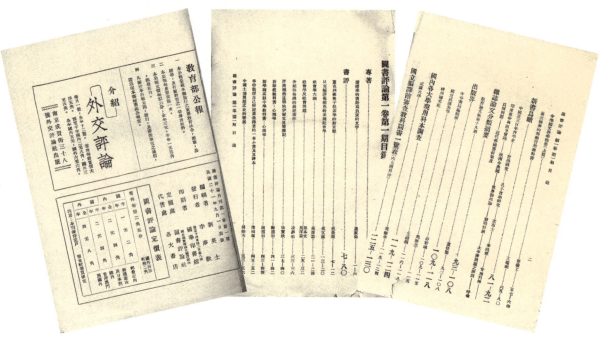

《图书评论》

　　1932年9月1日创刊于南京，刘英士编辑，图书评论社发行，月刊。该刊希望通过批评介绍大中小学校所用教科书、参考书、地图、表解等，"以期提高国内新出版物之标准，而达人人皆有好书可读之目的"。设有《专著》《书评》《新书鸟瞰》《出版界》等栏目。内容以书评为主，兼载指导青年思想与读书方法的论著、出版界消息、名著作家小传等。罗家伦、吴文藻、梁实秋等曾为该刊撰稿。

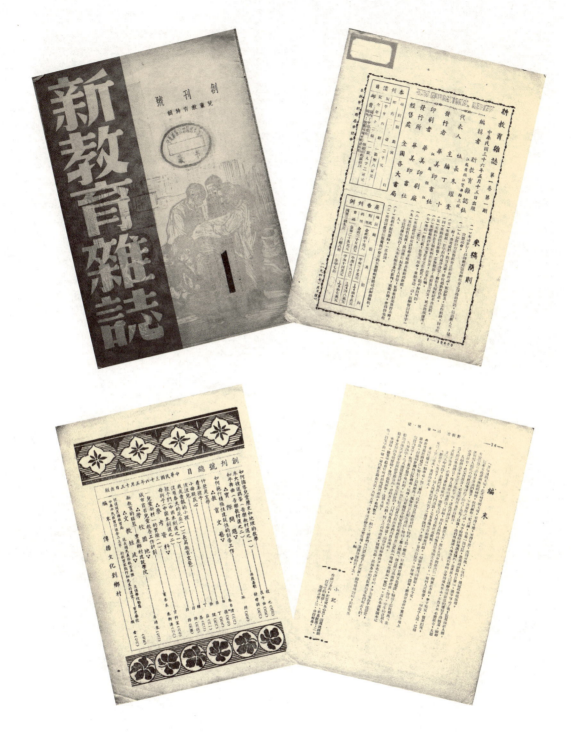

《新教育杂志》

　　1947年5月15日创刊于镇江，新教育杂志社编辑，丁十主编，华美印书社发行，不定期刊行。创刊号为儿童教育特辑。该刊以"探研并运用新教育之理论与实践，创造新人生，建设新社会"为主旨。主要刊载有关新教育论著，教学、教育文艺等内容，以期达到"提出新教育主张，促进新教育实践"的目的。创刊号内刊有著名教育学家陶行知的《创造的儿童教育》《民主的儿童节》等文章。

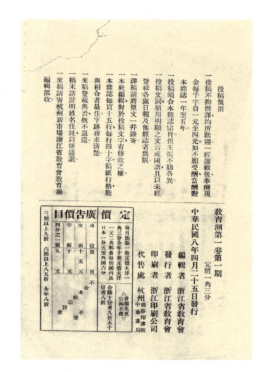

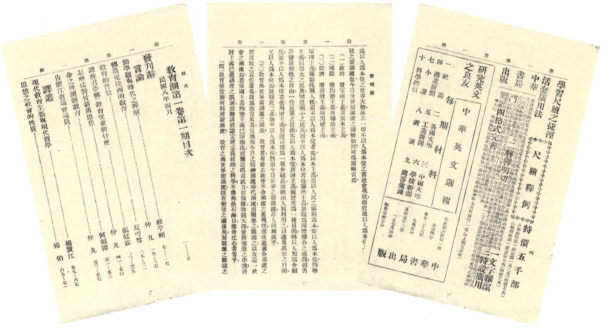

《教育潮》

    1919年4月25日创刊于杭州,浙江省教育会编辑并发行,主干沈仲久,月刊。该刊以"阐发教育之真义,力图改进"为宗旨。设有《言论》《译丛》《纪闻》《调查报告》《杂纂》《会报》等栏目。刊载世界新教育思想、中国教育弊病、新教育建设、国内外教育现状等方面的学术论著和调查资料。创刊号内刊有夏丏尊的《教育的背景》、何绍韩的《余之所谓新教育》等文章。

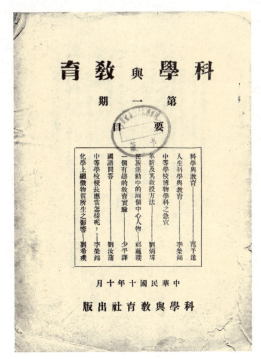

《科学与教育》

　　1921年10月创刊于济南，科学与教育社编辑出版，刊期不详。该刊以"研究科学，促进教育"为宗旨。内容主要围绕科学和教育两方面展开，并阐述科学与教育的关系。创刊号中的力作有范予遂的《科学与教育》、李荣锦的《人生科学与教育》等。

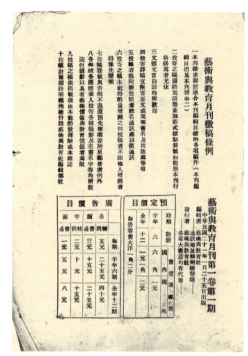

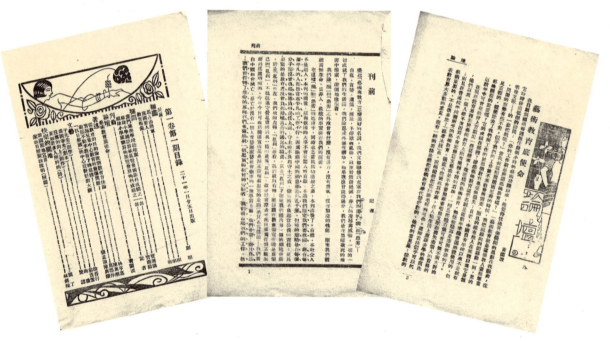

《艺术与教育月刊》

　　1932年1月25日创刊于福州，艺术与教育社编辑出版发行，月刊。该刊旨在改造教育环境，倡导艺术生活，探究人生问题，评述社会现象，介绍学术思想。栏目设有《插画》《插图》《刊前》《论坛》《著述》《文艺》《快乐的园地》等。主要刊载有关家庭教育、学校教育、社会教育等方面的指导及评述文章，兼有诗歌、小说、随笔、绘画、摄影等文艺作品。

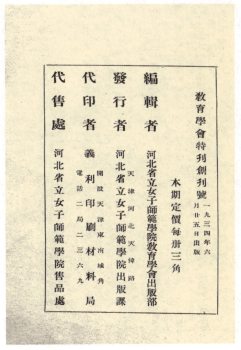

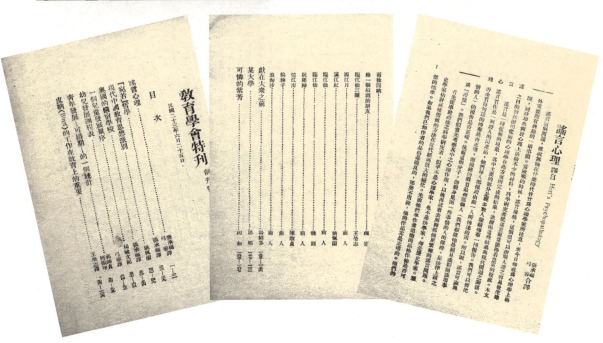

《教育学会》

　　1934年6月25日在天津创刊，河北省立女子师范学院教育学会出版部编辑，河北省立女子师范学院出版课发行，刊期不详。该刊以"在教育上作学理的探讨和忠实的绍述"为创刊目的。载文涵盖教育理论、儿童成长教育调查、青年发展统计、诗歌、散文等。撰稿人有陈淑贞、姚佩兰、王荣志等。创刊号内刊有《一个儿童发展量序》《幼儿发展测程表》《现代中国教育思想派别》等文章。封面画由民国时期著名画家苏吉亨先生作。

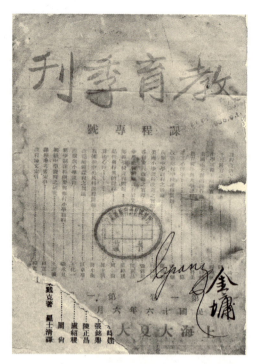
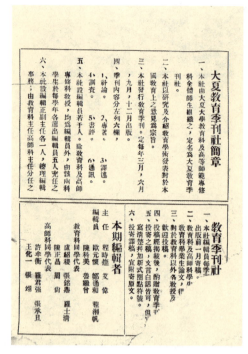

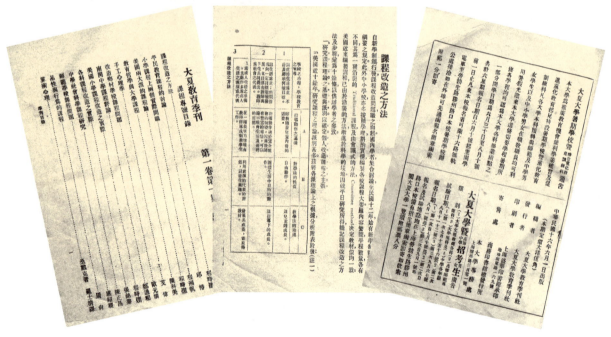

《教育季刊》

　　1927年6月1日创刊于上海,大夏大学教育季刊社编辑发行,季刊。该刊以"研究及介绍教育学术发表对于本国教育上之意见"为宗旨。设有《社论》《专著》《译述》《调查》《书评》《通讯》等六个栏目。内容涵盖课程改造之方法、平民教育课程的讨论、美国两大派的课程论、品性与行为的课程、心理学等。主要撰稿人有许牟衡、张承旦、张铭鼎、程时煊、程湘帆等。

《现代学生》

　　1930年10月创刊于上海，刘大杰、周邦式等编辑，大东书局发行，月刊。该刊于1931年9月至1932年6月曾停刊，1934年11月终刊。内容以介绍国外教育现状、世界文艺思潮及现代学生的地位和责任，青年运动及读书方法等为主，兼有绘画、雕刻、照片等艺术作品，另设有《征答小问题》《解答学生疑问》等栏目。蔡元培、胡适、沈从文、徐志摩等都曾为该刊撰稿。刊载文章有《现代学生对童子军应有的认识》《苏俄关于教育的五年计划》等。

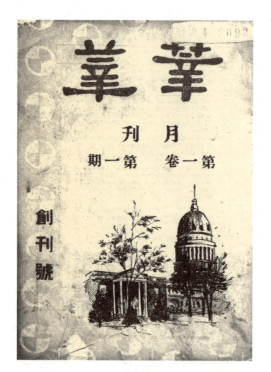

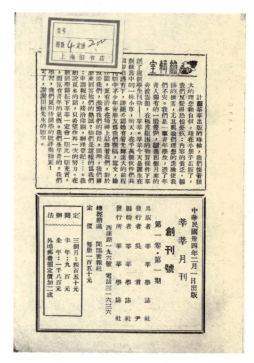

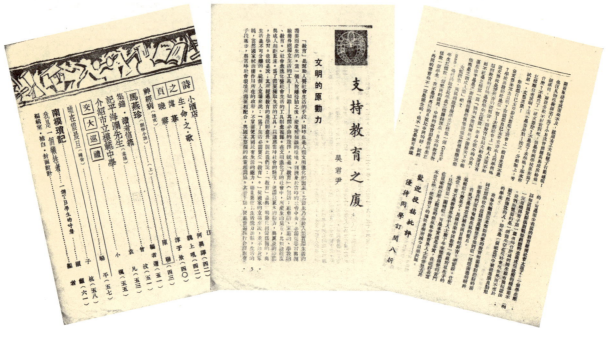

《莘莘》

　　1945年2月1日创刊于上海，莘莘学志社编辑出版，月刊。同年7月出版第4期后，因响应新四军解放上海，迎接抗日战争胜利而忙于别的工作，不再继续出版。该刊作为中国共产党地下组织领导的学生刊物，主张以学生为本位，讲求知识性、文艺性和生活性，主要致力于发表学生论说、创作及生活记事，包括科学知识、文学艺术和学生生活等内容，同时也刊登教授及老师的文章。

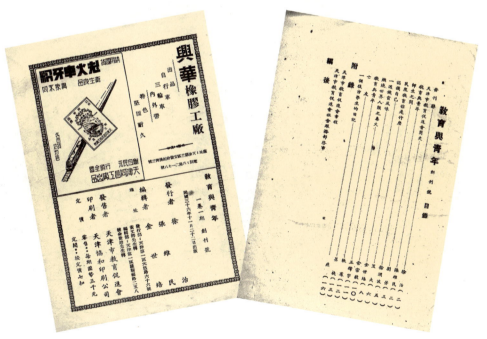

《教育与青年》

　　1947年11月22日创刊于天津，编辑者金世培，发行人徐治、张维民，天津市教育促进会印行，月刊。该刊旨在"联络教育界同仁及青年，促进教育发展，提高人民知识，从事文化建设，实现民主政治"。主张青年教育应有"科学、民主、建设"特点。刊登有关学术理论、教育研究、实际经验和补充教材等文章，介绍世界知识，发表文艺作品，讨论青年生活等问题。刊名由胡适题写。

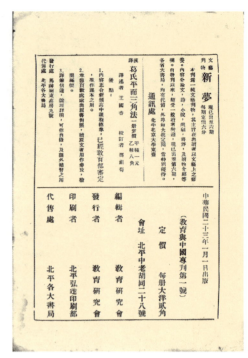

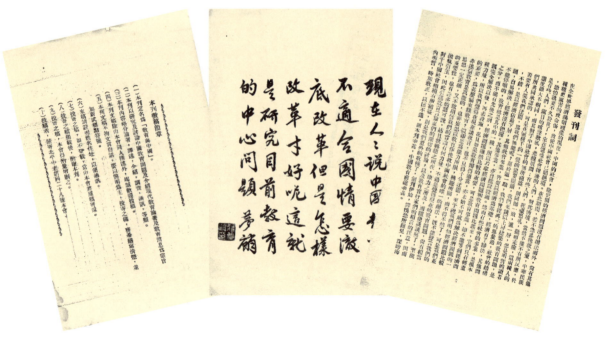

《教育与中国》

　　1934年1月1日创刊于北平，教育研究会编辑发行，刊期不详。该刊以"研究及讨论中国教育问题及介绍现代教育论著及教育消息"为宗旨，主张教育救国，坚持理论与实践并重。内容涵盖论著、译述、介绍、调查、通讯，涉及生产教育、乡村教育、慈幼教育、教育教学、教育参观等。主要撰稿人有罗廷光、朱勤生、周祖训、丁祖荫、孙邦正等。蒋梦麟题写刊名，并为该刊题词。

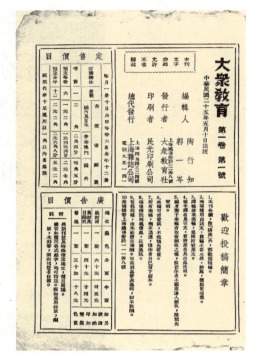

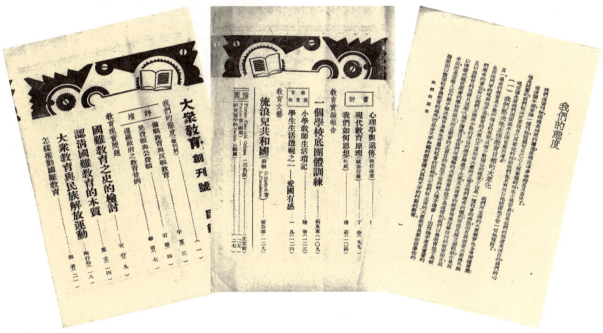

《大众教育》

　　1936年5月10日于上海创刊，编辑人陶行知、郭一岑，大众教育社发行，月刊。该刊以"教育目标的大众化，教育理论的现实化"为创刊宗旨。探讨中国教育方针与教育史，教育哲学思想，社会主义与资本主义教育比较等问题，介绍各国教育体制与方法。刊载的著名教育学家陶行知先生《大众教育与民族解放运动》等文章，论述了民国时期"民族危机已经压到头顶的今日"普及大众教育的重大责任和迫切需求。

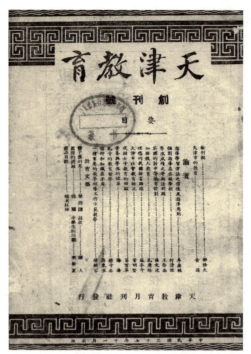

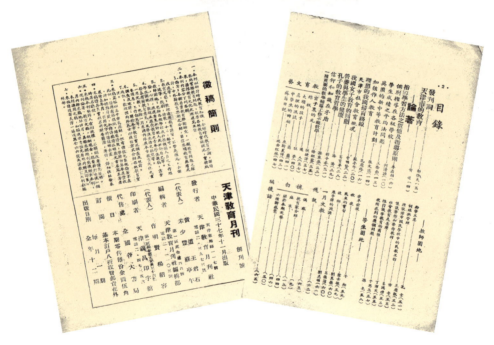

《天津教育》

　　1948年11月创刊于天津，天津教育月刊社编辑部编辑，天津教育月刊社发行，月刊。该刊以期为天津市各教育研究会研讨的结果和意见提供发表平台。设有《论著》《教育文艺》《教师园地》《学生园地》等栏目。内容侧重研讨时代教育知识，介绍时代教育思潮，探讨各地实际教育问题，报道各地教育实施状况、实验成果等。

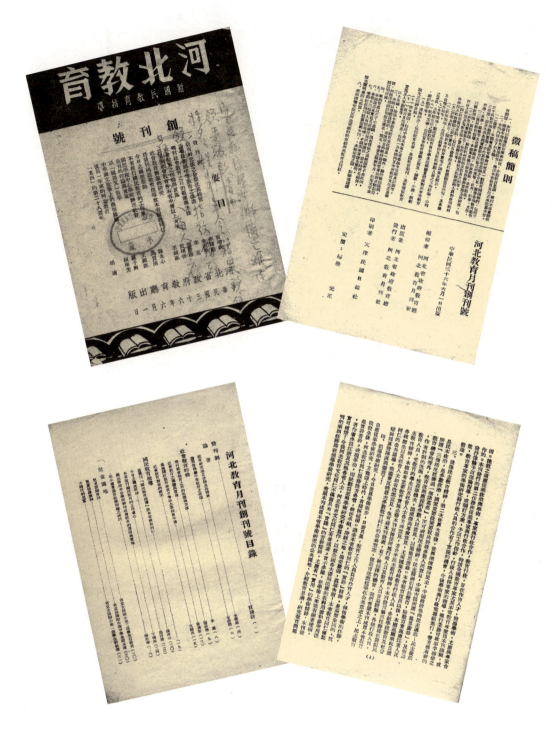

《河北教育》

　　前身为《河北教育公报》，1928年9月创刊，抗战时期停刊。1947年6月1日在保定复刊，改为《河北教育》，河北省政府教育厅河北教育月刊社编辑出版，月刊。该刊以"推动教育行政学术化，促进专家与行政合作，发扬民主教育精神，倡导学术研究"为旨趣。刊载教育学术研究论著，介绍教育思潮，探讨教育实际问题，报道河北省教育实施状况，其中对国民教育、社会教育给予了特别关注。

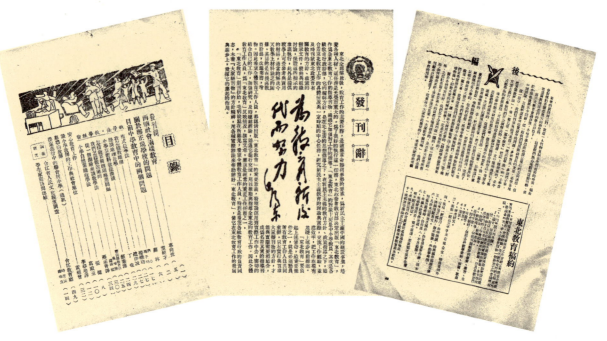

《东北教育》

　　1949年4月15日创刊于沈阳。东北教育社编辑，东北书店发行，月刊。该刊以"毛主席的思想和新民主主义教育方针、政策"为编辑方针。设有《论文》《教授法》《教师园地》《补充教材》《调查研究》等栏目。主要服务对象为中小学教师，其次为各级教育行政干部。刊载新民主主义教育理论，新型正规教育经验，教师教授法、教学经验及补充等内容。

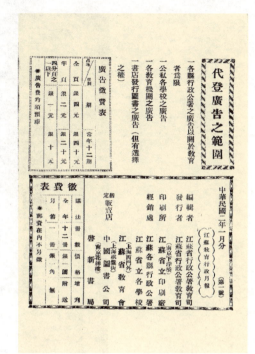

《江苏教育行政月报》

　　1913年1月创刊于南京，由江苏省行政公署教育司编辑发行，月刊。该刊以"披露本省教育状况及教育行政内容，借为行政上之助力"为目的。设有《宣言》《法律》《命令》《文牍》《报告》《调查》《译述》等栏目。所刊内容主要为"江苏教育状况及教育行政内容、选译东西各国教育制度及教育家新著述"，以及有关教育的法律、命令、文牍、报告、法规、规程，各国学生调查表等。创刊号内刊有黄炎培的《江苏今后五年间教育计划书》一文。

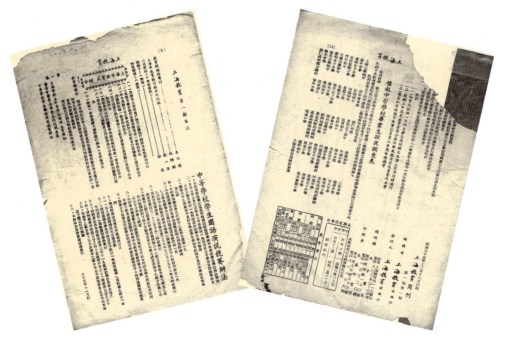

《上海教育周刊》

　　1946年12月16日创刊于上海，1948年9月停刊。上海教育出版社编辑发行，周刊。创刊者拟将该刊作为上海教育界人士研讨教育问题的媒介。设有《论著》《法令》《教育消息》等栏目，主要刊载教育研究论著，上海市教育局公文、训令，上海市及国内外教育消息、概况，及少量文学作品等。创刊号内刊有《教育问题的商讨》《上海市教育统计的分析比较》等文章。

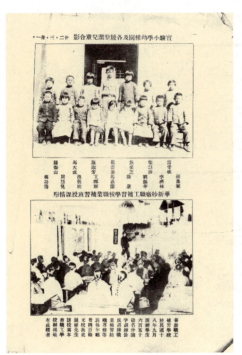

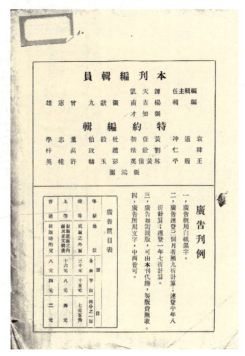

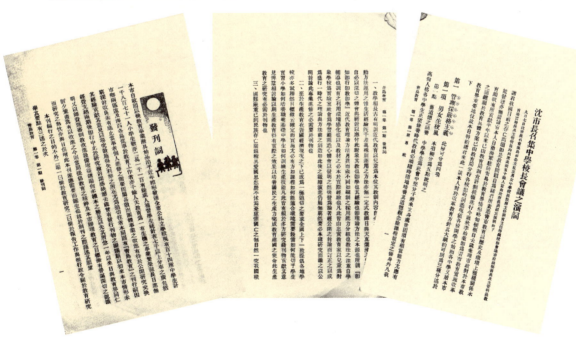

《青岛教育》

　　1931年4月创刊于青岛，谭天凯等编辑，青岛市教育局发行，半月刊。该刊旨在方便教育

方法交流及理论研究、报告教育实况、推行政令，从而促进本市教育的发展。所设栏目有《插

图》《工作概况》《督学报告》《法规》《统计》《会议记录》等。内容主要有政令、公牍、

法规、报告、调查统计表等。创刊号内刊有《沈市长召集中学校长会议之演词》《中国文化与

教育》《家庭与学校之比较》等文章。

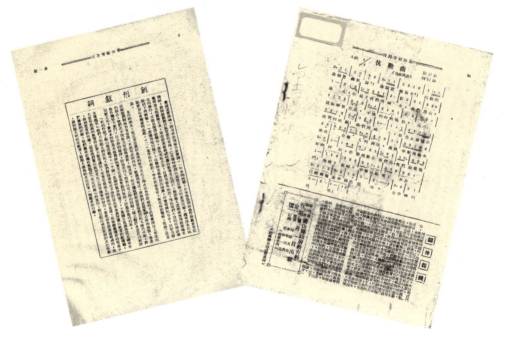

《萧山教育月刊》

　　1939年6月1日创刊于萧山（现杭州），萧山县政府教育科编辑发行，月刊。该刊以"团结全县的教育文化工作者以本位救国的方式，广播抗敌的种子，拿笔杆代枪杆，争取民族生存之任务"为目的。主要刊载战时教育论著，发表教育改进意见，介绍教训设施、教育法令，分享教育方法等。创刊号内刊有《对本县教界同仁的几点希望》《战争与教育》等文章。

《晋江国教通讯》

　　1947年2月1日创刊于福建晋江，停刊时间不详。晋江县政府教育科、晋江县国教研究会编辑出版发行，月刊。该刊以改善战后教育素质问题，奠定教育事业牢固基石，振兴晋江国民教育事业为办刊思想。刊登符合小学教师进修实际需要的文章，重在国民教育的理论研究。载文涵盖新教材教法、研究报告、教育消息、教育书报提要、教育行政、教育小品等内容。

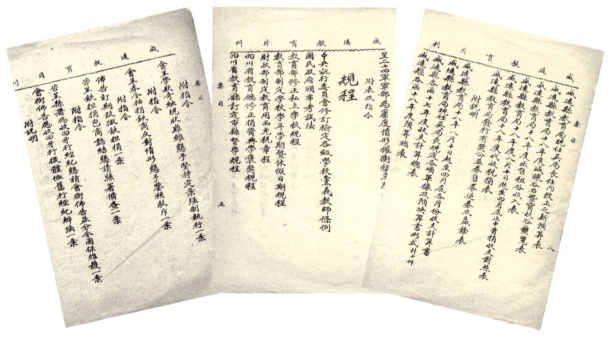

《威远教育月刊》

　　1930年9月创刊于四川省威远县，威远县教育局编辑处编辑，月刊。该刊以启蒙国人教育
为己任。设有《论评》《文艺》《教育评论》《教育规程》《教育公牍》《教育统计》《财
政》等栏目。主要评论教育发展，转载中央及地方教育公文指令及规章制度，统计教育收支、
学生人数等，另有少量文艺作品。刊物版式为竖排繁体字，手写刊印。

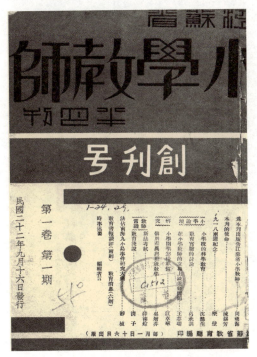
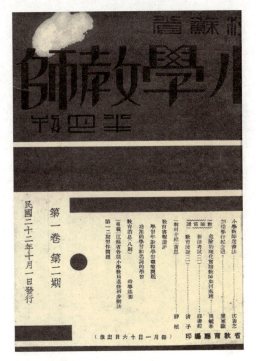

《江苏省小学教师半月刊》

　　1933年9月16日创刊于镇江，江苏省教育厅第二科编辑，江苏省教育厅庶务室发行，半月刊。该刊旨在"为小学教师开辟一条便捷的进修途径"。设有《小学论坛》《研究》《教师常识》《教育书报读评》《教育消息》《时事述要》等栏目。内容涉及小学教育理论研究及实践经验等方面，包括教育学说的研讨、教育常识的补充、教育消息的发布、小学特殊教材的提供等。

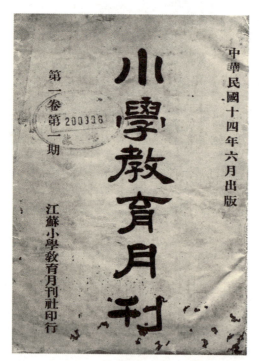

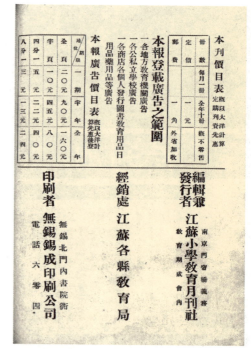

《小学教育月刊》

　　1925年6月创刊于南京，江苏小学教育月刊社编辑发行，月刊。该刊以"专为小学教师研究教学予以指导"为宗旨。设有《本省教育要闻》《国内小学教育概况》《国内大事记》《世界大事记》等栏目。内容主要围绕小学教育展开，涉及小学教学法、测验法、训育法，小学教师心得、教师修养、自习门径等，还介绍乡村教育、教育概况、世界大事记、书报等。

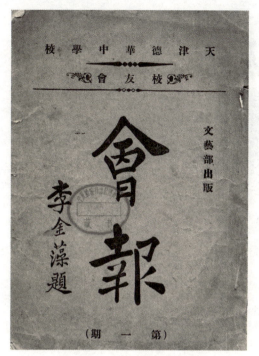
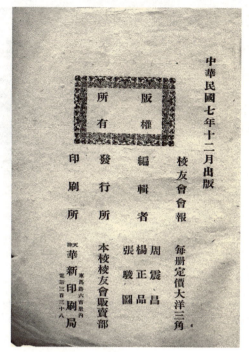

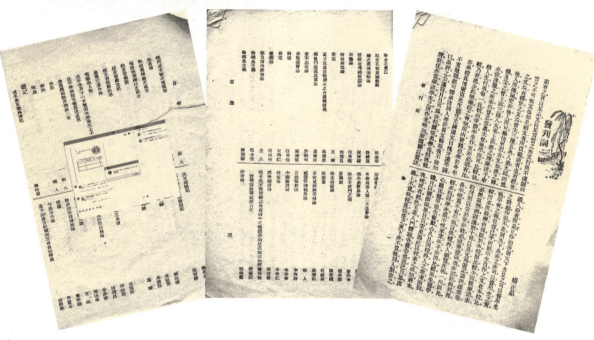

《天津德华中学校校友会会报》

　　1918年12月创刊于天津。周震昌、杨正品、张骏图编辑，天津德华中学校校友会贩卖部发行，刊期不详。该刊作为德华中学校校友会会报，旨在方便校友联络感情，辅助本校教育发展，激发学生之上进心。栏目有《论说》《文苑》《游记》《谈薮》《课选》《本会记事》等。内容丰富，涵盖文学、历史人物论、政治时局分析等。刊后附有校友会简章、第一届职员表及德华学校同学录等。

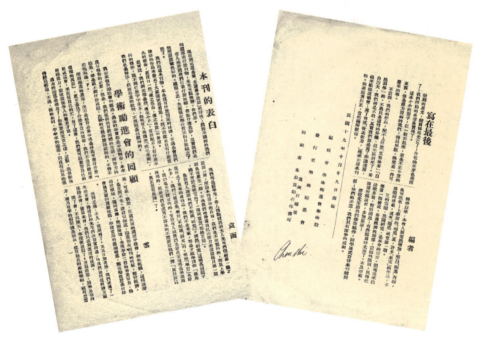

《励进》

　　1930年10月29日创刊于温州，学术励进会学术股编辑，学术励进会发行，刊期不详。该刊以"互相策励，共同研究"为宗旨。作为青年学生自筹自编刊物，内容分文学论著和自然科学两部分。文学作品撰稿者多用笔名，自然科学侧重常识介绍，而非专门研究。其中《学术励进会的回顾》一文，详细介绍了该会的创建、发展等情况。

《战时中学生》

　　1939年2月创刊于浙江杭州，李一飞、郭莽西编辑，杭州正中书局出版发行，月刊。该刊"并不是代表某一个政治的或学术的集团，其唯一宗旨是想成为战时中学生的好朋友"。刊载有教育界名人的文章，如现代教育学家严济宽先生撰写的《战时中学生应有的认识与努力》一文，另刊有上海新进漫画家次恺先生设计的铜版扇画。

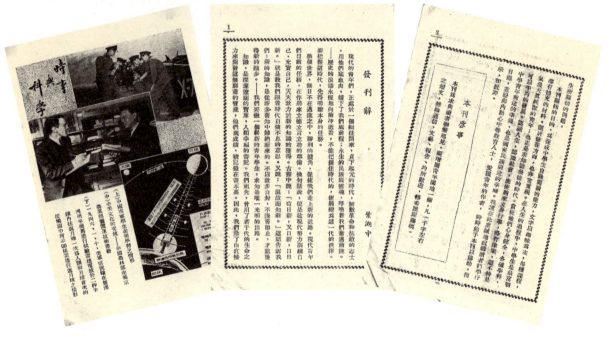

《新学生》

　　1946年5月15日创刊于上海，1949年1月停刊。叶溯中主编，正中书局发行，月刊。该刊主要针对中等教育程度的青年，旨在"养成中学生自动阅读的能力"。设有《论谈》《科学知识》《中学教材研究》《学习方法讨论》《学校生活》《学生园地》等栏目。内容以论谈、科学琐闻为主，同时侧重于课程补充、课外阅读拓展等。

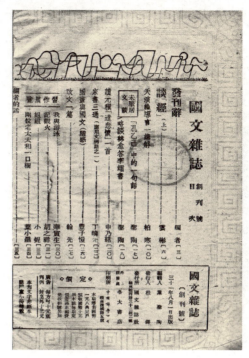

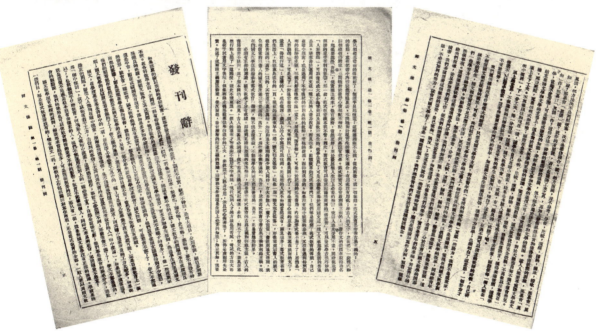

《国文杂志》

　　1942年8月1日创刊于桂林，1944年5月停刊，1945年迁重庆复刊至同年9月停刊。叶圣陶编辑，国文杂志社发行，月刊。该刊旨在指导青年修习国文。辟有《未厌居文谈》《范文选读》《笔记文选读》《学习者的话》《习作展览》《汉字随谈》《通信》等栏目。载文以指点门径的专文为主。主要撰稿人除叶圣陶外，还有吕叔湘、王了一、丰子恺、柏寒、朱东润等。

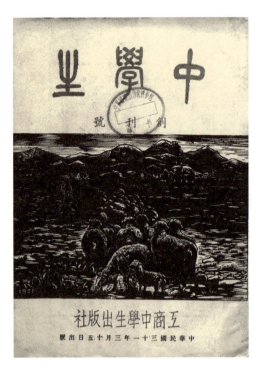
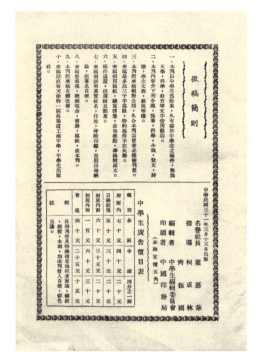

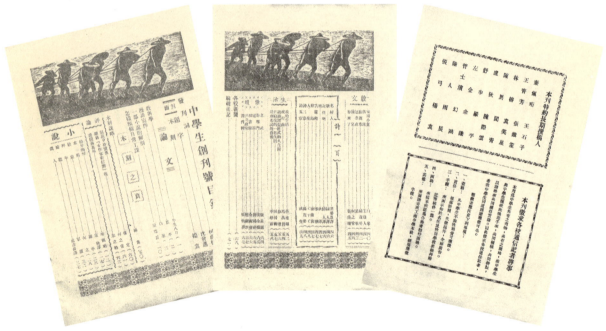

《中学生》

　　1942年3月15日创刊于天津，中学生编辑委员会编辑，工商中学生出版社出版，刊期不详。该刊以为中学生提供发表文章的机会，提高中学生学习兴趣，鼓励中学生彼此联系、共同前进为目的。设有《论文》《小说》《散文》《诗页》《生活》《杂俎》等栏目。载文以探讨写作问题，评述投稿作品，发表小说、散文、诗词等文学作品为主，另涉及中学生生活、各校新闻等。

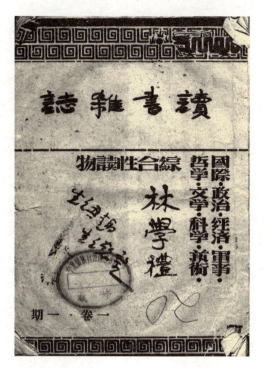

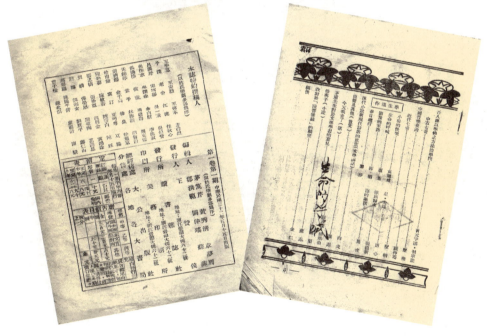

《读书杂志》

　　1943年5月15日创刊于浙江碧湖，茅茇芹、黄秀清等编辑，读书杂志社发行，不定期出版。该刊本着综与专并重的原则，旨在使学生能"博于学，精于知"。作为面向学生的杂志，内容主要包括学校教育、相关文艺作品以及学生的自我创作，兼及国际、经济、政治、军事、哲学、科学等。为方便学生交流，特设《学生选作》栏目，登载学生的小说、诗歌、剧本、散文等作品。

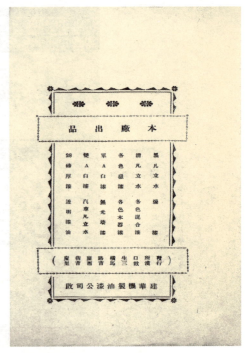

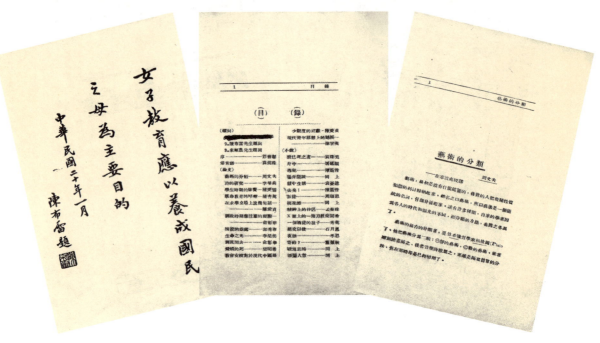

《甬江声》

　　1931年6月创刊于浙江宁波，甬江女子学校学术部编纂，学生自治会出版，原定为年刊，后为不定期发行。该刊旨在"按着能力所及，揆诸事实记载，不铺张其言词，作过分的宣传。只求在可能范围内，尽我们应尽的使命"。栏目主要以学生所著论文、小说、小品、诗歌为主，辅以学校组织的记述等杂文。陈布雷先生专为此刊题词"女子教育应以养成国民之母为主要目的"。